国家级特色专业（汉语言文学）建设点系列教材
21世纪中国语言文学通用教材

古代汉语专题教程

主编 朱 城
编者 方平权 张令吾 李健

中国人民大学出版社
·北京·

国家级特色专业（汉语言文学）建设点系列教材

总　序

湛江师范学院坐落在中国大陆的最南端——雷州半岛上，其前身是雷州师专，1991年升格为本科院校。该校人文学院的前身是中文系，知名美学专家劳承万教授曾任中文系主任。劳先生十分重视科研，常鼓励老师们以教学带科研，以科研促教学，力争在充分调动“具有现代形态的文艺学美学理论功能”的扎实基础上，走出一条“重新建构中文教学—科研体系”的新路子，并且产生了一批积极成果。1993年出版的一套10本“文艺学美学丛书”，内容涉及比较神话学、艺术意境论、主体研究与文体批评、西方文学批评方法、文化哲学、形式主义诗学、散文本体论、新时期报告文学论、政治文化与中国新文学、文学与语言的现代探索等领域，在当时产生了一定的影响，有力地促进了系里的学科建设与专业建设，为中文系后来的发展打下了良好的基础。2001年，李珺平教授等人又出版了一套6本“文艺学多棱镜丛书”，这套丛书或将文艺学研究延伸到思想史、文化史领域，或尝试勾勒中国古代文论的内在体系，或对文学文本理论作“语言意识”分析，或用现代视野观照中国古代小说中的女性问题，或研究20世纪90年代的文论转型，或考察后现代主义小说的发展轨迹，因其“所折射的独特光线”而显示出存在价值。童庆炳先生在该套丛书总序里肯定了这一具有学术实力的团体，并且指出，只要在“澄明、寂寞的氛围中”安静、认真地思考，就必然会有“独特的学术发现与洞见”。几年之后，一批教授、博士的新著又相继完成，并以“天涯文论丛书”为名，于2006年出版了系列研究成果。王钦峰教授在这套丛书总序中称出版此套丛书的目的，是要“秉承天涯文化所蕴涵的流亡、反思和追求开放性、混杂性的基本精神”，“立足于文化和地理的边缘，探究国内外文学文化的意义及其互动逻辑”。

在文艺学学科的带动下，汉语言文字学学科的教师们也不甘落后，推出了自己的成果。马显彬教授等人出版的一套3本“普通话教学丛书”，被多所高校选用。朱城教授等人于2002年集中出版了一套4本古代汉语教材，内容涉及语法修辞、文字词汇、音韵及诗词格律等，较之以前的通用教材，内容更加系统，条理更加清楚，资料更加丰富。该学科逐渐形成了一个新的教学科研团队，引起了国内同行的瞩目。2005—2006年间，他们集多年研究成果，又推出一套7本“南粤语言文字学丛书”，将语言的本体研究与应用研究、通用语研究与方言研究、古汉语研究与现代汉语研究汇为一丛，大有后来居上之势。鲁国尧先生在其总序中拈出“规模效应”、“综合实力”和“团队精神”三个词组来概括这套丛书的特点，高度肯定了这些老师为中国语言学事业发展作出的切实贡献。

语文基础部亦具备相当实力。该部的写作课被评为省级精品课程，刘海涛教授被评为省级教学名师，其“审美型阅读＋研究性学习＋创造性写作”的课程教学理念和“创新写作训练三阶梯”的实践方案开拓了中文人才培养的新路径。他们近年来编辑出版了《文学写作教程》、《新写作》等国家“十一五”规划教材，陆续出版了《现代读写说》、《世界华文微型小说研究》、《散文创作与鉴赏》，以及一套3本的“微型小说学研究”系列丛书；指导的学生则有“读·品·悟”、“读名篇·学写作·懂人生”、“百年美文”、“新课程视野下的名著导读”、“全球语境下的华文微型小说”等丛书共50多部正式出版，另有100多篇各类文章在省级以上刊物公开发表。语文教学论课程则紧密结合中学语文教学实践，出版了《语文新课程教学论》、《语文教育实习导论》等教材，编撰了《语文教学技艺论》、《阅读教学论》、《写作教学论》等课程教学论专业丛书。

此外，教师们出版的一些学术专著，如《审美中介论》(新版)、《诗性智慧》、《前期儒家文化研究》、《中国古代抒情理论的文化阐释》、《作为中国古代审美范畴的自然》、《中国文学的起源》、《现代中国的小城文化与小城文学》、《福楼拜与现代思想》等均在国内产生了一定影响。据不完全统计，2004年到2009年，人文学院教师共发表学术论文1 214篇，其中核心刊物以上275篇，权威刊物63篇；出版学术著作45部，主编教材8部；主持国家社科基金项目4项，省(部)级项目17项；获得省级以上哲学社会科学优秀成果奖或教学成果奖3项。

湛江地处广东之西翼，既无地缘优势，又无文化和经济优势，但我们的教师硬是凭着一股拼搏精神，取得这么多货真价实的成果，让人心生敬意！正是基于这样的“规模效应”、“综合实力”和“团队精神”，经过几代人的筚路蓝缕、艰苦努力、薪火相传，湛江师范学院人文学院汉语言文学专业于2008年获批国家“十一五”特色专业建设点，开始了新一轮的事业长征。两年来，我们围绕建设目标，按照“目标管理、分项实施、任务细化、责任到人”的工作思路，团结广大师生，展开了一系列的课程建设、团队建设、名师建设、学风建设、教材建设、学科建设、教改立项和学术研究等工作，并相继取得了一批令人欣慰的成果。在此背景下，我们计划推出湛江师范学院“国家级特色专业(汉语言文学)建设点系列教材”和“国家级特色专业(汉语言文学）建设点学术文丛”两套丛书。教材系列包括古代汉语、现代汉语、近代汉语、中国古代文学、中国近代文学、中国现代文学、中国当代文学、中国古代文论、当代外国文学、美学和中学语文教学等专题教程，它们均为一线教师长期教学实践经验的理论提升，既可用于中文系在校本科生的选修课教材，也可作为中文本科函授生的必修课教材。另外，《大学语文实用教程》则是针对普通高校非中文专业学生的学习需要专门编写的，力求广泛吸取各版本《大学语文》教材的优长，守正出新，以新视觉、新内涵为当代大学生创造一个全新的阅读视野。专著系列主要是教授、博士们近期研究成果的集中展示，包括优秀博士论文、博士后出站报告、国家社科基金以及省（部）级社科基金的结题成果等。出版以上丛书的目的，一方面是把老师们近年的教学、科研情况再作一次盘点与小结；另一方面以点带面，促使我院汉语言文学专业建设再上一个新的台阶。同时，更希望借此平台，与兄弟院校同行交流互动，取长补短，并以此为契机，带动对外汉语和新闻传播专业的建设，巩固和充实一体两翼办学模式的内涵。

“青鸟海上游，鸒斯蒿下飞。”祈望湛江师范学院人文学院这只南海之滨、地角天涯的青鸟在新的世纪、新的年代里振羽奋飞！

熊家良

2010年6月

目　录

引　言

什么是古代汉语？

简言之，古代汉语指古代汉民族的语言。古代是一个很宽泛的概念。汉民族从有文字以来到现在已有很长的历史，从夏代算起也有4000多年了。就是从有传世典籍文献算起，也有3000多年了。古代的下限可以算到清末或者五四时期。上古的汉语与五四前的汉语面貌相比较情况如何呢？如果拿《论语》与《红楼梦》相比，是很不相同的。但要是拿《论语》与清代人的文言文作品比，差距就不是那么大。这是因为，口头语言随着时代的发展而产生了很大变化，而汉语正统的书面语言的变化就没有那么大。这就是说，古代汉语存在两个系统，一个是文言系统，一个是白话系统。前者是正统的书面语，后者是口头语言。我们说的古代汉语，广义上说，就包括这样两个系统，但通常人们说的古代汉语，是狭义的，即古代的书面语，也就是通常所说的文言文。那么“文言”是什么意思？感性的认识是，带有“之乎者也”这类字的话。但“之乎者也”从何而来？这种语言是怎样形成的？这就得从头说起。文言是以先秦口语为基础而形成的一种固定的书面语。

这种固定的书面语为什么能代代传承？主要是因为先秦时期汉语文献大量涌现，不光有十三经，还有诸子百家的书，这使汉语书面语得以定型。这是一个基础。这种书面语得以传承还另有原因。由于先秦文献被尊奉，尊为经，奉为典。什么是典？从原始字形看，典是放在架子上的书册，这些典又被称为“经”，经的意义本来是织布机上的纵线，对比横线（纬线）而言，它是主要的、不变的，因而，经引申出“主也、常也、法也”这样的意义。以“经”称古代的书就是这种意思。以汉唐王朝为代表来说，先秦的这些书不仅被奉为经，还被作为学生的教科书，朝廷的各级考试都从这些书中出题目。这一招是很管用的。加上中国文人的好古、仿古的习惯，所以文言这种固定的书面语就得以代代传承。

古代汉语是指文言，文言的作品那么多，要基本掌握这种语言的书面形式，除了阅读文言作品外，一个被证明有效的办法，就是掌握古代汉语的一些基本理论。古代汉语的基本理论可以分为文字、词汇、语法、音韵、训诂这样一些方面。我们的《古代汉语专题教程》就是为了满足大家这种需要而编写的。这个专题一共分为七讲，希望通过对它的学习，能帮助我们提高文言文的阅读与教学的能力。

第1讲

文　字

第一节　概说

一、古汉语文字知识

(一)
文字

从普通语言学角度说，文字是记录语言的符号。

言者意之声，书者言之记。（孔颖达《尚书序》疏）

盖天下事物之象，人目见之则有意，意欲达之则口有声。意者，象乎事物而构之者也；声者，象乎意而宣之者也。声不能传于异地，留于异时，于是乎书之为文字，文字者，所以为意与声之迹也。（陈澧《东塾读书记》）

这是从普通语言学角度讲文字产生的社会原因。

汉民族语言的文字简称汉字。

汉字在秦代以前称为文。

夫文，止戈为武。（《左传·宣十二年》）

于文，皿虫为蛊。（《左传·昭元年》）

车同轨，书同文。（《礼记·中庸》）

秦以后"文""字"并称。关于"文"与"字"的定义，东汉文字学家许慎说得很清楚：

仓颉之初作书，盖依类象形，故谓之文；其后形声相益，即谓之字。文者物象之本，字者言孳乳而浸多也。（《说文解字·叙》）

许慎这是解释"文"和"字"名称的由来。《说文解字·文部》（《说文解字》以下简称《说文》）解释"文"的字形意义（本义）时说："错画也。"意思是说

“文”的字形是一些交错的笔画。交错的笔画不是婴儿或动物无意识的乱涂乱画，而是代表着用线条画出的物体的外在轮廓，用许慎的话来说，就是“物象”。因为“依类象形”就是对物象的描摹，所以叫做“文”。古汉语中与“文”对应的一个词是“质”。《论语》中记载，孔子曾与他的学生讨论“文”与“质”的关系。孔子说：“质胜文则野，文胜质则史。文质彬彬，然后君子。”又有一次，有两个人就“文”与“质”的问题发生争辩：“棘子成曰：‘君子质而已矣，何以文为？’子贡曰：‘惜乎，夫子之说君子也！驷不及舌。文犹质也，质犹文也。虎豹之鞟犹犬羊之鞟’”这足以说明，“文”的意义是“物象”，或者说物的外部形态。再看“字”的意义。“字者，言孳乳而浸多也”。《说文·子部》解释“字”的意义说：“乳也。”解释“孳”的意义说：“汲汲生也”（指连连接接地生）。《说文·乚部》解释“乳”的意义：“人及鸟生子曰乳。”可知，“字”的本义是生孩子。作为与“文”相对的“字”，是由“文”所繁衍出来的，把“文”比作母体，“字”是“文”的产物，“文”的数量是有限的，而“字”则无穷。所以说“字者，言孳乳而浸多也。”

（二）古汉语文字学知识的学习内容和目标

以汉字为对象的研究内容很丰富。由各自的目的所决定。我们对文字知识的学习主要是为了两个目的，一是阅读古代文献，二是从事文言文的教学。其教学内容是通过对汉字形体结构的分析，正确理解古书的字义，认识汉字形音义之间的密切关系，掌握古书用字的一些特点。它既不同于古文字学，也不同于普通文字学。

二、文字学史略

研究文字成为一门学问，是汉代才有的事。这门学问的形成，有其特殊的历史背景。汉于秦始皇焚书之后，尊崇儒学，但儒家许多经典已经失传，于是，由一些宿儒口授，学生们用当时流行的隶书抄录的典籍便出现了。因为篆书被称为“古文”，隶书在当时被称之为“今文”。按隶书来讲解古书，就被称为“今文经学”。今文经学的特点是往往牵强附会地讲解文字，诸如，“马头人为长”、“人持十为斗”、“虫者屈中也”等。后来，一些被保存于地下和私宅的古书陆续出现。这些书是用战国文字写的，因而称为“古文经”，讲古文经的学者往往有更多的发言权，更能了解字形正确的意义，他们往往依据古文字来驳正今文经学的谬说，如是，形成“今文经学”与“古文经学”两派。东汉许慎的《说文》，是古文经学派与今文经学派斗争的产物。《说文》的问世，标志着汉语文字学的产生。这本书以六书为中心，将汉字分别部居，据形系联，创作了汉字的第一部字典，保存了汉字的古义和本义。这是汉语文字学的第一阶段。

文字学的第二阶段是唐宋时期。唐代，朝廷开科取士，文字之学随之勃兴。具有代表性的如唐代唐玄度的《九经字样》、颜元孙的《干禄字书》，南唐徐铉对《说文》加以校订出版，即今流行的《说文解字》，世称大徐本，他的兄弟徐锴为《说文》作系传，即今印行的《说文解字系传》，世称小徐本。宋代文字学的代表著作有王安石的《字说》和陆佃的《埤雅》，关于这两本书，我们后面将会谈到。

文字学的第三个阶段是清代。清代是中国学术鼎盛的时代，文字学的成就辉煌。乾嘉时代出现的大学问家很多，如戴震、段玉裁、王念孙、王引之等，文字学的著作上百种，著名的有“说文四家”：段玉裁《说文解字注》，朱骏声《说文通训定声》，桂馥《说文解字义证》，王筠《说文释例》、《说文句读》。

其中，段玉裁的《说文解字注》是一部体大思精的著作。段氏集毕生之力，著成此书，将形音义三者贯通，兼考诸经、方言，立足本义，往往多所创获。以后，我们讲文字时，将不时提到他的一些见解，简称“段注”。

清末民国初年，也有一些学问家值得提及，如章太炎、黄侃、杨树达。章太炎的《文始》、黄侃的《文字声韵训诂笔记》、杨树达的《积微居小学述林》都是文字训诂方面的重要著作。

第二节 汉字的起源及其形体的演变

一、汉字的起源

文字是记录语言的符号，在有文字之前，语言早就存在了。在文字产生以前的漫长历史时期中，人们是用什么办法来记事的呢？关于这个问题，我国的文献记载中有种种说法。

（一）结绳说

《周易·系辞下》：“上古结绳而治。”

《庄子·胠箧》：“当是之时，民结绳而用之。”

《说文解字·叙》：“及神农氏结绳为治，而统其事。”

从人类发展史上看，文字产生前这种记事方式是存在过的。甲金文的某些字形，可能就是这种结绳而治的痕迹。（参见约斋《字源》，165页）

结绳虽然与某些文字有一定联系，但结绳不是文字，也不能导致文字的产生。

（二）八卦说

八卦起源于何时，何人所创，皆不得而考。八卦最初也可能是一种记事符号，但却被用于巫术，成为巫人用以取象衍说吉凶的符号。卦名与卦形如下：

乾 坤 离 坎 震 艮 兑 巽

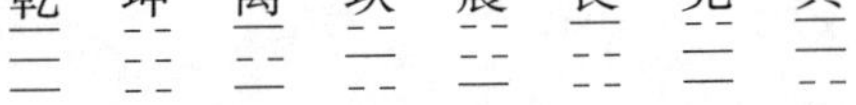

后来两卦重叠作一个，组成六十四卦。有人认为，这种整画断画的排列，可能是排列蓍草时触悟出来的（见朱自清《经典常谈》）。儒家本不信巫，“子不语怪、力、乱、神”。但后来《周易》被列为儒家经典第一，那是什么原因？这是八卦出现后，儒家对其附会的结果。对八种卦象名之以“乾、坤、离、坎、震、艮、兑、巽”的名目，并进一步附会上天，地，火，水，雷，山，泽，风等。儒家将八卦的卦象抽象化、哲学化了。因而它就成了一部经典。其实，天下的万事万物许多都可以抽象化、哲学化。

八卦起初也可能与记事有关，却被用于巫术，又演变为哲学。它不是文字，也不是文字的先导。

(三)画、图、书、契说

画，起初的意义就是划，划上一些条条杠杠，用以记事或帮助记事。

图，则是画出物体的轮廓，这比之于线条的记号更具象，可以帮助人们形成概念了，最初的汉字大多是这种图画。

书，起初的意义就是写，后来，写下来的也叫做书，书就成了文字的意思。由于早期的文字多是刻在竹木兽骨上，故书又叫做“契”，契就是刻写，后来写作“锲”，这样，文字又叫“书契”。《周易·系辞下》：“上古结绳而治，后世圣人易之以书契，百官以治，万民以察。”可见汉字的产生对社会的作用非常之大。

(四)仓颉造字说

《说文·叙》：“黄帝之史仓颉，见鸟兽蹄迒之迹，知分理之可相别异也，初造书契。”

《吕氏春秋·君守》：“仓颉作书。”

《淮南子·本经》：“昔者仓颉作书而天雨粟，鬼夜哭。”

中华民族有崇拜偶像的民族心理，许多方面的人物都被冠以神的称号，传说中造字的始祖也被神化。关于这一问题怎么看，战国时代的思想家荀子就已说得十分清楚：

《荀子·解蔽》：“好书者众矣，而仓颉独传者，一也。”

汉字就是在古先民的长期实践中逐步产生的。

二、汉字形体的演变

(一)古文字

(1) 大篆

甲骨文

甲骨文是迄今发现的最早的已形成系统的汉字。它主要通行于殷商时代，这种字是用刀刻在龟甲或兽骨上的，所以称甲骨文。当时每逢国家大事就须占卜吉凶，占卜用龟，因而龟被认为是神物。《说文·贝部》：“古者货贝而宝龟。”因为这些文字多为占卜的记载，所以又叫“卜辞”。它们最早是从殷王朝的遗址发现的，于是又叫殷墟文字、殷墟书契。研究甲骨文的名家有孙诒让，著有《契文举例》；罗振玉，著有《殷墟书契考释》；王国维，著有《流沙坠简考释》；郭沫若，著有《卜辞通纂》等。

金文

金文是指商周时代铸刻在青铜器上的文字。铸刻这种工艺，古人称之为“铭”，故金文又叫铭文。铭文多刻在古代钟鼎之上，所以又叫钟鼎文。钟鼎多为古代宗庙祭祀的乐器与礼器，祭祀以求吉，所以铭文又叫“吉金文”。

研究金文的一些重要著作：罗振玉《三代吉金文字》、王国维《两周金石文韵读》、郭沫若《两周金文辞大系》、容庚《金文编》。

当代研究甲金文的，也有一些名家，如裘锡圭、李学勤等。

(2) 小篆

秦统一天下后，采取“书同文”的政策，这种政策的产物就是传为李斯创构的小篆。小篆对大篆的字体作了一些省改，一些繁缛的笔画被简化，形体也趋于规范。小篆的形体，在《说文解字》一书中得以保留。

(二) 今文字

小篆作为秦的正体文字通行后，人们仍觉得其笔画过于繁复，于是就有了对小篆进一步的省改。晋卫恒《四体书势》：“秦既用篆，奏事繁多，篆字难成，即令隶人（胥吏）佐书，曰隶字。”程邈将当时这种书写体加以搜集整理，后世遂有程邈创隶书的传说。隶书的出现，是汉字史上的一次大的变革，它使古文字演变成今文字。小篆之前的文字与隶书比较，其差异可以表述如下：

小篆	隶书
古文字	今文字
圆转的连笔	方折的断笔
图画化	线条符号化

第三节 汉字的结构

一、象形、指事、会意

(一) 象形

《说文·叙》：“象形者，画成其物，随体诘屈，日月是也。”

这类字许慎的定义和举例都明白易懂，即字形象实物之形，亦即用比较简单的线条画出对象物的轮廓。如：

 皿《说文》：“饭食之器也，象形。”

 隹《说文》：“鸟之短尾总名也，象形。”

 鸟《说文》：“长尾禽总名也，象形。”

 目《说文》：“人眼也，象形；重童子也。”

 易《说文》：“蜥易……象形。”

 鼠《说文》：“穴虫之总名也，象形。”

 飞《说文》：“鸟翥也，象形。”

 册《说文》：“符命也，诸侯进受于王也。”

——以上独体象形。又如：

 眉《说文》：“目上毛也，从目，象眉之形，上象额理也。”

 果《说文》：“木实也，从木，象果形，在木之上。”

 血《说文》：“祭所荐牲血也，从皿，一象血形。”

 豐《说文》：“豆之豐满者也。”

——以上合体象形。

以上这些字可以帮助我们了解象形的意义。以下我们再看一些象形字：

 自《说文》：“鼻也，象鼻形。”

息《说文》：“喘也，从心从自。”

臭《说文》：“禽走，臭而知其迹者犬也，从犬从自。”

辠《说文》：“犯法也，从辛从自，言辠人蹙鼻苦辛之忧。秦以辠似皇字，改为罪。”（罪，《说文》：“捕鱼竹网也。”）

这一组字，可以用来证“自”的形义，也可以用来互证。

 行《说文》：“人之步趋也。”

“行”的本义为通道，从“行”之字义与道路有关，如：

街《说文》：“四通道也。”

衖《说文》：“里中道也。”今作“巷”。

衢《说文》：“四达谓之衢。”杜诗《征夫》：“路衢唯见哭，城市不闻歌。”

術《说文》：“邑中道也。”左思《蜀都赋》：“亦有甲第，当衢向術。”

衝《说文》：“通道也。”《汉书・郦食其传》：“陈留，天下之衝，四通五达之郊也。”

 阜《说文》：“大陆山无石者，象形。”

厂《说文》：“山石之厓岩，人可居，象形。”

石《说文》：“山石也，在厂之下，口象形。”

产《说文》：“仰也，从人在厂上。”

危《说文》：“在高而惧也。”或以“产”为“危”之本字，见杨五铭的《文字学》。

从阜之字与“山”、“高”、“陟”、“降”意义相关。如：

陟“登也。”	陷“自上陷下。”	阶“陛也。”
降“下也。”	队“从高队也。”	除“殿陛也。”
隤“下队也。”	隄“塘也。”	陛“升高阶也。”
陨“从高下也。”	防“隄也。”	陵“大阜也。”

他如：隙、陬、险、阻、陆、隐、障、际、阿、阴、阳。

 又《说文》：“手也，象形。”

父《说文》：“矩也，家长率教者，从又持杖。”

尹《说文》：“治也，从又丿，握事者也。”

及《说文》：“逮也，从又从人。”徐锴曰：“及前人也。”

争《说文》：“引也。”

爰《说文》：“引也。”

隶《说文》：“及也，从又从尾省。又持尾者，从后及之也。”

叔《说文》：“拾也，从又尗声。《诗七月》：‘九月叔苴。’”

取《说文》：“捕取也，从又从耳，周礼获者取左耳，司马法曰：‘载献聝’，聝者耳也。”

彗《说文》：“扫竹也，从又持 。”

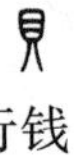 贝《说文》：“海介虫也……象形。古者货贝而宝龟，周而有泉，至秦废贝行钱。”

贿“财也。” 购“以财有所求也。” 贡“献功也。”
赂“遗也。” 贺“以礼相奉庆也。” 贷“施也。”
货“财也。” 质“以物相赘，从贝从所，阙。” 赠“玩好相送也。”
财“人所宝也。” 贾“贾市也…一曰坐卖售也。” 贸“易财也。”
资“货也。” 賚“赐也。” 贳“贷也。”
婴“颈饰也，从女賏，賏其连也。”
《荀子·富国》：“是犹使处女婴宝珠。”

 网《说文》：“庖牺所结绳以渔，从冂，下象网交文。”
羅“以丝罟鸟也。” 罩“捕鱼器也。” 罟“网也。”
罾“渔网也。” 罪“捕鱼竹网，从网非。秦以罪为辠字。”
罷“遣有辠也，从网能。”置“赦也，从网直。”
罵“詈也，从网马声。” 詈“罵也，从网从言，网辠人。”

 欠《说文》：“张口气悟也，象气从人上出之形。”
吹“出气也。” 欷“歔也。” 歔“欷也，从欠虚声，一曰出气也。”
欣“笑喜也。” 欢“喜乐也。” 歎“吟也。”
歌“咏也。” 欧“吐也。” 歇“息也。”
歙“缩鼻也。” 欥“安气也。” 欲“贪欲也。”

 工《说文》：“巧饰也，象人有规矩也，与巫同意。”徐锴曰：“为巧必遵规矩法度……巫事无形，失在于诡，亦当遵规矩，故曰与巫同意。”
巨“规巨也，从工，象手持之。”
巫“祝也，女能事无形，以舞降神者也。”
式“法也。”
巧“技也。”

 大《说文》：“天大地大人亦大，故大象人形。”
从“大”之字有两类，一类与人的形体有关；一类与“小”相对：
亦“人之臂亦也，从大，象两亦之形。”
夾“盗窃褱物也，从亦有所持。”
夸“奢也。” 奢“张也。”
奄“覆也，大有余也。” 赤“南方色也，从大火。”

 夭《说文》：“倾头也，从大，象形。”
走“趋也。” 奔“走也。”

 子《说文》：“李阳冰曰：‘子在襁褓中，足并也。’”
孑“无右臂也。”
孓“无左臂也。”

(二) 指事

《说文·叙》：“指事者，视而可识，察而见意，上下是也。”
指事字可以分为两类：
纯符号的指事字，如上、下、一、二、三、四、十、廿、卅等。
在象形字基础上增加符号的指事字，如：

 刃《说文》："象刀有刃之形。"

 本《说文》："木下曰本。"

 末《说文》："木上曰末。"

 朱《说文》："赤心木，松柏属。"

 亦《说文》："人之臂亦也。"

 寸《说文》："十分也，人手却一寸，动脉，谓之寸口。"

 厷《说文》："臂上也。"

这一类指事字要与合体象形字区别开来。清·赵谦《六书本义》："象形文之纯，指事文之加。"

（三）会意

《说文·叙》："会意者，比类合谊，以见指㧑，武信是也。"

比犹并，类即字类，谊即义，指㧑即意向。这个定义可以理解为：并列几个相同或不同的初文，以体现一种意图。如"武"是把"止"和"戈"二者并到一起，其意图是表示与军事、战争有关的事。"信"是把人和言这两个要素并到一起，表示诚信的意义。

会意字是合两个或两个以上的初文组成一个新的意义。学界对会意字的划分有所不同，我们这里介绍的是高亨先生的分类。

（1）异文会意

男《说文》："丈夫也，从田从力，言男用力于田也。"

半《说文》："物中分也，从八，从牛，牛为物大，可以分也。"

分《说文》："别也，从八从刀。"

香《说文》："芳也，从黍从甘，《春秋传》曰：'黍稷馨香。'"

戍《说文》："守边也，从人持戈。"

挚《说文》："握持也，从手从执。"

囚《说文》："系也，从人在囗中。"

祭《说文》："祭祀也，从示，以手持肉。"

 示《说文》："天垂象，见吉凶，所以示人也。从二（二，古文上字），三垂，日月星也，观乎天文以察时变，示神事也。"

从示的字与祭祀、鬼神、征兆、祖先等意义相关。以下是示部的一些常用字：

禮"所以示神致福也。"	祐"助也。"	社"地主也。"
祓"除恶祭也。"	祈"求福也。"	祥"福也。"
祺"吉也。"	禳"祀除疠殃也。"	祖"始庙也。"
祯"祥也。"	齋"戒洁也。"	祝"祭主赞辞者。"
祷"告事求福也。"	祀"祭无已也。"	祠"春祭曰祠。"
禄"福也。"	禧"礼吉也。"	神"天神引出万物者也。"
祇"地祇提出万物者也。"	禁"吉凶之忌也。"	祟"神祸也。"

企《说文》："举踵也。"《汉书·高帝纪》："日夜企而望归。"颜注："企谓举足而竦身。"

保《说文》："养也。"《礼记·内则》："保受乃负之。"郑注："保，保母。"
君《说文》："尊也。从尹发号，故从口。"
即《说文》："即食也。"
既《说文》："小食也。"
瞿《说文》："鹰隼之视也。"
莫《说文》："日且冥也。"
益《说文》："饶也，从水皿。"
炙《说文》："炮肉也，从肉在火上。"
冠《说文》："豢也，所以豢发。弁冕之总名也。"
 邑《说文》："国也，从囗。"
从囗的字又如：
或"邦也，从囗，从戈守一。"
國"邦也。"
域《玉篇》："居也，封也。"
韋《字源》：围绕的意思。（见约斋：《字源》，23页，上海书店，1986）
从邑的字；意义与城邦或姓氏有关：
都"有先君之旧宗庙曰都。"
邦"国也。"
郵"境上行书舍。"
郊"距国百里为郊。"
邻"五家为邻。"
酂"百家为酂，酂，聚也。"
鄙"五酂为鄙。"
郢"古楚都。"
郭"齐之郭氏虚。"
郑"京兆县。"
邓"曼姓之国。"
郝"右扶风雩、盩厔乡。"
扈"夏后同周姓所封，战于基者。"
邸"属国舍。"
邵"晋邑也。"
鄢"南郡县。"
后一列均为姓，有些兼指地方。
他如：弄、兵、异；戒；解；秉、兼；暴、寒、爨。
(2) 同文会意
林《说文》："平地有丛木曰林。"
从《说文》："相听也。"
比《说文》："密也。二人为从，反从为比。"
轟《说文》："群车声也。"
友《说文》："同志为友，从二又相交友也。"
卉《说文》："草之总名也。"
炎《说文》："火光上也，从重火。"
雔《说文》："双鸟也。"
众《说文》："多也。"
森《说文》："木多貌。"
淼《说文》："大水也。"
毳《说文》："兽细毛也。"
雥《说文》："群鸟也。"
羴《说文》："羊臭也。"

(3) 对文会意

北《说文》:“乖也,从二人相背。”

乖“戾也。”

步《说文》:“行也。”

舛《广雅·释诂》:“背也。”

鬥《说文》:“两士相对,兵杖在后,象鬥之形。”

廾《说文》:“竦手也。”两手合抱,即拱手之拱。

象形、指事、会意的区分:

果—男

石—囚

前为合体象形,后为会意。前二字均有一体非初文,后二字两体均初文。

血—忍

至—本

前两例为象形,后两例为指事。

南宋郑樵《通志·六书略》:“指事类乎象形,指事,事也;象形,形也。指事类乎会意,指事,文也;会意,字也。”

清赵谦《六书本义》:“象形文之纯,指事文之加。”

二、形声

象形、指事、会意的共同特点是都建立在象形的基础上,属于表意性的。形声字则出现了表音成分。

《说文·叙》:“形声者,以事为名,取譬相成,江河是也。”段注:“以事为名,谓半义也;取譬相成,谓半声也。”“为名”犹言标明意义类属。“以事为名”,谓用与其事相关的一个初文标明新字的意义类属;“取譬相成”谓取一个读音相近的字标示读音,并以此标音成分与表义成分合起来构成一个新字。

(一) 形声字的形符

(1) 形声字的形符标示该字的意义范畴

 页《说文》:“头也。”

以“页”为形符的字的意义多与头部有关。如:

颜“眉目之间也。”

题“頟也。”

硕“头大也。”

颇“头偏也。”

颐“举目视人貌。”

顾“还视也。”

顿“下首也。”

顯“头明饰也。”

他如:颈、领、项;颀、颠、顶、顙、頜、頪等。

 攴《说文》:“小击也。”

“支”的字形象手执鞭子，因而有击打义。从“支”的字多与击打义相关，如：

敀“教也。”

敏“疾也。”

整“齐也。”

败“毁也。”

收“捕也。”

他如：攻、政、教、敲、敌、救、效、故（“使为之也”）改、敛、敦（“怒也、诋也”）、牧等。

 肉《说文》：“胾肉。象形。”

从“肉”之字主要有名词与形容词两类。

名词　指身体的部分，特别是指除头部以外的部分及各种内脏，如：

肩、肘、股、肱、肋、胁、肾、胆、腹、背、脚、胫、肝、肺、腑、脏

形容词　指有关身体的某些性质、状态，如：

肥、腯、腴、腻、臞、腥（胜）

还有一些字可以拿来展开一些讨论：

肯“骨间肉。”《庄子·养生主》：“技经肯綮之未尝。”成语有“切中肯綮”。

膏“肥也。”

臘“冬至后三戌臘祭百神。”

膳“具食也。”是备办伙食，也指上等的伙食。

胡“牛颔垂也。”

脩“脯也。”《论语·述而》：“自行束脩以上，吾未尝无诲矣。”

（2）形声字的形符还可以帮助认识古代社会某些观念和文化习俗

例如，古人把心看作思维器官，《孟子·告子上》：“心之官则思。”《管子·心术上》：“心也者，智之舍也。”这种观念，反映在文字上，就是从心的字都与思维活动有关，如：

思、念、想、惟、怕、恨、感、忖、忘

妨、怅、忿、惧、怠、恋、慕、恭、忝

上古时代，汉民族应曾有过女权时代，这在文字上也能看到一些痕迹，如上古时代的姓氏多从女：

姚、姒、姬、妫、姜、嬴、姺、妘、姞

姓《说文》：“人所生也，古之神圣母，感天而生子，故称天子。从女从生。《春秋传》曰：‘天子因生以赐姓。’”从中可以窥见人类早期的家庭是靠女性维系的。

进入男权社会后，女性的地位下降了，女性一度受到社会歧视。这也从文字上得到反映，如：

佞、婪、奸、嫉、妬、嬖、妄、妨、嬾、嫌、妖、妓、婞

应该注意到的是，在这些字里面，有些本不带有贬义，如“妖”，“妖”原应是生命力旺盛义，如曹植《美女篇》：“美女妖且闲，采桑歧路间。”有些字原本不从女，如“妓”，字形原作“伎”，指古代宫中的艺人，艺人非女性的专职，多为男人，后来，艺人多用来指从事娱乐活动者，字形变作“妓”，当时，亦无贬

义，并不与今义同。

(二) 关于会意兼形声字

会意兼形声字（或称形声兼会意字）是指下面这种情形：

娶《说文》："取妇也，从女从取，取亦声。"

婢《说文》："女之卑者也，从女卑，卑亦声。"

婚《说文》："妇家也，礼娶妇以昏时，妇人阴也，故曰婚。从女从昏，昏亦声。"

姻《说文》："壻家也，女之所因故曰姻，从女从因，因亦声。"

谊《说文》："人所宜也，从言从宜，宜亦声。"

茁《说文》："草初生地貌，从草出，出亦声。"

讷《说文》："言难也，从言从内。"

熄《说文》："畜火也（段注：'蓄当从草，积也；熄取滋息之义。'）从火息声，亦曰灭火。"

语言中的音义关系总的来说是约定俗成的，但是，在这个前提下，由于语言是在长期的社会实践中逐步积累起来的，在同一种语言中，后起的语词往往受到原有语词的制约，这种制约就反映在音义关系上。例如：

朝——潮；夕——汐；卓——桌

永——咏；雷——擂；倚——椅

这几组字的特点是，后字在前字的基础上增加（或改变）形符，构成新的形声字，这就是会意兼形声字产生的方式。

古人有"声义同源"说，即认为古谐声偏旁多与字义相近。关于这个问题，古今有不少人作过研究，下面举几个例来说明。

"侖"字含有分析、有序之义，从"侖"得声的字均含有条理之义，如：

倫：人之间辈分关系。
綸：丝之条理。
論：言语有条理。
輪：车之循轨而行者。
淪：水之波纹。

彗"扫竹也。"家中小物，从彗得声者含"小"义：

慧，小才智。
嘒，小声。
槥，小棺。

冓"交积材也。"从冓得声者有对交义。如：

覯，视相交。	遘，行相遇。
媾，婚媾。	購，物与物相交换。
溝，水流相汇处。	構，建筑材料相交。
篝，熏笼。	講，言语相交。

（以上三例见高亨《文字形义学概论》）

（三）关于“右文说”

从上一节的分析可见，在一些形声字中，声符具有表义的作用。宋代兴起一种分析形声字形义的学说，叫做“右文说”。其基本内容是认为形声字的声符具有表义的作用。

宋沈括《梦溪笔谈》：

> 王圣美治字学，演其义以为“右文”。古之字书皆从“左文”。凡字，其类在左，其义在右。如木类，其左皆从木。所谓“右文”者，如“戔”，小也，水之小者曰“浅”，金之小者曰“钱”，歹之小者曰“残”，贝之小者曰“贱”。如此之类，皆以“戔”为义。

与王圣美同时代的王安石，著有《字说》一书，可算“右文说”的范本。如：

> 讼，言于公也。
> 郊，与邑交为郊。
> 霄，凡气升此而消焉。
> 伶，非能自乐也，非能与众乐乐也，为人所令而已。
> 薇，薇者，微贱所食，故谓之薇。

与此相类的还有陆佃的《埤雅》。

“右文说”发现了形声字的声符存在表音兼表义的现象，这是贡献，但其认为所有形声字声符均有表义作用，是不符合事实的。这种学说，犯了以偏赅全的错误。

（四）形声字的结构关系

形声字的形体结构：

左形右声——江棋诂超
左声右形——攻期胡邵
上形下声——空箕罟茗
上声下形——汞基辜照
内形外声——辩哀问闽
内声外形——阁國固裹
形占一角——勝哉聖荆
声占一角——旗寐寶房

三、转注

《说文·叙》：“转注者，建类一首，同意相受，考老是也。”

关于转注，历来有许多说法。今比较一致的看法是，转注即二字同旁互训，辗转相注。“建”是“立”或“造”之意，“类”谓字类。“一首”指统一这类字的部首。“同意相受”谓一类转注字表示相同的意义。要之，通过“一首”而“建类”，目的是要用同部首的一类字表达一个相同的意义。可知，转注的特点有二：其形同旁；其义互训。

高亨先生论及转注产生的原因：

> 吾国历史悠久，邦土辽阔，一事一物之名，自不免因时而殊称，随地而

异谓，一事一物既有数名，自必各为造字，此诸字既代表同一事物，自当从同一偏旁以为意，故为同部，亦自必同义，而可彼此互注，故为互训，此转注之所由生也。（《文字形义学概论》）

转注字举例：

老、考、耆、耋

老《说文》："考也。"
考《说文》："老也。"
耆《说文》："老也。"
耋《说文》："年八十曰耋。"

舟、船、舸

舟《说文》："船也。"
船《说文》："舟也。"
舸《说文》："舟也。"

至、到、臻

至"象矢远来降至地之形。"（罗振玉）
到《说文》："至也。"
臻《说文》："至也。"

他如：父、爸、爹；箸、筷；茅、菅；脩、脯

转注字与形声字的关系是：转注是就两个以上的一组字的造字方法而言，形声是就单个的字而言；一组转注字就其中的一个而言，往往是形声字，但同形符的形声字，多不是转注字。

四、假借

《说文·叙》："假借者，本无其字，依声托事，令长是也。"假借是借此字之形音，以表达一个不相关的意义。依声托事，指借一个读音相同的字来表示一个新的事物的意义。许慎举"令"与"长"为例，我们来作一些分析。

"令"《说文》："发号也。"发号施令的"令"后来又用指某一政府或部门的长官，如，县令，中书令。命令的"令"与县令的"令"是什么关系？是词义引申还是文字假借？用今天的观点来看，是同词还是异词？"长"也存在这样的问题，从长短的"长"到生长的"长"，是意义相关还是意义无关？清代的朱骏声觉得许慎所举假借的例子不妥，朱骏声改为"朋、来"二字。"朋"的字形义是"凤"的象形，因口语中"朋友"之朋与"凤"同音，并没有一个专门的字来表示，就借这个字来表示"朋友"的意义。"来"的字形是象"小麦"这个作物之形，后借以表示来去之"来"。朱骏声所举的例子是对的。"令"由命令义到县令义，属于词义引申，"长"由形容词到动词，也有内在的意义联系，是词义引申所致，而非假借。

假借其实并未产生新字，但用同音字记录了新词。所以也可以算作一种造字方法。关于假借产生的原因，清代学者孙诒让曾有过很好的论述：

天下之事无穷，造字之初，苟无假借一例，则逐事而为之字，而字有不可胜造之数，此必穷之数也，故依声而托以事焉，视之不必是其字，而言之则其声也，闻之足以相喻，用之可以不尽。是假借可救造字之穷而通其变。(《与王子壮论假借书》)

假借字的例子：

 西《说文》："鸟在巢上，象形。"借为西方之西。

 所《说文》："伐木声也。"借为虚词。

 耳《说文》："主听者也。"借为虚词。

 無《说文·林部》："豐也……商书曰：庶草繁無。"

無《说文·亡部》："亡也。"此假借"丰"义"無"之字形。

他如：雖、新、易、况、舊、難。

章太炎先生曾论述过假借和转注的辩证关系。他说：

转注者，繁而不杀，恣文字之孳乳者也；假借者，志而如晦，节文字之孳乳者也。二者消息相殊，正负相待，造字者以为繁省大例。(《国故论衡·转注假借说》)

第四节 字形的变易

一、古今字

(一) 什么是古今字

先看例子：

道——道、导

《论语·泰伯》："任重而道远。"(道路)

《荀子·天论》："循道而不贰，则天不能祸。"(规律)

《论语·里仁》："夫子之道，忠恕而已矣。"(思想)

《论语·宪问》："夫子自道也。"(说)

《国语》："不如小决使道。"(引导、疏导)

在末一义项上，"道"后来写作"导"。

古人用一个字记录多种意义，后人为了避免书面表达上的歧义，为其中的一个（或几个）意义另造新字，这种在造字时间上有先后，意义范围上有大小的一对或一组字叫古今字。

这里的"古"和"今"只是相对的时间概念，先秦为古，汉即为今，春秋为古，战国即为今。

古今字有以下特点：

(1) 产生的时间上有先后；

(2) 意义范围上有大小；

(3) 今字产生后，古字并不废弃。

(二) 古今字产生的原因

(1) 由于词义的引申而产生

例如：取 捕取——取得——取（妻）

《诗·齐风·南山》："取妻如之何？"

《论语·述而》："君取于吴，为同姓。"

后人为娶亲一义专造一字：娶，取—娶就成为一对古今字。

（2）由于文字的假借而产生

例如：莫 日且冥——借为虚词

《论语·先进》："莫春者，春服既成。"

这个"莫"，后来写作"暮"，莫—暮就成为一对古今字。

（三）古今字之间的关系

古今字多为一对一的关系，即在数量上，一个古字后来孳生出一个今字。也有一个古字后来孳生出多个今字的。例如：

《诗·周南·关雎》："参差荇菜，左右采之。"

《论贵粟疏》："衣心文采。"

《荀子·正论》："衣服则服五采。"

这三例中的"采"，后来分别写作採、彩、綵，采与採、彩、綵即一组古今字。

从字形看，今字与古字之间有两种关系，一种是以古字为声符，另加形符构成形声字：

竟——境

孰——熟

知——智

或——域、國

另一种是改换形符或意符：

赴——讣

厝——措

閒——間、閑

（四）正确对待古今字

一是要正确理解。例如：

《论语·述而》："君取于吴，为同姓。"

《左传·僖公三十年》："秦伯说，与郑人盟。"

《汉书·霍光传》："敢泄言要斩。"

二是要正确表述。这又包括两个方面，一是古今字是指一对或一组字，并非单个字；二是要从理论上将其和通假字区分清楚。例如"敢泄言要斩"一句中，"要"不是通假字，而是人体腰部的"腰"的本字，"腰"是后起的区别字。

二、异体字

（一）什么是异体字？

异体字是指读音和意义相同，仅仅形体不同，在任何情况下互相替代不会产生歧义的字，如"棋"和"棊"。

(二)异体字形成的原因

(1) 造字方法不同

岳—嶽 泪—淚 野—埜 岩—巖 奔—犇 磊—礨

前者为会意字，后者为形声字。

(2) 采用不同的形符

敕—勅 睹—覩 杯—盃 灾—災 坑—阬 瓶—缾 驅—敺 糖—醣 侄—姪 歎—嘆

汉字有不少偏旁在意义上是互通的。这是形成异体字的一个重要原因。王力先生《古代汉语》中作过分析，下面举一些来说明：

口—言

言部是口部的一个分支。因此就有“呼—謼”这样的异体字。

口—欠

欠部和口部、言部都有关系。因而从口或从言的字也可从欠。例如：唏嘘—欷歔，歌—謌。

目—见

见部是目部的分支，因而有：睹—覩。

鸟—隹

二者义同，因而就有：雕—鵰 雁—鴈。

足—辵

二部义同，因而就有：迹—跡 逾—踰。

还有一些部首，关系本来不大，也有相通的情况，这是由于某种观念而造成的。例如：偷—媮和懒—嬾。

这应该是由于女性受歧视而形成的。

(3) 采用不同的声符

梅—楳 管—筦 线—線 裤—袴 粮—糧 烟—煙 馈—餽 泄—洩

也有形符和声符都不同的：

村—邨

(4) 构形成分的位置不同

惭—慙 够—夠 和—咊 秋—烁 棋—棊 峰—峯

(5) 由于书体不同而形成

凡—九 污—汚 年—秊

三、繁简字

近年来，汉字的书写出现了不少混乱现象。其中，多见的是繁简夹杂。有时，由于没有弄清楚繁简字的对应关系，出现一些错误。

(一)简化字的主要来源

(1) 回到古本字

简体、繁体是古今字的关系，简体采用古本字，如：

采——採 布——佈 须——鬚 舍——捨

简体、繁体是异体字，简体采用古本字，如：

从——從 网——網 气——氣 踊——踴

(2) 同音替代

余：第一人称代词　馀：剩馀；多馀。
以“余”兼并“馀”。
丑：地支名　醜：醜恶
以“丑”兼并“醜”。
干：干戈　乾：乾湿　榦：树榦
以“干”兼并“乾”和“榦”。
谷：山谷　穀：五穀
以“谷”兼并“穀”。

（二）繁简字的对应关系

（1）繁简字之间多为一对一的关系。如：
这——這　办——辦　宝——寶
（2）一个简化字与几个意义本不相关的字对应

几：几案	发：出发	后：皇后	周：姓氏
幾何	头髮	先後	週圍
里：乡里	谷：山谷	筑：击筑	干：干戈
裏面	五穀	建築	乾湿

思考与练习

一、为什么甲骨文又叫殷墟文字、卜辞、契文？
二、请解释“金文”、“铭文”、“钟鼎文”、“吉金文”。
三、试说明古今文字的区别。
四、用现代汉语解释象形、指事、会意的意义。
五、古人是如何定义“文”和“字”的？
六、结合实例分析象形与指事、象形与会意、指事与会意的区别。
七、分析下列字的形义关系。
　　典　友　仲　皋
　　至　彗　欠　析
　　兵　采　久　尹
八、指出下列字的义符，并述其表义功能。
　　衝　聖　脩　戕
　　贺　祟　醒　滕
九、解释下列概念。
　　右文说　会意兼形声字
　　转注　假借
十、举例分析古今字产生的原因。
十一、古今字和异体字有什么不同？
十二、古今字和通假字有什么不同？
十三、异体字是如何产生的？
十四、举例分析繁简字中的同音兼并现象。

阅读与参考书目

（东汉）许慎．说文解字．北京：中华书局，1963
（清）段玉裁．说文解字注．成都：成都古籍书店，1981
高亨．文字形义学概论．济南：齐鲁书社，1981
王力．说文部首举例（见王力《古代汉语》）．北京：中华书局，1999
周秉钧．初文举例（见《古汉语纲要》）．长沙：湖南人民出版社，1981
黄侃．文字声韵训诂笔记．上海：上海古籍出版社，1983
约斋．字源．上海：上海书店，1986
杨五铭．文字学．长沙：湖南人民出版社，1986
经本植．古汉语文字学知识．成都：四川教育出版社，1984
邹晓丽．基础汉字形义释源．北京：北京出版社，1990

第2讲

词　汇

第一节　引论

语言的发展演变，包括语音、词汇、语法三个要素的发展演变。汉语的历史已经有几千年了，大家知道，古代汉语与现代汉语存在着很大的差别，但这种差别主要存在于哪个方面？我们先看下面的例子。

《尚书·尧典》：

帝曰：夔，命女典乐，教胄子，直而温，宽而栗，刚而无虐，简而无傲。

这一段话，从句法结构看，和现代汉语基本上是一致的，字的认读也没多大问题，妨碍我们对全句理解的主要是几个词，例如：典、胄。

典，《说文》："五帝之书也，从册在丌上。"《广韵》："典，主也、常也、法也、经也。"《说文》讲的是"典"的造字意图，《广韵》讲的是"典"的内容与性质，由名词延伸作动词，有"掌管"义。"典乐"之"典"正是这个意思。

胄，《说文》："胤也。"是后代的意思。《三国志·蜀志·诸葛亮传》："将军既帝室之胄，信义著于四海。"用的正是这个意义。但这个意义放在以上这个句子中讲不通，这是由于"胄"由后代的意义引申则有"系也、嗣也"之义，古代朝廷以嫡长子当嗣（继承王位），故"胄"有嫡长子的意义。"胄子"当是这个意义。

其他还有一些较生疏的词，翻翻字典就可以解决问题了。如，"栗"是一种质地坚硬的木材，引申就有"坚"义。

这个例子，可以代表古汉语的一般情况。语言的要素中，语法是最稳固的部分，语音的变化也相对缓慢，而词汇的发展变化来得最快。词汇的发展演变处于一种怎样的状态？

一方面，随着社会的发展，人们的认识日趋广泛，新的事物不断地产生和被发现，这样，新词也就不断地产生，《荀子·正名》所谓"制名而指实"讲的正是这个道理。由于这个原因，词汇具有无限增多的趋势。

另一方面，随着社会的发展，人们的认识不断深入，抽象概括的能力不断提高，这又反过来使一部分词逐渐消亡，制约了词汇的不必要的增加。

例如："猪"这种动物，古代有若干的词来表示：

《说文》："豰，小豚。"步角切。

《说文》："豯，生三月豚。"胡鸡切。

《说文》："豵，生六月豚。"子红切。

《说文》："豜，三岁豕，"古贤切。

为什么同样是猪，古代要用这么多词来分别呢？因为数量概念的抽象程度高，它们出现比起名物的概念要迟一些，在数量概念未进入应用的情况下，物的不同就只能用名词来区别。这类现象在远古汉语时代应是普遍的，又如，《说文》中关于"牛"的一组概念：犊，牛子也；犕，二岁牛；犙，三岁牛；牭，四岁牛。而在数量词为人们广泛应用后，过去的分类便被认为是琐碎的，于是，全社会可以用一个词加上数量限制来区别，而这样一来，就使得许多旧词退出应用。抽象与概括使一些旧词失去存在的意义。这样的两个方面的矛盾运动，决定与制约着词汇发展的总体趋势。

汉语词汇经过长期的发展演变出现了古今差异。但是，具体情况又是不一致的。以两端相比较，有以下三种情况：

第一类：天、地、人、马、牛、羊、日、月、风、雨、雪、东、南、西、北、左、右、上、下、大、小、黑、白、轻、重、短、长、山、水。

这些是汉语的基本词汇。这些词的使用频率很高，但它们在数量上所占的比例很小。

第二类，即上文所举的关于猪、牛这类表示某种概念的词。这部分词在古代汉语中所占的比例很大，但它们的意义都比较单一，主要是认读上有困难，查查字典就可以解决问题。

第三类是以下这样的词：

> 牺牲玉帛，弗敢加也，必以信。(《左传·庄公十年》)
> 行李相攀援，川广不可越。(杜甫《自京赴奉先县咏怀五百字》)
> 凡公女必嫁敌国。(《左传·桓公三年》)
> 县官非我家将军不得至是。(《汉书·霍光传》)
> 阿刺性忠果，晓世务，有经济才。(《辽史·萧阿剌传》)
> (萧何)即不及奏上，辄以便宜施行。(《史记·萧相国世家》)

这里的牺牲、行李、敌国、县官、经济、便宜等词，如果掌握得不好，就可能以今为古，把意义搞错。因此，这类词就成为我们学习古汉语词汇的重点。

第二节 词形

一、古汉语单音词的特点

古代汉语词汇以单音节词为主要的存在形式。这不仅表现在数量上单音词大大地超过双音词，在使用频率上，单音词也大大地高于双音词。试看下面的例子：

越国以鄙远，君知其难也。焉用亡郑以陪邻？邻之厚，君之薄也。若舍郑以为东道主，行李之往来，共其乏困，君亦无所害。且君尝为晋君赐矣，许君焦、瑕，朝济而夕设版焉，君之所知也。夫晋，何厌之有？既东封郑，又欲肆其西封；若不阙秦，将焉取之？阙秦以利晋，唯君图之。（《左传·僖公三十年》）

这段话共103字，有102个词，其中101个是单音词，双音词仅有“行李”一个。

古汉语单音词的特点：

（一）多义性

辞：

轻辞古之天子，难辞今之县令。（《韩非子·五蠹》）——辞去
辞曰：“臣之壮也，犹不如人。”（《左传·僖公三十年》）——推辞
今者出，未辞也。（《史记·项羽本纪》）——告辞

兵：

擐甲执兵，固即死也。（《左传·成公二年》）——兵器
必以长安君为质，兵乃出。（《战国策·赵策四》）——援兵、军队
夫兵，犹火也。（《左传·隐公四年》）——战争

（二）灵活性

单音词往往具有多个意义，各个意义之间的差别，又往往并不明显，具有灵活性。例如《史记·太史公自序》：“法家严而少恩”。

这句话中，“严”该如何解释？“严”有认真、一丝不苟的意思，如果是一般程度，就是严格，严格到厉害的程度，就是严厉，严格到残酷的程度，则是严酷。上面这句话中的“严”字该如何理解？法家信赏必罚，不止是一般的严格，那么，是严厉还是严酷呢？从语法与语义的分析看，“而”这个连词，在这里既可以表示顺承关系，又可以表示转折关系，为了解决这个问题，就需要考察这句话的上下文。这句话的前后有对儒家墨家名家道家的评断：“儒者博而寡要”、“墨者俭而难遵”、均有褒有贬，对于法家也应该是这样，“少恩”是一种批评，要是“严”讲为“严酷”的话，那司马迁对于法家就只有批评了，这与上下文的文意不合。事实上，作为史官的司马迁，对于各家都有所褒贬，“严厉”是肯定信赏必罚，但却少些人情味，这样，这个连词“而”的前后就有转折的意思。这与前后文是相一致的。可见，由于词义的灵活性，要确定一个词在特定上下文中的意义并不是一件容易的事。

又如《论语·宪问》：“晋文公谲而不正，齐桓公正而不谲。”

《说文》：“谲，权、诈也。”意思是说，“谲”有“权”与“诈”两种意义，权，是指善变通；诈，是指欺诈。那么，这个“谲”该如何讲？这也要认真推敲上下文。孔子对齐桓晋文也是各有褒贬的，如果把谲讲成“诈”，那对晋文公就只有否定，对齐桓公就只有肯定，这不但不合于孔子的原意，这样的语言也显得重复而质量不高。这里的“谲”应讲为“善权变”。全句的意思是说，晋文公善权变，但有点过，不够正大光明；齐桓公正大光明，但却不会权变。二人是互补关系，各有短长。

（三）能产性

古汉语的单音词一般具有很强的构词能力。单音词构成复音词有多种不同的形式。根据单音词的意义来分，有同义、近义和反义三类。

同义：负担、艰难、恭敬、怠慢

近义：衣裳、国家、饮食、社稷

反义：进退、天地、出入、生死

根据单音词构成复音词的方式，又可以分为正序、逆序、重言三类。

正序：天下、天子、天道、天伦

逆序：夫人、封人、仆人、家人

重言：依依、融融、昭昭、赫赫

二、古汉语的双音词

古汉语以单音词为主，有些现在看起来好像是双音节词的词，其实是两个单音节词。例如：

> 池塘生春草，园柳变鸣禽。（谢灵运《登池上楼》）
> 天地盈虚，与时消息（《周易·丰卦》）
> 墨子者，显学也。其身体则可，其言多不辨。（《韩非子·外储说左上》）
> 梁西击景驹、秦嘉等，布常冠军？（《汉书·卷三十四》）

以上例句中的“池塘”、“消息”、“身体”、“冠军”都是两个单音节词。

古汉语的单音节词，在现代汉语中大量地变为双音节词。王力先生分析过这种变化的具体情形：

（1）换了不同的词：与—参加；师—军队。

（2）两个同义词结合：子—儿子；弟—兄弟。

（3）加词头或词尾：虎—老虎；桌—桌子。

（一）联绵词

联绵词是指两个音节连缀成义，不可分割的词。

王国维：“合二字而成一语，其实犹一字也。”

双声联绵词：

侘傺：失意的样子。

> 忳郁邑余侘傺兮，吾独穷困乎此时也。（《楚辞·离骚》）
> 《楚辞章句》：“楚人谓失志怅然住立为侘傺。”

黾勉：努力；勉力。

> 黾勉从事，不敢告劳。（《诗·小雅·十月之交》）
> 更辱名画及礼币之惠，以先君之墓见委，敢不黾勉承役，自效于知己。（《归有光·与王仲山书》）

他如：澎湃　萧瑟　陆离　磊落

　　　踟蹰　琵琶　参差　仿佛

　　　栗列　犹豫　便嬖　仓促

叠韵联绵词：

伶俜：孤单貌。

伶俜萦苦辛。（《孔雀东南飞》）

绸缪：紧密缠缚。

绸缪束薪。（《诗经·唐风·绸缪》）

迨天之未阴雨，彻彼桑土，绸缪牖户。（《诗经·豳风·鸱鸮》）

他如：葳蕤　须臾　缠绵　婵娟

逍遥　婆娑　逶迤　望洋

仓皇　绰约　蹉跎　崔嵬

双声兼叠韵的联绵词：

辗转：翻来覆去，反复不定。如：优哉游哉，辗转反侧。（《诗经·周南·关雎》）

燕婉：美好貌。如：燕婉之求，得此戚施。（《诗经·邶风·新台》）

觱发：风触物声。如：一之日觱发。（《诗经·豳风·七月》）

非双声叠韵的联绵词

（1）由叠韵联绵词音变而成

跋扈，由“畔换”音变而成。《玉篇》：“《诗》云‘无然伴换’，伴换犹跋扈也。”《汉书·叙传》：“项氏畔换”韦昭注：“畔换，跋扈也。”

今之“跋扈”非双声叠韵，是由古之“畔换”音变而成。

（2）由单音节词长言而成。

扶摇：《庄子·逍遥游》：“抟扶摇而上者九万里。”《尔雅·释天》：“扶摇谓之飙。”即“扶摇”由“飙”长言而成。

他如：钟馗，由“椎”长言而成。龙断，由“峦”长言而成。

参见李维琦：《合音词例》见《古汉语论集》第一辑，长沙，湖南教育出版社，1985

（3）音译外来词

葡萄　玻璃

（4）摹拟声音而成

铿锵

联绵词特点小结：

第一，结构浑然一体不可分割；

第二，意义不能从单个汉字去望文生义；

第三，书写形式往往不固定，读音也可能有变异。

认识联绵词的意义：

从历史上看，有些人由于看不到联绵词因声寄义的特点，把它拆开来解释，陷入穿凿附会的歧途。联绵词一般不能拆开使用，但在诗歌韵文中，为了修辞或押韵的需要，也可见到拆开使用的情形。如曹操《短歌行》：“慨当以慷，忧思难忘。”为了满足押韵和字格的需要，不仅把“慷慨”这个联绵词倒过来，还将二字拆开来用。这种情况在其他地方也可以看到。

(二) 重言词

重言词又叫叠音词，是重叠两个相同音节而成的词。

重言词可以分为两类：

一类是重言词的意义与单字的意义基本相同。如“肃肃”，敬也，单言“肃”也是敬的意思；“丕丕”，大也，单言“丕”也是大的意思。

一类是重言词的意义与单字的意义没有联系。如“坎坎”，或指“喜也”（梁简文帝《马宝颂》：“怀情坎坎，譬草木之值春风。”），或指“不平”（柳宗元《吊屈原文》：“哀吾衷之坎坎兮，独蕴愤而增伤。”），或拟声音（《诗经·魏风·伐檀》：“坎坎伐檀兮，置之河之干兮。”），其意义均与单字的意义无关。第二类重言词是单纯词的一种类型。

重言词在上古的诗词中很常用。其作用主要有三种：描绘形貌；描绘运作；摹拟声音。

(三) 附音词

(1) 什么是附音词。

附音词或叫缀音词，是指在一个单音节词素（或重言词素）的前面或后面再联缀一个附加音节而构成的词。一般都是双音词，也有少数是三音节的词。例如：

禹攻有扈。（《庄子·人间世》）

阿母为汝求。（《孔雀东南飞》）

硁硁然小人哉！（《论语·子路》）

其中的“有扈”、“阿母”、“硁硁然”是附音词。

(2) 附音词的种类。

附音词有两种，一种是前加词头（或词缀）的，词头主要有“有”和“阿”两个。

“有”作词头，多用在朝代、邦国或部落名称的前面。如：

我不可不监于有夏，亦不可不监于有殷。（《尚书·召诰》）

蠢兹有苗。（《尚书·大禹谟》）

鲧纳有莘氏女，生禹。（《史记·夏本纪》）

以上，夏、殷是朝代名，苗是国名，莘氏是部落名。“有”还可以用在某些名词或形容词前面。例如：

孔甲扰于有帝。（《左传·昭公廿九年》）

豺虎不食，投畀有北，有北不受，投畀有昊。（《诗经·小雅·巷伯》）

“阿”作词头，产生得比较晚，主要是用在人名或称谓之前。这种用法，大家都比较熟悉，如阿母、阿爷、阿哥等，汉代的作品中就能看到，并一直沿用到现代。

古代汉语中经常用作词尾的，主要是“然”、“如”、“若”、“尔”、“焉”、“乎”等字。例如：

惠然肯来。（《诗经·邶风·终风》）

颜渊喟然叹曰。（《论语·子罕》）

瞻之在前，忽焉在后。（《论语·子罕》）

焕乎其有文章。(《论语·泰伯》)
子路率尔而对。(《论语·先进》)
夫子莞尔而笑。(《论语·阳货》)
孔子三月无君，则皇皇如也。(《孟子·滕文公下》)
海内晏如(《汉书·诸侯王表》)
桑之未落，其叶沃若。(《诗经·卫风·氓》)

带词尾的附音词，都是形象色彩非常浓烈的形容词。这一类词，一般都可以译为“……的样子”。

(3) 附音词的构词性质

附音词的构成，其主要部分具有比较实在的词汇意义，是词素；而附加的词头或词尾，虽然没有明显的词汇意义，但一般来说能够起某种表示词性的作用，具有一定的语法意义，也是词素。可以说，附音词是由构词实素和构词虚素相结合而构成。从结构上看，应该算作合成词，它不同于联绵词和重言词。

(四) 复合词

复合词是由两个具备词汇意义的音节单位所构成的词。也就是说，复合词是由两个可以独立成词的词素结合起来而构成的。例如：宾客、宇宙、驰骋、进退、艰难、安危等。

(1) 复合词的种类

根据两个词素结构地位的不同，复合词主要可以分为联合式、主从式两大类。

①联合式复合词

也叫平列式或并列式，它的两个词素处于平列对等的结构地位。

社稷　钟鼓　琴瑟　干戈　矩矱　(名词的联合)
悦怿　驰骋　倾覆　踰越　斟酌　(动词的联合)
俊伟　褊小　疏阔　笃厚　纯粹　(形容词的联合)
——以上为近义联合。
乾坤　祸福　阴阳　宇宙　世界　(名词的联合)
升沉　因革　兴亡　忧乐　成败　(动词的联合)
否泰　刚柔　尊卑　盛衰　异同　(形容词的联合)
——以上为对义联合。

②主从式复合词

也叫偏正式。它的两个词素处于不平等的结构地位，其中一个处于主要地位，另一个处于从属地位。两个词素之间有修饰与被修饰、限制与被限制的关系。被修饰被限制的词素，是主要成分，起修饰限制作用的词素是偏次成分。例如：

黎民　诸侯　庶人　布衣　(定语＋名词发展形成)
瓜分　席卷　响应　蚕食　(名词状语＋动词发展形成)

古汉语复合词主要有上面两种形式。此外，还有为数不多的动宾式和动补式复合词，例如：

③动宾式：将军　执事　总角　得罪　发轫　革命
④动补式：扑灭

（2）复合词的表义特点

复合词是由两个词素组合而成，组成之后，只代表一个完整的意义。如果拆开来，两个词素独立成词所代表的意义与这个复合词的意义不一定完全相同，有的甚至有很大不同。这就是说，复合词的意义并不是构成它的两个词素意义的简单相加，而是词素意义的引申发展，有的甚至是更远的一种转义。例如：

朱门—豪富显贵之家

椒房—帝王后妃

尊卑—伦常秩序

领袖—领导者

心腹—可靠部下

骨肉—至亲亲人

水土—生活习惯

丝竹—音乐

这些情况细分起来包括引申义、比喻义、借代义，但粗略地说都是词义的引申。有时，对义复合词的引申义与原义相隔很远

消—息　　消息

（消—长）（音信）

王力先生分析说，"消息"本是消长的意思，《易·丰卦》："天地盈虚，与时消息。"这里的"消息"正是消长义。其后，大约由消长的意义演变为情况的意义，再由情况演变为音信的意义，这种意义至迟的唐代就已出现，杜甫诗中有"因君问消息"句。

（3）对义复合词的偏义

对义复合词，古人常常只用其意义的一个方面，相对的方面只是作为陪衬出现。例如：

> 缓急，人之所时有也。（《汉书·司马迁传》）
> 生女不生男，有缓急无可使者。（《史记·仓公列传》）

——缓急，急义。

> 故国兴亡已十年。（吴伟业《送王玄照还山》）

——兴亡，亡义。

> 陟罚臧否，不宜异同。（诸葛亮《出师表》）
> 荡同异，如反掌。（《三国志·吴志·孙皓传注》）

——以上异同、同异都是异的意思。

杨树达先生在《汉文文言修辞学》第14章第3节中认为，此种对待之词，一正一反，连类用时，往往意在负而连类及其正。他举了许多例子，如：

> 《论语·宪问》："禹稷躬稼而有天下。"树达按：躬稼本稷之事而亦称禹。《孟子·离娄下》："禹稷当平世，三过其门而不入。"树达按：三过不入本禹之事而亦称稷。《礼记·玉藻》："大夫不得造车马。"树达按：马非可造之物。

这种现象，在现代汉语中同样存在。1984 年《中国语文》第 1 期刊载了俞敏先生的一篇论文，题目是《化石语素》，专谈这个问题。他举的例子如：

兄弟——偏指弟

国家——偏指国

甘苦——偏指苦

凤凰——偏指凤

“凤凰”这个词的演变是较特殊的。本来凤为雄，凰为雌。《论语·微子》：“楚狂接舆歌而过孔子”，其歌为：“凤兮凤兮，何德之衰。”这里是用的比兴手法，用凤来比孔子。俞敏先生说：“这里的凤兮凤兮，也肯定不是‘你这位老太太’呀!”后来，凤凰一词变为偏义复合词。奇怪的是，这个词变为偏义复合词后，凤的意义由原来的雄性变为了雌性，民间传说不容分说地把凤嫁给了龙。中国女人多以凤名，凰倒没有意义了。

(4) 偏义复合词的种类

过去常见的看法是，偏义复合词主要见于对义复合词中，其实不然。不仅对义复合词中有偏义词，近义复合词中也有偏义词，如，禹稷、园圃、车马，都是近义联合，这些词都可能用其偏义。此外，仿古作品中还有一种特殊的偏义复合词，即偏正结构的复合词的偏义，这一类以前很少有人谈及，下面举例来看。

诸生：邑有诸生夏延生者。(杨恩寿《坦园日记》)

玉容：春桃玉容太瘦，银海甚宽，对之生厌。(杨恩寿《坦园日记》)

柳腰：柳腰如铁，莲面皆斑。(杨恩寿《坦园日记》)

偏义复合词的产生除了杨树达先生提到的修辞原因之外，还有约定俗成的原因，如“兄弟”一词用以称弟弟，或长者称晚辈。也有的是由于文人仿古而出现的，如“诸生”之类即是。

第三节 词的本义与引申义

一、本义问题

(一) 关于本义的定义

王力：词的本义就是词的本来的意义。(见王力《古代汉语》，第一册，93 页，北京，中华书局，1999)

王宁：本义是与原始字形相贴切的词的一个义项。(见王宁：《训诂学原理》，54 页，北京，中国国际广播出版社，1996)

这两个定义是不相同的。首先，这里存在字与词的不同。王宁的定义是扣住字来说的，王力的定义说的是词。字与词不是同一概念。这就牵涉到我们要说到的第二个问题：字的本义与词的本义。其次，词的本来的意义，也是一种不很确定的说法。因为，对于什么是词的本义，也存在不同的理解。下面我们将深入讨论这两个方面的问题。

(1) 字的本义与词的本义

首先是字与词的概念问题。

“之”这个字，包含三个词。一是动词，意义是“往”。《孟子·告子下》：

“先生欲何之?”二是代词。《左传·昭公三年》：“其爱之如父母，而归之如流水。”这两个“之”都是人称代词。《庄子·逍遥游》：“之二虫又何如?”这个“之”是指示代词。三是连词（有的语法书上叫做助词，或叫做介词)。《山海经·北山经》：“常衔西山之木石，以湮于东海。”《列子·汤问》：“甚矣，汝之不惠!”

“斤”包含两个词。一表斧头，一表斤两之“斤”。成语有“运斤成风”。《汉书·律历志》：“十六两为斤。”

也有相反的例子。如“居”和“凥”、“孃”和“娘”各是两个不同的字，但表达的意义却是一样。这说明几个不同的字可能表示的是同一个词。

可见，一个字可以记录多个词，多个字也可能只记录一个词。因而字的本义与词的本义就不全是一回事。

字的本义是与字形密合的。如“旦”的字形表示太阳升出地平线，其本义即早上。“来”是小麦的象形，本义即为小麦。“牢”的字形意义是关牛的地方，“逐”的字形意义是追捕兽类（反映的是田猎时代常见的一种生产与生活活动)。汉语的字与词有时是对应的。因而字的本义有可能就是词的本义。但字词不是同一概念，词的本义强调的是词的多义系统中的起始意义或中心意义。就“旦”而言，字与词的概念是一致的，所以其字的本义与词的本义是一回事。“来”的情况却不同，它的字形像小麦，可小麦义只是“来”这个字所记录的两个词中的一个的本义。“来”所记录的另一个词是行来、到来的意思，这个意义就与字形没有关系。到来的“来”作为引申的起点，引申出多种意义，如，表示以来、表示未来、用在数词后表示约数等。至于“牢”和“逐”，作为文字，其字的本义如上所述，而作为词的本义则不一定如此具体。“牢”是圈养牲畜的地方，“逐”是追赶义。这样分析才更有说服力。而这也就不与字形密合。可见，字的本义与词的本义不是一回事。因为，字只是书写符号，许多情况下，一个字不止记录一个词；而有时一个字又还不能记录一个词。当然，大多数情况下，古汉语中，字和词是一对一的，但即使如此，字的本义和词的本义仍然不是一回事。如上面讲到的“牢”和“逐”。以下，我们还要就词的概念问题进一步展开来谈。

(2) 关于词的概念的建立。

前面讲到，“之”记录了三个词，“斤”记录了两个词，这叫做同字形的不同词。翻翻词典对这个问题就能理解。因为词典中一个词一个条目。如“之”就有三个条目。此外，我们还要对同源分化词有清楚的认识。下面就词形的分化展开来谈：

①字音的分化

a. 声调变化：少、好、扫、当、担、背、奔、(风、雨、门)

b. 声母变化：长、朝、尉（weì；yù)、宿（sù；xiù 去声；xiǔ 上声)、率(shuài，lǜ)、识（shi；zhī)。(按：声母变化即可引起韵母变化)

c. 韵母变化：挼（ruá，阳平，皱；ruó，阳平，揉搓)、亲（qīn，亲戚；qìng，亲家)

②字形的分化：

a. 区别字：取—娶；反—返；竟—境；解—懈；知—智

b. 增累字：要—腰；衰—蓑；益—溢；暴—曝；责—债

词形未分化，就应算是一个词，而词形一旦分化，就应该分开来看，即已经不是一个词。

(二)
推求本义的方法

（1）根据形体推求

汉字的形体对确定词的本义有很大的作用。我们知道，汉字总的来说是一种表意文字。不仅象形、指事、会意字是表意的，形声字也有表意的成分。所以，凭借汉字（特别是甲骨文、金文等古文字）的字形，再加上古代文献资料的印证，我们就可以知道一些词在文字产生阶段的意义，也就是我们所说的本义。

对于象形、指事、会意字，一般可以直接从字形分析中知道它们的本义。例如：

矢　甲骨文作，像一支箭的形状。（由此可以联系到“至”）

本　金文作，表示树根。

牢　甲骨文作，表示牲畜的圈。

秉　甲骨文作，表示手里拿着的一把禾。

这些最早的意义，都可能在古书上找到印证。例如：

《诗经·小雅·大东》：“周道如砥，其直如矢。”《楚辞·九歌·国殇》：“旌蔽日兮敌若云，矢交坠兮士争先。”

《国语·晋语》：“伐木不自其本，必复生。”《左传·成公二年》：“禽之而乘其车，系桑本焉，以徇齐垒。”

《战国策·楚策》：“亡羊而补牢，未为迟也。”

《诗经·小雅·大田》：“彼有遗秉，此有滞穗。”

对于形声字，可以通过其义符探求本义。义符表示的是这个字的意义范畴，并没有说明这个字的具体意义。例如“湘”、“沅”等字的“水”旁表示它们与水有关，我们可以借助义符来确定其本义。当然，这样做就更需要和古代文献资料结合起来了。

例如，“術”（现在简化为“术”）、“斯”、“廉”、“理”这几个词的本义是什么呢？分析它们的字形，可以知道：“術”的义符是“行”，与道路有关。“斯”的义符是“斤”（斧子一类的工具），和斧斤的动作有关。“廉”的义符是“广”（yǎn），凡从“广”的一般与房屋有关。“理”的义符是玉，和玉石有关。再看古书上有关的句子：

左思《蜀都赋》：“亦有甲第，当衢向術。”

《诗经·陈风·墓门》：“墓门有棘，斧以斯之。”

贾谊《陈政事疏》：“故陛九级上，廉远地，则堂高；陛无级，廉近地，则堂卑。”

《战国策·秦策》：“楚人谓玉未理者璞。”

这样就可以确定，“術”的本义是街道，“斯”的本义是用斧子砍，“廉”的本义是堂的边。“理”的本义是治玉。当然，这仅仅是举例，在研究工作中，要探求本义，需要大量的材料，光凭一两个例子是远远不够的。

从字形来探求本义，前人已经做了大量的工作，《说文》和《说文》系列的书一般都是通过分析形体来探求本义。我们将在后面再深入介绍。

根据形体探求本义，有一些要注意的地方。

其一，对于本无其字，借用别的字来表达的词，不能依据字形来探求本义。

这一点我们在前面已经提到，举了“来”作例子。“来”的字形像小麦之形，但今天的“来”有往来、招徕（来远）、将来（来年、来日）、表余数（十来人）等意义。而这些意义是与表示小麦义的“来”没有关系的。我们系统探求“来”的本义，是为了探求“来”在多义系统中的起始意义，可小麦一义并不是这种多义系统中的起始义，因而，小麦不是“来”的本义。严格说来，小麦是“$来_1$”的意义，行来是“$来_2$”的本义。对于“$来_1$”来说，因为意义只有一个，不存在多义联系的问题，因而无所谓本义引申义。由本无其字、依声托事形成的假借，字形义一般是单一的，而假借后表示的意义往往是多义的。所以我们说假借字的本义，是指假借所表达的初义，而不是指字形意义。又如：

“难”这个词有困难、灾难、责难、问难等意义，这是我们所熟知的。但“难”字还有一个意义，《说文》：“难，鸟也。”这就是说，语言中有“$难_1$”（鸟名）和“$难_2$”（困难）两个词。而“难”这个字是为“$难_1$”而造的，但又用来记录“$难_2$”这个词。显然，“$难_2$”的本义也不能根据“$难_1$”的字形来推求，而只能根据“困难”、“灾难”、“责难”、“问难”这几个意义之间的引申与被引申的关系来确定，应该说，“$难_2$”的本义是困难。

又如，易、莫、西、所等都有这样的问题。

其二，有的字是为一个词的引申义而造的，当然也不能据以推求本义。

何九盈、蒋绍愚在《古汉语词汇讲话》举过这样的一些例子：

“贯”，从文献资料看，有这样的两个意义：一是动词，贯穿，如《周易·剥卦》：“贯鱼。”一是名词，穿钱的绳子，如《史记·平准书》：“京师之钱累巨万，贯配而不可校。”这两个意义哪个是本义？从字形看，“贯”是从“贝”的。查《说文》：“贯，钱贝之贯。”似乎“穿钱的绳子”确定无疑是本义了。但是，仔细想来，“贯穿”这个动词（如“贯鱼”）难道是人类社会中有了货币以后才产生的吗？显然不是。应该是先有动词“贯”，然后才把穿钱的绳子也叫做贯。深入考察一下，《说文》中还有一个“毌”。《说文》：“毌，穿物持之也。”“毌”的字形正好是贯穿的样子（从甲骨文中可以得到旁证）。可是这个“毌”字在先秦的书面材料中已经消失了，贯穿的意思都写作“贯”。关于这一点，王筠认为“古盖只有毌字”，“贯盖后起之分别字矣。”段玉裁在“毌”字下也说：“古贯穿用此字。今贯行而毌废矣。”这些意见都是很对的。实际上，“贯”是专为“毌”的引申义所造的字，但后来“贯行而毌废”，“毌”的本义“贯串”也就用“贯”字来表示了。明白了这一点，我们就不能因为“贯”字从贝，就认为穿钱的绳子是本义，贯穿是引申义，那样就本末倒置了。段玉裁在“毌”字下说得很对，但在“贯”字下却说：“贯朽而不可校，其本义也”，而“贯鱼”等等，“皆其引申义也”，这就拘泥于“贯”的字形，把本义和引申义弄颠倒了。

从词的角度看，“贯穿”是本义，“钱贯”是引申义。“毌”是为本义而造的古字，“贯”是为引申义而造的后起字，但后来“贯行而毌废矣”。在汉语发展的过程中，这种情况不是个别的。甚至有这样的可能：人们根本就没有为一个词的本义造字，到后来却为它的引申义造了字。在这种情况下，我们也不能拘泥于字形而把引申义误认作本义。

"阳"字就是这种情况。"阳"从"阜"，意义应当与山陵有关。从辞书中看，在"阳"的各项意义中，与山陵有关的是：山的南面、水的北面。这种看法，与字形是相合的。但从词义引申的角度来说，这个看法能否成立呢？我们试作一些分析：我们可以提出这样的问题：为什么山南水北称为阳？答案只可能是，因为山南水北当阳，这就是说，当阳是山南水北称之为阳的因，这也就是说，阳光的概念先于山南水北被称为阳的概念。因此，我们说，山南水北不可能是阳的本义，而只是阳光的一个引申义。"阳"的本义应是阳光。（参见《论体用引申》，载《语文研究》2006，2期）

其三，根据字形推求本义，还要注意到，对于本义的理解不能过于呆板，例如；灾、牢、牧、逐这样的一些词，它们共同的特点可以说是以个别来代表一般，我们不应该认定字形所记录的个别意义即是本义。

（2）依据声音推求

有时，一个词在语言中运用，但不一定有一个字标写它（词的内容是音义，形式并不重要），或者虽然有一个字来标写，但却是一个借音（也就是假借），这时，往往需要通过声音来探求其意义。这种情况，在实际运用的语言中是大量存在的。例如，"謱"这个词，它的意义是什么？《楚辞·九思·疾世》："嗟此国兮无良，媒女拙兮謰謱。"后人一般认为"謰謱"是一个联绵词，意义是言语多而含混。这个结论其实并没解决问题，第一，这个词是不是一个联绵词？第二，如果不是，"謱"的意义是什么？回答这两个问题要从第二个问题往上推。因为，如果"謱"的意义一旦弄明确，确定它是一个有意义的实词语素，"謰謱"是联绵词的结论就不攻自破。于是我们应对"謱"的意义有所探求。（参见《"謰謱"源流考》，载《古汉语研究》，2004，2期）

又如，《诗·邶风·匏有苦叶》："人涉卬否，卬须我友。"卬，前人解为"我"，应是确解。"卬"和"我"就是语音上的借用。这是前人已有定论的事，看来并不难。但这个结论初次提出时，如要使人信服，就必须有论证，这就必要从语音上去论证。

从语音上探求词义，是训诂学中的一项非常重要的工作。应该注意的是，从语音出发探求本义，要求我们具备一定的音韵学知识，这一点，需要专题来谈。还要注意到，光有语音上的论证是不够的，还需要从意义上去论证，二者相辅相成，不可偏废。

考求本义是词义研究中的一项基本的工作，上面介绍了几种考求本义的方法，要特别注意的是，无论用哪种方法考求本义，都必须有文献材料的证明，如果离开文献只就字形或者语音来考本义，那么往往会陷入穿凿附会的泥坑，是靠不住的。考求本义不是一件简单的事情，深入一些的问题我们只能在后面的训诂章节中再谈。

二、词义的引申

（一）词义引申的定义

（1）引申是词义运动的基本形式

什么是词义的引申？王力说："所谓引申义，是从本义'引申'出来的，即从本义发展出来的。"（《古代汉语》第一册，93页）高亨说："引申义者，由本义引而申长之，转为他义也。"（《文字形义学概论》，266页）王宁说："词义由一点出发，沿着本义的特点所决定方向，按照各民族的习惯，不断产生相关的新义或派生同源的新词，从而构成有系统的义列，这就是词义引申的基本表现。”（《训诂学原理》，54页）

为了说明这个定义，下面举例：

发《说文》：“射发也，从弓，癹声。”由此引申出以下意义：

出发　朝发枉陼兮，夕宿辰阳。（《楚辞·涉江》）
发出　使人发书至赵王。（《史记·廉蔺列传》）
派遣出　赵诚发使尊秦昭王为帝，秦必喜，罢兵去。（《战国策·赵策》）
散发出　散鹿台之财，发钜桥之粟。（《尚书·武城》）
出身　舜发于畎亩之中。（《孟子·告子下》）
磨出　刀刃若新发于硎。（《庄子·养生主》）

拆开　齐王使使者问赵威后，书未发，威后问使者。（《战国策·齐策》）
展开　秦王发图，图穷而匕首见。（《史记·刺客列传》）
打开　将为胠箧、探囊、发匮之盗而为守备，则必摄缄滕，固扃鐍。（《庄子·胠箧》）（胠箧：音 qūqiè。摄缄滕，固扃鐍：摄，结。缄、滕：都是绳子。扃：门窗、箱柜上的插关。鐍：箱子上加锁的铰钮。）
掀开　于是大风从西北而起，折木发屋。（《史记·项羽本纪》）
开导　不愤不启，不悱不发。（《论语·述而》）

“发”的意义虽多，但形成两组，一组围绕着“开”，一级围绕着“出”。这是与发的本义密切相关的。因为射箭的过程包含两个要素，一是开弓，一是射出。

又如，閒（间）《说文》：“隙也，从门月。”“间”的引申义十分丰富。旧《辞海》列了3个读音，28项意义，新《辞海》在间字条下列了2个读音，12项意义；在“闲”字下列了5项意义，共计17项意义。下面列举其中的一些部分：

①门缝　从门间而窥其夫。（《史记·管晏列传》）
②中间　师出于陈郑之间。（《左传·僖公五年》）
③量词　草屋八九间。（陶渊明《归田园居》）（以上读 jiān，平声）

④嫌隙　故君臣多间。（《左传·哀公二十七年》）
⑤离间　乃用陈平计间项王。（《史记·项羽本纪》）
⑥窥伺　齐人间晋之祸，伐取朝歌。（《国语·鲁语下》）
⑦间谍　必索敌人之间来间我者。（《孙子兵法·用间》）

⑧间隔　间岁而祫。祫：古代天子或诸侯在太庙中合祭先祖。（《汉书·韦玄成传》）
⑨距离　则丑美有间矣。（《淮南子·俶真》）
⑩更迭　寒暑相间。（以上意义读 jiàn，去声）

⑪空闲　闲而以师讨焉。（《左传·昭公五年》）
⑫安闲　吾子取其麋鹿以闲鄙邑。（《左传·僖公卅三年》）（以上意义读 xián，阳平，汉字简化后写作“闲”）

深入分析一下就可以看出，这众多的义项间是有联系的。“间”的12个义项中，中心的意义是“门缝”，由此而引申出四组意义：

其一，门缝处于两个门扇之间，因此引申出中间，又引申为量词（处在四壁之间的空间叫间）。

其二，从具体的缝隙引申为嫌隙，又引申为离间（造成对方嫌隙），又引申

为窥伺（找空子），又引申为间谍（刺探军情或离间对方的人）

其三，从静态的缝隙引申出动态的间入，又引申出间隔，从有间隔又引申为距离，引申为更迭（间隔着进行）。

其四，缝隙的意义用于时间上，即为空闲。由空闲又引申出安闲。

以上两个例子说明，词义的引申与分化，与词的本义的特点有密切的关系。

许多时候，词义的引申还与民族习惯有关。例如："露"这个词，它在汉语中的意义是露水、显露等义，而在日语中则有露水、泪珠、短暂等意义。露水与眼泪、短暂之间联系的产生，应该与日本民族的风俗有关。日本文化中，感叹人生短暂，生命如樱花般转瞬即逝的情调，使他们形成了这样的联想。又如，左右，在英语与汉语中，存在相同之处。英语中，right 与正确的、顺的等义是同一个词。而 left 与笨拙的、反向的意义是同一个词。这与汉语是相一致的。但在汉语中，左右还有英语所不存在的意义，如左有卑义，右有尊义等。这是英语中所没有的。这就说明了词义的引申中有民族性的问题。[参见方平权：《论礼俗与汉语词义形成和发展的关系》，载《语言研究》，2003（2）]

（2）多义与同源

词义运动过程中，有多义和同源两种形式。多义是指在意义的引申过程中，没有出现词形分化。如"发"，又如"格"：

格　树木的长枝条—至—交叉形 {栅栏 / —格式 / 窗格} {性格 / 品格—标准 / 风格} {规格 / 合格 / 出格}
　　　　　　　　推究
　　　　　　　　纠正

"发"与"格"的词义引申尽管义项很多，但仍是多义现象。同源的例子上面已经举了"间"，它在现代汉语中有三个读音，两种书写形式。这就是说间（阴平、去声）、闲三个词是同源词。

显而易见，同源词的产生，目的是为了区别词义。但是，应该看到，同源词的产生并不完全是必然的，它有很大的偶然性。这种偶然性，是社会决定的。这也就是说，多义与同源都是词义引申的结果，它们之间的区别在于词的音和形是否发生变化，有变化就是同源派生，没有变化就是多义。

（二）词义引申的类型

我们先看前人的分析。

王力先生《同源字典》一书中，有一篇文章《汉语滋生词的语法分析》，谈到滋生词彼此间的关系。所谓滋生词，就是同源派生词。同源，是词义引申的一种特殊的表现形式，其中的规律是有代表性意义的。他举到以下一些类：

（1）名词——动词

鱼——渔；臭——嗅；禽——擒

（2）动词——名词

停——亭；合——盒；婴——缨

（3）动词——形容词

踞——倨；长——长

（4）形容词——名词

刚——钢；疏——梳；甘——柑

（5）形容词——动词

平——评；非——诽

王力在《同源字典》中，把同源字之间的关系分为十五种。大家可以参看一下。

何九盈、蒋绍愚《古汉语词汇讲话》把词义引申分为三种类型：具体到抽象；个别到一般；实词到虚词。

具体到抽象例：道　道路：《诗经·小雅·大东》："周道如砥，其直如矢。"

途径、方法：《孟子·梁惠王上》："交邻国有道乎？"

学说、道理：《论语·学而》："先王之道，斯为美。"

个别到一般例：雄、雌：本指鸟类而言，后来也指动物：

《诗经·小雅·正月》："谁知乌之雄雌？"

《木兰诗》："双兔傍地走，安能辨我是雄雌？"

实词到虚词例：被被子：《楚辞·招魂》："翡翠朱被。"

覆盖：柳宗元《田家》："蓼花被堤岸，陂水寒更绿。"

蒙受：《楚辞·哀郢》："被以不慈之伪名。"

介词表被动：《韩非子·五蠹》："兄弟被侵而随仇。"

蒋绍愚《古汉语词汇纲要》不光从引申的角度来谈词义发展和变化，他还把词义的发展变化分为：引申；相因生义；虚化；语法影响；修辞影响；简缩；社会原因。

关于相因生义，他解释说："相因生义"指的是甲词有 a、b 两个义位，乙词原来只有一个乙$_a$ 义位，但因为乙$_a$ 和甲$_a$ 同义，逐渐地乙词也产生一个和甲$_b$ 同义的乙$_b$ 义位。

或者，甲词有 a、b 两个义位，乙词原来只有一个乙 a 义位，但因为乙$_a$ 和甲$_a$ 是反义，逐渐地乙词也产生一个和甲 b 反义的乙 b 义位。

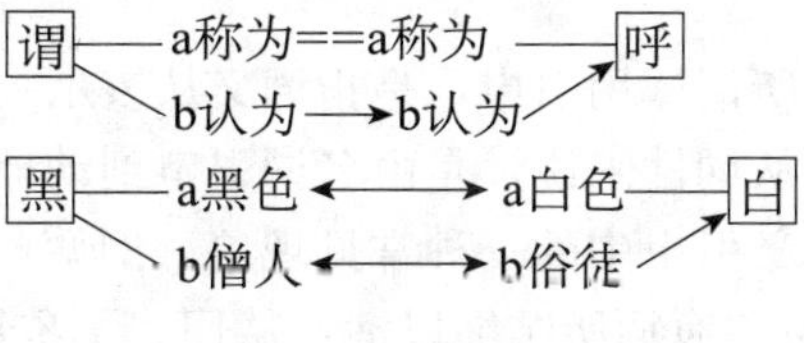

图 2—1

其他方面的例子不一一列举。

这种分析，力图回答词义发展变化的各种情形，尤其是提出了"相因生义"一说，把词义发展变化的原因从单个词的内部扩大到词与词之间的相互影响，但是这个概括并没有回答词的义项之间的关系问题。

对词义形成引申的理据作过系统深入分析的是王宁先生。她在《训诂学原理》一书中将词义引申规律概括为两种类型，即：

理性的引申
- 时空的引申
- 因果的引申
- 动静的引申
- 施受的引申
- 反正的引申

状所的引申{同状的引申
同所的引申
通感的引申}

第一，理性的引申。

①时空的引申：表示时间、频率、速度的意义，常常与表示空间、密度的意义相关。例如："间"本义为"缝隙"，特点是空间距离狭小，引申为"时间短"，如"有间"。

②因果的引申：作为原因的事物与作为结果的事物意义往往相通，如"厌"有"饱"义，因"饱"而"满足"，又因"过饱"而"嫌恶"、"讨厌"。再如"属"义"连接"，因连接而"隶属"。

③动静的引申：

由动到静：铺：铺陈——床铺

由静到动：柄：把柄——持拿

④施受的引申：乞：施予——求讨；买——卖

⑤反正的引申：除：台阶——除去——授予

副：分割——合并

第二，状所的引申。

①同状的引申：题：额头——标题

②同所的引申：横：门闩——横竖

③通感的引申：闹：听觉的感受——视觉的感受

这个概括，深入到一个多义词（或一组同源词）内部的义项之间来探讨词义发展与变化的理据，为建立科学的训诂学（汉语词义学）作出了突破性的理论贡献。

（三）关于词义引申的体用类型

近年来，在关于词义引申类型的研究中，有人提出了体用引申的类型。这里简单作些介绍。

什么是体用引申？所谓体用引申，是指词义从表示一种实体到表示这种实体的性状或功能的引申。从词性来说，是由名词引申到动词或者形容词。

体用引申是汉语词义引申中的一种常见现象。例如：

网，《说文·网部》："庖牺所结绳以渔，从冂，下象网交文。"可知，网是一种实物，它最早当是指捕鱼的网，后来扩大到也指张于林中捕捉飞禽或走兽的网，又以指像网的东西（如蜘蛛网），又以喻法网。字形或作"罔"。虽然对象有了扩大，但其作用均在于捕取，因而，网有捕取（从另一面讲又可以说是构陷）义。如：《子虚赋》："罔瑇瑁，钩紫贝。"《孟子·公孙丑下》："以左右望而罔市利。"司马迁《报任安书》："罔罗天下放失旧闻"《孟子·梁惠王上》："及陷于罪，然后从而刑之，是罔民也。"（朱注："是犹张罗罔以罔民者也"）这就是说，用于捕取的工具是体，捕取即是其用。

又如，锯，作为体是指"析解木石等的工具"（《辞源》），它的作用是析解（或叫锯断）。锁作为体是关闭门户箱笼之类须用钥匙开启的工具，它的功用是锁住。所以，锯和锁都兼有名词和动词两种意义。这种情况，在汉语历史上越往上溯越常见。如"门"本义为"建筑物的出入口上用作开关的设备"（《古汉语大词典》，上海辞书出版社，2000）是名词。《左传·文公十五年》："一人门于戾丘。"

《尔雅·释诂三》："门，守也。"是动词。"地"本为土地，是名词。《尚书·盘庚》有"朕乃笃敬，恭承民命，用永地于新邑。"孔传："言我当与厚敬之臣，奉承民命，用长居新邑。"可见其中的"地"是个动词。

又如，灵，《说文·玉部》："灵巫以玉事神。"段注："屈赋九歌，灵偃蹇兮皎服。又，灵连蜷兮既留。又，思灵保兮贤姱。王注皆云：灵，巫也。楚人名巫为灵。"可知，灵是楚人对巫的称呼。由于迷信，巫被认为有通神事神的能力，故灵有神义，神灵并称，灵即是神。又，迷信以为在人的躯体之外，存在一种主持生命的看不见的东西，叫做魂，魂对于一个人的生命来说，亦即是神，因而魂也叫灵，如幽灵、亡灵，或者灵魂并称。思想这种大脑的活动，也被认为是一种灵魂的活动，故与思想活动有关的也叫灵，如灵台、灵犀、灵感。又，迷信以为，一个人生命虽灭，但灵魂仍在，故与死者有关之物称灵，如灵柩、灵屋、灵堂等。又，由于迷信以为巫的言行以及由巫所提供之物是靠得住的，故灵有效验、灵验义，如灵药、灵符。并进一步产生出灵巧、灵活、灵敏义。这些都应归之于体用的引申。应该说明的是，作为体的"灵"（巫）在实际中并没有以上所述功用，这种体用引申之所以形成，是由于传统社会中的信仰造成的。

可见，体是一个相对明确的概念，它是汉语中的名词。能形成体用引申的主要是表示实体的物的名词，但也不排除一些观念名词。如上文所举的灵。又如鬼，这是现实生活中并不存在的，但在人们的观念中难免有这个东西。因此，鬼由名词引申为形容词，比如说"这家伙很鬼"，这个鬼是指摸不透或类似的意思。

"用"的概念比"体"要宽泛一些，它包括体的品性、状态、质地、功能、作用等。因此，它涉及形容词和动词。如，网之用是捕取，这是动词，灵之用有灵验，这是形容词。有时，一体之用既有形容词，也有动词，如"露"作为体是指露水，它的特点是存在的时间短暂，因有短暂义，短暂是形容词；它的存在处所是显露于野外的物的表面。因有显露义，显露是动词。

体引申出用后，体用之间词形可能一致，也可能发生变化，这种变化或表现为语音的变化（主要是声调的变化），如"王"本指最高统治者，雨方切，是名词；又，动词，统治义，于放切（据《广韵》）。或表现为词的书写形式的变化（包括区别字和增累字），如，汤作为体是指热水，烫则是记录其用的区别字。这就使体用引申形成多义和同源两种现象。

依据体用引申的原理分析词义。

对于体用引申规律的揭示其意义在于，首先，通过由体求用，能摆脱字形的束缚，更好地理清词的内部各个义项之间的关系。如"阳"这个词，或以为它的本义是山南水北，这是拘泥于字形而作出的结论。何九盈、蒋绍愚先生对"阳"的意义作过分析，认为阳的本义当为阳光，其所分析的阳的意义的内部联系如下所示：

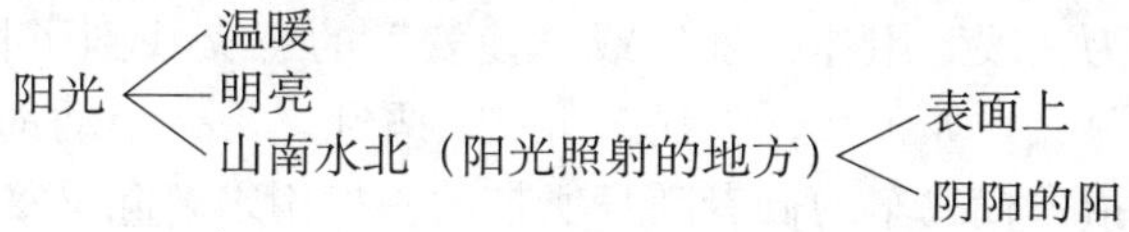

图 2—2

这个分析，无疑比以山南水北作为"阳"的本义合理。但是，我们引入体用的概念来看，就可以发现，仍然存在某些难以说通的地方。如，阳光为体，温暖、光明为其用。这是没有问题的。但阳光与山南水北并不存在这种关系。所以将“山南水北”一义与“温暖”、“明亮”并列就显得有些牵强。因此，对于阳的词义内部各义项间的关系就有一个重新认识的问题。我们认为，阳的各义项间的关系应是：

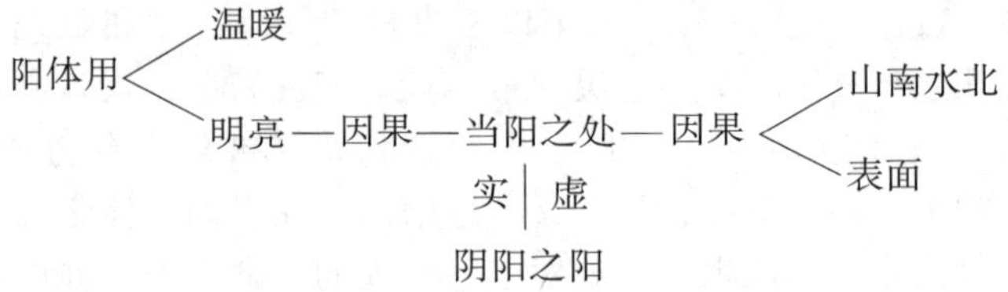

图 2—3

“阳”作为体，其性质是温暖明亮，因而，温暖明亮是其用。因为当阳之处明亮，所以当阳之处叫阳。山南水北和表面当阳，所以山南水北和表面都为阳。又，中国哲学中的阴阳之阳当是由当阳之处一义通过实虚的引申而形成。

又如，履，《说文·履部》：“履，足所依也。”或认为本义为动词，或认为是名词。所以，仅凭《说文》是不容易得出有说服力的结论的，还有必要伴以合理的分析。我们先假定履为名词，指鞋，引申出穿义，践踏义，再引申为实行义。这是顺理成章的。而如果假定践踏为起点义，引申指鞋，再引申指实行，就显得迂曲难通。

又如，尸，《说文》：“陈也。”当是说其引申义。实际即言“用”而未涉及其“体”。“尸”的古义是指古代祭祀时代表受祭者享祭的活人。王夫之谓：“祭祀之尸，端居不言动，如陈设然，故以为名。因祭之尸专居尊位，遂有专据、主持之义，如云‘君不尸小事’是也。又以其无所为而居尊，故借为无功居位之名，如云‘尸位’、‘尸禄’是也。”这就是说，“尸”是体，“居位”是用。

其次，通过“由用以得体”，可以弄清词义的所以然。王夫之提出“吾从其用而知其体之有”。在汉语词义的分析过程中，往往需要由引申义考求本义。汉语的动词和形容词有的就是词的起始意义，有的是从名词引申过来的。对于后者，就有一个由用求体的问题，这对于理解词义是有帮助的。例如，绥，作为动词、形容词，其意义是“安”或“使安”。《诗经·周颂·桓》：“绥万邦”；《诗经·大雅·民劳》：“惠此中国，以绥四方”；《左传·僖公四年》：“绥诸侯”；《三国志·蜀书·诸葛亮传》：“思靖百姓，惧未能绥。”又旧时书信结尾处的祝祷语有“台绥”、“近绥”等。这些绥都是“安”或“使安”的意思。“绥”为什么有安的意义？回答这一问题，就需要由用以求体。《说文·糸部》：“绥，车中把也”，亦即登车时用作拉手的车上绳索。徐锴曰：“礼，升车必正立执绥。所以安也。”《左传·哀公二年》：“子良授太子绥而乘之。”《庄子·让王》：“援绥登车。”可知，“绥”的本义是登车时用作拉手的绳子，它是为了登车时的安全而设，安即是其用。这就为“绥”用作“安”或“使安”的意义找到了根据。又如，弭，今多用作“止息”义，如弭兵、弭祸、弭灾、弭乱，是一个动词。这个意义有何来历？弭的本义指古代战车的御者随身所带的一种用来解除马缰绳缠绞的弓形器械。《说文·弓部》：“弭，弓无缘，可以解辔纷者。”《尔雅·释器》：“弓有缘者谓之弓，无缘者谓之弭。”“弭”又称“象弭”（《诗经》有“象弭鱼服”）即以象骨饰于两端，以利御者解辔纷的一种器具。段注云：“弭可以解纷，故引申之训止，凡云弭兵弭乱者是也。”“弭”由解除纠纷，引申出止息的意思，解除马缰绳缠绞的一种弓形器械是体，止息、平息（灾、祸）是其用。又如，祝的今义是动词，如，祝祷、祝福、祝寿等。这种动词义的来历如何？《说文·示部》：“祝，祭主赞辞者，从示，从人口。”段注：“谓以人口交神也。”可知，“祝”的本义是古代沟通人神关系者。祝的职责就在于向神祷告、祈福。于是，作为动词，“祝”的意义就是祝祷、祝福等，这是“祝”之用。又如，威，今常用义是“表现出来的能压服人的力量或使人敬畏的态度”（《现代汉语词典》）。这种意义与字形有何关系？《说文·女部》：“威，姑也。”“姑”的古义即今之“婆婆”。王夫之《说文广义》：“妇人谓夫之母曰威，从戌从女。戌，阴之老也。”这与中国传统的阴阳学说有关。把一天的时间分为阴阳两大部分，子时是阴之极而阳之始，午时是阳之极而阴之始。戌在地支第十一位，指晚上七点到九点之间，距午时已远，而距子时已近。人按性别分为阴阳两类，女性为阴，做婆婆是中年以后的事，故曰“阴之老”。这应是“威”作为体的意义。由于我国传统的民间生活中家长制的厉害和婆婆当家，于是，“威”就产生了威严、威慑、威力、威势等意义，从体用关系来看，这些就都是“威”之用。

（四）词义引申的方式

了解词义引申的方式，有助于分析引申义与本义的关系。从引申义与本义之间的关系看，词义引申的方式有两类：一类是辐射式，又叫并列式；一类是连锁式，又叫绵延式、串联式。别外还有一种综合式。

（1）辐射式

以本义为中心，直接而并列地引申出几个词义。例如：

“兵”，小篆作，表示斧子，表示双手，是个会意字。双手持斧，本义是兵器。《说文》：“兵，械也。”《左传·隐公元年》：“缮甲兵，具卒乘。”《孟子·梁惠王上》：“弃甲曳兵而走”。贾谊《过秦论》：“斩木为兵，揭竿为旗。”

以本义为中心，直接引申出持兵器者：“士兵’”，又引申为“军队”。《战国策·赵策》：“必以长安君为质，兵乃出。”苏洵《六国论》：“起视四境，而秦兵又至矣。”

以本义为中心，直接引申出与兵器有关的事——“军事”、“战争”。《左传·隐公四年》：“夫兵，犹火也。”《左传·隐公三年》：“有宠而好兵。”图示如下：

图 2—4

“节”，从竹即声，是个形声字。《说文》：“节，竹约也。”段玉裁解释“竹约”说：“约，缠束也。”竹节如缠束之状，所以本义是“竹节”。《史记·龟策列传》：“竹，外有节理，中直空虚。”

以“竹节”为中心，直接引申为以下的引申义：

用于树木，则为木节。《后汉书·虞诩传》：“不遇盘根错节，何以别利器乎？”

用于动物，则指关节。《庄子·养生主》：“彼节者有间，而刀刃者无厚。”

用于时日，则为节气、节日。《史记·太史公自序》：“夫阴阳四时，八位，十二度，二十四节，各有教令。”

用于音乐，则为节奏。陆机《拟古》诗：“长歌赴促节。”

用于社会政治生活，则为法度。《礼记·典礼》：“礼不踰节。”用于人的操守，则为节操。文天祥《正气歌》：“时穷节乃见。”

用于动作，则为节制、节省。《论语·学而》：“节用而爱人。”图示如下：

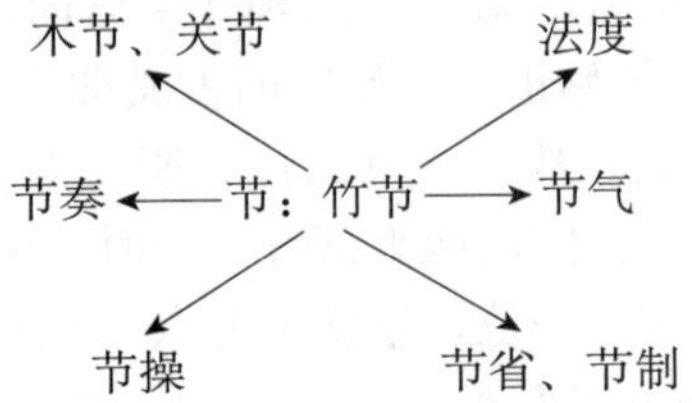

图 2—5

这类引申又称为“直接引申”，“辐射式引申”的方式很灵活，是由中心向四周发散的一种引申方式。同一个本义可以从各种不同的角度去联想，因而就有各种不同的引申义。

（2）连锁式（链条式）

由本义产生一个引申义，再由这个引申产生另一个引申义，接连引申，成为连锁形式。例如：“朝”，《说文》：“旦也。”本义是“早晨”。《楚辞·离骚》：“朝饮木兰之坠露兮，夕餐秋菊之落英。”

由于古代臣子要在早晨拜见君主，便引申出“朝见”、“朝拜”。《韩非子·五蠹》：“割地而朝者三十有六国”。古代诸侯见天子，臣子见君主，儿子见父母，通称“朝”。

由“朝见”引申出朝见的地方“朝廷”。《战国策·齐策》“入朝见威王。”

由一个接一个的帝王踞于朝廷，又引申出表示时间的“朝代”。杜甫《蜀相》：“三顾频烦天下计，两朝开济老臣心。”两朝：指蜀先主刘备、后主刘禅。杜牧《江南春》：“南朝四百八十寺，多少楼台烟雨中。”南朝：指宋、齐、梁、陈四个王朝的总称。又如“商朝”、“汉朝”、“唐朝”、“宋朝”的“朝”。线索如下：

朝：早晨⟶朝见⟶朝廷⟶朝代

这类引申是由直接引申而再引申，有人称为“间接引申”、“链条式的引申”，由甲义引申为乙义，又由乙义引申为丙义，一个个引申下去，引申义与本义的距离愈来愈远。

（3）综合式

词义的发展是复杂的。许多词的引申并非单一方式，而是两种方式都有。彼此交错。例如：“朝”，由“早上”（《说文》：“朝，旦也。”），引申指“早上见王”（《左传·宣公二年》：“盛服将朝。”），又引申为朝拜、朝廷、朝代，这些属于连锁式引申，此外，又引申出“充满活力”义，如“朝气蓬勃”，还引申出“朝向”义，如“坐北朝南”，这个意义应是由“朝见”义延伸出的另一意义。“朝”的词义系统及其引申过程可以图示如下：

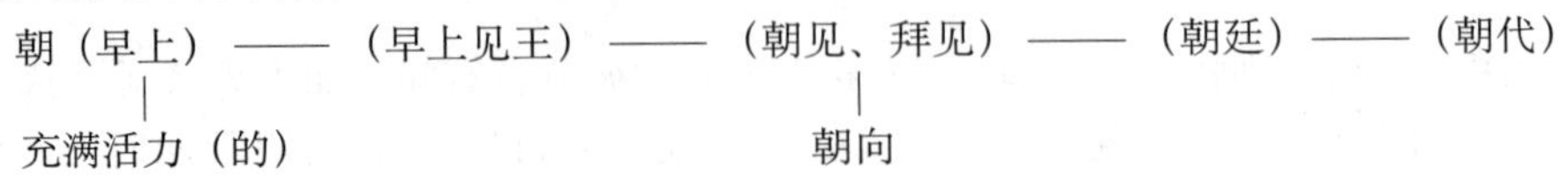

图 2—6

又如，“要”由“人的腰部”（《说文》：“要，身中也。”），引申出“于中拦断”义（《左传·襄公三年》：“吴人要而击之。”）又引申出“要挟”（《论语·宪问》：“虽曰不要君，吾不信也。”），又引申为“求取”（《孟子·公孙丑上》：“非所以要誉于乡党朋友也。”）。同时，从“身中”一义还引申出“重要”（《孝经·开宗明义》：“先王有至德要道以顺天下。”）、“简约”义（《荀子·王霸》：“故明主好要，而暗主好详。”）。“要”的词义系统可以简约图示如下：

要（身中）——（于中拦断）——（要挟）——（求取）
| |
重要 简约

图 2—7

在这个词义系统中，“重要”、“简约”、“于中拦断”就是从“身中”一义辐射出的三种意义。而“要”的主要的引申系列，则表现为一种绵延式（连锁式）的引申方式。

（五）词义分析举例

工：“巧饰也。”

巨：“规巨也，从工，象手持之。”字形变易：巨—矩—榘。

巧：“技也。”

式：“法也。”

弭：“弓无缘，其杪可以解辔纷者。”段注：“有缘者谓之弓，无缘者谓之弭。弭谓骨饰两头者也，小雅：‘象弭鱼服。’传曰：象弭，弓反末也，所以解纷者。笺云：弓反末以象骨为之，以助御者解辔纷，宜骨也。引申之训止，凡弭兵、弭乱、弭灾、弭祸者均‘止’义。”

弥：“弛弓也。”弯弓又叫关弓，关与开对，关则弓弦成曲线，开则弓弦成直线，因引申为“满”、“遍”义（弥望、弥纶：统摄；包括义；弥漫；弥补）又引申为长、久（弥留，久留，又指病重将死。）又引申为“越”、“愈”（王安石《孤桐》：“岁老根弥壮，阳骄叶更阴。”）。

褒，《说文广义》：“衣博裾也。礼记谓礼之上衣为褒衣。上服之裾宽博，以覆中衣。朝廷以上服赐有功，故引申出褒奖褒贬义。褒与贬对，又与褫对，（褫革：褫夺衣冠，革除功名）赏有功，则赐以褒衣，罚其罪，则褫其命服。”

衰，《说文广义》：“本‘蓑笠’之‘蓑’，上世草衣，人皆服衰，以莎草为之。凡‘衰笠’‘齐衰’皆音莎。俗于‘衰笠’字从艹作‘蓑’而读‘衰服’之衰为‘催’音，或加糸作‘缞’，皆非，其用为‘衰弱’字与‘盛’相对者，以居丧服衰，毁瘠而弱也。”

裔，《说文广义》：“衣裾下垂者。步趋中度，则垂裾有襜如之容，故谓和缓之态为容裔。苗本在下，其末上出；衣领在上，其末下垂，故以‘或者裔’称子孙，言其所生所垂也。”

但——袒——绽

但，《说文》：“裼也。”

袒，《说文》：“衣缝解也。”

绽，由于“但”后专作虚词，即用“袒”表袒露一义，而又另造“绽”字表示衣缝解之义。

传，《说文广义》：“传，正音，直恋切，本训递也。递者，驲递也。从人从专，专人于邮舍以待，命至斯行也。其读作平声者，传之行也。要亦无异义，自可概作去声读之。借为‘经传’之传者，传所以递述经意，令通达也。国史纪人之行业初终，亦曰传，述其人以达于后也。”这个解释，比之于后来段玉裁的解释要贴切而确当。段注认为：“传遽若今时乘传骑驿而使者也……传者如今之驿马。驿必有舍，故曰传舍。又，文书亦谓之传。”又，郭锡良《古代汉语（上）》（语文出版社，2000）分析“传”的意义说：“‘传，遽也。’遽是古代送信或供使臣往来的一种快车，也叫传车或驿车。”又说“古代‘递’与‘传 chuán’同义，区别在于‘递’是指一个接一个地更替，而‘传’不强调这种次序，并多指传给后人或后代。”今按，“传”与“递”同义时，“传”本读 zhuàn（《集韵·去声·线韵》：株恋切，“驿遽也。”按，驿遽即驿站之快车。今湘方言递送多言传，声调为阳去，如，递瓦上屋为传，发试卷从前排分次递至后排叫传，在两点间来回奔走运送叫传，均阳去。），“传 zhuàn”的原义是指在确定的两点间不停地快速搬运。递可以指一次完成的单线递送，传必经多次才能完成。我们可以图示“传 zhuàn”与“递”的区别：

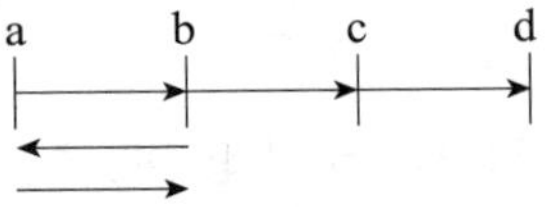

图 2—8

上图中，a、b 间往返的搬运叫做“传 zhuàn”，由 a 到 b，b 到 c，c 到 d 的转运叫做递。古代的“传 zhuàn”之所以是快车，就由于是马车的较短距离的接力赛跑。《左传·成公五年》：“晋侯以传召伯宗。”《盐铁论·刺复》：“建节驰传，巡省郡国。”《三国志·魏书·方技传》中的“于是传付许狱”其中的“传 zhuàn”，都指这种短距离的接力快车。“专人于邮舍以待，命至斯行”就是保持这种连续性接力赛跑的状态。

又如“作”，王夫之谓：“起也。‘三嗅而作’，‘舍瑟而作’，其本训也，借为‘造作’之作，音侧个切。俗别立‘做’字，非。人将有为必从坐起，从人从乍，乍然而起，将有为矣。故缓曰‘造’，急曰‘作’。乍然而起，无所因仍，故创始曰作；乍为之前未有也，故与述对。”（《说文广义》）《论语》有“述而不作”，正是其意。

副，《说文》：“判也。”将一物分为两个相等的部分。因有“等”义“相合”义，引申为正副之副。

则，《说文》：“等画物也。从刀从贝，贝，古之物货也。”则的本义是将物平分为若干份，平分应有一定的尺码，这个尺码就是“则”，所以“则”引申为“标准”义，法则、守则之则，皆其引申义。

参（參），《说文广义》：“西方宿名。參，三星，一上二下，相间不齐，故用为‘参差’字，言如参星之相差也。……参者一星介二星之间，故插入曰参，如‘参加’。又，三马并驾曰参，后作‘骖’，以状若参星之排列故也。”

尊，《说文》：“酒器也，从酋，廾以奉之。”尊盛酒而手奉之。古者设尊以敬鬼神，故用为崇敬之辞，如“尊敬”（原始内部结构当为以樽敬之）、尊卑，后于名词加木作“樽”，或加“缶”作“罇”。

错，《说文》：“金涂也。”王夫之：“金涂者，以金屑涂物。”把溶解在水银中的金用刷子涂于器物表面，引申出交错、错综——放置、放置等义。

后来，错综、错谬作错，措置作措，安厝作厝。

里，《说文》：“居也。”王夫之：“有田有土乃可居也。”相传周代以二十五家为里。《管子·小匡》：“择其贤民，使为里君。”

《诗经·郑风·将仲子》：“将仲子兮，无逾我里。”杜诗《兵车行》：“去时里正与裹头，归来头白还戍边。”

今有里巷、里弄。乡里（唐代百家为里，五里为乡，知乡里原为并列关系。）引申有量词“里”，又有俚语、俚歌、俚俗、鄙俚等词，义源于“里”。

属（屬），《说文》：“连也。从尾蜀声。”王夫之认为从尾从蜀。蜀，虫（蟲）也（虫、蟲二字本有别，虫指昆虫类；蟲，有足谓之蟲，无足谓之豸）。虫尾连身，故相连叫相属。如：亲属、家属、下属、属官、属吏。

类相统属亦曰属：若属、游侠之属。

以上读 shǔ，上声。

连接曰属：“死者不可复生，刑者不可复属。”（《史记·孝文本纪》）

跟随曰属：“国中属而和者不过数十人。”（宋玉《对楚王问》）

又，属文、属辞、属对

属意

以上读 zhǔ，上声。

主，《说文》：“灯中火主也，从 ，象形，从 ，亦声。”

王夫之：“用为君主字者，以其为施明之宗，而膏火所聚，为众所归也。用为宾主字者，宾就主人，如人就灯光也，旅人所馆亦曰主，所就依也。用为主张、主持者，事理所恃以不差，如灯光以明定人所适从也。又神位曰主，以为神有灵气，如光聚于灯也。”

尉，《说文》：“从上案下也，从 。又，持火以尉申缯也。”

此字有 wèi、yù、yùn 三音。尉本是一种动作，工具则为“尉斗”俗加火作“熨斗”，目的在于使丝织品平服，故平服曰“熨帖”，事完结曰“熨帖”。又，军中有尉官，今是低级军官，古代则不然。廷尉，王夫之引汉诏曰：“廷尉者，天下之持平也。持火而申缯，抑其不就理者而使之平服。”廷尉，用武力使天下不服者平服，后用来指校级以下军官其来源已不为人所注意。

第四节 古义和今义

一、注意古今意义的差别

词的古义和今义，同前面所讲的本义和引申义，不是同一层面的概念。古义和今义也可以概括到本义和引申义的内容中去。讲这一节的目的，是想通过一些古今词义演变的例子，让大家尽可能地多接触一些词义变化的材料。

不少古汉语的词，由于时代久远，和今义比较起来有较大的差别。如不注意，就难免出现一些以今律古的错误。例如：

时乎时，不再来。（《史记·淮阴侯列传》）

这个“再”，今天许多人看来，觉得它与现代汉语中的“再”没有什么区别。但事实上，这个“再”是“第二次”的意思，而不是现代汉语中的“再一次”的意思。是一个表序数的数词，而不是副词。我们来看更多的材料：

大战一，小战再。（《战国策·燕策》）
一岁再获之。（《荀子·富国》）
秦赵五战，秦再胜而赵三胜。（《史记·苏秦列传》）
寓逆旅主人，日再食。（宋濂《送东阳马生序》）

——以上表基数

一鼓作气，再而衰，三而竭。（《左传·庄公十年》）
一之谓甚，其可再乎？（《左传·僖公五年》）

——以上表序数

又如：诬。《韩非子·显学》：“无参验而必之者，愚也；弗能必而信之者，诬也。故明据先王，必定尧舜者，非愚即诬也。”这句中的“诬”，有的教材注解为“诬蔑”，这是不对的。《说文》：“诬，加言也。”其意义是编造谎言，引申则有欺骗义，又指虚言假语。《大戴礼记·曾子立事》：“不能行而言之，诬也。”又如，《荀子·性恶》：“今与不善人处，则所闻者欺诬诈伪也。”《礼记·乐记》：“桑间濮上之音，亡国之音也。其政散，其民流。诬上行私，而不可止也。”司马迁《报任安书》：“因为诬上，卒从吏议。”这些“诬”是假话或以假话欺骗人的意义。“诬”的今义是“捏造事实，构陷罪名”，和“诽谤”义近。显然是从“诬”的古义引申而来。但古义与今义是不相同的。

又如：乳。乳的本义是生殖。《说文》：“人及鸟生子曰乳。”《礼记·月令》：“（季冬之月）雁北向，鹊始巢，雉雊鸡乳。”《史记·扁鹊仓公列传》：“菑川王美人怀子而不乳。”司马贞《索隐》：“乳，生也。”

“乳”在古代还有“刚生子的（动物）”义。《庄子·盗跖》：“案剑瞋目，声如乳虎。”梁启超《少年中国说》中有“乳虎啸谷，百兽震惶”。《汉书·义纵传》：“宁见乳虎，无值宁成之怒。”颜师古注：“猛兽产子，护养其子，则搏噬过常，故以喻也。”《荀子·荣辱》：“乳彘触虎，乳狗不远游。”

“乳”后来引申出“初生的”之义，今“乳燕”、“乳鸽”、“乳猪”即其义。要防止以今义来误解古义。

二、古今词义演变的类型

古今词义的演变是异常复杂的，古今差异大致有以下四个方面。

（一）词义的扩大

词义的扩大，是指词义演变后所反映对象的范围比原义扩大了。

例如：“诗”，古代专指《诗经》。《论语·为政》：“诗三百，一言以蔽之，曰：思无邪。”现代泛指一般诗歌，词义的范围扩大了。

“河”，古代专指黄河。《诗经·魏风·伐檀》：“坎坎伐檀兮，置之河之干兮。”《左传·成公十六年》：“晋师济河。”《庄子·秋水》：“秋水时至，百川灌河。”《孟子·梁惠王上》：“河内凶，则移其民于河东。”“河内”指黄河北岸，今河南沁阳一带；“河东”指黄河以东，今山西西南部。汉代以前，“河”的常用义特指黄河。后来泛指一般河流。把一条河的名称扩大成为一般河流名称，由专称变为通称，今义把古义的范围扩大了。

“齿”，古义是指门牙。《墨子·非攻中》：“古者有语，唇亡则齿寒。”后来泛指牙齿。白居易《与元九书》：“未老而齿发早衰白。”把门牙扩大成为牙齿，“齿”的词义扩大了。

“响”，古义是指回声。《玉篇》：“响，应声也。”《水经注·江水》：“常有高猿长啸，属引凄异，空谷传响，哀转久绝。”贾谊《过秦论》：“天下云集而响应，赢粮而景从。”今义泛指一切物体发出的音响，概念外延扩展了。扩大，就是把意义范围扩大了。

（二）词义的缩小

词义的缩小是指演变后的词义所反映的客观事物的范围比原义的范围小。

例如：“金”，先秦泛指金属。《左传·僖公十八年》：“郑伯始朝楚，楚子赐之金。既而悔之，与之盟曰：‘无以铸兵。’故以铸三钟。”这里记载楚王赏给郑国的“金”，显然指的是“铜”，因为那时铸兵器、铸钟鼎都用铜。楚王担心赏赐给郑国的铜会用来制造武器，所以与郑盟誓。甲骨文中没有“金”字，金文中有了“金”、“铜”，但没有“银”、“铁”，郭沫若认为“铁”出现于春秋时期。到了“铁”、“锡”、“银”都出现以后，“金”就逐渐地专指“黄金”了。如《史记·文帝本纪》：“不得以金、银、铜、锡为饰。”“金”词义范围逐渐缩小。（现在“五金”、“金工”、“金属”等复合词里的词素还保留了古代词义的痕迹。）

“宫”，上古泛指房屋。“宫”、“室”是同义词，先秦都指房屋。秦汉以后。“宫”专指封建帝王的住宅，如“阿房宫”、“未央宫”。现在除了某些叫“宫”的旧有名称外，只有某些文化娱乐场所才称宫，如少年宫、文化宫。“宫”的词义范围越来越缩小了。

“坐”，古代除当“坐下”的动作讲之外，还有“犯罪”、“因为”的意义，《晏子春秋·内篇》“王曰：‘何坐？’曰：‘坐盗。’”《史记·商君列传》：“商君之法，舍人无验者坐之。”上例的“坐”当“犯罪”讲。汉乐府《陌上桑》：“耕者忘其犁，锄者忘其锄，来归相怨怒，但坐观罗敷。”杜牧《山行》：“远上寒山石径斜，白云生处有人家。停车坐爱枫林晚，霜叶红于二月花。”上例的“坐”当“因为”讲。现在专指“坐下”讲，今义比古义缩小了。

“丈夫”，古代指成年男子。《韩非子·五蠹》：“古者丈夫不耕，草木之实足食也。”《战国策·赵策》：“丈夫亦爱怜其少子乎？”后来只指配偶的男性一方，即“妻之夫”而言。概念外延缩小了，就是把意义范围缩小了。

（三）词义的转移

词义的转移是指词义反映的客观对象由甲类事物转移到相关的乙类事物上去了。

例如“坟”，古代本指高大的土堆或河堤。《方言》：“凡土而高且大者谓之坟。"《诗经·周南·汝坟》："遵彼汝坟，伐其条枚。"（沿着那汝水的大堤，砍伐那枝条树干。）《楚辞·九章》："登大坟以远望兮，聊以舒吾忧心。""大坟"是高大的土堆。远古，人死埋起来并不堆土，故《礼记·檀弓》云："古者墓而不坟。"后来，墓上堆土，就把这种土堆称为"坟"，于是"坟"也就指用土堆起的坟墓了。今义则把原来的"高大的土堆"、"河堤"转移到"坟墓"上来了。

"府"，本义指藏钱财宝物的地方。《礼记·曲礼下》："在官言官，在府言府。"郑玄注："府谓宝藏货贿之处。"《商君书·去强》："金粟两生，仓府两实，国强。"后引申官府，诸葛亮《出师表》："宫中府中，俱为一体。"府指丞相府。后来，"府"的原义渐失。

"脚"，原指小腿。中古以后，"脚"指踝骨以下部分，当"足"字解。今义则把原来的"小腿"转移到小腿以下的部位了。

"寺"，原指官署，古代有"太常寺"、"太仆寺"、"鸿胪寺"等均为官署名。《后汉书·刘般传》："官显职闲，而府寺宽敞。"东汉时，佛教传入中国，朝廷建白马寺这一机构管理此事，并藏经书，后来，"寺"就转为专指佛寺庙宇。

（四）词义感情色彩的变化

风俗习尚和社会思潮的改变，往往引起人们对事物的爱惜与善恶评价的变化，从而影响词义褒贬。有的词由褒义变为贬义，有的词由贬义变为褒义，有的由中性词变为贬义词。例如：

"爪牙"，古代是指武将、猛士，是个褒义词。《国语·越语上》："夫虽无四方之忧，然谋臣与爪牙之士，不可不养而择也。"《汉书·李广传》："将军者，国之爪牙也。""爪牙"的今义是指帮凶、走狗，成为贬义词了。

"复辟"古代是指"恢复君位"，是个褒义词，现在是指"反动势力的复活"，成为贬义词了。

"锻炼"，古代是指"玩弄法律对人进行诬陷"，是个贬义词，现在指"劳动锻炼"、"思想锻炼"、"锻炼身体"，"锻炼"成为褒义词了。

"贿"，古代有"赠送财物"的意思，是个中性词。《左传·宣公九年》："孟献子聘于周，王以为有礼，厚贿之。""贿"的今义是指"贿赂"，即"用财物收买"的意思。成为贬义词了。

这样看来，古今词义的异同大致表现在以下几个方面：

第一，古今词义基本相同。

有些词的词义没有什么变化，这不仅仅限于基本词汇部分的词。有些词，古今字书的注释大体相同。不仅单音词如此，复音词也不乏其例。早在《诗经》里就有芍药、梧桐、凤凰、鸰鹏、蟋蟀、苍蝇、参差、窈窕等词，我们阅读古书，按照现代汉语的意义去理解这类词，不会产生什么误解，但这类词在全部词汇系统中只占少数。

第二，古今词义完全不同。

"揭"，古代是"高举"的意思。《诗经·小雅·大东》："维北有斗，西柄之揭。"（箕星之北有南斗星，西翘长柄，向东远伸。）《战国策·齐策》："于是乘其车，揭其剑。”后以“昭然若揭”形容真相毕露、明白清楚。现代“揭”的常用意义是指把盖合或黏合的东西分开，古今意义不同。

“绸”，古代是“缠绕”的意思。《尔雅·释天》“素锦绸杠。”现代“绸”的常用意义是“绸子”，指薄而软的丝织品。

又如《左传·桓公三年》：“凡公女嫁于敌国。”“敌国”是指与我地位相匹敌的国家，并不是与我相为仇敌的国家。《左传·僖公三十年》：“若舍郑以为东道主，行李之往来，共其乏困。”“行李”是指外交使节，并不是人们出行时所携带的衣物铺盖。《尔雅》：“鳬，雁丑也”“丑”是“类”的意思，是说鳬是雁的一类。有人曾把“鳬，雁丑也”理解为鳬是丑雁，词义理解错了。我们在阅读古书中最感困难的属于这一部分。

第三，古今词义有同有异。

例如：“爱”，古今都有“喜欢”、“亲爱”的意思。但在上古“爱”字还有一个常用的义项，是“吝惜”、“舍不得”的意思。《老子·四十四章》：“甚爱必大费。”《孟子·梁惠王上》：“吾何爱一牛？”这是现代汉语所没有的。

“恨”，古今都有“不满意”的意思，但是古今词义所表示的轻重程度不同。古代汉语的“恨”主要表示“遗憾”的意思，程度轻。《史记·陈涉世家》：“辍耕之垄上，怅恨久之。”诸葛亮《出师表》：“先帝在时，每与臣论此事，未尝不叹息痛恨于桓灵也。”（痛恨：痛心和遗憾。）现代汉语的“恨”却表示“仇恨”的意思，程度重。

“骤”，古今都有“急速”的意思，但在古代汉语中，主要用来表示“屡次”的意思，《楚辞·九歌·湘夫人》：“时不可兮骤得，聊逍遥兮容与。”《吕氏春秋·适威》：“骤战而骤胜。”故段玉裁《说文解字注》云：“今之‘骤’为暴疾之词，古则为屡然之词。凡《左传》、《国语》言‘骤’者，皆与‘屡’同义。”而现代汉语主要用来表示“骤然”、“突然”的意思。

又如“池”，古今都是“池塘”的意思，而古代还有“护城河”的意思，这为现代所无。

“国”，古今都有“国家”的意思，而古代还有“首都”的意思，这为现代所无。

“色”，古今都有“女色”的意思，而古代还有“脸色”、“表情”的意思，这为现代所无。

“树”，古今都有“树木”的意思，而古代还有“种植”的意思，这为现代所无。

“馆”，古今都有“宾馆”的意思，而古代还有“宫殿”、“教学场所”的意思，这为现代所无。

“除”，古今都有“除去”的意思，而古代还有“宫殿台阶”、“任命官吏”的意思，这为现代所无。

学习古汉语词汇，要特别注意古今词义的异同。在异同的问题上，难处不在同，而在异；不在“迥别”，而在“微殊”。（参见王力《古代汉语》）我们要在古今词义的“微殊”上狠下功夫。

第五节 同义词辨析

一、同义词的形成和变化

什么是同义词?

赵克勤先生在《古汉语词汇概要》中给古汉语的同义词下了一个定义:“两个或两个以上的词,它们所包含的一个或几个意义相同,但在其他意义、风格特征、感情色彩及用法上存在着细微的差别,就叫做同义词。”

(一) 同义词的种类

(1) 由不同义到同义

如“年”和“岁”,“年”的本义是“禾谷熟”,“岁”的本义是木星。由于古代庄稼一熟要经历春夏秋冬一个轮回,故引申指一年。木星每年行黄道一周天十二个星次中的一个星次,由此引申出与表时间的年相同的意义。又如,“境”和“界”,也是由不同义变到同义(参见《古汉语词汇讲话》,106 页)。

(2) 由同义到不同义

如“劝”和“勉”,本来,“劝”即“勉”义,如“惩恶劝善”,后来,“劝”引申出“劝说”义,二者变得不同义了。又如,“树”和“艺”,本来都是“栽植”义,后来,由于“艺”的意义的引申,二者变得不同义了(参见《古汉语词汇讲话》,72 页)。

(二) 同义词的作用

(1) 精确表义的需要。一种语言的同义词丰富程度,反映了这种语言的精确程度。古代汉语到了春秋时代,已经是一种可以周密叙事,而且非常细密精致地表情达意的语言了。举个例子来说,例如,“诈”和“虞”可以看作同义词,《左传·宣公十五年》:“我无尔诈,尔无我虞”,于我用“诈”字,很直白,于尔用“虞”字,很委婉。反映表义如此周密精致的材料在先秦文献中是很多的。

(2) 用于区别贵贱。《公羊传·隐公三年》:“天子曰崩,诸侯曰薨,大夫曰卒,士曰不禄。”

他如:赐—献;往—幸;至—临;妻—后;妾—妃。

(3) 用于褒贬善恶。例如,“弑”和“诛”,前者含有对杀人者的谴责,后者含有对被杀者的贬斥。

他如:当政—窃命;伐—侵。

(4) 用于谦称和尊称,如,令郎—犬子;贱荆—夫人;君子—小人;死—崩。

(5) 表示委婉,如,居官—待罪;死—填沟壑。

二、辨析同义词的方法

辨析同义词的目的在于找出同义词间的细微差异,从而准确地理解古文原意。辨析的方法很多,以下所列,是几个主要方面。

（一）从形制用途方面辨其异同

例如：

[环—玦]“环”和“玦”在佩带的玉器这个意义上是同义词。但它们的形制和用途却不一样。“环”是平圆中间有孔的佩玉，古人常以“环”暗示“回还”和“复好”；“玦”是环形有缺口的佩玉，古人常用“玦”来象征“决断”或“决裂”。如：

绝人以玦，反绝以环。（《荀子·大略》）
范增数目项王，举所佩玉玦以示之者三。（《史记·项羽本纪》）

[府—库]“府”和“库”在收藏财物的屋舍这一意义上是同义词，但它们的形状和用途却有区别。“府”是收藏文书或财物的库房，而“库”却是较大型的收藏兵器和兵车的库房。如：

金粟两生，仓府两实，国强。（《商君书·去强》）
焚库无聚，将何以守矣？（《左传·哀公十六年》）

[筵—席]“筵”和“席”在地上铺的席子这一意义上是同义词。但“筵”多是竹子编的，形状较大，只铺一层，铺筵的目的是与地面隔开，保持清洁。而“席”多是蒲草编的，铺在筵上供人坐卧，形状较小，多为长方形，铺席的目的是为了隔潮，席可以铺几层。如：

或肆之筵，或授之几。（《诗经·大雅·行苇》）
卧不设席，行不骑乘。（《史记·孙子吴起列传》）

（二）从方式状态方面辨其异同

例如：

[盟—誓]“盟”和“誓”在“发誓”、“立誓”这一意义上是同义词。但“誓”多表示一人的决心和誓言，可以没有什么仪式，而“盟”是宣誓结盟，多表一方或多方的决心和诺言，立誓结盟要举行仪式，一般是杀牲歃血为盟。如：

遂寘姜氏于城颍，而誓之曰：“不及黄泉，无相见也。”（《左传·隐公元年》）
秦伯说，与郑人盟。（《左传·僖公三十年》）

[侵—袭]“侵”和“袭”在偃旗息鼓地进攻这一意义上是同义词，但进攻的方式不尽相同。“侵”指不宣而战，直接进犯别人的国土，而“袭”是乘人不备，偷偷地进攻，比“侵”更富于秘密性。如：

齐侯以诸侯之师侵蔡。（《左传·僖公四年》）
大叔完聚，缮甲兵、具卒乘、将袭郑。（《左传·隐公元年》）

[坐—跽]“坐”和“跽”在两膝着席而坐这一意义上是同义词，但它们的状态却不一样。“坐”是臀部压在脚后跟上，身体比较松弛和自然，而“跽”是上身挺直，臀部离开脚跟，表示一种恭敬和戒备的姿态。如：

席不正不坐。（《论语·乡党》）
项王按剑而跽。（《史记·项羽本纪》）

（三）从事物所处部位辨其异同

例如：

[牙—齿]“牙”和“齿”作为人的咀嚼器官这一意义是同义词，但它们分布

的部位却不相同。“牙”指排列在牙床后部的大牙，而“齿”指排列在唇部的门牙。因而“唇亡齿寒”不能说成“唇亡牙寒”。如：

齿牙完坚。（《后汉书·华佗传》）

谚所谓“辅车相依，唇亡齿寒”者，虞虢之谓也。（《左传·僖公五年》）

［根—本］“根”和“本”在树的根基部分这一意义是同义词，但它们的部位也不相同。“根”一般指树根，是树体埋在地下的部分。“本”有时指树根，但更多的是指树干，是树体挨近地面的根茎部分。如：

公族，公室之枝叶也，若去之，则本根无所庇荫矣。（《左传·文公七年》）

禽之而乘其车，系桑本焉。（《左传·成公二年》）

［颈—项］“颈”和“项”都有“脖子”的意思，但它们所指的部位却有区别。“颈”指脖子的前部。而“项”则指脖子的后部。如：

使罪人三行属剑于颈而辞。（《左传·定公十四年》）

案灌夫项，令谢。（《史记·魏其武安侯列传》）

（四）从范围大小辨其异同

例如：

［法—律］“法”和“律”都有“法令”、“法律”的意思，是同义词，但它们词义所概括的范围却有大小的区别。“法”多指“法律”、“制度”，所指范围大，而“律”多指具体的刑罚条文，所指范围较小。如：

凡先王之法有要于时也。（《吕氏春秋·察今》）

圣汉权制，而萧何造律。（扬雄《解嘲》）

［树—木］“树”和“木”在表示“树木”这个意义上是同义词。但“树”的词义范围小，只指“树木”，而“木”的词义范围大，除指“树木”以外，还可以指与树木有关的木材或木制品。如：

后皇嘉树，桔徕服兮。（《楚辞·桔颂》）

我二十五年矣，又如是而嫁，则就木焉，请待子。（《左传·僖公二十三年》）

［壹—一］“壹”和“一”在“专一”这一意义上是同义词。但“壹”的词义范围小，只用于“专一。”而“一”的词义范围却很大，即可指基数“一”，又可以表示“统一”或“一致”。该用“壹”的地方都可用“一”，而该用“一”的地方，一般不用“壹”。如：

不谷恶其无成德，是用宣之，以惩不壹。（《左传·成公十三年》）

法莫如一而固，使民知之。（《韩非子·五蠹》）

（五）从程度轻重辨其差异

例如：

［饥—饿］“饥”和“饿”在“饥饿”需要吃东西这个意义上是同义词，但“饥饿”的程度却有轻重之分。“饥”指没有足够的东西吃，只是吃不饱，为一般的“饥饿”，而“饿”是指一点吃的东西都没有，为严重的“饥饿”，有时指饿得

病倒或濒于饿死。如：

饥而欲饱，寒而欲暖，劳而欲休，此人之情性也。《荀子·性恶》
见灵辄饿，问其病，曰："不食三日矣。"《左传·宣公二年》

［愠—怒］"愠"和"怒"在"生气"、"恼怒"这一意义上是同义词，但"恼怒"的程度却有明显的差异。"愠"的程度轻，是心里生气、恼怒，但隐而不发，或者只在脸上呈现怒色，并不表现在行动上。而"怒"的程度重，常指愤怒不可遏止，并表现在行动上，如：

草创未就，会遭此祸，惜其不成，是以就极刑而无愠色。（司马迁《报任安书》）
怒而触不周之山，天柱折，地维绝。（《淮南子·天文》）

［驱—驰］"驱"和"驰"在"赶马使之快跑"的意义上是同义词。但"驰"有使劲赶马的意思，有时特指"驱马进击"。"驰"比"驱"的词义要重一些。如：

乘坚驱良。（《史记·越王勾践世家》）
项伯乃夜驰之沛公军。（《史记·项羽本纪》）

（六）从适用对象不同辨其差异

例如：

［妇—女］"妇"和"女"在"女人"这个意义上是同义词，但"妇"和"女"所指对象的身份却有区别。"妇"专指已婚女子，"女"多指未婚女人，只是在男女对举时，"女"才泛指女人，包括已婚女子。但未婚女子绝对不能叫作"妇"。如：

听妇前致辞，三男邺城戍。（杜甫《石壕吏》）
窈窕淑女，君子好逑。（《诗经·周南·关雎》）

［杀—弑］"杀"和"弑"在"杀人"这一意义上是同义词，但所适用的对象却有严格的区别。"杀"适用于普通人，而"弑"却适用于下杀上，多指臣杀君，子杀父。如：

桓公杀公子纠，召忽死之，管仲不死。（《论语·宪问》）
太史书曰："赵盾弑其君。"（《左传·宣公二年》）

［唯—诺］"唯"和"诺"都是应答的声音，表示对某件事情同意的态度。但它们适用的对象却不相同。"唯"适用于下对上、卑对尊，而"诺"适用于上对下、尊对卑，有时也用于地位平等或相同的人之间。如：

子曰："参乎！吾道一以贯之。"曾子曰："唯！"（《论语·里仁》）
太后曰："诺，恣君之所使之。"（《战国策·赵策》）

（七）从语法功能不同辨其差异

例如：

［之—其］"之"和"其"都是指示代词，都能指代第三人称，是一对同义词。但"之"只能作宾语或兼语，而"其"主要是作定语，或作主谓短语中的主语。如：

韩厥献丑父，郤献子将戮之。(《左传·成公二年》)

吾视其辙乱，望其旗靡，故逐之。(《左传·庄公十年》)

又，"之"和"其"在指代上有泛指与特指的不同，"之"表泛指，"其"表特指。如："下视其辙，登轼而望之。""其"的指代是明确的，"之"的指代对象就要虚一些。

[之—往]"之"和"往"做动词，在"去"的意义上是同义词，但它们的语法功能却不相同。"之"做谓语必须带宾语。而"往"做谓语时，只表示动作的方向性和目的，不能带宾语。如：

驱而之薛，使吏召诸民当偿者，悉来合券。(《战国策·齐策》)

请往谓项伯，言沛公不敢背项王也。(《史记·项羽本纪》)

[耻—辱]"耻"和"辱"用作名词时是同义词，都有"耻辱"的意思。当它们用作动词时，"耻"多是意动用法，而"辱"多是使动用法。如：

敏而好学，不耻下问，是以谓之文也(《论语·子路》)

使于四方，不辱君命。(同上)

(八)
从感情色彩不同辨其差异

例如：

[征—侵]"征"和"侵"都是军事进攻的意思。但"征"多指攻下，或以有道进攻无道，带有赞颂的感情色彩，是个褒义词。而"侵"是不宣而战，偃旗息鼓地出战，有不正大光明的色彩，是个贬义词。如：

五侯九伯，女实征之，以夹辅周室。(《左传·僖公四年》)

冬，楚师侵卫，遂侵我师于蜀。(《左传·成公二年》)

[若—尔]"若"和"尔"做第二人称代词，都有"你"的意思。但它们的感情色彩也有区别。"若"是一般称呼，可用于平等之间，但不能用于下对上。"尔"，除了作为极亲热的平辈之间直率的称呼，或上对下之外，往往带有厌恶、轻蔑的感情色彩。如：

若为佣耕，何富贵也。(《史记·陈涉世家》)

尔何知！中寿，尔墓之木拱矣。(《左传·僖公三十二年》)

古汉语同义词的情况十分复杂，辨析同义词的方法多种多样。上面谈到的不过是常用的几种方法。要做到准确无误地辨析同义词，必须大量地阅读古文，形成语感，并利用工具书帮助理解古代汉语的词义。

思考与练习

一、说说古汉语复音词的类型。

二、联绵词可以分为哪些类？

三、举例分析古汉语复合词的种类。

四、分析下列双音词的结构关系：

颜色　题目　堤防　分析　夏至　甲兵　过费　菩提

恭敬　望洋　盈虚　邦国　其实　绰约　伽蓝　区区

五、根据字形指出下列句中加点字（词）的意义，并说明是本义还是引申义？

1. 女子贞不字，十年乃字。

2. 北山愚公长息曰。

3. 塞向墐户。

4. 沙鸥翔集，锦鳞游泳。

5. 非秦者去，为客者逐。

六、解释下列句子中加点词的意义，并说明哪些是本义，哪些是引申义？

1. 肉食者谋之，又何间焉？

2. 晏子为齐相，出，其御之妻从门间而窥其夫。

3. 愿足下假臣奇兵三万人，从间路绝其辎重。

4. 间命工斫木为橱，贮书若千万卷。

5. 至曰："楚有六间，不可失也。"

6. 韩信使人间视。

七、根据下面提供的例句，分别说明"练"、"绝"二词词义引申的方式。

[练]

1. 凡染，春暴练。(《周礼·天官·染人》) 练，把生丝煮熟，使之柔软洁白。

2. 余霞散成绮，澄江静如练。(谢玄晖《晚登三山还望京邑》) 练，白色的熟绢。

3. (翟方进) 荐宣明习文法，练国制度。(《汉书·薛宣传》) 练，详熟。

4. 篇中练句，句中练字。(张表臣《珊瑚钩诗话》) 练，琢磨，推敲。

[绝]

1. 折骨绝筋，终身不可以相及也。(《荀子·修身》) 绝，断丝。

2. 名灭爵绝，国土不传。(《后汉书·马援传》) 绝尽，断绝。

3. 投笔抽刀而绝。(《后汉书·朿歙传》) 绝，自绝，死亡。

4. 会当凌绝顶，一览众山小。(杜甫《望岳》) 绝，极。

5. 不远道里，故能威绝域之民。(《管子·七发》) 绝，极远。

6. 绝唱高踪，久无嗣响。(《宋书·谢灵运传论》) 绝，高超，绝妙。

八、举例分析古今词义演变的类型。

九、辨析同义词可以从哪些方面来进行？

十、辨析下列句子中的同义词间的差别。

1. 君有疾在腠理，不治将恐深。

2. 余病矣！

十一、把下列各组同义词分别填入括号中。

往　　适　　之

1. 晨（　　），寝门辟矣。

2. 驱而（　　）薛。

3. 而彼且奚（　　）也？

阅读与参考书目

王力．汉语史稿（下册）．北京：中华书局，1980

王克仲，房聚棉．古今同形词语例释．哈尔滨：黑龙江人民出版社，1983
何九盈，蒋绍愚．古汉语词汇讲话．北京：北京出版社，1980
陆宗达．训诂简论．北京：北京出版社，1980
赵克勤．古汉语词汇概要．杭州：浙江教育出版社，1987
高守纲．古代汉语词义通论．北京：语文出版社，1994
郭在贻．训诂学．长沙：湖南人民出版社，1986
蒋绍愚．古汉语词汇纲要．北京：北京大学出版社，1989
苏宝荣．词义研究与辞书释义．北京：商务印书馆，2000
方平权．汉语词义探索．长沙：岳麓书社，2006

附录 王力《古代汉语》之“汉字部首举例”

一、口部之类

口部的字，大致可以分为四类。

第一类是跟口有关的器官，如喉、吻（嘴边）、噣（zhòu，鸟嘴）、喙（huì，兽嘴）等。

第二类是跟口有关的行为，如含（从口，今声）、嚼（据《说文》，“嚼”是“噍”的异体字）、吮、噬（shì，咬）、啼（“啼”是“嗁”的异体字，《说文》有嗁，无啼）、叫等。

第三类是象声词，如呱（gū，小儿哭声）、啾（jiū，小儿声）等。第一类字上古较少，后代才多起来。

第四类是属于语言方面的词，如命（从口从令，会意，令亦声）、问（从口，门声）、唯（答应）、咨（咨询）等。

舌部可以认为是口部的分支。“舌”字本身就从口。

甘部可以认为是口部的分支。“甘”字篆文作 ㅂ，表示嘴里有好吃的东西。旨、尝二字值得讨论一下：

旨，《说文》：“旨，美也；从甘，匕声。”本义是味美。《礼记·学记》：“虽有嘉肴，弗食，不知其旨也。”

尝，本义是辨别滋味（《说文》：“尝，口味之也。”）；从旨（味美），尚声。

在《说文》中，旨、尝都属旨部，现在一般字典把旨归入日部，把尝归入口部，看不出意符来了。

言部可以认为是口部的分支。言字本身就从口。跟语言有关的意义，原则上从言从口都可以，例如谕喻、謼呼等；有时候甚至既从口又加言，例如谘（后起字）。

言部的字，大致可以分为三类。

第一类是动词，如谏、谤、谗、诬、讳、谓、诺、谢、许等。在这一类中，有几个字值得讨论一下：

谋，本义是咨询。《说文》：“虑难曰谋。”《左传·襄公四年》：“咨难为谋。”有困难的事提出来商量叫谋，所以从言。《左传·庄公十年》：“肉食者谋之。”

访，本义也是咨询。《说文》：“泛谋曰访。”（广泛地咨询）《尔雅·释诂》：“访，谋也。”所以从言。《左传·僖公三十二年》：“穆公访诸蹇叔。”

诛，本义是责。斥责是言语的事，所以从言。《论语·公冶长》：“於予与何诛？”

识，本义是知（懂），是记住。《说文》“忘”字下注云，不识也。

忘，就是记不住。古人所谓识，指的是记住古人传下来的话，所以从言。《论语·述而》：“默而识之，学而不厌，诲人不倦。”

第二类是名词，如诗、词等。《说文》“词”字在司部。朱骏声认为“词”字应属言部，从言，司声。

第三类是形容词。这一类字多与道德有关，如谨、诚、信、谅、诈等（“信”字《康熙字典》归入人部）。这些字值得讨论一下：

谨，本义是谨慎，特别是在言语上多加小心，所以从言。《论语·乡党》：“其在宗庙朝廷，便便言，唯谨尔。”

诚，本义是诚实，特别是在言语上不虚伪，所以从言。《周易·文言》：“修辞立其诚。”

信，本义也是诚实。《说文》：“信，诚也。”言语真实叫做信，所以从言。《老子》：“信言不美，美言不信。”

谅，本义也是诚实。《说文》：“谅，信也。”所以从言。《论语·季氏》：“友直，友谅，友多闻。”（跟忠直、诚实、学问渊博的人交朋友。）

诈，本义是不诚实，最初的意思是谎骗，所以从言。《说文》：“诈，欺也。”《左传·宣公十五年》：“我无尔诈。”

言部和心部有相通之处，所以“误”又写作“悮”，“悖”又写作“誖”（现在一般只写作“悖”）。

欠部也和口部有关。“欠”字的篆文是，上半是“气”字（气的本字），下半是“人”字，表示人在呵气。现在我们说“打呵欠”正是这个“欠”字。因此，有关呵气的动作往往从“欠”。例如“吹”字从欠从口，因为吹就是“出气”（见《说文》）。（注：“吹”在《说文》中重见，口部有“吹”字，欠部也有“吹”字。）“叹”字从欠，因为“叹”是太息（据《文选》注引），太息就是呵长气。“唏嘘”（xīxū）多写作“欷歔”，是大哭后的抽息声，所以也从欠。“欢欣”都从欠，徐锴说：“喜动声气，故从欠。”“歌”字从欠，徐锴说：“歌者，长引其声以诵之也。”长引其声，也需要呵长气，所以从欠。此外，有关吸气的动作也往往从欠。“歙”（xī）是鼻子吸气，所以从欠。“饮”、“歠”（chuò）“歃”（shà）都是喝，喝也需要吸气，所以也从欠。“饮”字篆文作（㱃），从欠，酓声，《说文》立有㱃“部”。“歠”字《说文》在㱃部。

欠部和口部、言部都有相通之处。因此，“欢”又写作“叹”（有些文字学家认为“欢”“叹”有分别，那是靠不住的），歗又写作“啸”（现在一般只写作“啸”），“欧”又写作“呕”（现在“呕”一般只写作“呕”），“歌”又写作“謌”，“欢”又写作“讙”。

二、心部

心部字的偏旁共有三种写法：（一）写作“心”，放在字的下部或中部，例如意、念、恩、惠、爱、忧等。“惠”字《说文》在叀部。“爱”字《说文》作㤅，从心，先声，在心部；《说文》别有愛（爱）字，从夊，㤅声，在夊部；先秦经典皆假爱为㤅。“忧”字《说文》作𢝊，在心部；《说文》别有“忧”字，在夊部；先秦经典皆假忧为𢝊。（二）写作忄，放在字的左边，如性、情、愤、恨等。（三）写作⺗，放在字的下部，如恭、慕、忝等。

心部的情况比较简单，一般都是关于心理的意义。有些是大的概念，如意、志、性、情等。主要是性和情两类的字。所谓性类的字，是关于人的德性和品质的，如忠、恭、悍、惰、怠、慈、懦、愚等；所谓情类的字，是关于人的心理活动的，如怨、怒、恨、恐、悔、惜、惕、悲、愁、惭、慰等。下面提出三个字来讨论：

惟，本义是思惟，所以从心。《诗经·大雅·生民》："载谋载惟。"

息，本义是呼吸；从自，从心。自就是鼻字，呼吸是用鼻子的。段玉裁说："心气必从鼻出，故从心自。"古代科学不发达，所以人们以为气是从心里呼出来的。引申为口里出气也叫息，所以长叹叫做太息。《楚辞·哀郢》："望长楸而太息兮。"

慢，本义是怠慢、傲慢（不是缓慢），所以从心。《孟子·梁惠王下》："是上慢而残下也。"

三、目部之类

目部的字都是跟眼睛有关的意义（如瞻、睡等），但是有些字的本义已经不为一般人所了解了。下面提出几个字来讨论：

省（xǐng），本义是细看。省字应在目部，《说文》把省字归入眉部，那是错的；不过"眉"字也从目，引申为省察的意义。《论语·学而》："吾日三省吾身。"《论语·为政》："退而省其私。"

相，本义也是细看。《说文》："相，省视也。从目，从木。"从木的意思不大好懂，但是目的意思十分明显。《诗经·鄘风·相鼠》："相鼠有皮。"

眷，本义是回头看。《说文》："眷，顾也。"《诗经·大雅·皇矣》："乃眷西顾。"

见部可以认为是目部的分支。"见"字篆文作𥃩，本身就从目，从人（儿即人字）。有些字从目从见都可以，例如"睹"字也可以写作"覩"。见部指有关视觉的动作，如观、览等；又指有关会晤的行为，如覲（jìn，朝见）、覯（gòu，见面）、觌（dí，见面；《说文》新附字）等。下面提出两个字来讨论：

視，本义是看；从见，示声。注意：这个字在见部，不在示部，因为它的意符是见，不是示。（"视"和"示"在意义上也有关系，那是另一问题。）

觉，本义是睡醒；从见，学省声。"觉"字从见，和睡眠从目是一样的道理。睡眠和醒觉都和眼睛有关：睡着就闭上了眼睛，睡醒就张开了眼睛。《庄子·齐物论》："觉而后知其梦也。"

四、页部之类

页（xiè）就是头（不是书页的页），篆文作𦣻，从百（首），从儿（人），指的是人头。因此，从页的字都与头面的意义有关，如头、顶、颊、颈等。有些从页的字，现在看来，本义不大明显。举例讨论如下：

颜，本义是额，所以从页。

颠，本义是头顶，所以从页。《诗经·秦风·车邻》："有马白颠。"引申为山顶，写作巅。

题，本义是额；从页，是声。《诗经·周南·麟之趾》："麟之定，振振公姓。”毛传：“定，题也。”《楚辞·招魂》：“雕题黑齿。”注：“题，頟（额）也。”《战国策·赵策》：“黑齿雕题。”鲍云：“刻其额。”

领，本义是脖子（颈），所以从页。《孟子·梁惠王上》：“如有不嗜杀人者，则天下之民，皆引领而望之矣。”

项，本义是脖子的后部，所以从页。《广韵》：“颈在前，项在后。”《后汉书·左雄传》：“项背相望。”

颁，本义是大头；形容词。《诗经·小雅·鱼藻》：“有颁其首。”

颇（pō），本义是头偏，所以从页。引申为一般的偏。《尚书·洪范》：“无偏无颇”。（今本颇作陂）

顾，本义是回头看。因为回头，所以从页。《庄子·秋水》：“庄子持竿不顾。”顾和眷本义都是回头看，是同义词；但是二者词义上有细微的差别，《说文》眷字下段玉裁注：“凡顾眷并言者，顾者，还视也；眷者，顾之深也。顾止于侧而已，眷则止于反，故毛云反顾；许浑言之，故言顾也。”

顿，本义是顿首（磕头），所以从页。《战国策·燕策》：“太子避席顿首。”

首部可以认为是页部的分支。有人说，页字就是首字。

面部也可以认为是页部的分支。“面”字篆文作，里边是个页，即首字。

附带谈谈耳部、鼻部、齿部。下面只挑几个值得特别注意的字来谈一谈。

圣，本义为通达事理。通达事理从多闻得来，所以从耳。

聪，本义是耳朵好，听觉敏锐，所以从耳。《孟子·离娄上》：“师旷之聪，不以六律不能正五音。”

闻，本义是听见；从耳，门声。

齅（嗅），《说文》：“以鼻就臭也；从鼻，从臭，臭亦声。”臭，气味。拿鼻子去闻有香味（或臭味）的东西，叫做齅（嗅）。

鼾（hān），熟睡时的鼻息声，所以从鼻。龄，年龄；从齿，令声。这是《说文》新附字。齿字有年龄的意义，所以从齿。《孟子·公孙丑下》：“天下有达尊三：爵一，齿一，德一。”

五、肉部之类

肉部字的偏旁有两种写法：（一）写作肉，一般放在字的下部，如腐（这类字很少）；（二）写作月，放在字的左边或下部，如腹、背（这类字占极大部分）。依照现代的写法，肉部的偏旁和日月的“月”，字形上不容易分辨。但是从意义上还可以辨别，例如朝朔等字和天文时令有关，自然是从日月的“月”，不是从肉。肉部的字，就它们的意义来说，大致可以分为两类。

第一类是名词，指身体的部分，特别是除头部以外的部分及各种内脏。例如肩、肘、股、肱（《说文》作厷，“肱”是“厷”的异体字）、腋（腋，《说文》作亦）、胁、腹、背、脚、胫、肝、胆、肺、肠等。

第二类是形容词，指有关身体的某些性状，如肥、腯（tú，肥）、腴（yú，也是肥）、肿、胀（《说文》无“胀”字，《左传·成公十年》：“将食，张，如厕，陷而卒。”《玉篇》张作胀）、腻、臞（qú，瘦）、腥（据《说文》，腥本指长有绦虫的幼虫的猪肉；腥臊的“腥”，本字作“胜”，《说文》：“胜，犬膏臭也，从肉生声，一曰不孰也。”但先秦经典中“腥臊”的“腥”不用“胜”，而用“腥”）臊等。

下面提出几个字来讨论：

肯，本义是紧紧附着在骨上的骨间肉，所以从肉。篆文作，从肉，从省。《庄子·养生主》：“技经肯綮之未尝。”

膏，本义是脂肪，所以从肉。

腊，本义是岁终祭，祭神用肉，所以从肉。《左传·僖公五年》：“虞不腊矣！”（虞国等不到岁终祭神就要被灭亡了！）

膳，本义是备办伙食，一般指上等的餐，即肉食，所以从肉。《左传·闵公二年》：“以朝夕视君膳者也。”

胡，本义是牛脖子下垂的肉，引申为兽类脖子的垂肉，所以从肉。《诗经·豳风·狼跋》：“狼跋其胡。”（跋 bá，践踏。）

修，本义是乾肉，所以从肉。

肉部和口部有相通之处，所以“脣”又写作“唇”。

骨部可以认为是肉部的分支。骨字本身就是从冎（guǎ 剐），从肉。段玉裁说去肉为冎（《说文》：“冎，剔人肉置其骨也。”），在肉中为骨。凡跟骨头有关的意义都从骨，如骸（hái）、骼（gé）、髑髅（dú lóu，死人头骨）等。“体”字从骨，因为整个身体都是有骨的。

附带谈谈血部。血部有“衊”（miè）字，是以血涂污的意思。从血的衅字，《说文》作釁，意思是血祭（杀牲用血涂器物）。《孟子·梁惠王上》：“将以衅钟。”

身部也可以认为是肉部的分支。身部除部首外，常用词只有身的同义词“躬”和“躯”，这里无需详细讨论。

六、手部之类

手部字的偏旁有两种写法：在字的下部写作手（少数），如拳、掌等；在字的左边写作扌（多数），如指、挥等。

手部的字，除极少数名词，如手、指、拳、掌、技等，以及极少数形容词（如拙）以外，绝大多数都是动词，表示与手有关的动作。下面提出一些字来讨论。

抑，本义是用手按低。《老子》：“高者抑之，下者举之。”《说文》抑在印部，是𠨘的俗体字。

扬，本义是用手举起。《礼记·檀弓下》，“杜蒉洗而扬觯。”郑注：“举爵于君也。”后代所谓扬鞭，也是这个意义。

承，本义是双手捧着或接受。篆文作，从手，从卩（jié），从𠬞（gǒng）。《左传·襄公二十五年》：“承饮而进献。”（杜注：“承饮，奉觞。”）

把，本义是拿着。《史记·刺客列传》：“左手把秦王之袖。”

探，本义是把手深深地伸进去拿东西。《庄子·胠箧》：“将为胠箧、探囊、发匮之盗而为守备。”

捷，本义是获得战利品。大捷，是获得许多战利品。引申为战胜的意义。

援，本义是攀引。《尔雅·释兽》：“猱猿善援。”又拽过来，拿过来，《左传·成公二年》："右援枹而鼓。"《楚辞·九歌·国殇》："援玉枹兮击鸣鼓。"

抚（fǔ），本义是用手轻轻地按着或拍着，对人是表示爱意。抚爱、抚慰、安抚都是这个意义。对物则是按。《孟子·梁惠王下》："抚剑疾视。"

操，本义是拿着。《史记·项羽本纪》："大王来何操？"

拥，本义是抱。《史记·项羽本纪》："哙即带剑拥盾入军门。"

又部可以认为是手部的分支。"又"的本义是右手，篆文作，象形。从又的字例如：

叔，本义是拾。《诗经·豳风·七月》："九月叔苴。"

取，本义是拿，拿来用。《论语·阳货》："取瑟而歌。"《孟子·告子上》："舍鱼而取熊掌者也。"

受，本义是接过来。《史记·项羽本纪》："亚父受玉斗。"按：受字《说文》入𠬪（biào）部，甲骨文受作，这是一人的手拿着东西交给另一人的手，中间是舟字，舟不是船，而是盛物器。

攴（pū）部也可以认为手部的分支。《说文》："攴，小击也；从又，卜声。"按："攴"就是扑字（扑字《说文》未收），攴、扑都以"卜"为声符，从又等于从手，所以知道是"扑"字。攴在字的右边，多数写成攵。政教等字都从攴，可能是由于奴隶社会初期的政教是和鞭子分不开的，奴隶主靠鞭子来施行他们的所谓政教。《尚书·舜典》："扑作教刑。"可见教是要扑的。"攴"既是击的意义，所以从"攴"的字有敲，有敂。"敂"字今写作"扣"或"叩"，叩也是敲，所以敲门说成叩门，敲钟说成叩钟。（《说文》无叩字；扣的本义是牵马。）从"攴"的字不都是打击的意义；有些字只表示某种动作或行为，例如收、赦、改、㪅（更）、变、救、启等。

"放"字本义是逐，最初也可能与鞭打有关。《说文》另立放部。

下面再谈几个与手有关的字：

戒，本义是警戒（防敌人来袭）。篆文作，从两手持戈。廾（gǒng）是的简化。后代说戒严就是这个意义。戒，《说文》在廾部。

兵，本义是武器。篆文作，从双手持斤，斤是斧子。兵，《说文》在廾部。

要（yāo），本义是腰，《说文》在臼（jǔ）部（臼，叉手也）。篆文作，像两手叉腰。《墨子·兼爱中》："楚灵王好士细要。"

执，本义是拘捕罪人，《说文》在㚔（niè）部，从丮（jǐ，后来写成丸），从㚔（后来写成幸）。丮是拿的意思；㚔《说文》说"所以惊人也"。《孟子·尽心上》："桃应问曰：'舜为天子，皋陶为士，瞽瞍（舜父）杀人，则如之何？'孟子曰：'执之而已矣。'"

埶（艺），本义是种植，《说文》在丮部，从丮，从坴（lù）。"坴"是土块。《诗经·唐风·鸨羽》："不能蓺黍稷。"

七、足部之类

足部的字，意义都与脚有关。大致可以分为两类：第一类是名词，如蹏（蹄）（按：《说文》有蹏字，无蹄字，经典多作蹄。）、迹等；第二类是动词，如跨、逾、跻、跪、跽、跣、践、蹴等。此外有极少数形容词，如跛。下面提出两个字来讨论：

路，本义是道路。因为路是人走出来的，所以从足。

距，本义是鸡距（雄鸡脚后突出像脚趾的部分。）《左传·昭公二十五年》：“季氏介其鸡，郈氏为之金距。”（介其鸡，给鸡穿上盔甲；为之金距，给鸡加上金距，以便斗鸡。）

止部可以认为是足部的分支。“止”的本义是脚（依朱骏声说）。脚趾的“趾”就是这个止，由脚的意义转到趾的意义，这是意义缩小了。后人给止加足成趾，弄得意符重复了。从止的字都表示和脚有关的意义。下面提出三个字来讨论：

历，本义是经过，引申为经历，阅历。

归，本义是女子出嫁，从止，从妇省，堆声。《诗经·周南·桃夭》：“之子于归。”

步，本义是步行。甲骨文作，象两脚走路。《说文》有步部。

走部也可以认为是足部的分支。“走”字金文作，象人奔跑，两手摆动，下面画一只脚。《孟子·梁惠王上》：“弃甲曳兵而走。”走部都是一些与行走有关的字，如趋、赴等。下面提出三个字来讨论：

趣，本义是疾走（快跑），和趋差不多；又解作催促（本是催人快走），和促差不多。《诗经·大雅·棫朴》：“左右趣之。”毛传：“趋也。”《史记·项羽本纪》：“数使使趣齐兵。”（项梁屡次派遣使者催促齐国出兵。）

越，本义是越过。《左传·宣公二年》：“惜也，越竟乃免。”

超，本义是跳过。《孟子·梁惠王上》：“挟太山以超北海。”

辵（chuò）部也可以认为是足部的分支。《说文》：“辵，乍行乍止也；从彳（chì）从止。”其实“辵”和“行”同义（依王筠说）。《说文》：“彳，小步也。”其实彳是“行”字的左半，止就是脚。辵部偏旁，后代都写作“辶”。凡从辵的字都和行走的意义有关。少数是名词，如迹（跡）、道（道路）等；绝大多数都是动词，如巡、过、进、退（《说文》彳部字的古文）、逝、逾、迎、遇、逃、追等。这一部的字很多，下面提出一些常用字来讨论：

迈，本义是行。《诗经·王风·黍离》：“行迈靡靡。”

徒，本义是步行（徒步）；从辵，土声，本该写成辻。后代的人把辵的上半写在左边，辵的下半写在土字下面。（徙字从辵，止声，也是同样的情形。）现在“徒”字在一般字典中改入彳部。

遵，本义是顺着走。《诗经·豳风·七月》：“遵彼微行。”

适，本义是往。《庄子·逍遥游》：“适千里者三月聚粮。”

造，本义是至（从朱骏声说）。《仪礼·士丧礼》：“造于西阶下。”造诣、深造都是这个意义。

逆，本义是迎。《左传·成公十四年》：“宣伯如齐逆女。”

通，本义是通过（穷的反面，穷是走不通）。《周易·系辞》：“往来不穷谓之通。”

违，本义是离去。《诗经·小雅·节南山》：“恶怒是违。”

迷，本义是迷了路。《楚辞·离骚》：“及行迷之未远。”

关于远近的意义，如远、辽、遥、遐（遥、遐是《说文》新附字）、近、迩、迫（近也）等，因为最初是就行路说的，所以从辵。关于迟速的意义，如迟、迅、速等，最初也是就行路说的。如果从古文字说，辵是由彳变来的（彳是行的左半），则远近似乎是就路途说的。

彳部也可以认为是足部的分支。《说文》："彳，小步也。"彳部的字，择要讨论如下：

径，本义是小路。《论语·雍也》："行不由径。"

复，本义是往而复来。《周易·泰卦》："无往不复。"

往，来的反面。

循，本义是顺着走，与遵同义。《左传·僖公四年》："循海而归。"《左传·昭公七年》："循墙而走。"《左传·昭公二十三年》："循山而南。"

徐，本义是慢走，《战国策·赵策》："入而徐趋，至而自谢曰：'老臣病足，曾不能疾走。'"引申为慢。

待，本义是等待。

徧（遍），本义是周匝，引申为普遍。《诗经·邶风·北门》："室人交遍谪我。"

后，本义是迟到，后到，最后走。《论语·雍也》："非敢后也，马不进也。"《论语·先进》："曾皙后。"《论语·微子》："子路从而后。"

足，止，走，辵，彳，这五个部原则上是相通的。例如迹又作跡，踰又作逾。有些写法，后代与《说文》有分歧。例如征，《说文》作延；踟，《说文》作峙。有些字，《说文》有或体，如后又作。这些都可以证明相通的道理。

行部也可以认为是足部的分支。《说文》："行，人之步趋也。"甲骨文作𠅏，显然是道路。《说文》所说的只是"行"的引申义。因此，从行的字都与道路的意义有关。行部的字，声符夹在中间。下面提出几个字来讨论：

行，本义是路。《诗经·豳风·七月》："遵彼微行。"《诗经·周南·卷耳》："置彼周行。"

术，本义为邑中道（据《说文》）。《汉书·刑法志》："园囿术路。"引申为抽象的道或法。《孟子·梁惠王上》："是乃仁术也。"

街，本义是四通道；从行，圭声。

衢，本义也是四通道。《说文》："四达谓之衢；从行，瞿声。"《荀子·劝学》："行衢道者不至。"

冲，本义是通道，即交叉路口。《左传·昭公元年》："及冲，击之以戈。"（赶到了交叉路口，用戈打他。）"冲要"，"首当其冲"，都是这个意义的引申。

八、人部之类

人部绝大多数的字都是在字的左边加上一个亻旁，亻就是人。人部的情况很复杂，区别起来大致可以分为下列几类：

（1）名词，表示人的类别，如俊、杰、儒、侠、仇等。这一类的字不多。

（2）形容词，表示人的德性，如倨、傲、俭、侈、仁等。这一类的字也不多。

（3）动词，表示人的行为。这一类的字很多。如企、仰、伏、侍、依、倚、伸、僵、偃、仆、借、付、偿、仕、使、侵、伐、俘、侮等。

下面提出一些字来讨论：

伦，本义是类（指人的种类）。《礼记·典礼》："儗人必于其伦。"（儗，同拟，比较。同类的人才好比较。）引申为"人伦"的"伦"。

偶，本义是偶象（就是俑），所以从人。《史记·孟尝君列传》："见木偶人与土偶人相与语。"

伯，本义是兄弟当中年长者。

仲，本义是兄弟当中排行第二的。

伍，本义是五人组成的集体，特指军队编制中的"伍"。《史记·项羽本纪》："愿赐骸骨归卒伍。"又户籍制度五家为伍。

什，本义是十人组成的集体。贾谊《过秦论上》："而倔起什伯之中。"

负，本义是背（bēi）在背上（依徐灏说）；从人，从贝。《说文》入贝部，其实该入人部。《孟子·梁惠王上》："颁白者不负戴于道路矣。"

儋（担），本义是挑在肩上。《国语·齐语》："负任儋何（荷）。"

何（荷，hè），本义是扛在肩上。例见上。

作，本义是起来。《论语·先进》："舍瑟而作。"

俱，本义是偕同，在一起。《史记·项羽本纪》："梁与籍俱观。"

仍，本义是依旧，照旧（不改动）。《论语·先进》："仍旧贯。"（贯，事。）

代，本义是更递（一个接替一个）。《孟子·滕文公下》："暴君代作。"（作，起来，出来。）

伤，本义是受伤，所以从人。《史记·项羽本纪》："汉王伤。"

係，本义是缚；从人，从系（繫），系亦声。《孟子·梁惠王下》："若杀其父兄，系累其子弟。"（累，缚。）

儿（rén）部实际上也就是人部，因为把人字写在字的下面，才变成，隶书变成儿。下面提出几个从儿的字来讨论：

儿，本义是婴孩。引申为儿子。《史记·项羽本纪》："外黄令舍人儿年十三。"（外黄县令的门客的儿子才十三岁。）

兄，本义是哥哥。《说文》另立兄部。

皃，就是貌字，本义是容貌。《说文》另立皃部。

先，本义是走在前面。甲骨文作，金文作，从人，从止（脚）。《论语·先进》："先进于礼乐。"《说文》另立先部。

元，本义是人头（依孙诒让说）。《孟子·滕文公下》："勇士不忘丧其元。"《说文》元字在一部。

九、大部之类

大字篆文作，像人的正面形。所以大字在最初是人的意义，可能是大人的意义。从大等于从人，从大的字的意义往往和人类或人事有关。从大的字有少数和大小的大有关，例如夸、奢等。《说文》另立奢部。下面提出几个从大的字来讨论：

夷，本义是东方之人（依段玉裁说）。《论语·子路》："虽之夷狄，不可弃也。”（之，往。）

亦，篆文作，即古腋字（依《说文》）。《说文》另立亦部。

奔，篆文作，《说文》从夭，贲省声；金文作，从夭，从三止，象人奔走。从夭也等于从大，曲其上笔。《说文》在夭部。

交，篆文作，从大，象交形。《说文》另立交部。

夫，篆文作；甲骨文作；金文作。本义是男人。上加一画，只是要跟大字的音义区别开来（依孙诒让说）。《诗经·豳风·七月》：“食我农夫。”《说文》另立夫部。

天，篆文作；金文作。天应是颠的本字，颠就是头顶。《周易·睽卦》：“其人天且劓。”马注：“剠（黥）凿其额曰天。”头上有青天，故引申为天地的天。《说文》天字在一部。

立部可以认为是大部的分支。立，篆文作，甲骨文作，象人站在地上。这个人也就是大字。一般字典里的某些立部字在《说文》里并不属于立部，例如竟、章都在音部。音乐完了叫竟，音十为章。下面提出几个从立的字来讨论：

竝（并），本义是两人并肩而立。《庄子·马蹄》：“族与万物并。”《说文》另立竝部。

端，本义是直立（端正地站着）。《庄子·山木》：“颜回端拱还目而窥。”成玄英疏：“颜生既见孔子击木而歌，于是正身回目而视。”

竦（sǒng），从立，束声；本义是企待。《汉书·韩信传》：“竦而望归。”

竢，同俟，本义是等待。《论语·乡党》：“君命召，不俟驾行矣。”

十、士部、女部、子部、男部

就原则上说，士部的字和男子有关；女部的字和妇女有关；子部的字和小孩有关。例如：

士部：壻，从士，胥声，又作婿；本义是丈夫。

女部：妻、妇、妃、母（母字《说文》在女部）、妪（yù，老太婆）、媪（ǎo，义同妪）、姑、姊、妹、妣（母亲，后来指死去的母亲）、嫂、姨、婢、妊（怀孕）、娠（shēn，义同妊）。

子部：孺（孩子）、孟（长子）、季（幼子）、孤（幼而无父）、孕。

由于上古曾经有过一个时代是女权社会，上古的姓氏多数加上女旁，如姜、姚、姬、嬴、妫（guī）、姒（sì，《说文》无姒字）等。连“姓”字本身也是女部字。关于婚姻的字也是女部字，例如嫁、娶、姻、媵（yìng，陪嫁，《说文》无媵字）、媒、妁（shuò，与媒同义）等。奴字兼指男女两性，但是也入女部。

古人也根据男女两性的特点，造了一些字。例如“壮”字从士，因为健壮、丁壮和战争有关，那是男子的事；姝、娈（ 字的籀文）等字从女，因为这些形容词常常应用在女子方面。

到了男权社会的时代，从文字上可以看见许多侮辱女性的痕迹，例如姦、奸、嬖、妄、妬、婪、嫉、嫌、妨等都是女部字。其中有些字已经被后人改成另一写法，例如媮改成偷，嬾改成懒。

士部的字，常用的只有三个（士、壮、壻）；现在一般字典中的士部字，有许多在《说文》里并不属于士部。下面提出几个女部和子部的字来讨论：

好，本义是美，特指女子的美。《战国策·赵策》：“鬼侯有子而好。”古诗《陌上桑》：“秦氏有好女。”

佞，从女，仁声（依徐锴说）；本义是有才，《左传·成公十三年》：“寡人不佞。”特指有口才，《论语·雍也》：“不有祝　之佞。”引申为伪善，口是心非，强辩。《论语·卫灵公》：“远佞人。”《论语·先进》：“是故恶夫佞者。”因此，佞字有褒义，也有贬义。

字，本义是生子，所以从子。《论衡·气寿篇》：“妇人疏字者子活，数乳者子死。”（妇女生子不密的，所生的小孩就活；生子密的，所生的小孩就死。《论衡》这句话说得太绝对了，但是节制生育对母子都有好处却是对的。）引申为抚育的意义。任昉《奏弹刘整》：“汜毓字孤。”（汜毓，人名；字孤，抚养孤儿。）

孩，本义是小儿笑（《说文》以为“孩”是“咳”字的古文，收在口部咳字下）。《孟子·尽心上》：“孩提之童。”赵注：“孩提，二三岁之间，在襁褓知孩笑，可提抱者也。”引申为孩儿的意义。

附带谈谈《说文》男部。男字从田，从力，表示在农业社会中，男子是主要劳动力。男部有舅、甥二字。舅从男，臼声；甥从男，生声。舅与甥是相对的名词，都是男性，所以从男。

十一、鬼部之类

鬼部的字很少。下面讨论魂、魄、丑三个字：

魂，从鬼，云声。古人迷信，以为人死后灵魂可以脱离躯壳而存在，所以从鬼。《楚辞·九歌·国殇》：“魂魄毅兮为鬼雄。”

魄，从鬼，白声。从鬼的理由与魂字同。

丑，本义为貌丑；从鬼，酉声。现在一般字典归入酉部。丑从鬼，因为古人以为鬼的相貌是丑恶的。引申为恶的意义。《诗经·鄘风·墙有茨》：“言之丑也！”

《说文》有一个巫部，在这里附带谈一谈。巫部有觋（xí）字。觋是男巫；从巫，从见，因为古人迷信，以为巫能见鬼。《荀子·正论》：“出户而巫觋有事。”巫部有灵字。灵，从巫，霝（零）声，是“灵”字的异体字。楚人谓巫为灵。《楚辞·九歌·东皇太一》：“灵偃蹇兮姣服。”（偃蹇，舞蹈的样子。姣，美。女巫穿着美丽的服装舞蹈着。）一般字典灵字归入雨部。

十二、示部

示是古“祇”字（依徐锴说）。祇（qí）是地神，神是天神。《周礼·春官》：“大宗伯掌天神、人鬼、地示之礼。”（大宗伯，官名）因此，凡从示的字都和神祇有关。古书上常见的“示”字表示视的使动用法，“示”是给人看（使视），所以“视”字常作示字用，《史记·项羽本纪》：“持三日粮以示士卒必死。”《汉书》作“视”。使视的“示”和地神的“示”在意义上不一定有联系。《说文》：“示，天垂象，见吉凶，所以示人也；从二（二即上字），三垂，日月星也。”那是牵强附会的说法。甲骨文“示”常常写作“丅”，既不从二（上），也不从三垂。

示部的字大致可以分为四类：第一类是关于神的类别，如神（天神）、祇（地神）、社（土神）等；第二类是关于祭祀的类别，如祭、祀、祠（春祭）、礿（夏祭）、禘（五年大祭）、禅（祭天，据《说文》）、祝（祷告）、祈（求福）、祷（告事求福）、祓（fú，除恶祭）、禳（祭求免灾）等；第三类是关于宗庙的，如祖（祖庙）、祏（shí，宗庙中藏神主的石屋）等；第四类是关于祸福之事的，如福、禄（福）、祥、祯（福）、祜（福）、祉（福）、祸（害）、祟（神祸）等。

下面提出两个字来讨论：

礼，从示，从豊（lǐ），豊亦声。据《说文》，礼的本义是“所以事神致福”，豊则是“行礼之器”。古人对于祭祀，礼节最重，所以礼字从示。依王国维的说法，醴、礼在甲骨文里都只写作，表示两串玉放在器皿中。古人行礼以玉，所以豊是行礼之器。从化为豊，再从豊化为礼。但是，尽管这个示旁是后加的，也显示了古人把礼节和祭祀联系起来。

禁，本义是禁忌。《说文》：“禁，吉凶之忌也；从示，林声。”上古时代，迷信观念很重，巫觋代表鬼神说话，禁止人做某些事情。引申为禁令的意义。《孟子·梁惠王下》：“臣始至于境，问国之大禁，然后敢入。”

十三、疒部

疒（chuáng）部，俗名疾扇儿。疒字古书中未见，我们只要知道它表示疾病就行了。疒部的字，最常见的有疾、病、痛、疽、痔、痹（麻痹）、疫、疟等。

疲和瘦都入疒部，古人把疲劳和瘦弱都看成病状。癡（痴）被看成疾病，因为上古所谓癡不是傻，而是白癡（依桂馥说）。

瘥（差）和瘉（癒、愈）都是病好了的意思。病好了也与疾病有关，所以从疒（但最初只写作差和愈）。

痕，本义是瘢痕（伤痕或疮疤），所以从疒。《通俗文》：“创瘢曰痕。”引申为痕迹的意义。

疚，本义是病，引申为心中难过。《论语·颜渊》：“内省不疚，夫何忧何惧?”此字《说文》未收。

疒部和肉部有相通之处，如肿又作瘇，膌又作瘠。

十四、天文方面

关于天文的部首，有日、月、风、雨等部。日部有名词旻（秋曰旻天）、星、晨、时等字，形容词明、暗、昭、昧、晚等字，动词有升（《说文》新附字）、晒等字；月部有朗字；雨部有云、雪、露、霜、雷等字；风部有飘、扬等字。下面提出几个字来讨论：

景，本义为日光。引申为日影，再引申为一切影子。贾谊《过秦论上》：“赢粮而景从。”

暴，本义为晒太阳。后代写作曝，从两日，重复了。《孟子·滕文公上》：“秋阳以暴之。”现代还有成语“一曝十寒”（也出自《孟子》）。

朔，本义为阴历每月初一。《庄子·逍遥游》：“朝菌不知晦朔。”

望，《说文》朔望的“望”作朢（在壬部），观望的“望”作望（在亡部），古书一律写作“望”。甲骨文作，金文作，象人望月。

朝，本义为早晨。篆文作，《说文》在倝（gàn）部，从倝，舟声。倝从旦，㫃（yǎn）声，㫃（《说文》解释“倝”字说：“日始出，光倝倝也。”）。甲骨文有一个字，有人认为是朝字，像日出草丛中而月亮还没有下去；也有人认为是萌字。

震，本义为响雷。《诗经·小雅·十月之交》：“烨烨震电。”（烨烨，光盛的样子。）引申为闻雷而惊。《诗经·大雅·常武》：“如雷如霆，徐方震惊。”（霆，急雷，又当电讲。徐，国名。）

零，本义为余雨（依《说文》）。引申为落雨。《诗经·鄘风·定之方中》：“灵雨既零。”（灵雨，好雨。）又引申为凝结起来的。《诗经·郑风·野有蔓草》：“零露漙兮。”

附带讲一讲气部。气，包括人所呼出的气和空气，古书一般写作气。《荀子·王制》：“水火有气而无生……人有气，有生，有知，亦有义。”《庄子·齐物论》：“夫大块噫气，其名为风。”

“气”字从米，气声，《说文》入米部，本义是送给人米粟刍薪之类。后人借气为气，又另造“饩”字以代替“气”字。现在“气”字简化为“气”，回到古本字，反而合理了。

十五、地理方面

关于地理的部首，有土部、邑部、山部、厂（hàn）部、石部、阜部等。

土部有名词，表示关于土的名词，如地、壤、埃等，又表示疆界的名称，如疆（《说文》田部“畺”的异体字）、境等（注：“境”是说文新附字），又表示关于建筑物的名称（因上古建筑以筑土为主），如城、墉、垣、堵、堂、垒等。有形容词，表示土的性质，如坦、坚（《说文》入臤部）等。有动词，表示土的变化，如坼，又表示对土或用土的动作，如埽（扫）、填、涂（用泥，《说文》新附字）等。下面提出几个字来讨论：

基，本义为墙根。《诗经·周颂·丝衣》：“自堂徂基。”（从堂上走到堂下庙门外的墙根。）

塞，本义为边塞，因为是要害之地，所以从土。《汉书·李广传》：“使陵将五校兵随后行，至塞。”

块，《说文》的异体字，本义为土块。《左传·僖公二十三年》：“乞食于野人，野人与之块。”

坏，本义为建筑物遭到破坏。因为建筑物的字往往从土，所以“坏”字也从土。《韩非子·说难》：“天雨墙坏。”

邑部，在字的右边，写作阝。邑部的字，有些是国名和邑名，如郑、邶、鄘、郐（桧）、邓、邲、邯郸等；有些是有关国邑和行政区域的名称，如邦、郡、都、郊等。现在提出几个字来讨论：

鄙，本义为五百家（户口单位），引申为边邑。《左传·隐公元年》：“既而大叔命西鄙北鄙贰于己。”

邻，本义为五家（户口单位）。《论语·雍也》：“以与尔邻里乡党乎！”（拿来给你的邻里乡党的人吧！郑注：“五家为邻，五邻为里，万二千五百家为乡，五百家为党。”）引申为邻近的人或邻居的人。

邮，本义为传递文书的驿舍。《孟子·公孙丑上》：“德之流行，速于置邮而传命。”

郎，本义为鲁邑名。《礼记·檀弓下》：“战于郎。”

山部字有名词，表示山名，如嵩（《说文》新附字）、岱（泰山）；又表示山的种类，如岳、岑（山小而高）、峦（山小而锐）；又表示关于山的部分，如冈、岩、岫（xiù，山穴）等。有形容词，表示山的形状，如峻（ 的异体字）、巍（《说文》入嵬部）、崔嵬、嵯峨、峥（崝）嵘（注：《说文》有崝字，无峥字，峥是后起字。）等。有动词，表示山的变化，如崩。“岛”字从山，因为古人以为岛是水中的小山。“岸”字从山，因为“岸”的本义是山边（依徐灏说）。

关于山部，下面只讨论一个崇字。

崇，本义为山高；从山，宗声。王羲之《兰亭集序》：“此地有崇山峻岭。”

厂（hàn）部，俗名叫“打厦儿”。“厂”字是山崖的意义，所以从厂的字多与山崖的意义有关。下面提出几个字来讨论：

厚，本义为山陵之厚（依《说文》）。《左传·隐公元年》：“厚将崩。”（崩是山崩，厚也是山厚，以山喻人。）《说文》“厚”字入㫗部，㫗、厚是古今字（依徐灏说）。

原，篆文作厡（原），本义是水源，从泉出厂下。《孟子·离娄下》：“资之深则取之左右逢其原。”这个意义，后代加水旁作源，而以“原”字作为原野的“原”。《说文》“原”字入灥（xún）部。

厉，本义是磨刀石。因为与岩石有关，所以从厂。《史记·高祖功臣侯者年表》：“使河如带，泰山若厉。”今字加石作砺。

石部是一些与石有关的字，如碑、磬、磨、硎（磨、硎二字不见于《说文》）等。现在提出几个字来讨论：

碎，本义是把石碾碎，所以从石。

破，本义是石碎，所以从石。引申为击败敌人。

研，本义是磨。后代的砚字，实际上应该是研字。

础，本义为柱下石（《说文》新附字）。《淮南子·说林》：“山云蒸，柱础润。”

阜部，在字的左边，写作阝。阜部的字一般都是与山有关的。阜字的本义是无石之山。依《说文》，有石之山为山，无石之山为阜。《诗经·小雅·天保》：“如山如阜。”下面提出几个字来讨论：

陵，本义为大阜。《左传·僖公三十二年》：“淆有二陵焉。”引申为陵墓。

阿（ē），本义为大陵。《诗经·小雅·菁菁者莪》：“在彼中阿。”

陆，本义为高平地（依《说文》）。《说文》：“阜，大陆，山无石者。”可见陆是高而上平的土山。《国语·齐语》：“陆阜陵墐。”（墐，沟上道。）引申为陆地，跟水相对。

阳，本义是山南，所以从阜。《诗经·召南·殷其靁》：“在南山之阳。”

阴，本义是山北，所以从阜。华阴（地名）因在华山之北，故称华阴。

隅，本义是山角。《诗经·小雅·绵蛮》：“绵蛮黄鸟，止于丘隅。”（绵蛮，鸟声。)

阻，本义是山路难行。宋玉《高唐赋》："妾在巫山之阳，高丘之阻。"指险阻之处。

险，与阻同义。《孟子·公孙丑下》："固国不以山溪之险。"

限，与阻同义。《战国策·秦策》："南有巫山黔中之限。"

与高下有关的动词也多从阜，因为阜表示高处。例如陟（登）、降（走下来）、隤（即颓，坠下）、陨（从高处落下来）、陷（自高而陷入於下）等。"队"字的本义是从高处掉下来。《墨子·七患》："今有负其子而汲者，队其子于井中。"（汲，打水。）后人加土作坠（注："坠"是《说文》新附字）。

阜是土山。因此，从阜的字多与高的意思有关。例如：

阶，本义为台阶，与现代义同。

除，本义为殿阶。《汉书·李广传》："扶辇下除。"

陛，本义为自卑登高的殿阶。旧说天子之陛九级，陛下作为对天子的尊称，这是因为群臣对天子不敢直接称呼，呼陛下的人转告天子。

际，本义为两墙相合之缝，墙高，所以从阜。引申为接界处，中间。《史记》有《秦楚之际月表》。

隙，本义为壁际孔，壁高，所以从阜。《汉书·魏豹传》："如白驹过隙。"

防，本义为堤坝，堤坝须高起，才能防水，所以从阜。《周礼·稻人》："以防止水。"

土部与阜部有相通之处，如阶又作堦；又与石部相通，塙是确的本字（塙的本义是土坚不可拔，引申为坚定不移）。

山部与厂部有相通之处，如崖又作厓（厓、崖是古今字，《说文》分为二字，误）。

十六、宫室方面

关于宫室的部首，主要是五个：宀（mián）部，广（yǎn）部，尸部，门部，户部。

宀部俗名"宝盖儿"，表示居住的所在。家、宅、室、宫（《说文》另立宫部）等字都明白地表示了这种意义。下面提出几个字来讨论：

宗，本义是祖庙。《左传·成公三年》："首其请于寡君而以戮于宗。"

宇，本义是屋檐。《诗经·豳风·七月》："八月在宇。"

安，定，寍，（《说文》以"宁"为宁愿字，入丂部，丂音 kào；以"寍"为安宁字，入宀部。经典都作宁。）本义都是平安。上古人民生活条件不好，所以能住在房子里就算平安。

宴，本义也是平安，引申为安乐。《左传·闵公元年》："宴安酖毒，不可怀也。"

官，本义是官府，所以从宀。《说文》归入𠂤（duī）部。

宿，本义是住宿。住宿必在房子里，所以从宀。寄，本义为寄宿，从宀也是这个道理。

寝（注：《说文》寝卧之寝作"寑"。经典多作"寝"。），本义是睡觉，睡觉在房子里，所以从宀。寐、寤从宀，也是这个道理。

宽，本义是屋宽大，所以从宀。

客，本义是宾客。宾客寄宿在主人家里，所以从宀。

广部和宀部一样，都是表示房屋的。府、庐、庭、库、庖、厩、厕、廛、庙都明显地表示了这种意义。下面讨论几个广部字：

序，本义是东西墙。《尚书·顾命》："西序东向。"

廉，本义是堂的边。《仪礼·乡饮酒礼》："设席於堂廉东上。"

废，本义是房子倾倒，没有用处了。引申为废弃，废止。

尸部的字分为性质很不相同的两大类。第一类等于人部的分支。尸字金文作，象人形。从尸的字有居（踞、蹲）、展（转身，辗转）、尻（kāo，屁股）、尾等。这一类和宫室无关，这里不详细讨论。第二类是宀部的分支，从尸等于从屋省，表示与宫室有关的事物。例如：

屋，本义为帷幕，后代写作幄。《诗经·大雅·抑》："尚不愧于屋漏。"郑笺："屋，小帐也。"

屏，本义为照壁，上古又称"萧墙"（见《论语·季氏》）。

层，本义为重屋（楼房）。引申为楼房的各层。

门部的字，意义都与门户有关，如门、闾（里门）、开、闭等。下面提出几个字来讨论：

闺，本义为小门，上圆下方，其状如圭。《公羊传·宣公六年》："有人荷畚自闺而出者。"

阙，宫门（或庙门）外两旁的高建筑物（楼观），又名观，中间是道路。

辟，本义是开门。《左传·宣公二年》："晨往，寝门辟矣。"

阔，本义为宽广。阔字从门，宽字从宀，广字从广，都表示宽广的概念起源于房屋的宽广。

閒（jiān），本义为门隙；从门月，会意。段玉裁说："门开而月入，门有缝而月光可入，皆其意也。"这个意义后来又写作"间"。引申为閒暇的"閒"，读xián，这个意义后来又写作"闲"。

闲（xián），本义为栅栏；从门中有木，会意。《论语·子张》："大德不逾闲。"这是用于抽象的意义。引申为防闲（防备、禁止）。

关，本义为门闩（shuān）。《左传·襄公二十三年》："臧纥斩鹿门之关以出。"

户部的字，意义也与门户有关。两户曰门，半门曰户。户是单扇的门。从户的字一般表示与单扇的门有关的事物。例如：

扉，本义是门扇。《左传·襄公二十八年》："子尾抽桷击扉三。"王维诗："日暮掩柴扉。"

扇，本义也是门扉。木做的叫扉，竹或苇做的叫扇。《礼记·月令》："乃修阖扇。"（阖即扉。）

扃（jiōng），本义是门闩。

房，本义是在旁之室。堂之内为室，室之左右为房。王筠说："古之房室皆用户，庙门大门始用门。"《诗经·王风·君子阳阳》："右招我由房。"朱注："由，从也；房，东房也。"

十七、衣服器用方面

关于服饰器用方面，有衣部、巾部、黹（zhǐ）部、革部、韦部、糸（mì）部、网部、弓部、矢部、戈部、矛部、刀部、斤部、皿部、缶（fǒu）部、瓦部等。

衣部，在字的左边写作衤。这一部是关于衣服的字，如衣、袂、襟等。也有少数动词，如袒、裸（《说文》认为是嬴的异体字）、裁等。有些字，衣服的意义已经不再能显示出来了，例如“初”字的本义是裁衣之始（初字《说文》入刀部），“裕”字的本义是衣物充裕，只是根据《说文》才知道的。

从巾的字大部分表示与布有关的意义。如布、帛（《说文》立帛部）、帷、幄、幕、帜（《说文》新附字）等。“币”字的本义是帛（用来送礼的），所以从巾。“常”字的本义是旗子（从朱骏声说），韩愈诗：“天兵四罗，旗常婀娜。”巾部与衣部相通，所以“裙”写作“帬”。

黹部的字很少。黹是刺绣品，所以古代的刺绣、工绣比较常用的字只有联绵字黼黻（fǔfú），意义是礼服上的绣饰。

革部和韦部相近。革和韦都是兽皮，因此，从革从韦的字差不多都表示皮革的制成品。“鞵”（鞋）字之所以从革，正由于它的原始意义是革履（与履有别）；鞭字从革也由于它的本义是皮鞭。“韤”（袜、襪）字之所以从韦，因为它在最初是皮做的，而且是长筒的。顾炎武说：“古人之韤，大抵以皮为之。”下面提出两个字来讨论：

勒，本义是马络头。用皮做的，所以从革。后代引申为马衔。杜甫诗：“白马嚼啮黄金勒。”

韬（弢），本义是弓或剑的套子。引申为韬藏的意义。

革、韦两部常常相通，如“韤”又作“韈”。

糸部表示与丝麻有关的意义。绢、绡、绳、茧、絮、纺、织等的本义都非常明显。“维”是维系的“维”（《说文》说是车盖维），“绩”是绩麻的“绩”，“绝”是丝断，“继”是丝续，“细”是丝微，“结”是结绳，也都无可怀疑。“纸”字从糸，也由于纸是麻絮做的。下面提出几个字来讨论：

经，本义是经纬的经，即织时的直行丝。《论衡·量知》：“纺绩织经。”

绥，本义为车中索（人们拉着它上车的）。《论语·乡党》：“升车必正立执绥。”

绪，本义是丝的头绪。张衡《南都赋》：“白鹤飞兮茧曳绪。”

统，本义是总束众丝的绪。《淮南子·泰族训》：“茧之性为丝，然非得女工煮以热汤，而抽其统纪，则不能成丝。”

有一件事值得注意，就是关于颜色的字，一般都从糸，如红、绀（gàn，天青，红青）、紫、绛（大赤）、绿等。这因为颜色是抽象的概念，必须依附于具体的事物。古人对于颜色，印象最深刻的是染丝，所以有关颜色的字多数从糸。还有素字更是有趣。素字用作名词时，表示生帛。古乐府《上山采蘼芜》：“新人工织缣，故人工织素。”用作形容词时，表示白色。《诗经·召南·羔羊》：“素丝五紽。”（紽音 tuó，量词。）因为生帛还没有染过，所以是白色。

“網”字古又作“罔”，而“网”则是罔、網的本字，《说文》立网部。现在

“網”字简化为“网”，是采用了古本字。网的变形是罒，所以罒头（俗名“扁四儿”）的字一般都等于从网。罗字从网，因为罗的本义是網。现在我们还说“天罗地網”。

㫃部是《说文》的部首，《康熙字典》把㫃部字都归了方部，其实㫃部和方部没有关系。㫃部的字，多数和旗帜有关系，如旂、旗、旄、旌等。

弓部，矢部，戈部，矛部，这四部的字，一般都和兵器有关。例如：

彊（强），本指弓强（有力）。杜甫诗“挽弓当挽强”用的是本义。但是《说文》彊、强分为二字，强从虫，弘声，在虫部，本义是蚚（qí，米谷中的小黑虫）。

引，本义是拉弓。

张，弛，本义是弓弦的紧张和松弛。

弯，是动词，表示弯弓。

弹，本义是发射弹丸。《左传·宣公二年》：“从台上弹人，而观其辟丸也。”

矫，本义是“揉箭箝”（用来把箭杆揉直的一种器具），引申为矫枉，矫正。

戚，本义是大斧。《说文》入戉部，戉字从戈。

矜，本义是矛柄。贾谊《过秦论上》：“鉏耰棘矜。”

刀部，斤部，这两部多数是动词，表示刀斧（斤）的动作。刀部有切、刻、剖、剥等；斤都有斫、斲、断等。注意：形容词利字从刀，因为它的本义是锐利。《孟子·公孙丑下》：“威天下不以兵革之利。”

皿部，缶部，瓦部，这三部都和陶器有关。皿部有盆、盂、碗等；缶部有缾、缸等；瓦部有甓、甑等。注意：“缺”字从缶，因为“缺”的本义是器破（依《说文》）。缶部和瓦部常常相通，如“瓶”又作“缾”，“罌”又作“甖”等。

十八、金玉财宝方面

金和玉在古代都被认为宝贵的东西。金部有金属的名称，如铜、银、铁、锡等。“有”金属工具的名称，如釜（《说文》鬴的异体字）镬、锄（即《说文》鉏字）等。有冶金手工业的动作，如铸、锻、炼等。有利用金属工具的动作，如镂（本义是刚铁）、钓等。有金属品的性质，如锐、钝、銛等。“玉”在字的左边写作王。玉部有玉的名称，如琼、玖、球等；有玉制物品的名称，如璧、环、玦、珩、璜等；有治玉手工业的动作，如琱（琢），琢等。下面提出几个字来讨论：

镜，在古代是用铜制成的，所以从金。

鑑（鉴），铜制的盛水器，鑑里有水，可以照人，所以鑑有镜子的作用。《诗经·邶风·柏舟》：“我心匪鉴。”毛传：“鉴所以察形也。”后世镜子也就叫鑑，《唐书·魏征传》：“以铜为鑑，可正衣冠。”又作动词，察看。《国语·吴语》：“王盍亦鑑于人，无鑑於水。”字又作监。

镇，本义是镇压，即以金或玉压在他物上，所以从金。《楚辞·九歌·湘夫人》：“白玉兮为镇。”王注：“以白玉镇坐席也。”

理，本义是治玉，所以从玉。

瑞，本义是玉制的符信，所以从玉。引申为祥瑞。

贝部一般表示与财物有关的意义，因为古人曾经用贝壳作为货币。有名词，如财、货、资、賄等。有形容词，如贵、贱等，因为贵贱的本义是财物价值的贵贱。有动词，如购、赏、赐、赠等。下面提出几个字来讨论：

贪，本义是贪财物，所以从贝。

费，本义是耗费财物，所以从贝。《老子》：“甚爱必大费。”（太吝啬了一定会破财）

贺，本义是以礼物相庆贺，所以从贝。

贾（gǔ），本义是把财物买来又卖去，所以从贝。引申为商贾。

赋，本义是赋税，赋税是财物，所以从贝。《论语·公冶长》：“千乘之国，可使治其赋也。”

质，本义是以财物抵押，所以从贝。引申为人质。《左传·隐公三年》：“周郑交质。”（互相以人为抵押）

十九、水部、火部

水部和火部关系不很密切，应该分开来谈。

水在字的左边写作氵。水部有名词，表示江河的名称，如江、河、淮、汉、泾、渭、洛等；又表示水利的名称，如沟、渠、渎等。有关于水的形容词，如深、浅、清、浊（《说文》深、浊又是河流名）等。有动词，表示水的动作，如流（古文作，入沝 zhuǐ 部）、涌、溃等。下面提出几个字来讨论：

没，本义是沉没在水里。

注，本义是灌进，所以从水。

测，本义是测量水的深浅。

渴，本义是干涸，古书上常用为饥渴的“渴”字。《孟子·公孙丑上》：“渴者易为饮。”饥渴的“渴”《说文》作。

淫，本义为浸润，所以从水。又当久雨讲，后代写作“霪”。

激，本义是水流急。“激烈”的本义是水急火烈。

准，本义是水准（水平），所以从水。

火在字的左边写作火，在字的下边写作灬。火部有名词，表示与火有关的东西，如烟、炭、灰、烛等。有关于火（特别是火光）的形容词，如炳、灿（《说文》新附字）。有动词，表示火（特别是火光）的动作，如照、燿（耀）等，又表示用火的动作，如焚、熬、煎、煣等。下面提出两个字来讨论：

熲（jiǒng），本义是火光，从火，顷声。

然，本义是燃烧。后代加火作燃，意符重复了。《孟子·公孙丑上》：“若火之始然，泉之始达。”

光，本义是明，篆文作，《说文》说：“从火在人上，光明意也。”

附带说一说：乌、无、燕等字本来都不属于火部，后代字典才归入火部，所以不要拿火的意义去说明这些字。

火部和日部有相通之处，如燿又写作曜，辉又写作晖等。

二十、植物之类

《说文》关于植物的部首，主要有草、木、竹、禾等部。草部主要是有关草本植物的一些概念；木部除了木名之外，还有木器名；竹部主要是竹器名；禾部主要是农作物。下面提出一些字来讨论：

苦，本义是“大苦”（药草名），所以从草，其味极苦，引申为一切的苦。

落，本义是落叶。

华依《说文》当作蕐），本义是花。《诗经·周南·桃夭》：“桃之夭夭，灼灼其华。”

葺，以茅盖屋，引申为修葺，仍由补充一些茅草而来。

薄，本义为林薄的薄。木丛生为林，草丛生为薄。

蒋（jiāng），菰蒋，即茭白。

苏，本义是紫苏（药名）。

藉，本义是以茅藉地（垫在地上）。

盖，本义是盖屋的茅草。引申为掩盖。

析，本义是破木；从木，从斤，会意。斤是斧子。《诗经·齐风·南山》：“析薪如之何，匪斧不克。”

构，本义是以木架屋，所以从木。

朴，本义是未经雕饰的木。引申为朴实，朴素。

楚，本义是丛木。《诗经·周南·汉广》：“言刈其楚。”一名荆（依段玉裁说）。

权，本义为黄华（花）木，所以从木。

梁，本义是桥梁，所以从木。

检，《说文》：“书署也。”古人在木板上写信或写短文，上面再加一板，写收信人和寄信人的姓名（然后捆扎起来加封），类似后世的信封和书的封面，这叫做“检”。引申为检查。

杯（依《说文》当作栝），本来是用木制的、所以从木。但因杯是器皿，所以又写作杯。椀、碗亦同。

节，本义是竹节，所以从竹。

符，本义是符信，符信是竹做的。

篇，本义是书篇，上古书用竹简，所以篇字从竹。

简，写字的竹简，所以从竹。

策（筞），马鞭，用竹做的，所以从竹。《庄子·马蹄》：“而后有鞭策之威。”

箸，本义是筷子，后人写作“箸”。

算，古人计算用竹筹，所以从竹。

秀，本义是禾吐穗，所以从禾。《论语·子罕》：“苗而不秀者有矣夫。”

秋，本义是禾谷熟。《尚书·盘庚上》：“若农服田力穑，乃亦有秋。”

秉，本义是手持一把禾（《说文》入又部）。《诗经·小雅·大田》：“彼有遗秉。”

租，本义是地租，地租收的是谷物。

税，赋税收的也是谷物。

积，本义是积聚禾谷。《诗经·周颂·良耜》：“获之挃挃，积之栗栗。”（挃挃 zhìzhì，收获作物的声音；栗栗，众多的样子。）

草、木、竹、禾四部互有相通之处。薪虽从草，但《诗经》说析薪，可见薪是木柴。荆、楚本是一物（楚国又称荆），但荆字从草而楚字从木。藩、篱本是一物，但藩字从草而篱字从竹。苗字从草，而秀字从禾。

附带讨论米部、食部、酉部。

米部可以认为是禾部的分支，因为米部有粱有粟。但是米部有它的特点，主要表示与米粮有关的概念。例如：

粒，本义是米粒。绝粮又说成绝粒。

精，本义是米经过选择。《论语·乡党》："食不厌精。"

粗，本义是米粗。

粲，本义是舂得最白的米。引申为上好的餐饭。《诗经·郑风·缁衣》："还予授子之粲兮。"

食部和米部有些关系。饵（《说文》部 字的异体字，音 ěr）、饴（古以芽米熬之，类似后世的麦芽糖）、饧（糖酱）都从食，不从米。饘（zhān）就是粥（厚者曰饘，稀者曰粥），但粥从米而饘从食。糕字（《说文》新附字）或从米作糕。下面提出几个字来讨论：

馀，本义是谷米丰足吃不完，引申为富馀，多馀。《孟子·滕文公下》："则农有余粟，女有馀布。"

馆，本义是招待所，供膳食，所以从食。《诗经·郑风·缁衣》："适子之馆兮。"《左传·襄公三十一年》："乃筑诸侯之馆。"（招待诸侯的。）

饷，本义是送东西给人吃。《孟子·滕文公下》："有童子以黍肉饷。"

酉部字主要是关于酒的意义。酉字甲骨文作，金文作，像酒尊，并假借为酒字。尊字甲骨文作，金文作，像双手捧着酒尊；后人加木作樽，或加缶作罇。酉部有关于酒的名词，如醴（lǐ）、醯（xī），醋，《说文》入皿部等。有关于酒的形容词，如醇（chún）、醨（lí）等。有关于酒的动词，如酿、酌、酬（劝酒，《说文》酬的异体字）、酹（lèi，以酒沃地）、酣、醉、醒（《说文》新附字）等。

二十一、动物之类

动物方面，有马部、牛部、羊部、豕部、鹿部、犬部（犬在字的左边写成犭）、鸟部、隹（zhuī）部（隹也是鸟）、虫（huǐ）部、鱼部、黾（mǐn）部（黾，蛙）、鼠部等。这些部的字，多数是很明显地属于跟部首所举的动物同一类的或是有关的，不必一一说明。下面只举出一些较特殊的例子加以解释：

驳，本义是马色不纯。引申为一般的不纯。后来有双音词"斑驳"、"驳杂"等。

骇，本义是马惊。惊，本义也是马惊。

驱，本义是赶马。《诗经·鄘风·载驰》："载驰载驱，归唁卫侯。"

骤，本义是马快跑。《诗经·小雅·四牡》："驾彼四骆，载骤駸駸。"（骆，白色黑鬣尾的马；駸駸音 qīn qīn，马快跑的样子。）

牢，本义是牛栏。

物，本义是杂色牛（依罗振玉说）。

特，本义是公牛。

牵，本义是牵牛。

美，本义是味美；从羊，从大，会意，羊大则味美。上古时代，羊为主要的肉食，所以从羊。

群，本义为羊群。《诗经·小雅·无羊》：“谁谓尔无羊？三百维群。”

豪，本义是箭猪，引申为毫毛。《汉书·高帝纪》：“秋豪无所犯。”秋豪即秋毫，《孟子·梁惠王上》：“明足以察秋毫之末，而不见舆薪。”

丽，本义是两鹿并行，所以从鹿。

尘，鹿行扬土为尘，本作麤，从群鹿。

状，本义为犬形，引申为一切形状。

狂，本义为狂犬，引申为一般的狂。

独，《说文》：“羊为群，犬为独。”犬好斗，所以常常是孤独的。

鸣，本义为鸟鸣，所以从鸟，从口，会意。引申为凡出声皆曰鸣。

只，本义为鸟一只，《说文》说：“从又（手）持隹，持一隹曰只，持二隹曰双。”

双，本义是两鸟，从又（手）持两隹。《说文》在雔（chóu）部。

集，本义是鸟停在树上；从隹，从木，会意。集字本作雧，从三隹（群鸟），故引申为集合的意义。《说文》入雥（zá）部。

离，是鹂的本字。

虹，又名䗖蝀（dìdòng），状似虫，所以从虫（据《说文》）。

鲜，本义是鱼名。引申为一般的鱼。《老子》：“治大国若烹小鲜。”再引申为肉食新鲜的“鲜”。有人认为新鲜的“鲜”是“鱻”字的假借字。

窜，本义为逃藏；从鼠在穴中，会意。此字在穴部，但也从鼠，故附于此。

犬部与豸部相通，所以猫又写作貓，狸又写作貍。豺狼同类，但是豺从豸，而狼从犬。

鹿部与犬部相通，所以麞又写成獐。

鸟部与隹部相通，所以雁又写作鴈，鸡又写作雞，难又写作鷬，雅又写作鸦，离又写作鹂。

虫部与鱼部相通，所以虾又写作鰕。

黾部与虫部相通，所以黽又写作蛙，蜘蛛又写作鼅鼄。

黾部与鱼部相通，所以鳖又写作鼈，鳌又写作鼇。

以上所讲的部首，并不是全面的；有些小部就不讲了。

第3讲 语法

第一节 词类活用

一、词类活用概说

古代汉语跟现代汉语一样，每个词都归属于一定的词类，同一词类的词都具备共同的语法特点和语法作用，且一般都是比较明确、相对固定的。如名词在句中经常作主语、宾语、定语；动词一般作谓语；形容词一般作定语、状语、谓语；数词常作定语等。

但是，在古代汉语里，有些词在一定的语言环境里，可以灵活运用，在句中临时改变原有的语法特点和意义，具有了别类词的语法特点，充当了别的词类，这就是词类活用。例如：《史记·项羽本纪》："范增数目项王。""目"原属名词，指眼睛；在本句中，"目"则活用为动词，表"示意，使眼色"的意思；它还带上了宾语"项王"，具有动词的语法特点。又如：《史记·陈涉世家》："将军身披坚执锐。""坚"和"锐"原为形容词，分别是"坚固""锐利"的意思；在本句中，这两个词均充当了宾语，活用为名词，其义分别是"坚固的铠甲"、"锐利的武器"。判断一个词是不是由甲类词活用为乙类词，除了根据它在具体的上下文中所表达的意义外，主要看它是否具备了乙类词的语法特点。

词的活用与词的兼类是不相同的。词的兼类又叫一词多类，是指一个词经常（而不是临时）具备两类或者两类以上的语法特点，且在词义上有一定的联系，又有明显的区别，它是词义引申发展的结果。例如，《论语·卫灵公》："小不忍则乱大谋。"句中的"谋"是名词，指谋略，策略。《左传·庄公十年》："肉食者谋之，又何间焉？"句中的"谋"是动词，指谋划。"谋"作为名词、动词的这两种用法是经常的、固定的，因而是词的兼类。词的活用则是原属甲类的词，临时具备了乙类词的语法特点，是词临时转换了功能。

词类活用与词义引申的关系。词类活用不单是语法现象，同时也是词汇现象。因为活用的词仅限于实词而不涉及虚词，所以，当词活用后，并非只是词性的临时改变，同时会也引起词汇意义的变化。词类活用后产生的是一种临时义，属于言语义的范畴；与一般临时义所不同的是，它是一种涉及词性变化的特殊临时义。换言之，词类活用和词义引申是同一问题的两个方面：从语法角度看，是词类活用；从语义角度看，是词义引申。例如，《公羊传·庄公十三年》："曹子手剑而从之。""手"本为名词，句中活用为动词，且带上宾语"剑"。这样，"手"的原义就发生变化，临时有了"执持，握着"的动词义。正因为词类活用产生的是临时义，字典、辞书一般不予收录，所以往往成为阅读古书的障碍。此外，词类活用与修辞上的要求也有一定联系，有些词类活用，也可看作是修辞现象，这里就不展开了。

词类活用包括名词、形容词、数词和代词活用作动词，动词、形容词活用作名词，以及名词用作状语等。相对而言，古代汉语的词类活用范围比现代汉语要大，比现代汉语要多见，其中又以先秦汉语为盛。其原因主要是现代汉语的词汇比古代丰富，需要表示的意义可以选用专词表达，不必采取活用的办法。这是由语言自身的发展因素决定的。

不过，词类活用毕竟是临时的、偶见的用法，即使在古代，也只是发生在部分词身上，不是任何词都可以活用，就是活用，也有其范围和规律。目前，对于词类活用的范围和规律还缺乏比较全面深入的调查研究。

词类活用属于共时范畴的问题，判定古代汉语的词类活用应进行静态的描写。从历时角度看，词的语法特点是发展变化的。因此，一定要有历史的观点，注意古今的差别，分辨古代汉语里的本用与活用；不能以今律古，用现代汉语的习惯轻言活用。

例如，《孟子·滕文公上》："出入相友。"句中的"友"是友爱，动词。不少人视其为名词活用作动词，其实"友"本来就是动词。郭锡良先生指出："甲骨金文中'友'字是画的两只手，'以手相助'是它的本义。这是动词。《说文解字》：'友，同志为友。'这是'友'的后起义。先秦古籍中'友'经常用作（动词）谓语，并非临时用法。"郭先生又从《尚书》、《诗经》、《论语》、《左传》、《墨子》、《庄子》、《孟子》、《荀子》、《韩非子》九部书中"友"的出现情况作了统计："友"用作动词共68次，用作名词共86次，二者的百分比是：44%用作动词，56%用作名词。因此，郭先生总结说："动词用例几乎同名词用例平分秋色，自然不能看作活用（临时性）用法。从历史发展来看，'友'原本是动词，引申发展出名词的意义，在先秦只宜看作兼类。"（见《汉语史论集》，46页）

二、名词活用作动词

名词在句中处于谓语动词的位置，且临时具有动词的语法特点，就叫做名词用作动词，又称名词用如动词。名词用作动词后，既赋予它与名词相关的动作特性，又保有名词的语法特点。下面分为普通名词和方位名词两类介绍。

（一）普通名词活用作动词

①小信未孚，神弗福也。（《左传·庄公十年》）

②左右欲刃相如，相如张目叱之。（《史记·廉颇蔺相如列传》）

③徐庶见先主，先主器之。（《三国志·蜀书·诸葛亮传》）

④齐景公问政于孔子。孔子对曰："君君，臣臣，父父，子子。"（《论语·颜渊》）

⑤乃丹书帛曰"陈胜王"，置人所罾鱼腹中。（《史记·陈涉世家》）

⑥后妃率九嫔蚕于郊，桑于公田。（《吕氏春秋·上农》）

⑦夫子式而听之。（《礼记·檀弓下》）

⑧赵主之子孙侯者，其继有在者乎？（《战国策·赵策四》）

以上8例，大体涵盖了名词活用作动词的几种主要的语法条件。例①中的名词"福"置于否定副词"弗"后活用作动词，是"赐福，保佑"的意思；例②中的名词"刃"本义为"刀口，刀锋"，用在助动词"欲"后，活用作动词，是"用刀杀"的意思；例③的"器"本为名词，带上了代词宾语"之"，活用为动词，是"器重，看重"的意思；例④中后一"君、臣、父、子"均活用作动词，分别与前一"君、臣、父、子"构成主谓关系，"君君"即"君要像个君"，余类推；例⑤的"罾"本为名词，指渔网，用在特殊指示代词"所"后，活用作动词，是"用网捕捞"的意思；例⑥的名词"蚕"、"桑"后均有介宾结构作补语，活用作动词，分别是"养蚕""采桑"的意思；例⑦的"式"通"轼"，指车前横木，"式"后有连词"而"连接动词"听"，因而活用为动词，是"扶轼，凭轼"的意思；例⑧的"侯"本是名词，指侯爵，用于特殊指示代词"者"前，活用作动词，是"封侯"的意思。

（二）方位名词活用作动词

方位名词用作动词的语法条件与普通名词大体相同。方位名词活用作动词，除了表示相应的动作外，往往还指出动作行为的方向。例如：

①三子者出，曾皙后。（《论语·先进》）

②汉败楚，楚以故不能过荥阳而西。（《史记·项羽本纪》）

③吾所以为此者，以先国家之急而后私仇也。（《史记·廉颇蔺相如列传》）

④善者入门而左，不善者入门而右。（《韩非子·外储说左下》）

⑤吾亦欲东耳，安能郁郁久居此乎？（《史记·淮阴侯列传》）

⑥遂前其足，手向后据地，坐而下脱。（徐宏祖《游天都》）

以上例①的"后"活用作动词，是"留在后面"的意思；例②的"西"活用作动词，是"向西进发"的意思；例③的"先"和"后"活用作动词，分别是"放在先"、"放在后"的意思；例④的"左"和"右"活用作动词，分别是"站左边"、"站右边"的意思；例⑤的"东"活用作动词，是"向东推进"的意思；例⑥的"前"活用作动词，是"向前伸出"的意思。

三、数词、代词、形容词活用作动词

(一) 数词活用作动词

数词（包括数量结构）在一定的语法条件下可以活用作动词。有的数词活用后，还可以带上宾语。数词活用为动词的语法条件与名词活用为动词的条件基本相同。例如：

①夫金鼓旌旗者，所以一人之耳目也。（《孙子兵法·军争》）
②人一能之，己百之；人十能之，己千之。（《礼记·中庸》）
③民参其力，二入于公，而衣食其一。（《左传·昭公三年》）
④如可赎兮，人百其身。（《诗经·秦风·黄鸟》）
⑤食马者，不知其能千里而食也。（韩愈《马说》）

以上例①中的“一”活用作动词，是“统一”的意思；例②的“百”、“千”均活用作动词，分别是“做一百次”、“做一千次”的意思；例③的“参”同“三”，活用作动词，“分成三份”的意思；例④的“百”活用作动词，“用百人换取”的意思；例⑤的“千里”为数量结构，活用作动词后，是“奔走千里”的意思。

古汉语中常借用表基数的词表倍数，表倍数的词也有活用作动词的情况。如：

⑥况莫大诸侯，权力且十此者乎！（贾谊《治安策》）
⑦军不五不攻城，不十不围。（《史记·楚世家》）
⑧利不百，不变法；功不十，不易器。（《商君书·更法》）
⑨所伐而当，其福五之；所伐不当，其祸十之。（《说苑·谈丛》）

以上例⑥“十”活用作动词，“达到十倍”的意思；例⑦的“五”、“十”活用作动词，分别是“超过（敌人）五倍”、“超过（敌人）十倍”的意思；例⑧的“百”、“十”活用作动词，分别是“达到百倍”、“达到十倍”的意思；例⑨的“五”、“十”活用后，分别表“有五倍”“有十倍”之意。

(二) 代词活用作动词

第二人称代词可活用作动词，主要用于昵称和贱称，含有一定的感情色彩。例如：

①见公卿，不为礼，无贵贱，皆汝之。（《隋书·杨伯丑传》）
②王太尉不与庾子嵩交，庾卿之不置。（《世说新语·方正》）
③昵昵儿女语，恩爱相尔汝。（韩愈《听颖师弹琴》）
④其市井小人昔与敬亭尔汝者，从道旁私语。（黄宗羲《柳敬亭传》）

例①的“汝”活用作动词，“用汝相称”之意；例②的“卿”用作动词，“用卿称呼”之意。以上两例用“汝”“卿”称呼对方，含有蔑视、不敬的感情色彩。例③例④的“尔汝”用作动词，是“用尔汝相称”的意思，前者有亲昵、亲密的意味，后者则含有随便、无拘束的感情色彩。

(三) 形容词活用作动词

形容词活用作动词后，就临时具备了动词的语法功能，且产生出与其相关的动词性意义。例如：

①夫以人言善我，必以人言罪我。（《韩非子·说林上》）

②老吾老，以及人之老；幼吾幼，以及人之幼。（《孟子·梁惠王上》）

③生于乱世，贵而能贫，民无求焉，可以后亡。（《左传·襄公二十二年》）

④古传天下而不足多也。（《韩非子·五蠹》）

⑤世之所高，莫若黄帝。（《庄子·盗跖》）

⑥卒使上官大夫短屈原于顷襄王。（《史记·屈原贾生列传》）

例①的“善”和例②的“老”、“幼”原为形容词，分别置于代词“我”和“吾”前，活用为动词；“善”是“善待”的意思，“老”是“敬重，尊重”的意思，“幼”是“爱护”的意思。例③的“贫”和例④的“多”分别置于助动词“能”和“足”后，活用为动词，是“安于贫困”和“称赞”的意思。例⑤的形容词“高”置于特殊指示代词“所”后，用作动词，是“推崇”的意思；“所高”即推崇的人。例⑥形容词“短”带上宾语“屈原”，用作动词，是“说坏话，诋毁”的意思。

以上对名词、数词、代词、形容词活用作动词的情况作了介绍。下面就如何处理好词类活用的问题，提几点参考意见。

第一，要以语义为中心，注意词语所处的语言环境，紧密联系上下文意考察；若按该词原属词性的意义讲不通时，就要考虑是否存在活用的问题。

第二，要正确看待词类活用的语法条件。语法学界曾就判断词类活用问题，总结出八九种语法条件。这些条件对于初学者来说，有一定的帮助。但是，真正发现词类活用，分析、解决好词类活用问题，主要应靠多读作品，增强对古代语言的语感和领悟能力。这些语法条件只能作为检测是否活用的参考标准，且时有例外情况，因而不宜生搬硬套。

第三，在实际语言中，有的活用是几个条件同时存在，交叉起作用。如《后汉书·张衡传》：“宦官惧其毁己，皆共目之。”名词“目”前面有副词“皆”、“共”修饰，后面又带代词宾语“之”，在两个条件的作用下，“目”活用为动词，“注视，盯着”之义。所以分析词类活用现象时，需要从整体上把握。

第四，词活用后产生的临时义是灵活多变的，因此，对其解释翻译，务必紧扣上下文、联系活用前的词义认真揣摩，而不能随意发挥。有时候，即使是同一个词，由于所处语境不同，当其活用后，虽然具有相同的语法特点，但其词义则未必一样。例如：《战国策·魏策》：“决荥泽而水大梁。”《荀子·劝学》：“假舟楫者，非能水也，而绝江河。”两例中的“水”均活用作动词。但根据语境考察，前例中的“水”是“淹没，水淹”的意思，而后例中的“水”则应译作“游水，游泳”。这种情况在前面所举例中也是存在的。

四、名词用作状语

状语是动词、形容词前的修饰成分。现代汉语表时间、处所、方位的名词可直接作状语，而普通名词一般需要加介词组成介词结构才可作状语。但在古代汉语里，无论方位、处所、时间名词还是普通名词，都可以直接作状语。普通名词作状语，有的学者认为是名词活用作副词。普通名词用作状语在古汉语中十分常见，应为名词的固有功能，严格地说，不属于词类活用的范围。考虑到习惯的说法和叙述的方便，以及名词作状语毕竟增添了一定的附加色彩，故将其放到词类活用中予以介绍。

(一) 表比喻

即用充当状语的名词常有的某种特征，来描绘谓语动词所表示的行动方式或状态、特点。这种用法具有较浓的形象色彩，有“像（如、若）……一样（似的）”的意思。例如：

①将不胜其忿而蚁附之。（《孙子兵法·谋攻》）
②失时不雨，民且狼顾。（贾谊《论积贮疏》）
③嫂蛇行匍匐，四拜自跪而谢。（《战国策·秦策一》）
④天下云集而响应，赢粮而景从。（贾谊《过秦论》）
⑤一狼迳去，其一犬坐于前。（《聊斋志异·狼》）

例①的“蚁”修饰“附”，“蚁附”即“像蚁群似的附着攀爬”；例②的“狼”修饰“顾”，“狼顾”即“像狼似的惊惶回头”；例③的“蛇”修饰“行”，“蛇行”即“像蛇一样爬行”；例④的“云”修饰“集”，“云集”即“像云一样聚集”；“响”修饰“应”，“响应”即“像回声一样应和”；“景”同“影”，修饰“从”，“景从”即“像影子似的跟从”。例⑤的“犬”修饰“坐”，“犬坐”即“像狗一样坐着”。

(二) 表态度

即用表示职务或身份的名词作状语，比喻施事者对宾语所持的态度，有“把……当作……”、“像对待……一样”的意思。例如：

①沛公曰：“君为我呼入，吾得兄事之。”（《史记·项羽本纪》）
②齐将田忌善而客待之。（《史记·孙子吴起列传》）
③固主上所戏弄，倡优畜之，流俗之所轻也。（司马迁《报任安书》）
④陛下父事天，母事地，子养黎民。（《汉书·鲍宣传》）

例①的“兄”修饰“事”，“兄事”即“像对待兄长一样事奉”；例②的“客”修饰“待”，“客待”即“把（孙膑）当作客人一样看待”；例③的“倡优”修饰“畜”，“倡优畜之”即“把（太史令）当作倡优一样畜养”；例④的“父”“母”均修饰“事”，分别表示“像对待父亲（母亲）一样事奉天（地）”；“子”修饰“养”，“子养”即“像对待子女一样抚养”。

表态度的名词状语，有时也含有“像……一样”的意思，表面看来，其语义与表比喻无别；细加辨析，则存在着差异：表比喻与主语所指有关，名词状语修饰主语的行为特征；表态度则与宾语所指有关，即表示主语对宾语采取什么态度。

(三) 表处所

即用名词状语所指，表示动作行为发生或进行在何处，有“在……（地方）”的意思。例如：

①夫四方之士来者，必庙礼之。（《国语·越语上》）
②黎丘之鬼效其子之状，扶而道苦之。（《吕氏春秋·慎行》）

③以秦王之威，而相如廷叱之。（《史记·廉颇蔺相如列传》）

④秦焚书禁学，济南伏生独壁藏之。（《汉书·艺文志》）

例①的“庙”修饰“礼”，“庙礼”即“在庙堂上以礼相待”；例②的“道”修饰“苦”，“苦”为形容词用作使动，“使受苦，折磨”之义，“道苦”即“在路上折磨”；例③的“廷”修饰“叱”，“廷叱”即“在朝廷上呵叱”；例④的“壁”修饰“藏”，“壁藏”即“在墙壁里收藏”。

（四）表凭借

即用作状语的名词，表示动作行为赖以施行的依据或事理，有“按照（根据）……”的意思。例如：

①公输盘曰：“吾义固不杀人。”（《墨子·公输》）

②（将军）复立楚国之社稷，功宜为王。（《史记·陈涉世家》）

③故士有画地为牢，势不可入。（司马迁《报任安书》）

④至于颠覆，理固当然。（苏洵《六国论》）

例①的“义”作状语，表示不杀人所依据的事理，“根据道义”的意思；例②的“功”作状语，表示“为王”的依据，“按照功劳”的意思；例③的“势”作状语，表示“不可入”的理由，“根据情势”的意思；例④的“理”作状语，表示应如此结局的事理，“按照常理”的意思。此类作状语的名词，一般不直接置于谓语动词之前。

（五）表工具

即用作状语的名词所指，说明动作行为使用的工具，有“用（以）……”的意思。例如：

①乃丹书帛曰：“陈胜王。”（《史记·陈涉世家》）

②群臣后应者，臣请剑斩之。（《汉书·霍光传》）

③乃遂收樊於期之首，函封之。（《史记·刺客列传》）

④黔无驴，有好事者船载以入。（柳宗元《黔之驴》）

例①的“丹”即朱砂，作状语，修饰“书”，“丹书”即“用朱砂书写”；例②的“剑”作状语，修饰“斩”，“剑斩”即“用剑斩杀”；例③的“函”修饰“封”，“函封”即“用木匣装封”；例④的“船”修饰“载”，“船载”即“用船装载”。

（六）表情态方式

即用作状语的名词所指，表示施行动作时采取的情态或方式，其语义比较复杂，当根据语境灵活处理。例如：

①群臣吏民能面刺寡人之过者，受上赏。（《战国策·齐策一》）

②公奈何众辱我，独无闲处乎？（《史记·张释之冯唐列传》）

③亚夫因趋出，上目送之。（《汉书·周勃传》）

④北虽貌敬，实则愤怒。（文天祥《指南录·后序》）

例①的“面”修饰“刺”即指责，“面刺”即“当面指责”；例②的“众”修饰“辱”，“众辱”即“当众羞辱”；例③的“目”修饰“送”，“目送”即“用眼光送别”；例④的“貌”修饰“敬”，“貌敬”即“表面上恭敬”。

（七）名词用作状语辨识

名词用作状语与用作主语的位置有时相同，都在动词谓语之前。因此，仅从结构形式入手，有时是难以区别的。如：马中锡《中山狼传》："有狼当道，人立而啼。"由于"人"处在分句句首，不细加分析，很容易将"人立而啼"解释为"人站着哭泣"。联系上下文考察，"人"不是施事者，而是修饰"狼"站立方式的，作状语，"人立"意即"像人一样站着"。若把"人"理解为主语，就与原意大相径庭了。

辨认谓语动词前的名词是主语还是状语，可从两方面入手：第一，根据句子的语义关系。如果名词是谓语的陈述对象，这个名词是主语；如果名词修饰或限制谓语，就是用作状语。第二，根据名词和谓语动词的位置。如果动词前有两个名词或名词性词组，一般来说，紧靠动词的名词作状语。如：《汉书·陈胜项籍传》："陈涉首难，豪杰蜂起。"句中的"蜂"置动词"起"前，前面又有名词"豪杰"作主语，可以确定"蜂"作状语，"像蜂群一样"的意思。

此外，表方位、时间的名词可以用作状语，由于现代汉语里仍不乏这样的用法，这里就不赘述了。

第二节　特殊动宾关系

从语义角度看，动宾关系大多是支配关系，即宾语是谓语动词涉及或支配的对象，古今汉语如此。例如：《左传·庄公十年》："十年春，齐师伐我。"代词宾语"我"就是谓语动词"伐"所涉及的对象。但在古代汉语中，有些谓语动词与宾语的语义关系并非支配关系，存在着比较复杂的现象。这些存在特殊语义关系的动宾短语，往往成为阅读古书的难点和障碍。其中，最典型的特殊动宾关系就是使动用法和意动用法。学术界一般是将使动、意动作为词类活用中的一类处理的。我们认为，使动、意动不仅仅是词临时转换词性的问题，还涉及句子的语义关系问题，所以把它们放到这里讲。此外，还有多个"×动式"构成的特殊动宾关系及双宾语结构，我们也集中起来一起介绍。

一、使动用法

所谓使动用法，是指句中作谓语的动词（包括用作动词的形容词、名词、数词）表示的动作行为不是由主语发出的，而是主语使宾语发出的；实际上，是用动宾结构的形式表达了兼语式的语义内容。其语义关系可以概括为"主使宾动"。有人也称作"致动用法"。使动用法包括动词的使动用法、形容词的使动用法和名词（含数词）的使动用法三类。

（一）动词的使动用法

主语使宾语所代表的人或物发出谓语动词所表示的动作行为，是动词使动用法的语义特点。又可分为两种情况：

（1）不及物动词的使动用法

不及物动词本来不带宾语，当它作为使动用法出现，就可带上宾语了。例如：

①故远人不服，则修文德以来之。（《论语·季氏》）

②（秦王）卒廷见相如，毕礼而归之。（《史记·廉颇蔺相如列传》）

③不战而屈人之兵，善之善者也。（《孙子·谋攻》）

例①的“来之”表示的是“使他们前来”的意思；例②的“归之”意即“使他（蔺相如）回去”；例③的“屈人之兵”意即“使敌人的军队屈服”。

有时，不及物动词用作使动不带宾语，应根据语义关系补上宾语，让其出现，来施行动作行为。例如：

④养备而动时，则天不能病。（《荀子·天论》）

⑤操军方连船舰，可烧而走也。（《资治通鉴·赤壁之战》）

⑥今以钟磬置水中，虽大风浪不能鸣也。（苏轼《石钟山记》）

例④的“病”是“使（人）生病”的意思；例⑤的“走”是“使（操军）败逃”的意思；例⑥的“鸣”是“使（钟磬）鸣响”的意思。

(2) 及物动词的使动用法

及物动词本来要带宾语，用作使动后并无形式标志，只能根据上下文意辨认。例如：

①沛公旦日从百余骑来见项王。（《史记·项羽本纪》）

②（苏）武益愈，单于使使晓武，会论虞常，欲因此降武。（《汉书·苏武传》）

例①的“从”用作使动。“从百余骑”不是跟随百余骑，而是让百余骑士跟随；例②的“降”用作使动。“降武”不是投降苏武，而是使苏武投降。可见，弄不清使动用法，将会误解文意。再比较下面一组例子：

③武丁朝诸侯。（《孟子·公孙丑上》）

④孟子将朝王。（《孟子·公孙丑上》）

两句结构基本相同，且都有动词“朝”。但从语义关系看，例③中，武丁是商朝天子，不会去朝见诸侯，只能是诸侯朝见他；因此“朝”是使动用法。例④中，孟子地位比齐王低，“朝”无疑是一般动词。

（二）形容词的使动用法

主语使宾语代表的人或物具有该形容词所表示的性质或状态，是形容词用作使动的语义特点。理解时，先要看这个形容词是否活用作动词，然后看其是否用作使动。例如：

①故天将降大任于斯人也，必先苦其心志，劳其筋骨。（《孟子·告子上》）

②欲富国者，务广其地；欲强兵者，务富其民。（《战国策·秦策一》）

③今媪尊长安君之位，而封之以膏腴之地。（《战国策·赵策四》）

④城不入，臣请完璧归赵。（《史记·廉颇蔺相如列传》）

例①的“苦”、“劳”用作使动，“苦其心志”即“使其心志苦思煎熬”，“劳其筋骨”即“使其筋骨疲劳”；例②的“富”、“广”、“强”均用作使动，分别是“使……富裕（强）”、“使……扩大”、“使……强大”的意思；例③的“尊”用作使动，“尊长安君之位”即“使长安君地位尊显”；例④的“完”用作使动，“完璧”即“使和氏璧完整无缺”。形容词的使动用法也有不带宾语的情况，需要据文意补上。例如：

⑤强本而节用，则天不能贫。（《荀子·天论》）

⑥鼻大可小，小不可大也；目小可大，大不可小也。（《韩非子·说林下》）

例⑤的“贫”用作使动，其后宾语省略，根据文意，应释为“使（人）贫穷”；例⑥加点“小”和“大”均用作使动，其后的宾语省略，应补上宾语，分别按“使（它）小”、“使（它）大”理解。

（三）名词的使动用法

主语使宾语成为这个名词所代表的人或事物，是名词用作使动的语义特点。理解时，应先看这个名词是否活用作动词，然后看其是否用作使动。例如：

①我疆我理，南东其亩。（《诗经·小雅·节南山》）

②制海内，子元元，臣诸侯，非兵不可。（《战国策·秦策一》）

③今乃弃黔首以资敌国，却宾客以业诸侯。（李斯《谏逐客书》）

④族秦者秦也，非天下也。（杜牧《阿房宫赋》）

例①的“南东”，是两个方位名词用作使动，“南东其亩”即“使田垄朝南、朝东”的意思；例②的“臣”用作使动，“臣诸侯”即“使诸侯称臣”；例③的“业”用作使动，“业诸侯”即“使诸侯成就功业”；例④的“族”用作使动，“族秦”即“使秦王灭族”。

需要指出的是，个别名词用作使动后，其语义并非使宾语成为这个名词所代表的人或事物，而是含有使宾语产生这个名词所代表的事物的意思。例如：

⑤吾见申叔，夫子所谓生死而肉骨也。（《左传·襄公二十二年》）

⑥故扁鹊不能肉白骨，微、箕不能存亡国也。（《盐铁论·非鞅》）

以上两例中的名词“肉”都用作使动，体味文意，“肉骨”、“肉白骨”均含有“使白骨生（长）出肉来”的意思。

使动用法表达的是兼语式的语义内容，但实际上可以有兼语式、动补式、处置式三种不同的译法。因而在翻译时，不必拘泥于某一种格式，当根据情况灵活处理，例如：

⑦三窟已就，君姑高枕为乐矣！（《战国策·齐策四》）

⑧项伯杀人，臣活之。（《史记·项羽本纪》）

例⑦的“高”是形容词的使动用法，“高枕”可译作“使枕头高高的”，也可译作“垫高枕头”。例⑧的“活”是动词的使动用法，“活之”可译作兼语式“使他活”；也可采用动补式，译作“救活了他”。相比而言，这两例译作动补式似乎还顺畅一些，更符合现代表达习惯。这是因为，有的动补结构正是由使动用法发展演变出来的。

再如前面所举之例：“尊长安君之位”，把形容词“尊”译作动补式“抬高”，或把这句译作处置式“把长安君之位抬得很高”；“鼻大可小”的“小”也可译作

"把它变小";"可烧而走"的"走"也可译作"把他们赶走"。这样处理,一样文从字顺。因为对宾语如何,也就是一种处置。而对这几例使动词的翻译,又是将处置式和动补式配合着使用的。今天可用兼语式、动补式、处置式翻译使动用法,正反映出古代的使动用法在现代的演变情况。对于初学者来说,先用兼语式对译,可以帮助人们从形式上加以区别,以免误解。对使动用法翻译的灵活变通,则应注意不以文法而害义。当然,并不是每个使动词都能够变通翻译的。

二、意动用法

所谓意动用法,即主语主观上认为宾语所代表的人或物具有谓语动词所表示的性质状态或把宾语看作是什么的用法。简言之,就是主语认为宾语如何。意动限于形容词和名词,动词本身没有意动用法。由于形容词、动词词性不同,用作意动后所表示的语义也有区别。下面分别介绍。

(一)形容词的意动用法

形容词用作动词后,带上了宾语,表示主语认为宾语具有这个形容词的性质或状态,这是形容词的意动用法的语义特点,一般有"认为它怎么样"的含义。理解时,应先看其是否活用,再看是否为意动用法。例如:

①今先生俨然不远千里而庭教之,愿以异日。(《战国策·秦策一》)

②滕公奇其言,壮其貌,释而不斩。(《史记·淮阴侯列传》)

③是故明君贵五谷而贱金玉。(晁错《论贵粟疏》)

例①的"远"用作意动,可按"认为……远"理解,"不远千里"即"不认为千里很远"的意思;例②的"奇"、"壮"用作意动,可分别按"认为……奇"、"认为……壮"理解,"奇其言"即"认为其言不同寻常","壮其貌"即"认为其貌壮伟";例③"贵"、"贱"用作意动,"贵五谷"即"认为五谷贵重","贱金玉"即"认为金玉轻贱"。

意动用法强调主观看法,这种看法可能符合实际,也可能不符合实际,如"不远千里""贱金玉"等;但只要是主观的看法,就应该视为意动用法。例如:

④时充国年七十余,上老之。(《汉书·赵充国传》)

赵充国年过七十,是真正的老人;皇帝"老之",认为他老了,是符合实际的。例中的"老"无疑是意动用法,含有"认为老朽,不中用了"的意思。

形容词用作意动,一般要带宾语,也偶有不带宾语的情况。如:

⑤先生不羞,乃有意欲为收责于薛乎?(《战国策·齐策四》)

例中的"羞"用作意动,"不羞"应按"不以之为羞"理解,"羞"后省了宾语。

(二)名词的意动用法

名词用作动词后,带上了宾语,表示主语把宾语看作是这个名词所代表的人或事物,这是名词的意动用法的语义特点,一般有"把它当作什么"的含义。理解时,应先看其是否活用,再看是否为意动用法。例如:

①今大道既隐,天下为家,各亲其亲,各子其子。(《礼记·礼运》)

②于是乘其车，揭其剑，过其友曰："孟尝君客我!"（《战国策·齐策四》）

③行无辙迹，居无室庐，幕天席地，纵意所如。（刘伶《酒德颂》）

④侣鱼虾而友麋鹿。（苏轼《前赤壁赋》）

例①的前一个"亲"和"子"用作意动，"亲其亲"即"把自己的父母当作亲人"，"子其子"即"把自己的儿女当作孩子"；例②的"客"用作意动，"客我"即"把我当宾客看待"；例③的"幕"和"席"用作意动，"幕天"即"以天空为帐幕"，"席地"即"以大地为席子"。例④的"侣"和"友"用作意动，"侣鱼虾"即"把鱼虾当作伴侣"，"友麋鹿"即"把麋鹿当作朋友"。

名词用作意动，也偶有宾语省略的情况，需要据文意补上。如：

⑤ 贫穷则父母不子，富贵则亲戚畏惧。（《战国策·齐策一》）

例中的"子"用作意动，据文意，其后的宾语省略，"不子"应按"不子之"理解，即"不把我当儿子看待"的意思。

(三) 有关几个问题

(1) 意动用法与"以为"、"以……为"式

上古汉语中，意动用法和"以为"、"以……为"式是同时存在的。例如：

① 或以为死，或以为亡。（《史记·陈涉世家》）

② 百姓皆以王为爱也，臣固知王之不忍也。（《孟子·梁惠王上》）

正因为如此，所以汉魏以后的注释家常用"以为"、"以……为"式解释意动用法。如：

③不如小决使道，不如吾闻而药之也。（《左传·襄公三十一年》）汉代高诱注："以为己药石。"

④ 可以嗣孝昭帝后，奉承祖宗，子万姓。（《汉书·宣帝纪》）唐颜师古注："天子以万姓为子，故云'子万姓'。"

可见，"以为"、"以……为"式同意动用法相比，表达的意思要明确完善。因此，汉代以后，意动用法便逐渐被"以为"式替代。

用"以为"、"以……为"式替换，可以帮助我们识别是否是意动用法。但是，不能认为凡是可用"以为"、"以……为"替换的都是意动用法。这是因为，古汉语中的"以为"、"以……为"还可表示其他语义内容。如：

⑤天子以为老，弗许。良久，乃许之，以为前将军。（《史记·李将军列传》）

⑥以公子彊为质于晋。（《左传·宣公十八年》）

例⑤的前一个"以为"可释为"认为"；后一"以为"则相当于兼语式，是"让（李广）作前将军"。例⑥的"以……为"，实际上是兼语式，是"使公子彊作人质"的意思。

(2) 意动用法与使动用法的识别

从语法形式看，意动用法与使动用法都是动宾结构，它们的区别则表现在语义关系上。因此，必须结合上下文意来分析鉴别。使动用法是主语对宾语的处置，谓语动词由宾语发出，侧重于强调客观结果；意动用法是主语对宾语的认识

或估计，谓语动词由主语发出，侧重于强调主观感受。例如：

⑦甘其食，美其服，安其居，乐其俗。邻国相望，鸡犬之声相闻，民至老死不相往来。（《老子·八十章》）

⑧其达士，絜其居，美其服，饱其食，而摩厉之于义。（《国语·越语上》）

两例中几个短语的结构相同，甚至有的词语都一样，但语义关系有别。例⑦的“甘、美、安、乐”反映的是老子的“小国寡民”思想，他希望人们能在封闭状态下自得其乐地安享其原始古朴的生活，因而这几个形容词只能是意动用法。“甘其食”即认为自己的食物最甘美，“美其服”即认为自己的服饰最漂亮，等等。例⑧是越王勾践为报仇雪耻而对“达士”的礼敬厚遇，因而“絜、美、饱”三个形容词只能理解为使动用法。“絜其居”即使他们的住所干净整洁，“美其服”即使他们的穿着漂亮好看，等等。

⑨赵孟之所贵，赵孟能贱之。（《孟子·告子上》）

⑩左右以君贱之也，食以草具。（《战国策·齐策三》）

同样是形容词“贱”用作动词，但根据文意，例⑨的“贱”用作使动，“贱之”意为“使之贱”；例⑩的“贱”是意动用法，“贱之”是“认为他低贱”的意思。

正因为使动、意动的区分主要着眼于语义关系，而语义又比较空灵，因而有时候，两者似乎很难截然区分。在不影响文意的前提下，就不必过分拘泥死扣。

三、其他特殊动宾关系

特殊的动宾关系除了“使动”、“意动”之外，还有不少类型，有人归纳有十几种之多。这里介绍几种较为常见的特殊动宾关系。

（一）为动用法

主语为宾语施行某种动作行为的用法，叫做为动用法。为动用法的语义关系是“主语为宾语而动”。

①（大叔）缮甲兵，具卒乘，将袭郑。夫人将启之。（《左传·隐公元年》）

②小人殉财，君子殉名。（《庄子·盗跖》）

③今亡亦死，举大计亦死，等死，死国可乎？（《史记·陈涉世家》）

④食人之食者，死人之事。（《史记·淮阴侯列传》）

⑤居庙堂之高，则忧其民；处江湖之远，则忧其君。（范仲淹《岳阳楼记》）

例①的“启之”即为他打开城门；例②的“殉财”即为钱财而死，“殉名”即为名誉而亡；例③的“死国”即为国而死；例④的“死人之事”即为别人的事而死；例⑤的“忧其民”即为他的人民担忧，“忧其君”即为他的君主担忧。

为动用法的宾语有时也可以省略。例如：

⑥桓公杀公子纠，召忽死之，管仲不死。（《论语·宪问》）

前一个“死”带宾语，“死之”意即召忽为公子纠殉死；后一“死”的宾语承前省略，理解时应补上。

(二) 对动用法

主语对宾语施行某种动作行为的用法，叫做对动用法。对动用法的语义关系是“主语对宾语怎么样”。例如：

①遂寘姜氏于城颍，而誓之曰：“不及黄泉，无相见也！”（《左传·隐公元年》）

②诸侯之骄我者，吾不为臣；大夫之骄我者，吾不复见。（《荀子·大略》）

③而良人未之知也，施施从外来，骄其妻妾。（《孟子·离娄下》）

④武安侯新用事，欲为相，卑下宾客。（《史记·魏其武安侯列传》）

⑤公子为人仁而下士，士无贤不肖，皆谦而礼交之。（《史记·魏公子列传》）

例①的“誓之”即对她发誓；例②的两个“骄我”即对我骄慢无礼；例③的“骄其妻妾”即对其妻妾骄矜自得；例④的“卑下宾客”即对宾客态度谦卑；例⑤的“下士”即对士人谦下。

(三) 因动用法

宾语是主语所施行的动作行为的原因，叫做因动用法。因动用法的语义关系是“主语因宾语而动”。例如：

①秦不哀吾丧而伐吾同姓，秦则无礼。（《左传·僖公三十二年》）

②一夫不耕，或受之饥；一女不织，或受之寒。（贾谊《论积贮疏》）

③冬暖而儿号寒，年丰而妻啼饥。（韩愈《进学解》）

④余久卧病无聊，乃使人复葺南阁子。（归有光《项脊轩志》）

例①的“哀吾丧”即因为我国的丧事而哀伤；例②的“受之饥”意即因为他（一夫）“不耕”而遭受饥饿，“受之寒”是指因为她（一女）“不织”而遭受寒冻；例③的“号寒”即因为寒冷而号叫，“啼饥”即因为饥饿而哭泣；例④的“卧病”即因病而卧床。

(四) 双宾语

双宾语指一个动词同时带有两个宾语，两个宾语分别同谓语动词构成动宾关系，而宾语之间并无结构关系。其中离动词近的叫近宾语，也叫间接宾语；离动词远的叫远宾语，也叫直接宾语。一般情况下，间接宾语指人，直接宾语指物。

现代汉语中，能带双宾语的动词往往具有“给予”、“告知”、“教示”等意义。古代汉语中，具有如上意义的动词也能够带双宾语。例如：

①公语之故，且告之悔。（《左传·隐公元年》）

②使弈秋诲二人弈。（《孟子·告子上》）

③秦亦不以城予赵，赵亦终不予秦璧。（《史记·廉颇蔺相如列传》）

例①“语之故”，动词“语”即告诉，带“之”和“故”两个宾语，“之”是近宾语，“故”是远宾语，意即“告诉他原因”；“告之悔”意即“告诉他（自己的）后悔”。例②“诲二人弈”的“诲”指教诲，“弈”指下围棋，意即“教二人下围棋”；例③“予秦璧”意即“给予秦国和氏璧”。一般来说，这些双宾语结构不难理解。

但是，有些动词带双宾语的情况在现代汉语中少见，需要引起注意。例如：

④天生民而立之君，使司牧之，勿使失性。（《左传·襄公十四年》）
⑤故天予之时，地生之财。（《管子·形势》）

例④“立之君”的“之”代指“民”，为近宾语，“君”是远宾语，“立之君”意即“为民立君”；例⑤“生之财”中的“之”代指文中的明君，近宾语，“财”是远宾语，“生之财”意即“为明君生长财物”。这种动词与近宾语是为动关系、又与远宾语构成配关系的双宾语结构，有人称为“为动双宾语”。

⑥不如早为之所，无使滋蔓。（《左传·隐公元年》）
⑦而为之箪食与肉，置诸橐以与之。（《左传·宣公二年》）

这两例的“为”是动词而不是介词，“为”后的“之”是近宾语，“所”和“箪食与肉”均为远宾语，两个双宾语结构分别是“安排他个地方”、“安排给他小筐饭和肉食”的意思。

⑧若弗与，则请除之，无生民心。（《左传·隐公元年》）
⑨今敺民而归之农，皆著于本。（贾谊《论积贮疏》）
⑩均之二策，宁许以负秦曲。（《史记·廉颇蔺相如列传》）

以上三例，均为用作使动的动词带上两个宾语，其语义关系是谓语动词使近宾语支配或涉及远宾语。例⑧“生民心”即“使百姓产生二心”；例⑨“归之农”即“使他们回到农业上”；例⑩“负秦曲”即“使秦国承担理亏责任”。这种包含使动用法的双宾语结构，有人称为“使动双宾语”。

第三节 语序

语序是指词语在句中的排列顺序，也叫词序。汉语是没有词形变化的语言，因而语序成为很重要的一种表达手段。汉语语序的基本规则是主语在谓语前，宾语在谓语后，定语、状语在其所修饰的语词之前，补语在其所补充的语词之后。不同的语序可以表达不同的语法关系；语序的变化会引起结构、意义和表达效果的变化。从历史上看，汉语的语序都是比较固定的，从古到今基本一致，但也存在着一定的差异。这些差异主要表现在上古汉语中，且为后代仿古的文言文所沿用。应当指出的是，古代汉语与现代汉语在语序上的不一致，这在古代汉语是一种正常现象，不能把古汉语中凡是与现代汉语语序不同的地方都看成是“倒装”。是否倒装，是就同一时代语言相比较而言的。不同时代相比语序不同，只能视为语序的一种历史变化。了解古代汉语中的一些有别于现代汉语的语序，对于阅读古书是有裨益的。

一、宾语前置

古代汉语，尤其是上古汉语中，最突出的特殊语序是宾语在一定条件下要置于谓语动词或介词之前。这种前置不同于强调某种语气的倒装句，是有一定规律和语法条件的。最主要的条件是：前置的宾语是代词或与代词密切相关。

(一) 否定句中代词作宾语常前置

(1) 这种前置需要两个条件：第一，宾语是代词；第二，必须是否定句，即句中要有否定词。否定词主要有否定副词“不、未、无（毋）、弗”等和否定性无定代词“莫”。例如：

①不患人之不己知，患不知人也。（《论语・学而》）
②我无尔诈，尔无我虞。（《左传・宣公十五年》）
③闻道百，以为莫己若者，我之谓也。（《庄子・秋水》）
④自书典所记，未之有也。（《后汉书・张衡传》）
⑤天大寒，砚冰坚，手指不可屈伸，弗之怠。（宋濂《送东阳马生序》）

例①“不己知”即“不知己”，“己”为代词作前置；例②“无尔诈”即“无诈尔”，“无我虞”即“无虞（欺骗）我”，“无”通“毋”，“不要”之义，代词“尔”“我”作宾语，前置；例③“莫己若”即“莫若己”，没有谁比得上自己，代词宾语“己”前置；例④“未之有”即“未有之”，代词“之”作宾语前置；例⑤“弗之怠”即“弗怠之”，不放松抄写这事，代词“之”作宾语前置。

(2) 动词前有助动词或副词作状语，前置宾语一般要置于状语之前。例如：

①三岁贯女，莫我肯顾。（《诗经・卫风・硕鼠》）
②民不足而可治者，自古及今未之尝闻。（贾谊《论积贮疏》）

例①“莫我肯顾”即“莫肯顾我”，宾语“我”在状语“肯”之前，而不是紧贴动词“顾”；例②“未之尝闻”即“未尝闻之”，宾语“之”置于状语“尝”之前。

但也有少数前置宾语放在状语之后的情况。例如：

③自古及今，未尝之有也。（《墨子・节葬》）

此例的代词宾语“之”放在状语之后、动词之前，应按“未尝有之”理解。

(3) 有些名词如“君”、“子”等虽有一定的指代作用，由于其并非代词，即使在否定句中作宾语，一般也不前置。例如：

①若不许君，将焉用之？（《左传・昭公四年》）
②我非子，固不知子矣。（《庄子・秋水》）

例①的宾语“君”虽表敬称对方，译作“您”，但它毕竟是名词，所以不前置；例②“不知子”的“子”也可译作“您”，但由于它是名词，故不前置。

只有极个别“子”作宾语前置的情况。这大概是由于错误类推所致。例如：

③其妻曰：“诸大夫莫子若也。”（《国语・晋语五》）
④吾勇不子逮，功不子逮，取桃不让，是贪也。（《晏子春秋・内篇谏下》）

以上“莫子若”即“莫若子”，没有人比得上您；“不子逮”即“不逮子”，不能赶上您。

(4) 否定句中代词宾语前置的规则在先秦并不是很严格，时有后置的例子。

例如：

①不我知者，谓我士也骄。(《诗经·卫风·园有桃》)
②不知我者，谓我何求。(《诗经·王风·黍离》)

比较①②两例，可见两种格式并用。汉代以后，否定句中代词宾语由前置转到后置逐渐增多，到唐代完成了这一变化过程。但是，后代仿古的文言文仍采用代词宾语前置的格式。

(二) 疑问代词作宾语前置

在疑问句中，疑问代词“谁、孰、何、奚、安、焉、恶”等作宾语，一般要置于动词或介词前面。

(1) 疑问代词作动词的宾语，前置。例如：

①吾谁欺？欺天乎？(《论语·子罕》)
②圣王有百，吾孰法焉？(《荀子·非相》)
③苟粟多而财有余，何为而不成？(贾谊《论积贮疏》)
④卫君待子而为政，子将奚先？(《论语·子路》)
⑤沛公安在？(《史记·项羽本纪》)
⑥朝者曰：“公焉在？”其人曰：“吾公在壑谷”。(《左传·襄公三十年》)
⑦为民父母行政，不免于率兽而食人，恶在其为民父母也？(《孟子·梁惠王上》)

以上“谁欺”即“欺骗谁”；“孰法”即“效法哪个”；“何为”即“做什么事”；“奚先”即“先做什么”；“安在”、“焉在”、“恶在”同，均表“在哪里”的意思。

需要注意的是，疑问代词作宾语，如果动词前有助动词作状语，那么疑问代词一般要放在助动词前；如果动词前是副词作状语，疑问代词一般要放在副词和动词中间。例如：

⑧臣实不才，又谁敢怨？(《左传·成公三年》)
⑨皮之不存，毛将安傅？(《左传·僖公十四年》)

“谁敢怨”即“敢怨恨谁”；“将安傅”即“将依附在哪里”。

(2) 疑问代词作介词的宾语，前置。例如：

①百姓足，君孰与不足？(《论语·颜渊》)
②许子奚为不自织？(《孟子·滕文公上》)
③学恶乎始？恶乎终？(《荀子·劝学》)
④一旦山陵崩，长安君何以自托于赵？(《战国策·赵策四》)
⑤谚曰：“谁为为之？孰令听之”？(司马迁《报任安书》)

以上“孰与”即“与孰”，同哪一个；“奚为”即“为什么”；“恶乎始”即“从哪里开始”，“恶乎终”即“在哪里结束”，“乎”为介词，同“于”；“何以”即“以何”，凭借什么；“谁为”即“为了谁”。

疑问代词作动词或介词的宾语时前置，在先秦汉语中是比较严格的，只有极少例外。如：

⑥子张曰："子夏云何"？（《论语·子路》）

⑦所谓伊人，于焉逍遥？（《诗经·小雅·白驹》）

"云何"即"说什么"，动词"云"的宾语"何"未前置；"于焉"即"在哪里"，介词"于"的宾语"焉"未前置。

汉代以后，疑问代词宾语逐渐由前置转为后置，但仿古的文言文中还保留前置。

（三）宾语用代词复指前置

所谓宾语用代词复指，是指动词的宾语前置，在宾语和动词之间插入"之、是、焉、斯"等代词。前置的宾语可以是名词性词语，也可以是代词或其他词语。这些代词的作用是复指前置的宾语，不必译出。有的语法书把这种表复指的代词叫做助词。主要有以下几种格式：

（1）"宾＋代＋动"式

①谚所谓"辅车相依，唇亡齿寒"者，其虞虢之谓也。（《左传·僖公五年》）

②秉国之钧，四方是维。（《诗经·小雅·节南山》）

③宋何罪之有？（《墨子·公输》）

④我周之东迁，晋郑焉依。（《左传·隐公六年》）

⑤弓矢斯张，干戈戚扬。（《诗经·大雅·公刘》）

⑥语曰："唇亡则齿寒"，其斯之谓与！（《穀梁传·僖公二年》）

⑦子是之学，亦为不善变矣。（《孟子·滕文公上》）

⑧上不失天时，下不失地利，中得人和，而百事不废，是之谓政令行。（《荀子·王霸》）

⑨四方之民莫不俱至，此之谓圣治。（《庄子·天地》）

例①至例⑤中，代词"之、是、焉、斯"分别复指前置宾语。"虞虢之谓"即"谓虞虢"，说的是虞国同虢国的关系；"四方是维"即"维四方"，维护四方安危；"何罪之有"即"有何罪"；"晋郑焉依"即"依晋郑"，依靠晋郑两国；"弓矢斯张"即"张开弓矢"。例⑥至例⑨的前置宾语分别是代词"斯、是、此"，又用代词"之"复指。"斯之谓"即"谓斯"，说的是这种情况；"是之谓、此之谓"即"谓是、谓此"，"称这个叫做"的意思；"是之学"即"学是"，学习这些人。这种将宾语前置的格式，是为了突出强调宾语。比较"宋何罪之有"和"宋有何罪"，前者为用代词复指前置宾语，显然要比后者动宾式的语气强得多。

（2）"惟（唯）＋宾＋代＋动"式

这种格式是在前一格式之前，再加上语气副词"惟"或"唯"，其语气更为强烈，不仅突出了前置宾语，还强调了动作行为对象的单一性和排他性。例如：

①当臣之临河持竿，心无杂虑，唯鱼之求。（《列子·汤问》）

②其一人专心致志，惟弈秋之为听。（《孟子·告子上》）

③率师以来，唯敌是求。（《左传·宣公十二年》）

④荀偃令曰："鸡鸣而驾，塞井夷灶，唯余马首是瞻"。（《左传·襄公十四年》）

以上例①“唯鱼之求”即“唯求鱼”，也就是只想着钓到鱼而不考虑别的；②“惟弈秋之为听”即“只听弈秋的教导”，心无旁骛；例③“唯敌是求”即“只想着寻找敌人”，不管别的事；例④“唯余马首是瞻”即“只盯住我的马首行进”，注意力高度集中。这种特别强调行为对象的格式，现代成语中还在沿用，如“唯利是图”“惟命是从”等。

(四) 代词宾语直接前置

先秦汉语中，代词宾语经常可以直接放在动词或介词前面。王力先生认为，原始时代的汉语里，代词宾语的正常位置本来就在动词前面；先秦代词宾语无条件地放在动词前面，正是旧式结构的残留（见《汉语语法史》，198页）。

(1) 代词宾语直接放在动词前

①民献有十夫予翼。(《尚书·大诰》)

②赫赫师尹，民俱尔瞻。(《诗经·小雅·节南山》)

③维叶莫莫，是刈是濩。(《诗经·周南·葛覃》)

④尔贡包茅不入，王祭不共，无以缩酒，寡人是征；昭王南征而不复，寡人是问。(《左传·僖公四年》)

以上例中代词宾语“予、尔、是”直接前置。例①“予翼”即“翼予”，辅佐我们；例②“尔瞻”即“瞻尔”，望着你；例③“是刈是濩”即“刈是濩是”，割下这些葛藤，烹煮这些葛藤。例④的“寡人是征”、“寡人是问”为“主＋宾＋动”格式，应按“寡人征是”“寡人问是”理解，意即“我来索取这包茅”、“我来责问这件事”；这同前面的“四方是维”表面形式相同，实则句法结构有别，属于两种不同的句式。需要根据上下文认真辨认，以免理解失误。

(2) 代词宾语直接放在介词前

因为介词来源于动词，所以这条规则也适用于介词，代词宾语可以直接放在介词之前。

①仲尼之徒，无道桓文之事者，是以后世无传焉。(《孟子·梁惠王上》)

②伯夷、叔齐不念旧恶，怨是用希。(《论语·公冶长》)

③君子贤其贤而亲其亲，小人乐其乐而利其利，此以没世不忘也。(《礼记·大学》)

以上“是以、是用、此以”，均为代词宾语置于介词“以、用”前，应按“以是”、“用是”、“以此”理解，相当于“因此”的意思。

二、谓语提前

古今汉语都是主语在前，谓语在后。但是，有时为了突出和强调谓语，加强语气，谓语可以提到主语之前。这种语序，往往用来表达较为强烈的感情，一般用于感叹句和疑问句；在叙述句或判断句中，谓语是不能前置的。这也是古今一致的地方。

(一) 感叹句谓语前置

为了突出感叹中心，将谓语提到主语前。例如：

①美哉，禹功！(《左传·昭公元年》)

②大哉，尧之为君也！（《论语·泰伯》）
③有是哉，子之迂也！（《论语·子路》）
④甚矣，吾不知人也！（《史记·刺客列传》）
⑤快哉，此风！（宋玉《风赋》）

拿不倒装的感叹句相比，可以看出倒装句加强感叹语气的作用。如：

⑥管仲之器小哉！（《论语·八佾》）
⑦子玉无礼哉！（《左传·僖公二十八年》）

（二）疑问句谓语前置

为了突出所问的人或事，把谓语提到主语之前。例如：

①谁与，哭者？（《礼记·檀弓上》）
②子邪，言伐莒者？（《吕氏春秋·重言》）

将谓语不提前的疑问句与之比较：

③子张问："士何如斯可谓之达矣？"子曰："何哉，尔所谓达者？"（《论语·颜渊》）

④其妻问之曰："公从外来而有不乐之色，何也？"（《韩非子·十过》）

例③是孔子反问弟子子张的话，谓语"何"提前，意在强调"不解其意"；例④是妻子对丈夫的询问，侧重在指出其"有不乐之色"，"何"字顺用，其语气显然不及例③强烈。

三、定语后置

定语一般要放在被它限制、修饰的中心语之前，这是古今汉语相同的。但在古汉语中，有时为了突出和强调定语，或调整语序，加强语势，定语可以置于中心语之后，这就是定语后置。一般来说，后置的定语通过一定的语法手段，都可以还原，而句子的基本意思不变。这里主要介绍三种定语后置的格式。

（一）"中心语＋之＋定语"式

这种格式的特点是，中心语与后置定语之间用助词"之"连接。例如：

①桃之夭夭，灼灼其华。（《诗经·周南·桃夭》）
②氓之蚩蚩，抱布贸丝。（《诗经·卫风·氓》）
③蚓无爪牙之利，筋骨之强，上食埃土，下饮黄泉，用心一也。（《荀子·劝学》）

④带长铗之陆离兮，冠切云之崔嵬。（《楚辞·九章·涉江》）
⑤寻坠绪之茫茫，独旁搜而远绍。（韩愈《进学解》）
⑥由其中以望，则山之高，云之浮，溪之流，鸟兽之遨游，举熙熙然回巧献计，以效兹丘之下。（柳宗元《钴鉧潭西小丘记》）

以上例①"桃之夭夭"即"夭夭之桃"，长得繁茂的桃树；例②"氓之蚩蚩"即"蚩蚩之氓"，犹言忠厚老实的小伙子；例③"爪牙之利"即"锐利的爪牙"，"筋骨之强"即"强健的筋骨"；例④"长铗之陆离"即"陆离之长铗"，长长的宝剑，“切云之崔嵬”即“崔嵬之切云”，高耸的切云冠；例⑤“坠绪之茫茫”即“茫茫之坠绪”，指纷繁复杂且将灭绝的学说；例⑥“山之高，云之浮，溪之流，鸟兽之遨游”分别指高高的山峰、飘浮的云彩、流淌的小溪、遨游的鸟兽。这类后置定语一般是形容词。

（二）“中心语＋定语＋者”式

这种格式的特点是，定语置于中心语后，再用“者”字煞尾。例如：

①有一言而可以终身行之者乎？（《论语·卫灵公》）
②计未定，求人可使报秦者，未得。（《史记·廉颇蔺相如列传》）
③杞国人有忧天地崩坠身无所寄废寝食者。（《列子·天瑞》）
④汉马死者十余万。（《史记·匈奴列传》）
⑤遂率子孙荷担者三夫，叩石垦壤。（《列子·汤问》）
⑥村中少年好事者驯养一虫。（《聊斋志异·促织》）

以上诸例，都是把定语移至中心语之后，加上一个特殊指示代词“者”，变定语为中心语。理解时，一般只要将“者”转换为“之”或者“的”，就可以把后置定语恢复到定语位置上，而句子的基本意思不会改变。例①“一言而可终身行之者”还原后即“可以终身行之的一言”；例②“人可使报秦者”还原后即“可使报秦之人”；例③“杞国人有忧天地崩坠身无所寄废寝食者”还原后即“有忧天地崩坠、身无所寄、废寝食的杞国人”。其余可类推。这类后置定语一般是动词性词语。

（三）“中心语＋之＋定语＋者”式

这种格式是在前一格式的中心语和后置定语之间加了助词“之”字。例如：

①伯夷，圣之清者也；伊尹，圣之任者也。（《孟子·万章下》）
②会冬大寒，雨雪，卒之堕指者十二三。（《史记·匈奴列传》）
③天道之大者在阴阳。（《汉书·董仲舒传》）
④马之千里者，一食或尽粟一石。（韩愈《马说》）
⑤石之铿然有声者，所在皆是也。（苏轼《石钟山记》）
⑥于是集谢庄少年之精技击者而诏之。（徐珂《清稗类钞·冯婉贞》）

对这种格式的理解与第二种一样，把“者”字解释为“之”或“的”即可，而句中原有的“之”则不必译出。例①“圣之清者”即“清之圣”，清高的圣人；“圣之任者”即“任之圣”，负责任的圣人。例②“卒之堕指者”，即“堕指之士卒”。余例同。同第二种格式比较，这种格式在中心语与定语间加了助词“之”，更突出强调了定语。

第四节 判断句

根据谓语的性质，着眼于谓语所表达的语法意义，可以把句子分成判断句、描写句、叙述句三类。判断句一般是用名词或名词性词组作谓语的句子，即某事物是什么或不是什么，某事物属于某一类或不属于某一类。描写句一般是用形容词或形容性的词组作谓语的句子，描写事物是什么样子。叙述句一般是用动词或动词性的词组作谓语的句子，表示一种动作或叙述一件事情。现代汉语的判断句一般用名词性谓语和判断词（又叫系词）“是”表示肯定判断，用“不是”表示否定判断。如“我是一名教师”，“他不是广东人”。上古汉语的判断句同现代汉语相比，则有着明显的不同，其构成形式也比较复杂，往往成为阅读古书的障碍。下面分别予以介绍。

一、判断句的基本类型

古代汉语最常见的判断句式是一般不用判断词“是”，而是用虚词“者”、“也”相呼应表示。此外，还有其他多种形式。

（一）“主语＋者＋谓语＋也”式

这是古汉语判断句的基本句式，后面几种都可看作是其变式。例如：

①南溟者，天池也。（《庄子·逍遥游》）
②夫将者，国之辅也。（《孙子·谋攻》）
③吾所欲者，土地也。（《韩非子·五蠹》）
④臣之所好者，道也。（《庄子·养生主》）
⑤廉颇者，赵之良将也。（《史记·廉颇蔺相如列传》）

例中的“者”是特殊代词，用在主语后，起复指主语、提顿并引出谓语的作用，如“南溟者”，即南溟这个地方；“夫将者”即大将这种人物；“廉颇者”即廉颇这个人，等等。“也”是句尾语气词，用在名词谓语后面帮助判断。这种“……者，……也”式的判断句，比起只有“者”，或只有“也”，或“者”、“也”都不用的判断句，在形式上最为明显，判断意味也更强一些。

（二）“主语＋谓语＋也”式

这种句式只是句末用语气词“也”帮助判断，其判断语气不如前一种强烈。例如：

①董狐，古之良史也。（《左传·宣公二年》）
②圣人，百姓之师也。（《孟子·尽心下》）
③不战而屈人之兵，善之善者也。（《孙子·谋攻》）
④城北徐公，齐国之美丽者也。（《战国策·齐策一》）

如果主语是代词，就无需用“者”字，因为“者”是起复指作用的代词。如：

⑤我，越石父者也。（《晏子春秋·内篇杂上》）
⑥彼，丈夫也；我，丈夫也。吾何畏彼哉？（《孟子·滕文公上》）

（三）“主语＋者＋谓语”式

这种只有“者”没有“也”字的判断句，判断语气又不如带“也”字的判断句那样强。例如：

①兵者，不祥之器。（《老子·三十一章》）
②粟者，民之所种。（晁错《论贵粟疏》）
③天下者，高祖天下。（《史记·魏其武安侯列传》）

④陈轸者，游说之士。（《史记·张仪列传》）

（四）“主语＋谓语”式

这种“者”“也”都不用的判断句，判断的意味更弱一些，是一种带有解释性的句式。由于古籍原本没有标点断句，所以这类句式易同别的结构相混淆。例如：

①夫鲁，齐晋之唇。（《左传·哀公八年》）
②赵，秦之深仇。（《战国策·秦策二》）
③农，天下之本。（《史记·孝文本纪》）
④此人力士。（《史记·魏公子列传》）
⑤贾生，洛阳之少年。（苏轼《贾谊论》）

现代汉语中，表示日子、天气、籍贯之类的句子保留了这种用法，如：今天星期日，昨天晴天，鲁迅浙江人。

（五）“主语＋副词＋谓语”式

这种句式是在主语与名词谓语句间加副词构成判断。常见的副词有“乃、即、则、必、诚、亦、皆、非（匪）”等，其中“非（匪）”表否定判断，其余的表肯定判断。例如：

①吾乃梁人也。（《战国策·赵策三》）
②梁父即楚将项燕，为秦将王翦所戮者也。（《史记·项羽本纪》）
③此则寡人之罪也。（《孟子·公孙丑下》）
④夺项王天下者，必沛公也。（《史记·项羽本纪》）
⑤孙膑亦孙武之后世子孙也。（《史记·孙子吴起列传》）
⑥今天下三分，益州疲弊，是诚危急存亡之秋也。（诸葛亮《出师表》）
⑦此二人者，皆圣人也。（《韩非子·说难》）

这些副词均充当了名词谓语的状语，修饰限制名词谓语，给判断句赋予了各种不同的辅助性意义。如“乃、即、则”起着加强肯定语气的作用，相当于“正是、就是”；“必”强调事物的必然性，相当于“一定是、必然是”；“亦”肯定类同关系，相当于“也是”；“诚”强调真实性，相当于“确实是”；“皆”强调全体性，相当于“都是”。

表示否定的判断句，是在名词谓语前加上否定副词“非、匪”。例如：

⑧我心匪石，不可转也；我心匪席，不可卷也。（《诗经·邶风·柏舟》）
⑨此庸夫之怒也，非士之怒也。（《战国策·魏策四》）

“匪”同“非”，两个字虽然可以译成“不是”，但它们是副词而不是判断词，其作用是对谓语的判断进行否定。

（六）“主语＋为（惟、维）＋谓语”式

（1）用“为”的判断句

“为”是一个含义广泛、用法灵活的动词，一般不作判断词用。有时“为”的动词义比较抽象，比较虚，很像现代汉语的判断词“是”。例如：

①四体不勤，五谷不分，孰为夫子？（《论语·微子》）
②知之为知之，不知为不知，是知也。（《论语·为政》）

③颍考叔为颍谷封人。(《左传·隐公元年》)

实际上，前两个“为”是“算做，叫做”的意思；后一“为”是“做，担任”的意思。

④长沮曰：“夫执舆者为谁?”子路曰：“为孔丘。”(《论语·微子》)

⑤周公旦为天下之圣人，关叔为天下之暴人。(《墨子·公孟》)

⑥吾为汝父也，岂谓不慈哉！(《吕氏春秋·疑似》)

这三例中的“为”若视为动词，解释成“叫做”是比较别扭的。“为”似乎已无动词意味，主要是起联系主语和谓语的作用，且句末大多无语气词“也”，应该算作是判断词。有人认为可以看作是“准判断词”。不过，这种情况在上古汉语中毕竟很少

(2) 用“惟(维)”的判断句

“惟”和“维”字用在主语和谓语中间，很像是判断词。“惟”和“维”在联系主语和谓语时意义一样，《尚书》一般用“惟”，《诗经》一般用“维”。例如：

①予惟小子。(《尚书·大诰》)我是(文王的)小儿子。

②厥土惟白壤。(《尚书·禹贡》)这里的土地是白色的土壤。

③髡彼两髦，实维我仪。(《诗经·鄘风·柏舟》)两鬓下垂那人，确实是我的好配偶。

④我马维骐，六辔如丝。(《诗经·小雅·皇皇者华》)我的马是有青色花纹的马。

实际上这种“惟(维)”字是句中语气词，起引出谓语和加强肯定语气的作用。“惟(维)”字不仅可以用在名词谓语的前面，也可以用在形容词或动词前面。例如：

⑤蚩尤维始作乱。(《尚书·吕刑》)

⑥周虽旧邦，其命维新。(《诗经·大雅·文王》)

⑦黍稷非馨，明德惟馨。(《左传·僖公五年》)

例⑤是动宾结构作谓语的叙述句，例⑥⑦是形容词作谓语的描写句。由此可见，把这种“惟(维)”看作判断词是欠妥的。

(七) 无主判断句

判断句通常由主语和谓语两个部分构成，但有时判断的对象即主语没有出现，这种判断句是无主判断句。理解时应根据上下文意补出主语，以免误解。例如：

①师冕见，及阶，子曰：“(此)阶也。”(《论语·卫灵公》)

②问何故，对曰：“(吾)翳桑之饿人也。”(《左传·宣公二年》)

③人死，则曰：“(此)非我也，岁也。”(《孟子·梁惠王上》)

④张良曰“(此)沛公之参乘樊哙者也。”(《史记·项羽本纪》)

以上例中，括号里即根据文意补上的代词主语。

二、判断句中的“是”

上古汉语判断句中“是”的词性归属，以及判断词“是”何时产生的，一直是学术界争议较多的问题。这里提出讨论。

（一）“是”作指示代词

从翻译角度看，先秦文献中有为数甚多的“是”字很像判断词，需要从语言的系统性出发，用历史发展的观点进行分析考察。

（1）作主语。例如：

①是社稷之臣也，何以伐为？（《论语·季氏》）

②无父无君，是禽兽也。（《孟子·滕文公下》）

③星坠木鸣，国人皆恐，曰：“是何也？”（《荀子·天论》）

④吾不能早用子，今急而求子，是寡人之过也。（《左传·僖公三十年》）

这些例句中的“是”都是指示代词，充当主语，复指上文有关的内容，相当于“此”。译文中虽然少不了判断词“是”，但这个“是”字并不是原文中固有的，而是翻译时根据现代汉语的表达习惯加上去的。例①的“是”复指上文的小国“颛臾”，语气词“也”帮助判断，“是社稷之臣也”意即“这个小国（颛臾）是鲁国的臣属”；例②的“是”复指“无父无君”之人；例③的“是”复指“星坠木鸣”的怪异现象；例④的“是”复指的前文较长，即“吾不能早用子，今急而求子”的做法。

上古汉语中，有时也有用指示代词“此”复指的情况。如：

⑤公卿大夫，此人爵也。（《孟子·告子上》）

⑥翘足而陆，此马之真性也。（《庄子·马蹄》）

在同一篇文章中，“是”和“此”还可以交替使用。如：

⑦至攘人犬豕鸡豚，其不义又甚入人园圃窃桃李。是何故也？（《墨子·非攻上》）

⑧至入人栏厩取人牛马者，其不义又甚攘人犬豕鸡豚。此何故也？（同上）

因此，仅从翻译角度考虑，把这种表复指的“是”视为判断词是不妥的。

（2）作谓语。例如：

①滔滔者，天下皆是也。（《论语·微子》）

②取之而燕民悦，则取之，古之人有行之者，武王是也。（《孟子·梁惠王下》）

③昔人君之蔽者，夏桀、殷纣是也。（《荀子·解蔽》）

④终而复始，日月是也。（《孙子兵法·势篇》）

这些充当判断句谓语的“是”，也容易看成是判断词，直接释为“是的”。实际上，“是”指代上文的有关内容，句末语气词“也”则帮助判断。这些“是也”应当释作“是这样的”或“就是这样”。

（二）“是”作判断词

（1）产生时间

“是”什么时候开始用作判断词，学术界的分歧较多。根据零星的传世文献材料，结合出土文献考察，可以认为，战国时期“是”作判断词已经开始萌芽。例如：

①谓彼是是也，不可。（《墨子·经说下》）

②礼义积伪者，是人之性，故圣人能生之也。（《荀子·性恶》）

③君若欲无礼，此是已。（《晏子春秋·内篇谏上》）

④管仲曰：“国必有圣人也。”少顷，东郭牙至。管仲曰：“此必是已！”（《吕氏春秋·重言》）

⑤此是何种也？（《韩非子·外储说左上》）

⑥韩是魏之县也。（《战国策·魏策三》）

以上判断句中，例①③④⑤的“是”字前面，分别有代词“彼”或“此”充当主语，指称前面的有关内容，说明这个“是”已经不是句子的主语，应当视为判断词。例④在“此”后，还有副词“必”修饰“是”，这个“是”无疑是判断词。例②的“是”字前面的短语“礼义积伪者”中，已有“者”字复指“礼义积伪”，若再用“是”字复指，显然是多余的，因而“是”只能是判断词而不是代词。

再看出土的文献材料。长沙马王堆汉墓出土帛书《天文气象杂占·彗星图》中，有这样的例句：

⑦是是帚彗，有内兵，年大孰。（马王堆三号墓帛书《天文气象杂占》）

⑧是是蒿彗，兵起，军幾（饥）。（同上）

⑨是是苦彗，天下兵起，若在外归。（同上）

⑩是是竹彗，人主有死者。（同上）

两个“是是”连用，前一“是”为代词作主语，后一“是”无疑是判断词。据研究，汉墓里的帛书是战国时期的。湖北云梦睡虎地秦墓出土的《日书·甲种》、甘肃天水放马滩秦墓出土的《日书·乙种》中，也有“是是”连用以及“是”作判断词的判断句。例如：

⑪人毋故鬼攻之不已，是是刺鬼。（睡虎地《日书·甲种》）

⑫人毋故鬼昔其宫，是是丘鬼。（同上）

⑬鬼恒逆人，入人宫，是游鬼。（同上）

⑭一室中有鼓音，不见其鼓，是鬼鼓。（同上）

⑮春子夏卯秋午冬酉，是是人彼（破）日，不可筑室，为啬夫。（放马滩《日书·乙种》）

⑯南门是将军门，可聚粮，使客。（同上）

这些判断句中加点的“是”，只能理解为判断词。将出土文献里的用例与传世文献参照印证，可以肯定战国后期至秦代，“是”已经开始用作判断词。尽管其用例的数量还不算多，但作为新兴的语法现象，在其萌芽阶段零星出现，是应当引起重视的。

到了汉代，“是”作判断词的用例逐渐多起来。例如：

⑰客人不知其是商君也。(《史记·商君列传》)
⑱蔡人不知其是陈君也，而杀之。(《穀梁传·桓公六年》)
⑲臣是夫骫桑下之饿人也。(《说苑·复恩》)
⑳余是所嫁妇人之父也。(《论衡·死伪》)

六朝以后，判断句中用“是”作判断词的新形式就取代了不用判断词的旧形式。其标志就是句末不用语气词“也”；判断词“是”可以被副词修饰；判断词“是”前加“不”，代替了原来用副词“非”表否定。但是，六朝以后仿古的文言文，有时还继续使用先秦判断句的格式，需要具体问题具体分析。

(2)“是”作判断词的来源

判断词“是”是由复指前文的代词“是”演变来的，与句法结构的变化紧密相关。在先秦汉语里，由于要对陈述的事物即主语进行判断，当主语太长而结构又比较复杂时，容易造成主语与谓语之间界限不清，于是用代词“是”复指前文，使判断的对象和判断的形式更加明确突出。例如：

①德之不脩，学之不讲，闻义不能徙，不善不能改，是吾忧也。(《论语·述而》)

②妻不以我为夫，嫂不以我为叔，父母不以我为子，是皆秦之过也。(《战国策·秦策二》)

这两例的主语分别由四个短语和三个主谓结构构成。若不用“是”复指，其谓语“吾忧也”、“皆秦之过也”表判断就显得单薄、不平衡。用“是”字复指，承上启下，判断句的形式和意义就完整了。由复指结构复杂的长主语，进而类推到结构简单的判断对象也用“是”字复指。例如：

③富与贵，是人之所欲也。(《论语·里仁》)
④非师，是无师也。(《荀子·修身》)

主语简短，若不用“是”复指，似乎对构成判断影响不大。前面所举的上古判断句中，不少句子并没有用“是”复指，正可说明这一点。由于这样，判断句中“是”的复指意味逐渐减弱，而联系主谓、帮助判断的作用便逐渐得到增强。于是，“是”字便由指示代词演变成为判断词。可见，“是”的这种变化，主要是受到句法结构的影响而产生的。

三、判断句的活用

从表达功能看，判断句的基本作用是谓语对主语进行解释或分类。典型的判断句所表达的意义是：主语和谓语所指是同一事物，或者属于同一类别。但是，古今汉语的判断句里都有一些句子，主语和谓语在逻辑上并不构成判断关系，而是采用判断句的形式表达比较复杂的内容。这种判断句的灵活运用，简称“判断句的活用”。大致可分为三种情况：

(一) 表示比喻关系

主语和谓语的关系不是普通的判断关系，但在语言形式上却是典型的判断句。这是一种比喻的修辞手法。例如：

①仲尼，日月也。（《论语·子张》）

②君者，舟也；庶人者，水也。（《荀子·王制》）

③君子之德，风；小人之德，草。（《论语·颜渊》）

④曹公，豺虎也。（《资治通鉴·赤壁之战》）

例①用“日月”比喻孔子，意即“孔子好比是太阳和月亮”；例②用“舟”比喻国君，用“水”比喻庶人；例③以“风”喻君子之德，以“草”喻小人之德，意即“君子之德好比风，小人之德好比草”；例④用“豺虎”比喻曹操。理解这类判断句，需要从谓语名词的某一特征去了解它对主语的判断。

（二）表示因果关系

这种情况用于表示因果关系的复句中，即在叙述某件事情或观点后，用带“也”的判断句来解释说明原因。例如：

①桓公九合诸侯，不以兵车，管仲之力也。（《论语·宪问》）

②良庖岁更刀，割也；族庖月更刀，折也。（《庄子·养生主》）

③覆杯水于坳堂之上，则芥为之舟，置杯焉则胶，水浅而舟大也。（《庄子·逍遥游》）

④轻辞天子，非高也，势薄也。（《韩非子·五蠹》）

例①“管仲之力也”是说明齐桓公取得功业的原因，意即“是因为凭借了管仲之力”；例②“割也”、“折也”分别说明两类厨师“更刀”时间不一的原因：前者是因为顺着切割而刀耐用，后者是因为乱砍而刀易折断；例③“水浅而舟大也”是说明在能漂起芥草的小水洼里，水杯何以被黏住的原因，是由于“水浅”而“舟（杯子）”过大；例④用“非高也”“势薄也”两个判断句解释古人“轻辞天子”的原因：不是他们品质高尚，而是因为天子权势太小。这种判断句现代汉语中少见，古代汉语中常用，需要引起注意。

（三）表某种逻辑关系

这种判断句的主语和谓语不能用“是什么”、“不是什么”来加以分析。它是将比较复杂的内容压缩在判断句的结构形式里，而主语和谓语之间只是具有某种逻辑关系。这种情况又谓之“压缩判断”。例如：

①夫战，勇气也。（《左传·庄公十年》）

②男女授受不亲，礼也；嫂溺援之以手，权也。（《孟子·离娄上》）

③《七月》之卒章，藏冰之道也。（《左传·昭公四年》）

④由此言之，勇怯，势也；强弱，形也。（司马迁《报任安书》）

⑤夫刑，百姓之命也。（曹操《选军中典狱令》）

例①的“战”和“勇气”并不是等同或类属关系，而是说作战靠的是勇气；例②是说，男女之间不亲手递接，是礼制规定的，而嫂子溺水了用手去拉，这是变通的做法；例③是说，《诗经·七月》最后一章，讲的内容是藏冰之道；例④是说，勇敢与胆怯，是由形势所决定的，坚强与懦弱，也是由形势决定的；从修辞上说，“勇怯，势也；强弱，形也”又采用了“并提”的修辞手法。例⑤是说，刑法关系到老百姓的生命。这种判断句，理解时一般需要根据上下文意，灵活调整补充必要的内容；不能死抠字眼，以辞害意。

第五节 被动表示法

主动关系和被动关系，主要是根据主语和谓语之间的施受关系来区分的。如果主语是谓语动词所表示的动作行为的施事者，这个句子就是主动句；如果主语是谓语动词所表示的动作行为的受事者，这个句子就是被动句。例如：

①郑武公娶于申。（《左传·隐公元年》）
②郤克伤于矢。（《左传·成公二年》）

例①的主语“郑武公”是“娶”的施事者，为主动句，意即郑武公从申地娶了妻子。例②的主语“郤克”是“伤”的受事者，意即郤克被人用箭射伤，而不是他用箭射伤别人。例②就是被动句。

总体看来，古代汉语的被动句式要比现代汉语多样而复杂。根据表示被动的方式的不同，可以将被动句分为有形式标志的被动句和没有形式标志的被动句两类，前者也叫被动句式。下面分别介绍。

一、有形式标志的被动句

所谓有形式标志的被动句，是在句中有介词、助词或助动词作为被动标志的被动句。主要有以下几种。

（一）“于（於、乎）”字句

这是出现较早、先秦汉语中最常见的被动句式。“于”和“於”、“乎”都是介词，它们用在谓语动词后面，引进动作行为的主动者。这样，谓语动词前面的主语就明显具有了被动的性质。例如：

①忧心悄悄，愠于群小。（《诗经·邶风·柏舟》）
②夫惟无虑而易敌者，必擒于人。（《孙子兵法·行军》）
③闵王毁于五国，桓公劫于鲁庄。（《荀子·王制》）
④（怀王）内惑于郑袖，外欺于张仪。（《史记·屈原贾生列传》）

例①的“愠”即“怨怒”，“愠于群小”即“被众多小人怨怒”；例②“必擒于人”即“一定被人擒获”；例③“毁于五国”即“被五国毁灭”，“劫于鲁庄”即“被鲁庄公劫掠”；例④“惑于郑袖”即“被郑袖迷惑”，“欺于张仪”即“被张仪欺骗”。

需要注意的是，以上例子若去掉介词“于”，整个句子就变成了主动句，意思便相反了。这是因为，句中的谓语动词是及物动词，而汉语的及物动词一般既可表主动，也可以表被动。由此可见，介词“于”本身并不表示被动，它的作用是在被动句中引出动作行为的主动者，使得被动的意义更加明确，从而避免了歧义产生。古人常用这种方式构成主动和被动对比的句子进行说理，以增强其说服力。例如：

⑤劳心者治人，劳力者治于人。（《孟子·滕文公上》）

⑥通者常制人，穷者常制于人。（《荀子·荣辱》）

⑦先发制人，后发制于人。（《汉书·项羽传》）

以上例中，“治人”、“制人”是主动句，“治于人”、“制于人”是被动句。可见，介词“于”的加入，起到了改变句式以及句意的作用。古书中，有时还将主动与被动置于同一句中进行对比。例如：

⑧故善战者，致人而不致于人。（《孙子兵法·虚实》）

⑨夫破人之与破于人也，臣人之与臣于人也，岂可同日而言之哉！（《战国策·赵策二》）

“于”字的古代读音和“乎”接近，有时也写作“乎”，在被动句中引进主动者。例如：

⑩万尝与庄公战，获乎庄公。（《公羊传·庄公十二年》）

⑪志乎古者必遗乎今。（韩愈《答李翊书》）

以上例⑩“获乎庄公”即“被庄公俘获”；例⑪“遗乎今”即“被今人遗弃”。

需要注意的是，介词“于”的一个常见用法是介出动作行为发生的处所。如：

⑫王立于沼上。（《孟子·梁惠王上》）

⑬初，宣子田于首山，舍于翳桑。（《左传·宣公二年》）

在某些有介词“于”的被动句中，“于”的作用并不是引出动作行为的主动者，只是介绍行为事件发生的处所。例如：

⑭孔子围于陈、蔡之间，七日不火食。（《庄子·山木》）

⑮西伯，伯也，拘于羑里。（司马迁《报任安书》）

例⑭“围于陈、蔡之间”即“在陈、蔡之间被围困”；例⑮“拘于羑里”即“在羑里被关押”。认定这两个句子为被动句，是因为谓语动词“围”、“拘”具有被动意义。因此，这类被动句应该属于没有形式标志的被动句。对于这类容易混淆的句子，必须认真辨析。这也说明，“于”字句表被动有一定的缺陷，因此，后来就由“被”字句取代了。

（二）“为”字句

“为（wei，阳平）”是介词，在及物动词前加介词“为”引进动作行为主动者的被动句式，先秦时期就已出现。“为”在被动句中的地位作用与现代汉语的“被”字很相似。例如：

①道术将为天下裂。（《庄子·天下》）

②然则今有美尧、舜、汤、武之道于当今之世者，必为新圣笑矣。（《韩非子·五蠹》）

这种被动句，受事主语往往可以省略。如：

③不为酒困。（《论语·子罕》）

④战而不克，为诸侯笑。(《左传·襄公十年》)

⑤身死人手，为天下笑者，何也?(贾谊《过秦论上》)

有时，在上文已经交代的情况下，“为”后面所引进的主动者可以不出现，“为”就直接位于动词前，成为表被动的标志。理解时，可以根据文意将主动者补出。例如：

⑥失礼违命，宜其为禽也。(《左传·宣公二年》)

⑦自今无有代其君任患者。有一于此，将为戮乎?(《左传·成公二年》)

⑧父母宗族，皆为戮没。(《战国策·燕策》)

“为”是一个意义宽泛、用法复杂的多义多用词，可作动词、连词、介词等。“为”作介词除了表被动外，还可表目的、对象、原因等。因此“为”是否表被动，有时还颇费斟酌。例如：

⑨诚令成安君听足下计，若信者亦已为禽矣。(《史记·淮阴侯列传》)

⑩若民不为己用，不为己死，而求兵之劲，城之固，不可得也。(《荀子·君道》)

例⑨“已为禽”是被动句，由于“为”后的主动者“足下”没有出现，也有可能误解为“已经成为俘虏(擒获的对象)”，错将“为”当作动词。例⑩“民不为己用”句，单从本句看，可能有两解：一是“老百姓不被我任用”，二是“老百姓不为我出力”；但下一句“不为己死”则不能视为被动句，只能按“不为我去死”理解；以此类推，再结合文意看，“民不为己用”显然不是被动句。“用”在古汉语中，有“出力，效力”的意义。

由于“为”字用法繁多，在被动句中表被动的意味有时不够明显，可能会产生歧义，因此后来被“为……所”式和被字句所取代。

(三)“为……所”句

“为……所”式被动句是“为”字句的进一步发展。在这种被动句里，介词“为”引进动作行为的施事者，“所”是助词(有人称为“词头”)置于动词前，加强被动语气，并在结构上起连接和标志的作用。“为”与“所”共同作为被动句的形式标志，从而构成比较完善的被动句格式。这种被动句式在战国时期已经出现。例如：

①方术不用，为人所疑。(《荀子·尧问》)

②申徒狄谏而不听，负石自投于河，为鱼鳖所食。(《庄子·盗跖》)

③夫直议者，不为人所容。(《韩非子·外储说左下》)

汉代以后，“为……所”式逐渐取得优势，并成为汉语被动句的主要格式之一。例如：

④吾闻先即制人，后则为人所制。(《史记·项羽本纪》)

⑤范雎为须贾所馋。(《论衡·变动》)

⑥庾太尉少为王眉子所知。(《世说新语·赏誉》)

⑦今不速往，恐为操所先。(《资治通鉴·赤壁之战》)

唐代以后，“为……所”式在口语中开始衰亡下去，但在书面语中一直沿用至今。

“为……所”式也有承前省去动作行为主动者的情况。例如：

⑧不者，若属皆且为所虏。（《史记·项羽本纪》）
⑨其将兵数困辱，其射猛兽亦为所伤云。（《史记·李将军列传》）
⑩嵩将诣州讼理，为所杀。（韩愈《张中丞传后叙》）

“为”、“所”连用，虽未引进动作行为的主动者，但其被动意义比单用“为”字要明确。

（四）“见”字句

“见”是表被动的助词，用在及物动词前构成被动句。“见”字句是最古老的一种被动句式，甲骨文中已经出现；在春秋战国以后相当长的时期里，使用都十分普遍。例如：

①年四十而见恶焉，其终也已！（《论语·阳货》）
②爱人者必见爱也，而恶人者必见恶也。（《墨子·兼爱下》）
③百姓之不见保，为不用恩焉。（《孟子·梁惠王上》）
④是故君子耻不修，不耻见污；耻不信，不耻不见信；耻不能，不耻不见用。（《荀子·非十二子》）

例①②的“见恶（wù，去声）”即“被（人）憎恶”；例②的“见爱”即“被（人）爱”；例③的“见保”即“被保护”，受到保护；例④的“见污”、“见信”、“见用”均作谓语动词“耻”的宾语，整个句子虽不是被动句，但这三个词组都是表示被动，分别是“被侮辱”、“被信任”、“被重用”的意思。

“见”字句有时和“为”字句对用，其表被动的意义更加明显。例如：

⑤厚者为戮，薄者见疑。（《韩非子·说难》）

汉代以后，又出现一种形式上相同的“见”字句，而主语却是施事者。这种“见”字句就不表被动而表主动意义了。例如：

⑥生孩六月，慈父见背。（李密《陈情表》）
⑦少加孤露，母兄见骄。（嵇康《与山巨源绝交书》）

例⑥“慈父见背”不能理解为慈父被背弃，而是“慈父背弃（去世丢下）我”（表示死的委婉语）；例⑦“母兄见骄”不是母兄被娇惯，而是“母兄娇惯我”的意思。“见”在这里有指代第一人称的作用，一般称为“指代性副词”。后来，这种用法逐步形成一种固定格式，多用来表示一种比较客气礼貌的说法。例如：

⑧吾相遇甚厚，何以见负？（《晋书·罗企生传》）
⑨张祖希若欲相识，自应见诣。（《世说新语·方正》）

“见负”即“负我”，对不起我；“见诣”即“到我这里来”。现代汉语里还能见到这种用法，如“见笑”、“见怪”、“见教”、“见谅”、“见赠”等，其中的“见”都不表示被动。

“见”有时还和“为”结合构成被动格式，不过这种格式在古书中不多见。例如：

⑩烈士为天下见善矣，未足以活身。（《庄子·至乐》）

⑪臣诚恐卒为豺狼横见噬食，故冒死欲诣阙，披肝胆，布腹心。（《后汉书·邓寇传》）

⑫遂停广州，频为节将见邀用，皆不就。（《抱朴子·自叙》）

例⑩“为天下见善”即“被天下视为善人”；例⑪“为豺狼横见噬食”即“被豺狼无缘无故啃食”；例⑫“为节将见邀用”即“被节度使相邀为官”。

（五）“见……于”句

“见”字同“为”字一样，意义、用法都比较复杂，用在被动句中，有时不免引起歧解。且“见”用在被动句中，只是帮助表示被动，并不能引进行为的主动者，因而在表示被动方面存在一定的局限性。为了弥补这一局限，后来，“见”就同介词“于”结合起来，构成“见＋动＋于＋施事”格式。其中，“见”字帮助表被动，“于”字则引进行为的主动者。这种句式表被动无疑要比“见＋动”完善，因此，在先秦两汉一直比较常用。例如：

①吾长见笑于大方之家。（《庄子·秋水》）

②弥子瑕见爱于卫君。（《韩非子·说难》）

③臣诚恐见欺于王而负赵。（《史记·廉颇蔺相如列传》）

④张玄，吴士之秀，亦见遇于时。（《世说新语·方正》）

⑤然而公不见信于人，私不见信于友。（韩愈《进学解》）

以上例中，除例③“见欺于王”是个表被动的动补结构作谓语动词“恐”的宾语外，其余几例都是用“见……于”式构成的表被动的句子。

也有用于主动和被动对比的情况。例如：

⑥且夫臣人与见臣于人，制人与见制于人，岂可同日而道哉！（《史记·李斯列传》）

例中的“臣”活用作动词，且为使动用法，“使……做臣子”的意思，可调整为“统治”，“臣人”即“统治别人”；“见臣于人”即“被别人统治”。

“见……于”式形成后，谓语动词后的介词“于”也偶有省略的情况。例如：

⑦见役（ ）勋贵，处之下坐。（《颜氏家训·杂艺》）

⑧绍简，亦见重（ ）当世。（《世说新语·赏誉》）

这两个被动句，理解时应补上“于”字。“见役勋贵”即“被权贵所役使”；“见重当世”即“被当世之人看重”。

“见”字被动句的谓语动词后一般是不能带宾语的；但也偶见“见”后的动词带受事宾语的例子，这种宾语所代表的事物往往是主语所领有的。例如：

⑨（孙）休居乡不见谓不修，临难不见谓不勇。（《庄子·达生》）

⑩（充国）事孝武数十年，见谓忠谨。（《汉书·赵充国传》）

例⑨“不见谓不修”即“没有被认为不善”，“不见谓不勇”即“没有被认为不勇敢”；这里的“不修”和“不勇”分别是受事主语孙休所具有的品质。例⑩“见谓忠谨”即“被认为忠谨”；“忠谨”是受事主语赵充国所具有的品性。

（六）“被”字句

现代汉语表示被动的基本形式是“被”字句。“被”字表被动有一个发展的过程。《说文》：“被，寝衣也。”“被”本为名词，指睡觉盖的被子。引申为动词，为“覆盖”之义，再由“覆盖”引申出“遭受，蒙受”义，是及物动词，可带宾语。例如：

①先王能令其民蹈白刃，被矢石。（《商君书·慎法》）

②今有仁心仁闻而民不被其泽，不可法于后世者，不行先王之道也。（《孟子·离娄上》）

这种表“蒙受，遭受”义的“被”常常用在及物动词之前，于是逐渐虚化为表被动的助动词，从而形成新的被动句式。“被”字表被动的用法，战国末期就已经出现。例如：

③今兄弟被侵，必攻者，廉也；知友被辱，随仇者，贞也。（《韩非子·五蠹》）

④万乘之国，被围于赵。（《战国策·齐策六》）

⑤虽万被戮，岂有悔哉？（司马迁《报任安书》）

以上几例，从语感上看与现代汉语的被动句无异，但句中的“被”字又都可释为“遭受”，其动词性还比较强，说明还处于向被动句演变的过渡阶段。再如：

⑥信而见疑，忠而被谤，能无怨乎？（《史记·屈原贾生列传》）

⑦曾子见疑而吟，伯奇被逐而歌。（《论衡·感虚》）

这两例的“被谤”、“被逐”都与“见疑”对举，“被”字作为表被动的助动词的性质已经很明显，完全可以视为被动句。

汉代“被”字句用得比较普遍，但“被”只是帮助表示被动的助动词，还不能引进行为的主动者。直到汉末以后，才开始引进行为的主动者。例如：

⑧今月十三日，臣被尚书召问。（蔡邕《被收时表》）

⑨亮子被苏峻害。（《世说新语·方正》）

⑩（屈原）被王逼逐，乃赴清冷之水。（《拾遗记》卷十）

有时动词后还可以带上宾语。例如：

⑪青亦被矢贯咽，音声嘶喝。（《后汉书·张酺传》）

⑫瑒、桢各被太祖辟为丞相掾属。（《三国志·魏书·王粲传》）

⑬时（刘）焉被天火烧城，车具荡尽。（《三国志·蜀书·刘二牧传》）

以上例中的动词后分别带上了宾语“咽”、“丞相掾属”和“城”。

魏晋以后，“被”字句用得更多，在口语里逐渐取代了其他的几种被动句，占据了主导地位，为现代汉语被动句奠定了基础。

需要补充的是，南北朝以后，在“被”字句被动式的基础上，还产生了“被＋施事＋所＋动”的被动格式。例如：

⑭父子并有琴书之艺，尤妙丹青，常被元帝所使，每怀羞恨。（《颜氏家训·杂艺》）

⑮因被匈奴所破，西踰葱岭，遂有其国。（《隋书·西域列传·康国》）

⑯其弟今被贼所杀。(《敦煌变文·搜神记行孝》)

这种被动格式可能是受“为……所”式的类化影响产生的，后来没有保存下来。

二、无形式标志的被动句

无形式标志的被动句在上古汉语中比较常见。这种被动句看起来与主动句的结构形式类似，因而主语的被动性质只能从意思上判别，有人称为“意念上的被动句”或“语义上的被动句”。由于没有形式上的语法标志，所以辨认起来有一定的困难。例如：

①《春秋》伐者为客，伐者为主，故使卫主之也。(《公羊传·庄公二十八年》)

同是“伐者”，怎么既为“客”，又为“主”呢？汉代何休注：“伐人者为客，读伐长言之；见伐者为主，读伐短言之，齐人语也。”原来，当时齐人表主动的“伐者”和表被动的“伐者”是靠口语读音的长短来区分其不同的，在书写形式上没有什么区别。古人的实际读音今天已无保存。没有何休的解释，今人很难弄懂这类句子的意思。再如：

②冀复得兔，兔不可复得。(《韩非子·五蠹》)

③人固不易知，知人亦不易也。(《史记·范雎蔡泽列传》)

例中的“兔”和“人”在句中既作宾语，又作受事主语。

总之，对于这类无形式标志的句子，要分清究竟是主动句还是被动句，只能根据上下文意，紧扣主语同谓语动词的施受关系来确定。可将这种被动句分为几类。

(一)“受事主语+动”式

这是最常见的无形式标志的被动句。主语是受事，直接加在作谓语的及物动词前面，没有宾语。例如：

①蔓草犹不可除，况君之宠弟乎？(《左传·隐公元年》)

②行衢道者不至，事两君者不容。(《荀子·劝学》)

③昔者龙逢斩，比干剖。(《庄子·胠箧》)

④廉贞之行成，而君上之法犯矣。(《韩非子·五蠹》)

以上例①“不可除”即“不可被除尽”；例②“不容”即“不被（君主）容纳”；例③“斩”和“剖”是“被斩首”、“被剖腹”的意思；例④“君上之法犯”即“君主的法令被触犯”。汉代以后这种用法一直沿用。例如：

⑤盖文王拘而演《周易》，仲尼厄而作《春秋》；屈原放逐，乃赋《离骚》。(司马迁《报任安书》)

⑥向使成安君听子计，仆亦禽矣。(《汉书·韩信传》)

例⑤的“拘”即“被拘禁”，“放逐”即“被放逐”；“仲尼厄”句，由于“厄”不是及物动词，故不表被动。例⑥的“禽”实即“被（子）所擒”的意思。

(二)“受事主语+动+宾”式

这类句子与第一种不同的是，谓语动词带上了宾语。又可以分为三类：

(1) 宾语是施事，宾语是动作行为的主动者，主语是受事者。例如：

①（大树）不夭斧斤，物无害者。(《庄子·逍遥游》)

②诸郡县苦秦吏者，皆刑其长吏，杀之以应陈涉。(《史记·陈涉世家》)

③下之化上疾于景（影）响，举措不可不审也。(《史记·张释之冯唐列传》)

④若贾生者，非汉文之不能用生，生之不能用汉文也。(苏轼《贾谊论》)

例①的“夭”即“夭折，砍断”，“大树”是受事主语，“斧斤”是施事宾语；“（大树）不夭斧斤”就是“大树不被斧斤砍断”的意思。例②“苦秦吏者”即“被秦吏折磨受苦的人”。例③“下”、“上”分别指“下面的民众”和“上面的统治者”；“化”指“教化，同化”；“下之化上”即“下面被上面教化”。例④“汉文之不能用生”同“生之不能用汉文”结构相同，前者为主动句，后者为被动句，两者对比，增强了说服力。后句的意思是“贾生不能被汉文帝重用”。

(2) 宾语是处所，即动词后的宾语表示被动行为发生的处所。例如：

①高帝欲伐匈奴，大困平城。(《史记·酷吏列传》)

②（汉王）败荥阳，伤成皋，遂走宛、叶之间。(《史记·淮阴侯列传》)

③不韦迁蜀，世传《吕览》；韩非囚秦，《说难》《孤愤》。(司马迁《报任安书》)

④邑人又杀杨季主，季主家上书人又杀阙下。(《汉书·游侠郭解传》)

例①“困平城”即“在平城被（匈奴）围困”；例②“败荥阳”即“在荥阳被打败”，“伤成皋”即“在成皋被射伤”；例③“迁蜀”即“被迁徙到蜀地”，“囚秦”即“被囚禁在秦地”；例④“杀阙下”即“被杀死在阙下”。

(3) 宾语为主语领有，即宾语所代表的人、事、物为主语所领有。例如：

①孙子膑脚，兵法修列。(司马迁《报任安书》)

②客有说相国曰：“君灭族不久矣。”(《史记·萧相国世家》)

③然则荆轲之湛七族，要离之烧妻子，岂足道哉！(《史记·鲁仲连邹阳列传》)

④故桀纣诛死，赧王夺邑。(《论衡·奇怪》)

例①“孙子膑脚”是说孙子的腿被膑（挖去膝盖骨）；例②“君灭族”即“您的家族被灭尽”；例③“荆轲之湛七族”，意即“荆轲的七族被杀光”，“要离之烧妻子”即要离的妻和子被烧死；例④“桀纣诛死”为第一类被动句，不带宾语，意即“桀纣被诛杀而死”，“赧王夺邑”即“周赧王的城邑被夺走”。

第六节 代词

一、代词概述

代词是代替名词、动词、形容词以及其他各类实词的词；不仅能代替单个的词，还可以代替复杂的词组，甚至句子。代词的作用在于行文时避免相同的词语重复出现，以求文章的简洁、明白、流畅。代词属于实词，但传统语法学往往把它归到虚词里，这是不大合适的。

古代汉语同现代汉语一样，也有人称代词、指示代词和疑问代词。但是，古代汉语的代词体系同现代汉语又有所不同。

第一，古代汉语有两类特殊的代词是现代汉语中所没有的。一类是无定代词“或”和“莫”，另一类是辅助性代词“者”和“所”。现代汉语需要表达这两类代词所表示的意义时，一般是采用词组的形式。

第二，古代汉语的代词有不少不同于今天的形式，总体来说，要比现代汉语繁复、多样。就第一人称代词来说，不但有“我”，还有“吾、余、予、卬、台、身”等，此外，还有用于自我谦称的“孤、寡人、不谷、仆、臣、愚”等词语。

第三，古代汉语的人称代词体系还不够完善。严格说来，先秦汉语里还没有真正的第三人称代词，真正的第三人称代词“伊”、“渠”、“他”到六朝时期才出现，因而上古汉语第三人称代词的职务是由指示代词“之、其、彼”来兼任的。而这三个指示代词没有一个是发育完全的，合起来仍然抵不了现代汉语里一个“他”。再从“之、其、彼”本身来说，除“彼”之外，“之”和“其”都不作主语，因而在句法上主语的省略就比现代汉语多。

此外，古代汉语的人称代词没有专门的表复数的形尾，常常是单数复数同形；指示代词不像现代汉语那样，只分成近指、远指两类，还有一些比较特殊的指示代词。

二、人称代词

人称代词是代替人或者事物名称的词。古代汉语人称代词可以分为第一人称、第二人称、第三人称和己称四类。此外，还有一类用作谦称、尊称的词语，也放到本节中介绍。

（一）第一人称代词

古汉语中，常用的第一人称代词有“我、吾、余、予”，不常用的有“朕、卬、台”。

同时同地的同一语言中，语法作用、语法意义完全相同的人称代词是不应该存在的。但在古书中，同一部书甚至同一句话中，都可以使用两个以上的第一人称代词。造成这种现象，除了方言、时代的原因外，还应从语法作用方面去考察寻求其原因。一般来说，“我”、“吾”常用于对话中，“余”和“予”常用于自叙的地方。“卬”只见于《尚书》《诗经》；“台”只见于《尚书》和东周铜器铭文。

（1）“我”和“吾”

“我”在商代甲骨文里已经出现，“吾”最早见于西周晚期。两词的语法作用区别是：“我”可作主语、宾语、定语，“吾”可作主语、定语，一般不作宾语，只在否定句中作前置宾语。例如：

①我善养吾浩然之气。（《孟子·公孙丑上》）

②今日吾伤我，汝知之乎？（《庄子·齐物论》）
③吾爱之，不吾叛也。（《左传·襄公三十一年》）

（2）“予”和“余”

“予”、“余”二字古音和用法相同，“余”字出现要略早于“予”字，它们是古今字的关系。两字一般只指称单数，主要用作主语、宾语，很少用作定语。例如：

①王如用予，则岂徒民安？天下之民举安。（《孟子·公孙丑下》）
②名余曰正则兮，字余曰灵君。（《楚辞·离骚》）
③予默默无以应。（刘基《卖柑者言》）

（3）“朕”

先秦以前，“朕”没有尊卑的分别，一般人都可自称“朕”。“朕”只指称单数。例如：

①云将大喜，行趋而进曰：“天忘朕邪？天忘朕邪？”（《庄子·在宥》）
②帝高阳之苗裔兮，朕皇考曰伯庸。（《楚辞·离骚》）

例①的“朕”是云将（虚设人名）自称；例②的“朕”是屈原自称。汉蔡邕《独断》：“朕，我也，古者尊卑共之，贵贱不嫌则可同号之义也。秦始皇二十六年，制定朕为天子自称，后世因而不改。”这段话清楚地说明了“朕”字使用范围变化的历史及原因。

（二）第二人称代词

第二人称代词是指代听话人一方的代词。第二人称较多，有“汝、女、尔、若、而、乃、廼”等。“女”和“汝”是同词异字，“廼”是“乃”的异体。从语音看，这几个词古音相近；从语法看，“汝、女、尔、若”都可作主语、宾语、定语，“而、乃、廼”一般只用作定语，少作主语，不作宾语；从语义看，相对“而、乃、廼”来说，“汝、女、尔、若”是比较随便的称呼，一般用于称呼下级、晚辈或平辈。例如：

①汝心之固，固不可彻。（《列子·汤问》）
②子曰：“由，诲女知之乎？”（《论语·为政》）
③子曰：“盍各言尔志？”（《论语·公冶长》）
④若为佣耕，何富贵也？（《史记·陈涉世家》）
⑤夫差，而忘越王之杀而父乎？（《左传·宣公三年》）
⑥王师北定中原日，家祭无忘告乃翁。（陆游《示儿》）

（三）谦称和尊称

古人表示自我谦恭和对人尊敬，往往不用人称代词，而是用谦称代替第一人称，用尊称代替第二人称。谦称、尊称比较复杂，除“愚”以外，都是名词。下面分别介绍。

（1）谦称。谦称用于自称，主要有以下方式：

其一，自称“寡人、孤、不谷”。《老子·三十九章》：“贵以贱为本，高以下为基。是以侯、王自谓孤、寡、不谷。”可见，自称“孤、寡人、不谷”是在高位者表示自谦的方式，其中，“寡人”只有国君能用。例如：

①有能助寡人而退吴者，吾与之共知越国之政。(《国语·越语上》)

②孤不度德量力，欲信（伸）大义于天下。(《三国志·蜀书·诸葛亮传》)

③虽然，必告不谷。(《左传·成公三年》)

其二，自称“臣、仆、妾、愚、小人、走、下走、牛马走”等表卑贱的词语。例如：

④（沛公）至鸿门，谢曰：“臣与将军戮力而攻秦，将军战河北，臣战河南。”(《史记·项羽本纪》)

⑤仆非敢如此也。仆虽罢驽，亦尝侧闻长者之遗风也。(司马迁《报任安书》)

⑥妾不堪驱使，徒留无所施。(《玉台新咏·焦仲卿妻》)

⑦愚以为宫中之事，事无大小，悉以咨之。(诸葛亮《出师表》)

⑧小人有母，皆尝小人之食矣，未尝君之羹。(《左传·隐公元年》)

⑨走亦不任厕技于彼列。(班固《答宾戏》)

⑩下走将归延陵之皋。(《汉书·萧望之传》)

⑪太史公牛马走司马迁再拜言。(司马迁《报任安书》)

《字汇·走部》：“走，仆也。今人自谦曰走，犹言仆隶驰走之人。”“下走”，即在下面奔走效劳的人；“牛马走”，即像牛马一样供驱使的人。

此外，古人有名有字。“字”是成人的正式称号。《白虎通·姓名》：“名者幼小卑贱之称。”因此，自称其名是一种谦称，称人以字也是一种尊称。

(2) 尊称。尊称用于称呼对方。有以下几种方式：

其一，称人以官职身份。例如：

①大王常闻布衣之怒乎？(《战国策·魏策四》)

②卿言至此，甚合孤心。(《资治通鉴·赤壁之战》)

③公子若返晋国，则何以报不谷？(《左传·僖公二十四年》)

④将军身披坚执锐，伐无道，诛暴秦，功宜为王。(《史记·陈涉世家》)

其二，称人以德。即用表美德的词语称呼对方。常用的有“子、君、公、先生、夫子”等。例如：

⑤子以我为不信，吾为子先行。(《战国策·楚策四》)

⑥其妻曰：“君美甚，徐公何能及君也！”(《战国策·齐策一》)

⑦上谓袁盎曰：“吾不听公言，卒亡淮南王。”(《史记·淮南王列传》)

⑧夫子何哂由也？(《论语·先进》)

⑨十九人谓毛遂曰：“先生上！”(《史记·平原君列传》)

其三，曲指对方。即不直接称呼对方，而称对方相关的处所或身边侍者。常用的有“陛下、殿下、阁下、足下、左右、执事”等。蔡邕《独断》：“陛，阶也，所由升堂也。天子必有近臣立于阶侧，以戒不虞。谓之陛下者，群臣与天子言，不敢指斥天子，故呼在陛下者而告之，因卑达尊之意也。上书亦如此。及群臣庶士相与言殿下、阁下、足下、侍者、执事之属，皆此类也。”一般来说，“陛下”曲指皇帝，“殿下”曲指太子、诸王，“阁下”敬称大官，后泛用作敬称。

"足下"由君主阶前足下的侍从代指君主，后泛用作敬称。"左右"用尊者身边的人、"执事"用尊者手下做事的臣仆来敬称对方。例如：

⑩愿陛下讬臣以讨贼兴复之效。（诸葛亮《出师表》）
⑪愿少赐游观之间，望见足下而入之。（《战国策·秦策三》）
⑫殿下德冠宇内，以公室辅朝，最可直道行之。（王羲之《与会稽王笺》）
⑬征兵满万，不如召募数千，阁下以为何如？（韩愈《再与鄂州柳中丞书》）
⑭足下事皆成，有功。然足下卜之鬼乎？（《史记·陈涉世家》）
⑮是仆终已不得舒愤懑以晓左右。（司马迁《报任安书》）
⑯执事不以衅钟鼓，使归即戮，君之惠也。（《左传·成公三年》）

例⑪的"足下"，鲍彪注："不斥王，故指其足下之人，犹陛下也。"例⑮的"左右"为尊称任安本人。例⑯的"执事"为晋国知罃对楚共王的敬称。

（四）第三人称代词

指代第三者的代词叫第三人称代词。上古汉语中，没有专用的第三人称代词。"之、其、彼"可以起第三人称代词的作用，可以译成"他、他们"或者"他的、他们的"，但严格说来，它们都还是指示代词，并未完全具备第三人称代词的语法功能。相当于第三人称代词的"之"字在句中只作宾语，"其"字一般只作定语。例如：

①爱公叔段，欲立之。（《左传·隐公元年》）
②下视其辙，登轼而望之。（《左传·庄公十年》）
③今吾于人也，听其言而观其行。（《论语·公冶长》）

以上的"之"用作宾语，可译作"他"或"它们"；"其"可译作"他（它）的"。有时"其"容易被看作主语，其实仍是作定语。例如：

④吾见师之出而不见其入也。（《左传·襄公三十二年》）
⑤且夫水之积也不厚，则其负大舟也无力。（《庄子·逍遥游》）

例④的"其入"等于"师之入"，是名词性结构作"见"的宾语；例⑤的"其负大舟"等于"水之负大舟"，是名词性结构作主语。它们与前面的"师之"、"水之"相对应，正说明"其"相当于名词加"之"。在上古汉语中，也有极少"其"作主语的情况。例如：

⑥上明见，人备之；其不明见，人惑之。（《韩非子·外储说右上》）
⑦郑袖曰："其似恶闻君王之臭也。"（《战国策·楚策四》）

"之"、"其"也可用于指代说话者或者听话者一方，相当于第一人称或第二人称。例如：

⑧予所否者，天厌之！天厌之！（《论语·雍也》）
⑨君亟定变法之虑，殆无顾天下之议之也。（《商君书·更法》）

例⑧的"天厌之"即天厌弃我，"之"相当于第一人称；例⑨的"议之"即议论您，"之"相当于第二人称。

⑩日与其徒上高山、入森林、穷迴谿。（柳宗元《始得西山宴游记》）

⑪老臣以媪为长安君计短也，故以为其爱不若燕后。（《战国策·赵策四》）

例⑩的“其徒”即我的朋友，“其”相当于第一人称；例⑪的“其爱”即您的爱，“其”相当于第二人称。“之”、“其”可以用来指代三类人称，正好说明它们不是真正的第三人称代词，而是用法宽泛灵活的指示代词。

此外，还有一个“彼”也可兼作第三人称。例如：

⑫彼，丈夫也；我，丈夫也。吾何谓彼哉！（《孟子·滕文公上》）

⑬孙子曰：“今以君之下驷与彼上驷，取君上驷与彼中驷，取君中驷与彼下驷。”（《史记·孙子吴起列传》）

其实，以上例中的“彼”既可译作“他”，也可译作“那个人”。

（五）己称代词

称代自己的代词叫己称代词，它和旁称义的名词“人”相对。第一人称所指肯定是说话者，己称代词则不一定。常用的己称代词有“己”和“身”。“己”可译作“自己”。例如：

①己所不欲，勿施于人。（《论语·颜渊》）

②君子贵人而贱己，先人而后己。（《礼记·坊记》）

“身”是“自身、本人”的意思。例如：

③非其身之所种则不食，非其夫人所织则不衣。（《国语·越语上》）

④其身正，不令而行；其身不正，虽令不从。（《论语·子路》）

魏晋时期，“身”曾用作第一人称。例如：

⑤身是张翼德也，可来共决死！（《三国志·蜀书·张飞传》）

⑥身世荷晋德，实眷恋故里。（《宋书·徐广传》）

不过这里的“身”仍含有强调“本人”的意思。

（六）人称代词复数表示法

古代汉语的人称代词没有表复数的形尾（后缀），除了“予、余、朕、卬”等少数几个只表单数外，其余大多数是单复数同形的。“我”、“吾”既表示“我”，也表示“我们”；“尔”、“汝”既表示“你”，也表示“你们”；“之”既表示“他”，也表示“他们”。因此，究竟是单数、复数，只能根据上下文意来判断。有时，也有类似于表示复数的词“侪、属、辈、曹、等”置于第一人称、第二人称代词及部分谦称、尊称词之后，表示不止一个人。例如：

①吾侪偷食，朝不谋夕，何其长也？（《左传·昭公元年》）

②不者，若属皆且为所虏。（《史记·项羽本纪》）

③吾非固欲负汝，天生汝辈，固需吾辈食也。（马中锡《中山狼传》）

④尔曹身与名俱灭，不废江河万古流。（杜甫《戏为六绝句》）

⑤公等遇雨，皆以失期。（《史记·陈涉世家》）

这些词有强调“这帮人”、“这班人”、“这批人”、“这类人”的意思，同现代汉语表复数的形尾"们"是有区别的。表复数的形尾"们"直到中古以后才产生。

三、指示代词

指示代词是用来指称或区别人或事物的代词。古代汉语常用的指示代词有"是、此、兹、斯、彼、夫、之、其"等。

(一)近指代词

近指代词有"是、此、兹、斯"等，可用作主语、宾语、定语，相当于现代汉语的"这，这个、这些"等。例如：

①是鸟也，海运则将徙于南溟。(《庄子·逍遥游》)
②岂若吾乡邻旦旦有是哉!(柳宗元《捕蛇者说》)
③王之不王，是折枝之类也。(《孟子·梁惠王上》)
④彼一时也，此一时也。(《孟子·公孙丑上》)
⑤文王既没，文不在兹乎?(《论语·子罕》)
⑥逝者如斯夫，不舍昼夜!(《论语·子罕》)

这四个近指代词中，"此"与远指代词相对，指代性最强，一直沿用到现在。"兹"是比较古老的代词，战国以后便逐渐被"此"代替，从口语中消失。"斯"的指代性比较轻，由于，它常用在复句的后一分句句首承接上文，其指代性便进一步弱化，后虚化成为连词。如：

⑦我欲仁，斯仁至矣。(《论语·述而》)
⑧王无罪岁，斯天下之民至焉。(《孟子·梁惠王上》)

以上作为连词的"斯"，可以译成"这样，那么"，不过仍然保留着一定的指代意味。

"是"与"此"相比也是有区别的。《马氏文通》作了辨析："凡指前文事理，不必历陈目前，而为心中可意者，即以'是'字指之。凡指前文事物有形可迹，且为近而可指者，以'此'字指之。"就是说，"是"所指代的要虚一点，远一点，以事理为主；"此"所指代的要实一些，近一些，以事物为主。这种说法大致是不错的。"是"在判断句中常用于名词谓语前复指上文，后演变成为判断词，而"此"没有演变成判断词，这与"是"指代事理的语义特点是有关系的。

(二)远指代词

远指代词主要有"彼、夫"两个；此外还有一个"匪"字。例如：

①彼君子兮，不素餐兮。(《诗经·魏风·伐檀》)
②知彼知己者，百战不殆。(《孙子兵法·谋攻》)
③食夫稻，衣夫锦。(《论语·阳货》)
④左右曰："乃歌夫'长铗归来'者也。"(《战国策·齐策四》)

"彼"和"夫"的区别类似"此"和"斯"："彼"的指示性较强，"夫"的指示性较轻，且多用作定语，因此用在句首时，往往虚化成句首语气词，表示下面要发议论。例如：

⑤夫物之不齐，物之性也。(《孟子·滕文公上》)

⑥夫夷以近，则游者众；险以远，则至者少。（王安石《游褒禅山记》）

这种句首语气词“夫”实际上仍带有某种指示性质。因此，语气词“夫”和指示代词“夫”的界限有时并不十分清楚：看重它的指示作用就可以认为是远指代词；看重它的提起下文、表示要发议论的作用，就可以认为是句首语气词，不必过于深究。前面“斯”作代词还是连词的分辨，也有同样的特点。

“匪”在上古同“彼”读音相近，“匪”作远指代词，用法与“彼”也接近，主要出现在《诗经》中。例如：

⑦匪兕匪虎，率彼旷野。《诗经·小雅·何草不黄》

“率”是“行走”的意思。诗句意为：那些凶猛野兽兕和虎，行走在旷野中。

（三）泛指、特指代词

所谓泛指，是所指代的对象比较宽泛；所谓特指，是所指代的对象是特定的或适当的。“之”是泛指代词，“其”是特指代词。例如：

①之二虫又何知？（《庄子·逍遥游》）
②姜氏欲之，焉避害？（《左传·隐公元年》）
③博学之，审问之，慎思之，明辨之，笃行之。（《礼记·中庸》）

例①的“之”作定语，可释为“这”；例②的“之”作宾语，既可释为“这样（做）”，又可释为“那样（做）”；例③几个“之”作宾语则是广泛的称代，分别泛指“学”、“问”、“思”、“辨”、“行”所涉及的对象，比较空灵，很难用近指或者远指代词翻译出来。

“其”作为特指代词只用作定语。例如：

④子曰：“不在其位，不谋其政。”（《论语·泰伯》）
⑤今欲举大事，将非其人不可。（《史记·项羽本纪》）
⑥仆诚以著此书，藏之名山，传之其人。（司马迁《报任安书》）

例④的“其位”指那个特定的职位，“其政”指那些特定的政事；例⑤的“其人”指那个合适的人；例⑥的“其人”指代那个特定的、与作者志同道合的人。

（四）中指代词

“尔、若、然”作指示代词，略等于现代汉语的“这样”、“那样”、“如此”等。例如：

①君子哉若人！尚德哉若人！（《论语·宪问》）
②虽有槁暴，不复挺者，𫐓使之然也。（《荀子·劝学》）
③同是被逼迫，君尔妾亦然。（《玉台新咏·焦仲卿妻》）
④以若所为，求若所欲，犹缘木而求鱼也。（《孟子·梁惠王上》）
⑤问君何能尔？心远地自偏。（陶渊明《饮酒》）

这几个代词，翻译成“这样”或者“那样”都通，尤其是指代较为抽象的事物、事理时，更具有灵活性。它们究竟是远指还是近指，学界的说法不一。远和近本是相对的，既然这几个词释作远指近指皆通，不妨将它们划为中指代词。现代汉语有的方言中就有远指、近指、中指三分的。这几个词的特点还在于，它们都属于谓词性的指示代词，具有形容词或动词的性质，而其他的指示代词都是体词性的。

四、特殊代词

古代汉语中还有一些用法比较特殊的代词，其归属、称谓等问题历来分歧较多。这里列为专节予以介绍。

（一）无定代词“或”和“莫”、“无”

“无定代词”又称为“无定指代词”、“无指代词”、“虚指代词”等。这类代词的特点是不确指某个人或某件事，现代汉语没有同它们相当的代词。

（1）“或”。“或”是肯定性的无定代词，可指人和事物，相当于现代汉语的“有人”、“有时”、“有的”或“某人”，用作主语。例如：

①填然鼓之，兵刃既接弃甲曳兵而走，或百步而后止，或五十步而后止。（《孟子·梁惠王上》）

②今或闻无罪，二世杀之。（《史记·陈涉世家》）

③（扁鹊）为医，或在齐，或在赵。（《史记·扁鹊仓公列传》）

④今滩上有石，或圆如箪，或方似笥。（《水经注·江水》）

前两例的“或”指“有人”，例③指“有时”，例④指“有的”。需要注意的是，无定代词“或”不能用“或许”、“或者”理解，即不能看作副词或选择连词。

（2）“莫”和“无”。两词是同“或”相对应的表否定的无定代词，表示一种广泛的否定，相当于现代汉语的“没有谁”、“没有什么（东西、地方、事情）”等。例如：

①杀臣，城莫能守，乃可攻也。（《墨子·公输》）

②国人莫敢言，道路以目。（《国语·周语上》）

③相人多矣，无如季相。（《史记·高祖本纪》）

以上例中的“莫”、“无”都是表人的，可译作“没有谁”。

④溥天之下，莫非王土。（《诗经·小雅·北山》）

⑤吾矛之利，于物无不陷也。（《韩非子·难一》）

以上例中的“莫”、“无”表示事物，可译作“没有什么”。

（二）旁指代词“他”

表示某种范围以外的人或者事物，叫做“旁指代词”，又称为“他指代词”。旁指代词既可代人，也可以代事，相当于现代汉语的“其他的”、“别的”等。旁指代词“他”古书中也写作“佗”或“它”。例如：

①他人有心，予忖度之。（《诗经·小雅·小旻》）

②王顾左右而言他。（《孟子·梁惠王下》）

③它山之石，可以攻玉。（《诗经·小雅·鹤鸣》）

④愿王专事秦，无有佗计。（《战国策·宋魏策》）

“他”在上古汉语中只能用作旁指代词，直到魏晋时期，才由泛指不确定的人或物转到专指某几个其他的人，即“别人”，进而回指前面已经提到的某一确定的第三者，成为第三人称代词。例如：

⑤雄鸽见已，方生悔恨；彼实不食，我妄杀他！（《百喻经·鸽喻》）

例中的“他”指上文提到的被雄鸽杀死的雌鸽。再如：

⑥甲啮下乙鼻。官吏欲断之，甲称乙自啮落。吏曰：“夫人鼻高而口低，岂能就啮之乎?”甲曰：“他踏床子就啮之。”（《古小说钩沉·笑林》）

例中的“他”无疑是指文中被咬下鼻子的“乙”，是甲对着官吏指称在场的第三者。

“他”用作第三人称代词，在魏晋时期还比较少见，直到唐代，才在口语中广泛地应用起来。

（三）兼用代词“焉”、“诸”

这两个词的特殊点在于，它们用于句中，一身同时兼有两词的作用：“焉”相当于“于此（之）”的合义，“诸”相当于“之于（乎）”的合音合义。把它们归到代词里，是因为它们兼用时，主要的作用在指代方面。

（1）焉。“焉”字常用在句末作补语，指代处所或人、事。例如：

①三人行，必有我师焉。（《论语·述而》）
②积土成山，风雨兴焉；积水成渊，蛟龙生焉。（《荀子·劝学》）
③陈相见许行而大悦，尽弃其学而学焉。（《孟子·滕文公上》）
④昔者，吾舅死于虎，吾夫又死焉，今吾子又死焉。（《礼记·檀弓下》）

例①“有我师焉”即“有我师于此”；例②“风雨兴焉”即“风雨兴于此”，风雨在这里兴起，“蛟龙生焉”即“蛟龙生于此”，蛟龙在这里生息；例③“学焉”即“学于之”，向他（许行）学习；例④“死焉”即“死于之”，死在这老虎口里。需要提及的是，“焉”用在句尾煞句，也带有一点表语气的作用。正因为如此，“焉”的指代作用消失后，就成为一个纯粹的语气词，常带有夸张强调的意味。例如：

⑤然郑亡，子亦有不利焉。（《左传·僖公三十年》）
⑥夫子言之，于我心有戚戚焉。（《孟子·梁惠王上》）
⑦南方有鸟焉，名曰蒙鸠。（《荀子·劝学》）

因此，对于“焉”用作兼词还是语气词，需要结合上下文认真辨析。

（2）诸。“诸”是“之于”、“之乎”的合音合义词，分为句中和句末两种用法。例如：

①子曰：“君子求诸己，小人求诸人”。（《论语·卫灵公》）
②有诸内，必形诸外。（《孟子·告子下》）
③投诸渤海之尾，隐土之北。（《列子·汤问》）

以上是句中的“诸”，相当于“之于”。例①“求诸己”即“求之于自己”，从自己身上寻找原因，“求诸人”即“求之于人”，从别人身上寻找原因；例②“有诸内”即“有之于内”，在内心里有什么，“形诸外”即“形之于外”，在外表上表现出什么；例③“投诸渤海之尾”即“投之于渤海之尾”，把那些土石运放到渤海边上。

④虽有粟，吾得而食诸？（《论语·颜渊》）
⑤齐宣王问曰：“文王之囿方七十里。有诸？”（《孟子·梁惠王上》）

以上是句末的“诸”，用在疑问句中，相当于“之乎”。“食诸”即“食之乎”，吃到它们（粟）吗？“有诸”即“有之乎”，有这件事吗？

（四）辅助代词“者”、“所”

“者”和“所”都有一定的称代作用，它们必须附在别的词语后面或前面，构成“者字结构”或“所字结构”，才能充当句子成分，表示一定的意义。因此，把它们称为辅助性的代词，简称辅助代词。“者字结构”和“所字结构”都是名词性的。

（1）者。“者”字用作辅助代词，主要有两种作用：

其一，用在谓词性词语后面，构成“者字结构”，使整个结构具有名词的性质，表示“……的人”、“……的事物”“……的情况”等。例如：

①往者不可谏，来者犹可追。（《论语·微子》）
②愚者笑之，智者哀焉。（《商君书·更法》）
③无恒产而有恒心者，惟士为能。（《孟子·梁惠王上》）
④先破秦入咸阳者王之。（《史记·项羽本纪》）

其二，用在数词、时间词后面，表示一定的范围或种类，可以灵活译出。例如：

⑤此五者，邦之蠹也（《韩非子·五蠹》）
⑥五十者可以衣帛矣。（《孟子·梁惠王上》）
⑦春耕、夏耘、秋收、冬藏，四者不失时，故五谷不绝而百姓有余食也。（《荀子·王制》）

以上是“者”直接用在数词后面。有时，数词后有中心词把“者”隔开。例如：

⑧三子者出，曾皙后。（《论语·先进》）
⑨此四君者，皆以客之功。（李斯《谏逐客书》）

这里的“者”失去了指代作用，成为助词，表示停顿。

⑩古者丈夫不耕，草木之实足食也。（《韩非子·五蠹》）
⑪今者项庄拔剑舞，其意常在沛公也。（《史记·项羽本纪》）
⑫曩者辱赐书，教以慎于接物、推贤进士为务。（司马迁《报任安书》）

以上是“者”用在时间名词后面，相当于“……的时候”。

此外，“者”用在判断句的主语后面，有的语法书看作是语气词。这里的“者”虽然有表提顿语气的作用，但仍有指代作用，用来复指主语。因此，不妨把它归到辅助代词中。

（2）“所”。“所”作为辅助代词，用法比较复杂。“所”字放在及物动词或动词性词语前面，组成一个“所”字结构，这个结构是名词性的，表示动作行为的对象。主要有几种类型：

其一，所＋动。这种结构是，“所”字直接置于动词性词语前，动词后无中心词。例如：

①君子于其所不知，盖阙如也。（《论语·子路》）
②庸主赏所爱而罚所恶。（《史记·范雎蔡泽列传》）
③女亦无所思，女亦无所忆。（《木兰辞》）

“所不知”即“不知道的东西”；“所爱”、“所恶”即“喜欢的人”、“厌恶的人”；“无所思”即“没有思什么”，“无所忆”即“没有想念什么”。

其二，所＋动＋者。这是由辅助代词“所”与“者”结合起来构成的格式。需要注意的是，“所字结构”同“者字结构”所表达的语义内容是不同的。试比较：

④始臣之解牛之时，所见无非全牛者。（《庄子·养生主》）
⑤见者惊犹鬼神。（《庄子·达生》）

“所见”是庖丁“看见的东西”，是动作行为的受事；“见者”是“见到东西的人”，是动作行为的施事。一般来说，“所”是表动作行为的受事、被动者，“者”是表动作行为的施事、主动者。这就是“所”和“者”的区别。但是，当“所”同“者”结合起来运用时，情况就不同了。例如：

⑥臣之所好者，道也。（《庄子·养生主》）
⑦孟尝君曰：“视吾家所寡有者。”（《战国策·齐策四》）
⑧所爱者，挠法活之；所憎者，曲法诛灭之。（《史记·酷吏列传》）

这种格式，表达的意思与“所”字结构是一致的。“所好者”即“爱好的东西”；“寡有者”即“缺少的东西”；“所爱者”即喜欢的人，“所憎者”即憎恶的人。这里的“者”字不需译出；而加上了“者”字，使得整个结构的名词性更加明显。

其三，所＋动＋（之）＋名。由于“所”字虽然是指代动作行为的对象，即受事，但它不能表示具体是什么人或事物，因此，就在“所”字结构后面再加上一个名词，明确指出“所”指代的具体内容。这样，“所”字结构就成为后面名词的定语。在动词与中心词之间，有时加“之”字，也可不加。例如：

⑨仲子所居之室，伯夷之所筑与？抑亦盗跖之所筑与？所食之粟，伯夷之所树与？抑亦盗跖之所树与？（《孟子·滕文公上》）
⑩范增数目项王，举所佩玉玦示之者三。（《史记·项羽本纪》）
⑪光不敢以图国事，所善荆卿可使也。（《史记·刺客列传》）
⑫视驼所种树，或移徙，无不活。（柳宗元《种树郭橐驼传》）

以上“所居之室”即“居住的屋室”，“所食之粟”即“食用的粮食”；“所佩玉玦”即“佩戴的玉玦”；“所善荆卿”即“关系友好的荆卿（轲）”；“所种树”即“栽种的树木”。

其四，所＋介＋动。这是“所”字与介词“以、为、与、从、自、由”等连用，修饰动词，构成名词性结构，用以指代与动作行为有关的原因、处所、工具、方法、对象等。

⑬所为见将军者，欲以助赵也。（《战国策·赵策三》）

⑭其妻问所与饮食者，则尽富贵也。（《孟子·离娄下》）

⑮见渔人，乃大惊，问所从来，具答之。（陶渊明《桃花源记》）

⑯观屈原所自沈渊，未尝不垂涕，想见其为人。（《史记·屈原贾生列传》）

⑰必知乱之所由起，焉能治之。（《墨子·兼爱上》）

以上“所为”表示原因，“所为见将军者”即“拜见将军的目的”；“所与”表示对象，“所与饮食者”即“同他一起吃喝的人”；“所从”表示处所，“所从来”即“来的地方”，来自何处；“所自”表示处所，“所自沈渊”即“沉入深渊的地方”；“所由”表示原因，“所由起”即“产生的原因”。“所以”在古书中用得较多，用法也比较复杂，下面单独说明。

⑱彼兵者，所以禁暴除害也。（《荀子·议兵》）

⑲吾知所以距子矣，吾不言。（《墨子·公输》）

前一“所以”表示凭借的工具，“所以禁暴除害”即“用来禁暴除害的工具”；后一“所以”表示方法，“所以距子”即“用来对付您的办法”。

⑳强秦之所以不敢加兵于赵者，徒以吾两人在也。（《史记·廉颇蔺相如列传》）

㉑此五帝三王所以无敌也。（李斯《谏逐客书》）

这两例的“所以”都表示原因，前例用在前一分句，后例用在后一分句。“所以不敢加兵于赵”即“不敢加兵于赵的原因”；“所以无敌”即“没有敌手的原因”。这种解释原因的“所以”，后来就演变成表结果的连词。这种变化大约始于汉代，魏晋以后才渐渐多起来。

五、疑问代词

疑问代词是用来提出问题或表示疑问的代词。顾名思义，疑问代词既表疑问，又表指代，而询问的功能是主要的。古代汉语的疑问代词同现代汉语一样，大致可分为指人、指事物、指处所三类，有的疑问代词可以兼属几类。疑问代词作宾语，一般要前置。

（一）指人的疑问代词

指人的疑问代词有“谁”和“孰”。“谁”作疑问代词，其作用和现代汉语相同，这里从略。“孰”主要指人，与“谁”之义大致相同；一般只作主语和宾语，多用在选择问句中。例如：

①吾与徐公孰美？（《战国策·齐策一》）

②百姓足，君孰与不足？百姓不足，君孰与足？（《论语·颜渊》）

以上均为非选择问。例②的“孰”作介词“与”的前置宾语。“孰”有时也可指物。如：

③独乐乐，与人乐乐，孰乐？（《孟子·梁惠王下》）

④天下之害孰为大？（《墨子·兼爱》）

⑤客有为齐王画者，齐王问曰："画孰最难者？"（《韩非子·外储说左上》）

"孰"还和"与"连用，构成凝固结构。例如：

⑥我孰与城北徐公美？（《战国策·齐策一》）
⑦公之视廉将军孰与秦王？（《史记·廉颇蔺相如列传》）

这种"孰与"句，用来比较人物的高下或事情的得失。相当于"与……相比怎么样"的意思。

⑧从天而颂之，孰与制天命而用之？（《荀子·天论》）
⑨惟坐而待亡，孰与伐之？（诸葛亮《后出师表》）

以上的"孰与"句，表示两种情况相比，前者不如后者，相当于"怎么（哪里）比得上……"的意思。

（二）指事物的疑问代词

指事物的疑问代词主要是"何、胡、曷、奚"。其中，"何"是最常见、使用范围最广的疑问代词，这里从略。"胡、曷、奚"在语音上同"何"很接近，使用范围要比"何"窄一些，一般用作状语，表示"为什么"、"怎么"。例如：

①胡不见我于王？（《墨子·公输》）
②曷为久居此围城之中而不去也？（《战国策·赵策三》）
③子奚不为政？（《论语·为政》）

"曷"作状语，还可以表示时间，相当于"什么时候"。例如：

④时日曷丧，予及汝偕亡。（《尚书·汤誓》）
⑤君子于役，不知其期，曷至哉？（《诗经·王风·君子于役》）

（三）指处所的疑问代词

指处所的疑问代词主要是"安、恶、焉"，它们的用法相近，一般用在反问句中，作宾语和状语，相当于现代汉语的"哪里"。例如：

①沛公安在？（《史记·项羽本纪》）
②行贤而去自贤之心，恶往而不美？（《韩非子·说林上》）
③天下之父归之，其子焉往？（《孟子·离娄上》）
④子非鱼，安知鱼之乐？（《庄子·秋水》）
⑤先生饮一斗而醉，恶能饮一石哉？（《史记·滑稽列传》）
⑥姜氏欲之，焉辟害？（《左传·隐公元年》）

前三例的疑问代词都用作宾语，置于动词之前；后三例的疑问代词都用作状语。

第七节 虚词

古汉语的词类也可分为实词、虚词两大类。实词具有词汇意义，可以单独充当句子成分；虚词则只有语法意义，表示各种语法关系，不能单独充当句子成分。对古汉语虚词的划分说法不一，这里不作讨论。我们将虚词划分为介词、连词、助词、语气词几类。

由于汉语缺乏严格意义的形态变化，因而虚词在表现语法范畴的系统中显得十分重要。古人重视虚词的说解，正是由汉语的特点所决定的。清人刘淇在其虚字著作《助字辨略》中说："虚字一乖，判于燕越……一字之失，一句为之蹉跎；一句之误，通篇为之梗塞。"这话对虚词的作用有些夸张，但强调虚词对正确理解文章内容的重要性则是应当肯定的。

古汉语中虚词数量庞大，使用频率较高；且用法复杂，灵活多变；一字兼多类、一词有多用的现象比较普遍；加之不少虚词的用法古今有别，等等，都给学习、理解虚词带来了困难。因此，前人有"实字易训，虚词难释"的感叹。学习掌握古汉语虚词，主要靠多读文献、培养语感、勤查工具书等途径来解决。同时，也要根据虚词的特点，结合句法分析和文章内容，揭示其规律，做到举一反三、以简驭繁。这里分类重点介绍一些常见的虚词。

一、介词

（一）介词概述

介词的"介"是"介绍"的意思。介词一般不能单独使用，而是经常同名词、代词或名词性词组结合成介词结构，介绍动作行为的时间、处所、目的、原因、方式、对象等，在句中充当谓语的状语或补语。例如：

①及庄公即位，为之请制。（《左传·隐公元年》）

②子在齐闻韶，三月不知肉味。（《论语·述而》）

③以子之矛攻子之盾，何如？（《韩非子·外储说左上》）

④始皇二十六年，蒙恬因家世得为秦将。（《史记·蒙恬列传》）

⑤然后知生于忧患，而死于安乐也。（《孟子·告子下》）

例①的介词"及"介绍行为的时间，"为"介绍行为的对象；例②的介词"在"介绍行为的处所；例③的介词"以"介绍工具；例④的介词"因"和例⑤的介词"于"介绍原因。

总体来说，介词所表示的语法意义在古今汉语中是基本相同的。但是，古代汉语的介词结构同现代汉语相比，则存在一些不同之处。

首先，介词宾语有时省略。现代汉语的介词宾语是不能省略的，而古代汉语介词结构充当状语时，其宾语有时可以省略。例如：

⑥项羽大怒，曰："旦日飨士卒，为（ ）击破沛公军！"（《史记·项羽本纪》）

⑦客从外来，与（ ）坐谈。（《战国策·齐策一》）

⑧衣食所安，弗敢专也，必以（ ）分人。（《左传·庄公十年》）

⑨寿毕，请以剑舞，因（ ）击沛公于坐，杀之。（《史记·项羽本纪》）

例⑥的介词"为"省略宾语"我"；例⑦介词"与"省略宾语"之（邹忌）"；例⑧介词"以"省略宾语"之（衣食）"；例⑨介词"因"即"趁"省略宾语"机会"。

其次，现代汉语的介词结构除表处所的以外，一般只作状语；而古代汉语的介词结构大都既可作状语，又可作补语。因此，用作补语的介词结构在理解时大多应改作状语。例如：

⑩五亩之宅，树之以桑，七十者可以衣帛矣。（《孟子·梁惠王上》）
⑪赵太后新用事，秦急攻之。赵氏求救于齐。（《战国策·齐策四》）
⑫彭宠倾乱，起自朱浮。（《后汉书·孔融传》）

这些介词结构用作补语，理解时都应调整到状语的位置上。例⑩“树之以桑”应按“以桑树之”理解；例⑪“求救于齐”即“向齐国求救”；例⑫“起自朱浮”即“由于朱浮而起”。

第三，现代汉语中，介词的宾语总是放在介词的后面，而古代汉语的介词宾语有时可以前置。例如：

⑬君若以力，楚国方城以为城，汉水以为池，虽众，无所用之。（《左传·僖公四年》）
⑭将子无怒，秋以为期。（《诗经·卫风·氓》）
⑮微斯人，吾谁与归？（范仲淹《岳阳楼记》）

例⑬“方城以为城”即“以方城为城”，用方城山作为城墙；“汉水以为池”即“以汉水为池”，把汉水作为护城河。例⑭“秋以为期”即“以秋为期”。例⑮疑问代词“谁”作宾语要前置，这同宾语前置的规则是一致的，“谁与归”即“与谁归”，同谁在一起。

（二）常用介词

常用介词有“于（於、乎）、以、为、与、因、由、自、从、及、至、逮、比、坐、方、当”等，这里重点介绍几个。

（1）于（於、乎）

在文言文里，“于”是最纯粹的介词。“于”和“於”上古时期并不同音，只是音近。“于”字在匣母鱼部，“於”字在影母鱼部。但作为介词，主要是书写形式上的差别。甲骨文只用“于”不用“於”；先秦古籍大多“于”、“於”并用；战国以后，大多写作“於”。介词“于（於）”的使用范围最广泛，几乎包括了介词的所有用法。其用法可以概括为五种：

第一种，引进动作行为的处所、时间。可以译为“从、在、到”等。例如：

①千里之行，始于足下。（《老子·六十四章》）
②公与之乘，战于长勺。（《左传·庄公十年》）
③遂寘姜氏于城颍。（《左传·隐公元年》）

以上的“于”都是引进处所的，但要分别译成“从、在、到”。似乎“于”字在表示动作行为的处所时含义丰富，要分成三种情况，实际并非如此。同样，翻译时，前两例介词结构要提前，为“从脚下开始”，“在长勺交战”；而后一例则可译为“于是把姜氏流放到城颍”，介词结构无需提前。这都是根据现代汉语的搭配习惯进行翻译的结果，说明古代汉语的“于”所表达的语法意义并不十分严密。

④子于是日哭，则不歌。（《论语·述而》）

⑤是仁义用于古而不用于今也。（《韩非子·五蠹》）

以上的“于”是引进行为发生的时间范围。可译作“在”。

引进行为发生的处所时，有时也可以不用介词“于”，而是直接把处所名词放在动词或动宾词组后作补语。例如：

⑥吾闻秦军围赵王巨鹿。（《史记·项羽本纪》）
⑦林尽水源，便得一山。（陶渊明《桃花源记》）
⑧令女居其上，浮之河中。（《史记·滑稽列传》）

例中“围赵王”、“尽”、“浮之”后没有介词“于”字。我们不能认为省略了“于”字，而应该承认古代汉语里存在两种补语格式：一种是介词结构作补语；一种是名词性词语直接作补语。例⑥的“巨鹿”，有时易与宾语相混；例⑧的“之”字，可能会误解成介词，相当于“于”。这正是由于句中多用介词结构作补语造成的。其他几类里也有不用“于”字的情况。

第二种，引进动作行为涉及的对象、范围，可以译作“向、跟、对（对于）、给、在……方面”等。例如：

⑨颍考叔为颍谷封人，闻之，有献于公。（《左传·隐公元年》）
⑩赏必加于有功，而刑必断于有罪。（《史记·范雎蔡泽列传》）
⑪始吾于人也，听其言而信其行；今吾于人也，听其言而观其行。（《论语·公冶长》）
⑫其达士，絜其居，美其服，饱其食，而摩厉之于义。（《国语·越语上》）

对以上介词“于”，也需根据上下文意及现代汉语的习惯灵活翻译，不必拘泥。

第三种，引进比较的对象，可译作“比、同……比”等。例如：

⑬王知如此，则无望民之多于邻国也。（《孟子·梁惠王上》）
⑭防民之口，甚于防川。（《国语·周语上》）
⑮孰知赋敛之毒有甚（　）是蛇乎？（柳宗元《捕蛇者说》）

引进比较对象的介词结构，一般用在形容词谓语后面作补语；译成现代汉语时，要提到谓语前面。例⑮“甚”后的介词“于”没有出现，“甚是蛇”应理解为“比这毒蛇更厉害”。

第四种，引进结果的原因，可译作“因为、由于”。例如：

⑯贫生于不足，不足生于不农。（晁错《论贵粟疏》）
⑰让生于有余，争起于不足。（《论衡·治期》）
⑱业精于勤而荒于嬉，行成于思而毁于随。（韩愈《进学解》）

第五种，引进行为的主动者。这种情况见于被动句。参看“被动句”部分。

“乎”字在上古语音同“于”相近，用作介词，基本上同“于”的用法相同，只是其组成的介词结构只能用作补语。例如：

⑲千乘之国，摄乎大国之间。（《论语·先进》）
⑳臣之所好者道也，进乎技矣。（《庄子·养生主》）

（2）以

“以”本来是动词，意思是“用”，后虚化成介词。动词“以”和介词“以”的主要区别是：“以”字结构独立作谓语时，“以”是动词；“以”字结构作状语或补语时，“以”是介词。“以”作动词之例如：

①桓公九合诸侯，不以兵车，管仲之力也。（《论语·宪问》）

②忠不必用兮，贤不必以。（《楚辞·九章·涉江》）

“以”作为介词，其用法比较复杂，常见有以下几种：

第一种，引进动作行为凭借的工具、手段、条件、方式等，可译为“用、拿、凭借、根据”。例如：

③方今之时，臣以神遇而不以目视。（《庄子·养生主》）

④儒以文乱法，侠以武犯禁。（《韩非子·五蠹》）

⑤余听断狱虽不能察，必以情断之。（《国语·鲁语》）

第二种，引进动作行为凭借的资格、身份等，可译为“以（凭）……身份”。例如：

⑥齐使者如梁，孙膑以刑徒阴见。（《史记·孙子吴起列传》）

⑦匈奴大入萧关，而广以良家子从军击胡。（《史记·李将军列传》）

“以刑徒”即“凭借刑徒的身份”；“以良家子”即“凭借良家子的身份”。

第三种，引进动作行为发生的原因，可译为“由于，因为”。例如：

⑧君子不以言举人，不以人废言。（《论语·卫灵公》）

⑨扶苏以数谏故，上使外将兵。（《史记·陈涉世家》）

⑩不以物喜，不以己悲。（范仲淹《岳阳楼记》）

第四种，引进动作行为涉及的对象，可译为“拿、把”等。例如：

⑪天子不以天下与人。（《孟子·万章上》）

⑫臣窃矫君命，以责（债）赐诸民。（《战国策·齐策四》）

⑬秦亦不以城予赵，赵亦终不予秦璧。（《史记·廉颇蔺相如列传》）

第五种，引进动作行为发生的时间、地点，可译为“在、从”等。例如：

⑭武留匈奴凡十几岁，始以彊壮出，及还，须发尽白。（《汉书·苏武传》）

⑮子厚以元和十四年十一月八日卒。（韩愈《柳子厚墓志铭》）

⑯今以长沙豫章往，水道多，绝难行。（《汉书·西南夷传》）

例⑭⑮的“以”引进时间，相当于“在”；例⑯的“以”引进地点，相当于“从”。

以上“以”作介词的几种用法关系比较密切。第一种是基本的用法，后几种都从第一种用法即表“凭借”的意义引申出来。各种用法之间，有时界限不很明显。例如：

⑰而吾以捕蛇独存。（柳宗元《捕蛇者说》）

例中的“以”，既可以理解为“独存”凭借的手段；又可理解为“独存”的原因。这种理解上的分歧，一般不会影响对文章基本意思的了解，不必过分深究。

“以”有时也可以用作连词，略等于连词“而”。连词“以”是由介词“以”进一步虚化而成的。例如：

⑱齐因乘胜尽破其军，虏魏太子申以归。（《史记·孙子吴起列传》）

⑲夫夷以近，则游者众；险以远，则至者少。（王安石《游褒禅山记》）

例⑱的“以”连接时间上有先后的两种动作行为；例⑲的两个“以”分别连接两个形容词，表示两种性质的联系。这些“以”字都是连词。

（3）为

介词“为”是由泛义动词“为”虚化来的。“为”组成的介词结构一般放在谓语前作状语。介词“为”的用法主要有以下几种：

第一种，引进动作行为的对象。可译为“替、给、为”及“对、向、跟”等。例如：

①公输般为楚造云梯之械。（《墨子·公输》）

②君为我呼入，吾得兄事之。（《史记·项羽本纪》）

③媪之送燕后也，持其踵为之泣，念悲其远也。（《战国策·赵策四》）

④此中人语曰：“不足为外人道也”。（陶渊明《桃花源记》）

以上之例可分为两类。前两例的“为”引进动作行为受益的对象，是“替、给”的意思；后两例引进动作行为旁及的对象，是“对、向”的意思。

第二种，引进动作行为的原因、目的。可译为“因为、为了”。例如：

⑤天行有常，不为尧存，不为桀亡。（《荀子·天论》）

⑥齐侯为楚伐郑之故，请会于诸侯。（《左传·庄公三十二年》）

⑦天下熙熙，皆为利来；天下攘攘，皆为利往。（《史记·货殖列传》）

例⑤⑥的“为”引进原因，是“因为”的意思；例⑦的“为”引进目的，是“为了”的意思。

第三种，引进动作行为的主动者。这是介词“为”的重要用法，参前面“被动表示法”。

二、连词

连词是在词、词组、句子之间起连接作用，表示它们之间各种关系的虚词。古代汉语的连词很多，表示的语法意义很复杂，表示的语法关系也是多种多样的。有的连词还兼属介词、连词两类。

连词表示的语法关系有并列、承接、递进、转折、选择、让步、因果、假设等，这些语法关系构成了连词的不同类别。需要指出的是，不少连词所承担的语法功能并不是它本身具有的，而主要是上下文的语义关系派生出来的。连词的主要作用是连接前后两项，配合上下文表示各种语法关系。因此，必须把握上下文意，才能准确合理地解释好古代汉语的连词。这里重点介绍几个常用的连词。

(一) 而

“而”是古代汉语中最常见、用法最灵活的连词。从句中结构的位置看，“而”主要用在联合结构、偏正结构、主谓结构中；从“而”连接的两个部分的意义关系看，情况很复杂，概括起来，可以分为顺接和逆接两大类。所谓顺接和逆接，是从具体的上下文意来考虑的，并不是说“而”字本身有这两种性质。例如：

宋华父督见孔父之妻于路，目逆而送之，曰：“美而艳。”（《左传·桓公元年》）

太子痤美而很。（《左传·襄公二十六年》）

“美而艳”和“美而很”语法结构完全相同，而从语义关系看，却有顺接逆接之分：前者为顺接，“美而艳”是“既美又艳”的意思；后者为逆接，“美而很”是说太子痤“虽然漂亮但很执拗”。再如：

生而知之者，上也；学而知之者，次也；困而学之，又其次也；困而不学，民斯为下矣。（《论语·季氏》）

这四个“而”所连接的结构基本相同，根据其前后的语义关系看，前三个“而”应为表顺接，后一个“而”则表逆接。在顺接句中，又有语义上的差异：“生而知之”的“而”可译为“就”；“学而知之”的“而”可译为“才”；“困而学之”的“而”也可译为“才”。逆接句“困而不学”的“而”要译成“却，还”。虽然这些“而”字有多种译法，但它们在性质上并无区别，都是表示两种行为之间的联系。这也说明，正确理解连词“而”的关键，在于弄清其连接成分之间的语义关系。此外，有的连词“而”在现代汉语中没有相应的词语对译，也是需要注意的。下面介绍连词“而”的常见用法。

（1）表示并列关系

“而”所连接的前后两项的关系是并列对等的，没有先后主次之分，一般是谓词性的词语。可译为“又、又……又……、且、和”等，例如：

①强本而节用，则天不能贫。（《荀子·天论》）

②此四君者，皆明知而忠信，宽厚而爱人。（贾谊《过秦论》）

“而”有时也连接名词性的词语。例如：

③永州之野产异蛇，黑质而白章。（柳宗元《捕蛇者说》）

④蟹六跪而二螯。（《荀子·劝学》）

例③的“而”连接两个名词性结构，例④的“而”连接两个数名结构；由于它们在句中充当了谓语，带有描写的性质，具有了形容词的特点，因此可以用“而”字连接。一般名词性词语是不能用“而”字连接的。

（2）表示承接关系

“而”连接的前后两项在时间上先后承接、或事理上密切相关。例如：

①入而徐趋，至而自谢。（《战国策·赵策四》）

②尉剑挺，广起，夺而杀尉。（《史记·陈涉世家》）

以上的“而”表先后相承关系，可译为“就、便、然后”等。

③止之路宿，杀鸡为黍而食之。（《论语·微子》）

④是故质的张而弓矢至焉，林木茂而斧斤至焉，树成荫而众鸟息焉。（《荀子·劝学》）

以上的“而”表事理上的关系，可译为“来、并且、因而、就”等，也可不译。

（3）表示修饰关系

“而”用在偏正结构中，连接状语和谓语，现代汉语中没有同它相当的虚词。例如：

①若阙地及泉，隧而相见，其谁曰不然？（《左传·隐公元年》）

②吾尝终日而思矣，不如须臾之所学也。（《荀子·劝学》）

③长驱到齐，晨而求见。（《战国策·齐策四》）

④于是大风从西北而起，折木发屋，扬沙石。（《史记·项羽本纪》）

以上例中的“而”，可译成“就”或“地”字，或者保留“而”字，或不译。

（4）表示转折关系

“而”连接的前后两项语义上相反或不相协调，可译作“却、可是、但是”等。例如：

①危而不持，颠而不扶，则将焉用彼相矣？（《论语·季氏》）

②位尊而无功，奉厚而无劳，而挟重器多也。（《战国策·赵策四》）

③此数宝者，秦不生一焉，而陛下说之，何也？（李斯《谏逐客书》）

④先生独未见夫仆乎？十人而从一人者，宁力不胜、智不若耶？畏之也。（《战国策·赵策三》）

以上可以分成三类：例①②的“而”连接的是词或词组；例③的“而”连接的是分句；例④的“而”连接主语和谓语，含有似乎不应该有的事却出现了的意味。

（5）表示假设关系

“而”连接的前项表示假设，后项表示推论，一般用在主语和谓语之间。可译作“假若、如果”等。例如：

①人而无信，不知其可也。（《论语·为政》）

②子产而死，谁其嗣之？（《左传·襄公三十年》）

③秦以城求璧而赵不许，曲在赵。（《史记·廉颇蔺相如列传》）

以上例①②表假设的“而”用在主谓结构之间；例③的“而”用在并列结构之间。

表假设关系的“而”和表示转折关系的“而”都用在主谓之间，有突出“而”字后的谓语的作用。两类“而”字翻译出来不同，其实是紧密相关的。因为在表假设关系的句子中，大都含有转折的意味。在说话者看来，“而”后面的谓语是不希望、不应该或不容易出现的，只是由于带“而”的主谓结构出现在假设复句的前一分句中，于是“而”就有假设的意味了。再看下面的例子：

相鼠有皮，人而无仪。人而无仪，不死何为？（《诗经·鄘风·相鼠》）

两句“人而无仪”中的“而”本无二致，都表转折关系，只因后者出现在假设复句的前一分句中，“而”就侧重于表示假设了。这再次说明，理解连词“而”字，一定要注意其前后项之间的语义关系。

（二）
则 然则

则 连词“则”主要是连接句子，偶尔也连接词或词组；一般连接的是谓词性成分。常见的用法有以下几种：

（1）表示顺承关系

主要表示前后两项在时间上有先后相承，或在事理上有因果、条件、假设等关系。可译为“便、就、那么、假如”等。例如：

①可以一战。战则请从。（《左传·庄公十年》）

②人情一日不食则饥，终岁不制衣则寒。（晁错《论贵粟疏》）

③谨守成皋，则汉欲战，慎勿与战。（《史记·项羽本纪》）

以上例①的“则”表两事在时间上相承；例②的“则”表前后两项的因果条件联系。实际上，时间上相承也同时存在着条件上的联系，难以截然分开。例③的“则”用在假设复句的分句之间；当然，假设与条件关系也是有内在的联系的。

（2）表示转折关系

表示转折关系的“则”可以分为两种情况，一种是“则”连接的后项发生在前项之前，且是前项主语未曾料到的。例如：

①使子路反见之，至则行矣。（《论语·微子》）

②其子趋而往视之，苗则槁矣。（《孟子·公孙丑上》）

后项的“行矣”、“槁矣”都是原来没有估计到的情况。“则”字连接的前后事情之间，是一种转折关系。可以译成“却、原来已经”等。

“则”字表转折关系的另一种用法是，“则”连接的后项内容与前项内容相反。例如：

③欲速则不达，见小利则大事不成。（《论语·子路》）

④求牛则名马，求马则名牛，所求必不得矣。（《吕氏春秋·审分》）

这些“则”字可译为“反而、却”等。

（3）表示让步关系

“则”用在让步复句的前一分句中，可译为“倒是，固然”。例如：

①善则善矣，未可以战也。（《国语·吴语》）

②匠石曰：“臣则尝能斲之，虽然，臣之质死久矣。（《庄子·徐无鬼》）

例②的“则”与“虽然（虽然如此）”搭配，更显示出其表示让步的意味。

（4）表示对比关系

“则”用在平行的分句里，表示对各种情况的列举和对比。又可分为两种情况：一种是单表分句间的列举，例如：

①入则无法家拂士，出则无敌国外患者，国恒亡。（《孟子·告子下》）

②居则忽忽若有所亡，出则不知其所往。（司马迁《报任安书》）

这种列举，除了对比外，还含有对某类情况总括的意思。“则”在句中起着帮助列举的作用，一般不必译出。

另一种情况是，“则”所在的分句内有各种语义关系，分句合起来表示对比。例如：

③穷则独善其身，达则兼善天下。（《孟子·尽心上》）

④应之以治则吉，应之以乱则凶。（《荀子·天论》）

⑤令则行，禁则止。（《韩非子·难势》）

对这种有双重作用的“则”字，翻译时主要根据其在分句内的语义关系处理。

然则 “然则”是代词“然”和连词“则”组合而成的比较固定的结构，可以表示多种意义和用法。

（1）代词“然”与连词“则”组合，相当于“既然如此，那么”、“这样就”；往往是顺着上文的语意，申说应有的后果。例如：

①子曰：“书不尽言，言不尽意。”然则圣人之意，其不可见乎？（《周易·系辞上》）

②汤武之王也，不循古而兴；殷夏之灭也，不易礼而亡。然则反古者未必可非，循礼者未足多是也。（《商君书·更法》）

（2）“然则”合成凝固形式，相当于一个词，表示顺接或转折关系。例如：

①用此观之，然则人之性恶明矣，其善者伪也。（《荀子·性恶》）

②是进亦忧，退亦忧。然则何时而乐耶？（范仲淹《岳阳楼记》）

以上的“然则”表顺接关系，可译为“那么”。

③夫贵为天子，富有天下，是人情之所同欲也。然则从人之欲，则势不能容，物不能赡也。（《荀子·荣辱》）

④今以为同利者，不察之患也。然则为匹夫计者，莫如修行义而习文学。（《韩非子·五蠹》）

以上的“然则”表转折关系，可译为“然而、可是”等。

（三）虽然 然而

虽然 “虽然”是连词“虽”和代词“然”的搭配使用，由于连词“虽”有表事实上的让步和假设性的让步两种用法，所以组成“虽然”以后也有两种用法。

（1）表转折关系

“虽然”的转折意味较重，相当于“虽然如此，但是”。例如：

①滕君，则诚贤君也。虽然，未闻道也。（《孟子·滕文公上》）

②王曰：“善哉！虽然，公输般为我为云梯，必取宋。”（《墨子·公输》）

（2）表让步假设

“虽然”的转折意味较轻，相当于“即使如此，还是”。例如：

①诸侯之礼，吾未之学也；虽然，吾尝闻之矣。（《孟子·滕文公上》）

②抑愈所谓望孔子之门墙而不入于其宫者，焉足以知是且非邪？虽然，

不可不为生言之。(韩愈《答李翊书》)

然而 “然而”原为指示代词“然”和连词“而”的组合。组合以后,又具有多种用法。

(1) 表示转折

“然”指代上文,表示对上文内容的总结肯定,“而”引起下文的转折。可译为“虽然如此,但是”或“这样,还”等。例如:

①夫环而攻之,必有得天时者矣;然而不胜者,是天时不如地利也。(《孟子·公孙丑下》)

②故虽上世之圣王,岂能使五谷常收,而水旱不至哉?然而无冻饿之民者,何也?(《墨子·七患》)

(2) 表示顺接

“然”指代总结上文,“而”顺接下文。可译为“既然如此,那么”或“如果这样,就”等。例如:

①有父在则礼焉,然而众知父子之道矣。(《礼记·文王世子》)

②士大夫务节死制,然而兵劲;百吏畏法循绳,然后国常不乱。(《荀子·王霸》)

③治病之医,未必惠于不为医者。然而治国之吏,未必贤于不能治国者。(《论衡·定贤》)

“然而”可表顺接,这与“然”、“而”组合松散,“而”又可表示多种连接关系有关。

(3) 组成表转折的连词

“然而”在长期使用中,逐渐凝固成复合连词,表示转折关系。可译为“可是、但是”等,与现代汉语相同。例如:

①桀、纣贵为天子,富有天下,然而皆灭亡于百里之君者,何也?(《墨子·七患》)

②夫市之无虎也明矣,然而三人言而成虎也。(《韩非子·内储说上》)

③冬有雷电,夏有霜雪,然而寒暑之势不易。(《淮南子·说林》)

这种作为复合连词的“然而”,与第一种用法的界限有时是难以分得很清楚的。

(四) 之

“之”字在古汉语中兼属多类词。除了作代词、动词外,一个重要的用法就是作为连词,连接定语和中心语、谓语和补语、主语和谓语,以及主语和状语。“之”的这种用法学术界称名不一,有的叫结构助词,有的叫介词。我们取连词的叫法。

(1) 连接定语和中心语

连词“之”的基本作用就是连接定语和中心语,表示领属、修饰以及同一关系,例如:

①防民之口,甚于防川。(《国语·周语上》)

②往古之时，四极废，九州裂。（《淮南子·览冥》）

这种“之”字一般可译为“的”字或不译。但是“之”字与现代汉语“的”字的语法作用并不相同：“的”字的附着性很强，可以同它前面的词语组合成名词性词组，可以充当句中的各种成分；而“之”字只能用在定语和中心语之间，中心语不能没有。

③心之官则思。思则得之，不思则不得也。（《孟子·告子上》）
④以君之力，曾不能损魁父之丘。（《列子·汤问》）

以上“之”连接的中心语与定语大致存在着同一的关系，“之”可译为“这类、这种、这样的”等。例③“心之官”即“心这种器官”；例④“魁父之丘”即“魁父这样的山丘”。

（2）连接补语和谓语

“之”用在谓语和补语之间，表示补充关系，突出补语对谓语的补充作用。例如：

①颜渊死，子哭之恸。（《论语·先进》）
②天下之刖者多矣，子奚哭之悲也？（《韩非子·和氏》）

以上的“之”字，可根据文意灵活翻译。例①“子哭之恸”是叙述句，“之”可译为“得”，“哭之恸”即“哭得很伤心”。例②为疑问句，“之”可译作“这样、这么”；“哭之悲”即“哭得这样悲痛”。

（3）连接主语和谓语。“之”字用在主语和谓语之间，使这个主谓结构变成名词性的偏正结构，在句中充当主语、宾语、状语和判断句的谓语。这种用法一般称为“取消句子独立性”，“之”字一般不必译出。可以分为两种情况。

其一，连接单句的主语和谓语。例如：

①子之哭也，壹似重有忧者。（《礼记·檀弓下》）
②苏秦曰：“臣固疑大王之不能用也！”（《战国策·秦策一》）
③大道之行也，天下为公。（《礼记·礼运》）
④鹏之徙于南冥也，水击三千里。（《庄子·逍遥游》）
⑤此天之亡我，非战之罪也。（《史记·项羽本纪》）

以上“之”字连接的主谓结构，例①充当主语；例②充当宾语；例③④充当时间状语，相当于“……的时候”；例⑤充当了谓语。“之”字的这种用法实际上是连接定语和中心语，不过在“之”字没有插入前，前后两个成分的关系是主语和谓语的关系。主谓结构中的“之”字译成“的”字，反而感到比较别扭。这正反映了古今汉语在句法上的差别。

其二，连接分句的主语和谓语。“之”用在复句中分句的主谓结构之间，使这个主谓结构不能独立成句，表示语意未完，等待下文。例如：

⑥父母之爱子，则为之计深远。（《战国策·赵策四》）
⑦虽我之死，有子存焉。（《列子·汤问》）
⑧天之亡我，我何渡为？（《史记·项羽本纪》）

以上例中，分句的主谓间加上“之”字，例⑥充当了表假设条件关系复句中的偏句；例⑦充当了表让步关系复句中的偏句；例⑧充当了表因果关系复句中的偏句。

(4) 连接主语和介词结构

“之”用在主语和介词结构之间，使介词结构由原来的状语变成同主语一起组成名词性的偏正结构，充当句子的成分。介词结构的介词一般只用“于”和“与”字。“之”字不必译出。这种结构又可分为两种情况：

其一，作全句的主语。例如：

①寡人之于国也，尽心焉耳矣。(《孟子·梁惠王上》)

②民之于仁也，甚于水火。(《论语·卫灵公》)

③秦之与魏，譬若人之有腹心疾。(《史记·商君列传》)

例①的“于国”原本是状语，是句子的附加成分；为了突出状语，便用连词“之”将其与名词主语粘连在一起，这样，“寡人之于国”就共同充当了全句的主语，既提升了状语的地位，又强调了主语同介词结构间的对待关系。例②③的“于仁”、“与魏”与“于国”同。

其二，作全句的宾语。例如：

①墨子之于道也，犹瞽之于白黑也，犹聋之于清浊也。(《荀子·乐论》)

②荆之地方五千里，宋之地方五百里，此犹文轩之与敝舆也。(《墨子·公输》)

例①的“墨子之于道”句是“之”置于主语和介词结构之间作主语，其后的“瞽之于白黑”“聋之于清浊”都充当了动词“犹”的宾语；例②的“文轩之与敝舆”也是作了“犹”的宾语。

三、语气词

(一) 语气词概述

语气词是表示句子各种不同语气的虚词，是汉语特有的一种词类。话语中各种不同的语气，也可以用不同的语调来表示。语调不能在书面语中表现出来，因而古代汉语的语调情况现已无法得知。因此，弄清语气词也就成了学习古代汉语的重要任务之一。

句子的语气是多种多样的，有陈述、祈使、疑问、感叹、提顿、拟测等。就语气词在句中的位置看，古代汉语的语气词有句首、句中、句尾三类。三类语气词中，以句尾最为重要。句首、句中语气在词现代汉语中已不存在，句尾语气词从古到今则有了很大的变化，需要作深入的了解。

按照语气的作用，可以把古代汉语的句尾语气词大致分为三大类：一是陈述语气词，主要是“也、矣、已、耳、尔、焉”；二是感叹语气词，主要是“哉、夫”；三是疑问语气词，主要是“乎、与（歟）、邪（耶）”。需要注意的是，这种划分，是就语气词所表达的主要、基本的语气而言的。一个语气词在不同类型的句子中所表示的语气会有某些变化，但它所表达的基本语气应该是固定的。在某些类型的句子中，有些语气并不是由句尾语气词来表示的，而是由别的词语或语调来表示的；不能把本来由别的方式所表示的语气轻易算在句尾语气词头上。因此，既要弄清这些语气词的基本用法，又要根据不同的句子了解它们在语气上的差异。

（二）句尾语气词“也”

“也”用作句尾语气词，基本用法是对某种情况表示肯定、确认，表达一种确信不疑的语气。这种肯定确认的语气又分别用在不同类型的句子中。

（1）用在判断句中

“也”用在判断句中，帮助谓语表示判断的语气，是其基本的作用。这种用法在“判断句”中已有介绍，不再重复。

（2）用在陈述句中

陈述句中的“也”字，并不是表陈述语气，而是对所陈述的事物加以肯定，表示肯定或深信不疑的语气。例如：

①小子识之，苛政猛于虎也。（《礼记·檀弓上》）
②今君有一窟，未得高枕而卧也。（《战国策·齐策四》）
③虽杀臣，不能绝也。（《墨子·公输》）

（3）用在祈使、感叹句中

“也”用在祈使、感叹句末，仍表肯定确认的语气。例如：

①不及黄泉，无相见也！（《左传·隐公元年》）
②愿伯具言臣之不敢倍德也。（《史记·项羽本纪》）
③勇士曰：“嘻！子诚仁人也！”（《公羊传·宣公六年》）

前两例为祈使句。例①用“也”表示一种坚定的决心；例②用“也”加强肯定的语气。而句子的祈使语气，则是通过“无（不要）”和“愿（希望）”两词表达出来的。例③为感叹句。句末用“也”，加强了确定不移语气，而句子的感叹语气，则主要是靠情态副词“诚（确实）”表达出来的。

（4）用在疑问句中

“也”在疑问句中，并不表示疑问语气，仍然是表示肯定或判断的语气。例如：

①孟尝君怪之，曰：“此谁也？”（《战国策·齐策四》）
②齐人无以仁义与王言者，岂以仁义为不美也？（《孟子·公孙丑下》）
③不识臣之力也？君之力也？（《韩非子·难二》）

例①是特指问句，同时也是表疑问的判断句；其疑问语气通过句子的疑问代词“谁”表达出来，句末的“也”是帮助表示判断的。例②是反问句，句子的疑问语气是由反诘副词“岂”来表示的，“也”字是对这种反问的肯定。例③是选择问句，疑问的性质是由句式本身表示的。而“臣之力也”、“君之力也”是判断句谓语的性质，“也”仍是表示判断的语气。

由上可知，尽管语气词“也”可以出现在多种类型句子的末尾，但都主要表示肯定、确认的语气，起着加强各类语气的作用；并不是在肯定确认语气之外，又可以表示各种各样复杂的语气。现代汉语里没有与语气词“也”相应的词，因此“也”字一般是翻译不出来的。

（三）句尾语气词“矣”

“矣”字同“也”一样，是古代汉语最常用的句尾语气词。《淮南子·说林》："也之与矣，相去千里。"这话有些夸张，同时也说明，这两个语气词确实存在着差别，且很早就引起了古人的注意。两词有明显的分工："也"字的基本作用是把对事物的判断或论断告诉别人，表示一种肯定确认的语气，并不含有因时间推移造成的变化，现代汉语中没有同它相当的语气词；"矣"字的基本作用是把事物发展的现阶段作为新情况告诉别人，帮助表示陈述语气，意味着事态的发展变化，现代汉语的语气词"了"的作用大致同它相当。因此，也可以概括为："也"字表静态，"矣"字表动态。比较下面的例子：

子曰："由也升堂矣，未入于室也。"（《论语·先进》）

孔子对曰："俎豆之事，则尝闻之矣；军旅之事，未之学也。"（《论语·卫灵公》）

这两例，"矣"和"也"对比使用，差别显然。前半句表示已然，用"矣"煞尾，即把已经发生的新情况告诉别人；后半句表示还没有发生某种情况，只是对情况的肯定确认，所以用"也"煞尾。若将"矣"和"也"的位置交换，其语气乃至语意都是大不同的。下面分述"矣"的主要用法：

（1）用在陈述句中

又可分为两种情况：

其一，表示已然。即所叙述的事情已经或正在发生，可以译为"了"。例如：

①鸡既鸣矣。（《诗经·齐风·鸡鸣》）

②吾知所过矣，将改之。（《左传·宣公二年》）

③平原君曰："胜已泄之矣。"（《战国策·赵策三》）

例①是说，鸡原来没有鸣，现在已经鸣了；例②是说，我原来不知所犯过错，现在已经知道了；例③是说，我原来没有泄露消息，现在泄露了。相对原先而言，例中所叙述的都是一种新的情况，"矣"字是帮助强调了事情的发展变化。

其二，表示将然。即表示某种情况将要或必将出现，可译为"了"。例如：

④孔子曰："诺！吾将仕矣。"（《论语·阳货》）

⑤有吴则无越，有越则无吴矣！（《国语·越语上》）

⑥（项）梁掩其口，曰："毋妄言，族矣！"（《史记·项羽本纪》）

上举例中都是没有发生的事情，只是说话人把它作为必将出现的新情况提示出来。例④的句意是"我将会出来从政了"；例⑤的句意是"有了越国存在就将没有吴国了"；例⑥的句意是"将会灭族的"。

在表示假设或条件的复句中，"矣"字也是表示在某个条件具备的情况下必将产生新的结果。例如：

⑦朝闻道，夕死可矣。（《论语·阳货》）

⑧今有构木钻燧于夏后氏之世者，必为鲧、禹笑矣。（《韩非子·五蠹》）

⑨向吾不为斯役，则久已病矣。（柳宗元《捕蛇者说》）

（2）用在描写句中

"矣"用在描写句末，带有陈述事物状态的语气，即帮助把已经出现或将要出现的状态作为新情况来加以报道。例如：

①甚矣，吾衰也！久矣，吾不复梦见周公！（《论语·述而》）

②今法律贱商人，商人已富贵矣；尊农夫，农夫已贫贱矣。（晁错《论贵粟疏》）

③天下苦秦久矣！（《史记·陈涉世家》）

描写句中的“矣”字，往往带有感叹的意味，有的可用“啦”字对译。但是，整个句子的感叹语气，并不是真正由“矣”字来承担的，而是由句中其他词语的内涵和整个句式来表达的。

（3）用在祈使句和疑问句中

祈使句和疑问句的语气一般比较强烈，句尾的“矣”字仍然是报导新情况，起陈述语气的作用。

其一，祈使句末的“矣”。“矣”用在祈使句末，表示希望对方实现某种行为或完成某种事情。可译为“啦、吧”等。例如：

①孟尝君不说，曰：“诺，先生休矣！”（《战国策·齐策四》）

②善哉！吾请无攻宋矣！（《墨子·公输》）

③侯生曰：“公子勉之矣！下臣不能从。”（《史记·魏公子列传》）

句子的祈使语气，是由全句的语调和词语的全部内涵来表现的。

其二，疑问句末的“矣”。“矣”用在疑问句末，帮助加强疑问语气，可译为“吗、呢”等。例如：

④德何如则可以王矣？（《孟子·梁惠王上》）

⑤太后曰：“敬诺。年几何矣？”（《战国策·赵策四》）

以上例中，全句的疑问语气不是由“矣”字表示的，而是由句中的“何如”、“几何”等疑问词语所起的作用。

（四）句尾语气词“哉”和“夫”

（1）哉

“哉”字所表示的语气比较单纯，基本上是表示比较强烈的感叹语气，大致相当于现代汉语的“啊”。可以分为两类：

其一，用在感叹句中。表示各种感叹语气可译为“啊、呀”。例如：

①管仲之器小哉！（《论语·八佾》）

②先生欺余哉！（韩愈《进学解》）

在谓语前置的句子中，“哉”表示的感叹语气更为强烈。例如：

③有是哉！子之迂也。（《论语·子路》）

④大哉！尧之为君。（《孟子·滕文公下》）

其二，用在反问句和询问句中。这是“哉”的主要用法，但它们并非表示反问语气或询问语气，而仍是表示感叹语气，可译作“吗、呢”。例如：

⑤晋，吾宗也，岂害我哉？（《左传·僖公五年》）

⑥由此观之，客何负于秦哉？（李斯《谏逐客书》）

⑦燕雀安知鸿鹄之志哉？（《史记·陈涉世家》）

⑧予尝求古仁人之心，或异二者之为，何哉？（范仲淹《岳阳楼记》）

以上前三例为反问句，表示反问的语气是句中的疑问副词“岂、何、安”，例⑧为询问句，表示疑问语气的是句中的疑问代词“何”；在这些句中，而“哉”的作用都是表感叹语气。因此，这两类句子既有疑问语气，又有感叹语气，整个句子的语气显得比较强烈。

（2）夫

“夫”作为句尾语气词，主要有两种用法：

其一，用在感叹句尾，表感叹语气。例如：

①逝者如斯夫！不舍昼夜。（《论语·子罕》）

②仁夫！公子重耳。（《礼记·檀弓下》）

③悲夫！悲夫！事未一二为俗人言也。（司马迁《报任安书》）

“夫”字在上古音同现代汉语的“吧”字的声音相近，它所表示的感叹语气似乎比“哉”要低沉一些，偏于表现惋惜或伤感的情绪，可译为“吧、啊、呀”等。

其二，用在疑问句尾，表是非疑问或测度疑问语气。例如；

④孔子曰：“吾歌可夫？”（《史记·孔子世家》）

⑤夫微之显，诚之不可揜，如此夫？（《礼记·中庸》）

⑥齐貌辨见宣王，王曰：“子，靖郭君之所听爱夫？”（《战国策·齐策一》）

前两例为是非问句，例⑥为测度问句。“夫”可译为“吧、吗”。

（五）句尾语气词“乎”、“与（欤）”、“邪（耶）”

“乎”、“与（欤）”、“邪（耶）”是表示疑问语气的句尾语气词。下面分别介绍。

（1）乎

“乎”是使用频率最高、表示的疑问语气最强烈、也是最纯粹的疑问语气词。“乎”字可以用于各种疑问句中。

其一，用在是非问句中。是非问要求对方对提出的问题作出肯定或否定的答复，往往在句尾用“乎”字来帮助疑问。例如：

①丈夫亦爱怜其少子乎？（《战国策·赵策四》）

②等死，死国可乎？（《史记·陈涉世家》）

这种问句中的“乎”字，可译为“吗”。

其二，用在选择问句中。选择问要求对方从几种答案中选择一个回答。例如：

③滕，小国也，间于齐楚。事齐乎？事楚乎？（《孟子·梁惠王上》）

④王以为天下尊秦乎？且尊楚乎？（《战国策·齐策四》）

这种问句中的“乎”可译为“呢”。选择问句由于不同情况都列举出来了，“乎”字可以不用，不过用了“乎”字，疑问语气要强一些。

其三，用在特指问句中。特指问要求对方就所提出的问题作出回答。例如：

⑤谁习计会，能为文收责于薛者乎？（《战国策·齐策四》）

⑥汉王谓陈平曰：“天下纷纷，何时定乎？”（《史记·陈丞相世家》）

这种问句中的“乎”也可译为“呢”。由于句中有疑问代词表示疑问，所以也常有不用“乎”的情况。例如：

⑦大王来何操？（《史记·项羽本纪》）

其四，用在反问句中。例如：

⑧欲加之罪，其无辞乎？（《左传·僖公十年》）
⑨王侯将相宁有种乎？（《史记·陈涉世家》）

这种问句中的“乎”字往往同句中的疑问代词、否定词或语气词相呼应来表示反问语气。可译为“呢、吗”。

“乎”还可与表测度的语气词“其”、副词“殆”以及“无乃”、“得无”等呼应，构成一种比较委婉的反问句，也是用反问的形式表示肯定的意见。例如：

⑩大义灭亲，其是之谓乎？（《左传·隐公四年》）
⑪吾闻圣人不相，殆先生乎？（《史记·范雎蔡泽列传》）
⑫师劳力竭，远主备之，无乃不可乎？（《左传·僖公三十二年》）

以上句子的委婉推测语气，主要是由“其”、“殆”、“无乃”所表示的，“乎”字在句中仍然带有疑问的语气，即说话人对自己的推测不敢肯定，还带有疑问，可译成“吧”。这种格式合起来可译为“恐怕（大概）……吧”。

此外，“乎”还可用在感叹句中，表示感叹、悲愤、赞颂等语气，可译为“啊、呀”等。例如：

⑬子谓颜渊曰：“惜乎！吾见其进也，未见其止也。”（《论语·子罕》）
⑭善哉，技盖至此乎！（《庄子·养生主》）

(2)“与（欤）”和“邪（耶）”

“与（欤）”和“邪（耶）”作为常用句末语气词，它们的用法基本相同，可以用在各种类型的疑问句中。“与（欤）”和“邪（耶）”在上古声音很接近，它们的区别，大约是方言的不同。

其一，用在选择问句和特指问句中。在这两种问句中，“与”和“邪”的作用基本上和“乎”相同，只是语气没有“乎”强，可译作“呢”。例如：

①仲子所居之室，伯夷之所筑与？抑盗跖之所筑与？（《孟子·滕文公上》）
②然则何时而乐耶？（范仲淹《岳阳楼记》）

其二，用在是非问句中。在是非问句中，“与”、“邪”较“乎”要平缓，往往不表纯粹的传疑语气，而是带有探询的语气，表示说话人猜想大约如此，但还不能深信不疑，一般可译为“吗”。例如：

③子非三闾大夫与？（《楚辞·渔父》）
④治乱，天邪？（《荀子·天论》）

其三，用在反问句中。“与”、“邪”用在反问句末，加强反问语气，有时还带有揣度或感叹的语气，可译为“呢、吗”等。例如：

⑤然则治天下，独可耕且为与？（《孟子·滕文公上》）
⑥赵王岂以一璧之故欺秦邪？（《史记·廉颇蔺相如列传》）

（六）句首、句中语气词

句首、句中语气词是古代汉语特有的一类语气词。这类语气词在中古以后的口语中已不再使用，只保存在仿古的文言作品里，现代汉语里没有相应的词语翻译。古人一般把它叫做“发语词”或“发声词”；现代学者也把它叫做“语首助词”、“语中助词”。这里介绍几个常用的句首、句中语气词。

（1）句首语气词“夫”

“夫”是从指示代词虚化成的句首语气词。它用在句首，表示要发议论，或要概述事物的特征，起到引出下文的作用，并多少带有一点指示的意味。一般翻译不出来。例如：

①夫三年之丧，天下之通丧也。（《论语·阳货》）

②夫积贮者，天下之大命也。（贾谊《论积贮疏》）

句首语气词“夫”有时和用于句首的指示代词“夫”不易分辨，尤其是其后所接均为名词性词语时，最易混淆，需要根据文意来确定。一般来说，语气词“夫”用在句首表示后面要发议论，且所议论的问题多带有普遍性；指示代词“夫”则对所修饰的名词性词语加有特指的意味，相当于“那”，而这个词语往往是个别的、具体的对象。比较以下例句：

③夫大国，难测也，惧有伏焉。（《左传·庄公十年》）

④夫晋何厌之有？（《左传·僖公三十年》）

例③“夫大国”，是说凡是大国都很难测，是普遍现象，因而“夫”是引出议论的语气词；例④“夫晋”，是对具体的一个国家的特指，因此“夫”是指示代词。

此外，“夫”还同“且、故、若、今”等词结合成固定结构，用在句首，帮助句子增加一种要发议论的语气。例如：

⑤且夫水之积也不厚，则其负大舟也无力。（《庄子·逍遥游》）

⑥故夫河冰结合，非一日之寒；积土成山，非斯须之作。（《论衡·状留》）

⑦若夫乘天地之正，而御六气之辩，以游无穷者，彼且恶乎待哉！（《庄子·逍遥游》）

⑧今夫颛臾，固而近于费。今不取，后世必为子孙忧。（《论语·季氏》）

例⑤“且夫”表示议论中另起一端，相当于“再说、况且”；例⑥“故夫”表示承上文作出推定，相当于“因此，所以”；例⑦“若夫”表示另起一端的议论，相当于“至于，至于说到”；例⑧“今夫”的“今”已经虚化，不表具体的时间，“今夫”表语意上的转折，可译为“但是”。加上“夫”字，突出了阐明道理、要发议论的语气。

（2）句首、句中语气词“其”

语气词“其”既可用在句首，又可用在句中，表示一种委婉的语气。句中的语气词“其”一般处于主语和谓语之间。有人把“其”的这种用法称为语气副词。

“其”用在陈述句和一般询问句中，有推测、拟议的意思，可译为“恐怕、大概、也许”等。例如：

①微管仲，吾其被发左衽矣。（《论语·宪问》）

②诗曰："孝子不匮，永锡尔类。"其是之谓乎？（《左传·隐公元年》）

"其"用在祈使句中，有加强祈使语气的作用，但语气显得比较委婉，可译为"还是、希望、一定"等。例如：

③昭王之不复，君其问诸水滨。（《左传·僖公四年》）

④虽国小，犹不危之也，君其勿忧。（《韩非子·外储说左上》）

前例的"其"可译作"还是"；后例的"其"可译作"一定"。

"其"用在反问句中，有加强反问语气的作用，但仍然带有推测、拟议的语气，可译为"怎么、难道"等。例如：

⑤一之谓甚，其可再乎？（《左传·僖公五年》）

（3）句中语气词"也"

句中语气词"也"表示提顿语气，起提示下文、舒缓节奏的作用。现代汉语中没有与"也"相对应的语气词，不必译出。

"也"常用在主语谓语之间。例如：

①丘也闻有国有家者，不患寡而患不均，不患贫而患不安。（《论语·季氏》）

②大隧之中，其乐也融融。（《左传·隐公元年》）

正因为"也"表提顿语气，所以主语之后用了"也"字，可以与谓语断开。例如：

③媪之送燕后也，持其踵为之泣，念悲其远也。（《战国策·赵策四》）

④宋人有曹商者，为宋王使秦。其往也，得车数乘。（《庄子·列御寇》）

"也"还可用在复句的前一分句句尾，表示一种舒缓的语气。例如：

⑤屈平疾王听之不聪也，谗谄之蔽明也，邪曲之害公也，方正之不容也，故忧愁幽思而作《离骚》。（《史记·屈原贾生列传》）

例⑤为因果复句，而前面表原因的分句又由四个并列的句子构成。

语气词"也"用在表列举的并列结构后的情况也不少见。例如：

⑥野马也，尘埃也，生物之以息相吹也。（《庄子·逍遥游》）

"也"还和"者"连用，用在主语之后，起提示谓语的作用，也不必译出。例如：

⑦孝弟也者，其为仁义之本与？（《论语·学而》）

思考与练习

一、什么是词类活用？如何区分词类活用与词的兼类？

二、古汉语中有哪些常见的特殊动宾关系？如何区别使动用法和意动用法？

三、古代汉语判断句有哪几种表达方式？

四、有形式标志的被动句，可以分为哪几种类型？

五、古代汉语的介词结构有哪些不同于现代汉语的特点？

六、举例说明语气词“也”和“矣”的区别。

七、指出下列句中词类活用的现象（要说明原是那一种词类，活用后的词性及活用的标志）。

1. 从左右，皆肘之。（《左传·成公二年》）
2. 勇士入其大门，则无人门焉。（《公羊传·宣公六年》）
3. 女为悦己者容。（司马迁《报任安书》）
4. 请句践女女于王，大夫女女于大夫，士女女于士，越国之宝器毕从。（《国语·越语上》）
5. 寡人欲相甘茂，可乎？（《史记·甘茂列传》）
6. 不足生于不农。（晁错《论贵粟疏》）
7. 人不难以死免其君，我戮之不祥。（《左传·成公二年》）
8. 侣鱼虾而友麋鹿。（苏轼《前赤壁赋》）
9. 其家甚智其子而疑人之父。（《韩非子·说难》）

八、指出下列句中用作状语的名词，并说明其所表示的意义。

1.（子产）治郑二十六年而死，丁壮号哭，老人儿啼。（《史记·循吏列传》）
2. 十九人相与目笑之而未废也。（《史记·平原君虞卿列传》）
3. 夫山居而谷汲者，膢臘而相遗以水。（《韩非子·五蠹》）
4. 秦惠王车裂商君以徇。（《史记·商君列传》）
5. 田单乃起，引还，东乡坐，师事之。（《史记·田单列传》）
6. 失期，法皆斩。（《史记·陈涉世家》）

九、指出下列句中的语序与现代汉语有什么不同的地方。

1. 残贼公行，莫之或止；大命将泛，莫之拯救。（贾谊《论积贮疏》）
2. 前世不同教，何古之法？（《商君书·更法》）
3. 富则不骄者，吾唯子之见；骄而不亡者，未之有也。（《左传·定公十三年》）
4. 求！无乃尔是过与？（《论语·季氏》）
5. 礼也者，小事大、大字小之谓。（《左传·昭公三十年》）
6. 欲得啖童女年十二三者。（《搜神记·李寄》）
7. 今足下幸而不弃，请益其车骑壮士可为足下辅翼者。（《史记·刺客列传》）
8. 有奇字素无备者，旋刻之，以草火烧，瞬息可成。（《梦溪笔谈·活板》）

十、说明下列句中“是”的词性及其在句中的意义。

1. 岂不谷是为？先君之好是继。（《左传·僖公四年》）
2. 若枯即是荣，荣即是枯，则应荣时凋零，枯时结实。（范缜《神灭论》）
3. 昭王南征而不复，寡人是问。（《左传·僖公四年》）
4. 世儒学者，好信师而是古。（《论衡·问孔》）
5. 日月星辰瑞历，是禹桀之所同也。（《荀子·天论》）
6. 王笑曰：“是诚何心哉？”（《孟子·梁惠王上》）

十一、下列句子有的是被动句，有的不是。请找出被动句。

1. 吾知其难为也，怵然为戒，视为止，行为迟。（《庄子·养生主》）
2. 今单于新困于汉，而昆莫地空。（《汉书·张骞传》）
3. 然本作士人，以医见业，意常自悔。（《后汉书·华佗传》）
4. 今项梁军破，士卒恐。（《史记·项羽本纪》）
5. 善择者制人，不善择者人制之。（《荀子·王霸》）
6. 然而公不见信于人，私不见助于友。（韩愈《进学解》）

十二、分析下列句中的“所”字结构和“者”字结构，并说明其意义。

1. 举所佩玉玦以示之者三。（《史记·项羽本纪》）
2. 其所善者，吾则行之；其所恶者，吾则改之。（《左传·襄公三十一年》）
3. 诺，恣君之所使之。（《战国策·赵策四》）
4. 彼兵者，所以禁暴除害也。（《荀子·议兵》）
5. 是知其不可为而为之者与？（《论语·宪问》）
6. 是吾剑之所从坠。（《吕氏春秋·察今》）

十三、找出下列句中的无定代词，并说明其意义。

1. 或谓孔子曰：“子奚不为政？”（《论语·为政》）
2. 北方之学者，未能或之先也。（《孟子·滕文公上》）
3. 保民而王，莫之能御也。（《孟子·梁惠王上》）
4. 四境之内，莫不有求于王。（《战国策·齐策一》）
5. 楚战士无不以一当十。（《史记·项羽本纪》）

十四、在下列句子的括号里填入适当的连词。

1. 勿以恶小（　）为之，勿以善小（　）不为。（《三国志·蜀书·先主传》）
2. 岂人主之子孙（　）必不善哉？（《战国策·赵策四》）
3. 管氏（　）知礼，孰不知礼？（《论语·八佾》）
4. （　）壮士不死即已，死即举大名耳。（《史记·陈涉世家》）
5. 属予作文（　）记之。（范仲淹《岳阳楼记》）
6. 缘木求鱼，（　）不得鱼，无后灾。（《孟子·梁惠王上》）
7. 知可以战（　）不可以战者，胜。（《孙子·谋攻篇》）
8. 美（　）美矣，抑臣亦有惧也。（《国语·晋语九》）

阅读与参考书目

马建忠．马氏文通．北京：商务印书馆，1983
王力．古代汉语（第一册）．北京：中华书局，1981
王力．汉语语法史．北京：商务印书馆，1989
郭锡良等．古代汉语（上册）．天津：天津教育出版社，1991
向熹．简明汉语史．下编．北京：高等教育出版社，1993
郭锡良．汉语史论集．北京：商务印书馆，1997
杨伯峻、何乐士．古汉语语法及其发展．北京：语文出版社，1992
许威汉．古汉语语法精讲．上海：上海大学出版社，2002

郭锡良．古代汉语语法讲稿．北京：语文出版社，2007

易孟醇．先秦语法．长沙：湖南教育出版社，1989

周法高．中国古代语法．台北：台联国风出版社，1959，1961，1962

（清）王引之．经传释词．北京：中华书局，1956

（清）刘淇．助字辨略．北京：中华书局，1954

杨树达．词诠．北京：中华书局，1954

中国社会科学院语言研究所古代汉语研究室．古代汉语虚词词典．北京：商务印书馆，1999

第4讲

修　辞

修辞是根据表达需要，选用恰当的语言形式、使之确切地传情达意、以便充分地发挥语言交际功能的手段。古代汉语的修辞方式多种多样，其中不少修辞方式，现代汉语还在经常使用。这里主要简略介绍古代汉语常用而现代汉语不常用的修辞方式，以及相同的修辞方式和古代汉语具有的一些特点，以便更好地读懂古书。

第一节　委婉

委婉也叫婉曲、婉转、折绕、曲达，就是不把要表达的意思直截了当地说出来，而是采用含蓄婉转的形式来表达。古代汉语常见的委婉表现手法，主要有以下几种。

一、避忌讳

对于不吉利、不光彩及犯忌触讳的事，用别的词语曲折地表达，就是避忌讳的委婉方式。“死亡”是人所忌讳的，因此在古汉语里委婉语甚多。例如：

①一旦山陵崩，长安君何以自托于赵？（《战国策·赵策四》）
②有如太后宫车晏驾，大王尚谁攀乎？（《史记·韩安国传》）
③君即百岁后，谁可代君？（《汉书·萧何传》）
④先帝创业未半，而中道崩殂。（诸葛亮《出师表》）
⑤始欲自闻，而先帝登遐。（庾亮《让中书令表》）

以上例中的“山陵崩”、“宫车晏驾”、“百岁后”、“崩殂”、“登遐”都是“死”的委婉语，且都用在帝王或王后身上。在封建社会中，身份不同，使用的委婉语也有区别。例如，贵族死叫“捐馆舍”，一般百姓，则称“不可为讳”、“不讳”、“物故”、“长寝”、“长逝”，或谦称自己“填沟壑”等，称名甚多。

对疾病也有不少委婉的说法。《公羊传·桓公十六年》何休注：“天子有疾称‘不豫’，诸侯称‘负兹（子）’，大夫称‘犬马’，士称‘采薪’。”《白虎通》解释说：“天子病曰不豫，言不复豫（参与）政也。诸侯曰负子，子，民也，言忧民不复子之也。”“犬马”即“犬马之疾”，是自谦的说法。“采薪”即“采薪之忧”，也叫“负薪之忧”，是说有病不能负薪（采薪）。例如：

⑥昔者有王命，有采薪之忧，不能造朝。（《孟子·公孙丑下》）

⑦恐太后玉体之有所郄也，故愿望见太后。（《战国策·赵策四》）

⑧昨日公谨相过，乃云近少违和，岂非追感悲戚使然邪？（欧阳修《嘉佑七年与王懿敏公书》）

“有所郄”即生病的婉称；“违和”指身体失于调理而不适，也是婉称生病。

此外，对于贵族官僚的不良行为，也有一些委婉的说法。贾谊《论时政疏》：“古者，大臣有坐不廉废者，不谓不廉，曰簠簋不饰；坐污秽淫乱，男女不别者，不曰污秽，曰帷薄不修；坐罢软不胜任者，不曰罢软，曰下官不职。”“簠簋”为礼器，“帷薄”是帘子，用以别男女。这些说法，都是为了替大臣们掩饰。

二、避粗俗

有些话直接说出显得粗俗不雅，因此使用委婉语。例如：

①荒侯市人病，不能为人。（《史记·樊哙列传》）

②玄成深知其非贤雅意，即阳为病狂，卧便利，妄笑语昏乱。（《汉书·韦玄成传》）

③夫更衣之室，可谓臭矣；鲍鱼之肉，可谓腐矣。（《论衡·四讳》）

“为人”是两性关系的委婉说法；“便利”、“更衣”都是大小便的委婉说法。

三、避冒犯

古人对于君王尊长的言行常常不敢直说，于是采取回避掩饰、委婉曲折的方式来表达，以避冒犯。例如：

①明主不晓，以为仆沮贰师，而为李陵游说，遂下于理。（司马迁《报任安书》）

②上初即位，富于春秋。（《史记·魏其武安侯列传》）

③行年四岁，舅夺母志。（李密《陈情表》）

④不才明主弃，多病故人疏。（孟浩然《岁暮归南山》）

例①中，司马迁本意是想说汉武帝被佞臣蒙蔽而冤屈了自己，但有所顾忌，就用“不晓”来婉转地表达内心的不满。例②以“富于春秋”表示皇上年轻，因直言年轻则意味着不懂事、阅历浅，会“冒渎天威”。例③原本是讲母亲改嫁。在封建社会里，妇女改嫁是一件不光彩的事，所以李密用“舅夺母志”（公公迫使母亲改变了志向）将此事掩饰过去。例④本来作者对皇帝弃用自己是不满的，但还尊称唐明皇为"明主"，自谦为"不才"，而着一"弃"字，言外之意则是"明主"并不"明"。

避冒犯的表达方式有一种畸形发展，就是对君王或尊长的名讳。名讳不仅仅表现在不能直呼君王或尊长的名，而且与君王或尊长之名相同的文字都要回避，改用别的字。例如：

⑤同子参乘，袁丝变色。（司马迁《报任安书》）

⑥博览亡不通，依老子、严周之指，著书十余万言。（《汉书·王贡两龚鲍传》）

⑦信废书叹曰："若是，所谓画龙不成反为狗者！"（《后汉书·孔僖传》）

例⑤的"同子"指汉文帝的宦官赵谈。因司马迁的父亲叫司马谈，与赵谈同名，故不敢直称赵谈，而改用"同子"代称（"同"、"谈"古音近）。例⑥的"严周"即庄周，作者为避东汉明帝刘庄之讳而改"庄"为"严"（"庄"、"严"义近）。例⑦的"画龙不成反为狗"应当是"画虎不成反为狗"；把"虎"换成"龙"，是唐章怀太子李贤注《后汉书》时，为了避李渊祖父李虎的讳而改。严格说来，这类改字毫无修辞价值，只有消极作用。但古书中存在不少这类现象，影响到对古书的阅读理解，所以应当有所了解。

四、避直白

在言语交际中，需要注意说话的合宜、得体。有时候在某些特殊场合，或碍于情面，或迫于形势，有些话不便直说，便用委婉含蓄的迂回语来表达。例如：

①韩厥执絷马前，再拜稽首，奉觞加璧以进，曰："寡君使群臣为鲁卫请，曰无令舆师陷入君地。下臣不幸，属当戎行，无所逃隐，且惧奔辟而忝两君。臣辱戎士，敢告不敏，摄官承乏。"（《左传·成公二年》）

②后期年，齐王谓孟尝君曰："寡人不敢以先王之臣为臣。"（《战国策·齐策四》）

③如曰今日当一切不事事，守前所为而已，则非某之所敢知。（王安石《答司马谏议书》）

例①是晋国将领韩厥对齐侯所言，这一大通动听的言辞，好像尽是在说自己这不行、那不好，其实本意就是我要履行自己的职责，把你齐侯抓起来。这番柔中带刚的话，语意明确而言辞含蓄。例②就是齐王要撤孟尝君的职，又不愿直说，便找了个"不敢以先王之臣为臣"的借口迂回道出。例③中王安石以"非某之所敢知"之言既委婉地否定了司马光对他的责难，又显得很有礼貌。

五、表谦敬

古人在言语交际中，常用谦抑自贬的谦敬语，委婉地表达出对别人的敬重。除了前面人称代词部分提到的自我谦称如"寡人、不谷、仆、小人、妾、下走"等之外，古人对于自己的任职为官、品德行为等也采用谦敬语来表达。例如：

①仆赖先人绪业，待罪辇毂下，二十余年矣。（司马迁《报任安书》）

②臣常有狗马病，力不能任郡事。（《史记·汲郑列传》）

③仆虽罢驽，亦尝侧闻长者之遗风矣。(司马迁《报任安书》)

④庶竭驽钝，攘除奸凶。(诸葛亮《出师表》)

⑤今臣亡国贱俘，至微至贱。(李密《陈情表》)

例①用“待罪”，意指自己身居官位而力不胜任，将会获罪。例②汲黯用“狗马病”来贱称自己身体欠佳。例③用“罢驽”(“罢”通“疲”)，比喻自己才能低下；将自己曾经听过长者的遗训称为“侧闻”，都是作者对自己才质的贬抑之辞。例④的“驽钝”义近“罢驽”，比喻自己低下的才能。例⑤李密自称“亡国贱俘”，并非他真的当过俘虏，只不过以自贱之辞说自己是蜀汉的遗民罢了。

第二节 并提

一、表达特点

并提又叫“合叙”、“分承”，即把两件相关的事并列在一个句子或者短语中来表达。恰当运用并提方式，可以收到句子紧凑、文辞简练、变化有致的效果。例如：

①师之耳目，在吾旗鼓，进退从之。(《左传·成公二年》)

②近古之世，桀纣暴乱而汤武征伐。(《韩非子·五蠹》)

③夫种、蠡无一罪，身死亡。(《史记·韩信卢绾列传》)

④掾主吏萧何、曹参曰：“君为秦吏，今欲背之，帅沛子弟，恐不听。”(《汉书·高帝纪》)

⑤劲弩长戟射疏及远，则匈奴之弓弗能格也。(晁错《言兵事疏》)

⑥侍中侍郎郭攸之、费祎、董允等，此皆良实，志虑忠纯。(诸葛亮《出师表》)

⑦普施行之，年九十余，耳目聪明，齿牙完坚。(《三国志·蜀书·华佗传》)

⑧句读之不知，惑之不解，或师焉，或不焉，小学而大遗，吾未见其明也。(韩愈《师说》)

例①“师之耳目，在吾旗鼓”在形式上是个主谓结构，“耳目”并提是主语成分，“在”即“注意”是谓语，“旗鼓”是宾语成分；但实际上它是由两个主谓结构合并而成，“旗”承“目”而言，“鼓”承“耳”而言。因此，这句话应该按“师之耳在吾鼓，师之目在吾旗”来理解。例②的本意是“夏桀暴乱而商汤征伐，商纣暴乱而周武征伐”，而用“桀纣暴乱而汤武征伐”合并叙述。例③的意思是：“文种无一罪而身死，范蠡无罪而逃亡”，这里将两件事情合并叙述。例④“掾主吏萧何、曹参”在形式上是个偏正结构，“掾主吏”并提是定语，“萧何、曹参”并提是中心语，“掾”和“主吏”都是官职名，实际上，当时曹参为掾，萧何为主吏，所以应理解为“掾曹参、主吏萧何”。例⑤“劲弩长戟射疏及远”，实际上“射疏”承“劲弩”而言，“及远”承“长戟”而言，应理解为“劲弩可以射疏，长戟可以及远”。例⑥同例④，“侍中”、“侍郎”是两个官名，当时，郭攸之、费祎任侍中，董允任侍郎，所以应理解为“侍中郭攸之、费祎，侍郎董允”。例⑦的“耳目聪明”应按“耳聪目明”来理解。例⑧是把“句读之不知，惑之不解”并在一起，把“或师焉，或不焉”并在一起，应按“句读之不知，或师焉；惑之不解，或不焉”理解。

二、分承关系

并提式结构的分承关系，一般是第一个词语与第三个词语相承，第二个词语与第四个词语相承。但也有少数是第一个词语和第四个词语相承，第二个词语和第三个词语相承，如上举例④。因此，对于这类情况，需要认真辨析，避免以辞害意。例如：《史记·孝景本纪》载：“封故御史大夫周岢孙平为绳侯，故御史大夫周昌子左车为安阳侯。”而《汉书·景帝纪》则把这两句改成并提式：“封故御史大夫周岢周昌孙子为列侯。”如果不对照《史记》，不明史实，就会误解为周岢、周昌二人的孙子和儿子都封了侯。再如，《汉书·魏豹传》：“齐楚遣项它田巴将兵随市救魏。”这里也用了并提式。这句话中，“齐楚”与“项它、田巴”有分承关系。颜师古注：“楚遣项它，齐遣田巴。”由此可知，运用并提式能使行文简约紧凑，但在表达上又存在内容杂糅之病，容易产生误解。而能否避免理解上的错误，并不取决于修辞知识水平的高低，而是需要相关的知识（如历史知识、文化知识等）来决定。

第三节　互文

互文又叫“互辞”、“互言”、“互备”、“互文见义”等，是指前后文句或词语在意义上彼此隐含渗透、相互呼应补充的一种表达方式。使用互文，是为了避免行文的单调平板，也是为了适应文体表达的某些要求。互文可以分为两种情况。

一、单句互见

这种情况是指在同一个句子中某些词语互见，这是互文最常见的形式，也是比较容易识别的一种。例如：

①罗襦宝带为君解，燕歌赵舞为君开。（卢照邻《长安古意》）
②秦时明月汉时关，万里长征人未还。（王昌龄《出塞》）
③主人下马客在船，举酒欲饮无管弦。（白居易《琵琶行》）
④烟笼寒水月笼沙，夜泊秦淮近酒家。（杜牧《泊秦淮》）
⑤陵阳佳地昔年游，谢朓青山李白楼。（陆龟蒙《怀宛陵旧游》）
⑥岸芷汀兰，郁郁青青。（范仲淹《岳阳楼记》）
⑦草行露宿，日与北骑相出没于长淮间。（文天祥《指南录后序》）

例①“燕歌赵舞”为互文，指燕赵的歌，燕赵的舞，而不是分指燕地的歌，赵地的舞，“歌”、“舞”在一句中互相补充。例②“秦时明月汉时关”，字面上是在分说秦月汉关，实际上意为“秦汉时的明月，秦汉时的关”，“明月”和“关”在一句中互相补充。例③“主人下马客在船”，意思是主人和客人都下马到了船上，“主人”和“客”在句中互相补充。例④“烟笼寒水月笼沙”描写河边沙地的夜景，意思是烟雾和月色笼罩着寒凉的江水，也笼罩着沙滩，“烟”和“月”在句中互相补充。例⑤“谢朓青山李白楼”，诗意是指谢朓李白登过的山，谢朓李白登过的楼；“青山”和“楼”并不分属谢朓和李白，而是互相补充的；谢朓曾在宣城任职，李白曾在宣城游玩过。例⑥“岸芷汀兰”是互文，是指岸上和汀（小洲）上长满芷草和兰花，“岸”和“汀”互相补充。例⑦“草行露宿”不能理解成在草丛中穿行，在露水里歇宿，而是指在草丛露水中穿行，在草丛露水中歇息，“草”和“露”是互相补充的。由此可见，只要掌握了互文的一般规律和特点，理解辨识起来并不困难。现代汉语里，如南来北往、风调雨顺、神出鬼没、莺歌燕舞、东奔西忙等成语，都是互文。

二、对句互见

对句互见是指上下两句中的某些词语互见，即上句隐含着下句，下句隐含着上句，两句结合表达一个完整的意思，不能拆开来孤立地理解其中的一句话。例如：

①公入而赋：“大隧之中，其乐也融融。”姜出而赋：“大隧之外，其乐也泄泄。”遂为母子如初。（《左传·隐公元年》）

②岂人主之子孙则必不善哉？位尊而无功，奉厚而无劳，而挟重器多也。（《战国策·赵策四》）

③赵女侍前，齐姬奉后。（枚乘《七发》）

④战城南，死郭北，野死不葬乌可食。（汉乐府《战城南》）

⑤百姓殷阜，年登俗乐，鳏寡不闻犬豕之食，茕独不见牛马之衣。（《洛阳伽蓝记》卷四）

⑥大城铁不如，小城万丈余。（杜甫《潼关吏》）

⑦悍吏之来吾乡，叫嚣乎东西，隳突乎南北。（柳宗元《捕蛇者说》）

例①“公入而赋”不是庄公进入隧道赋诗，“姜出而赋”也不是姜氏走出隧道赋诗，这样母子俩是无法见面的。服虔注：“入言公，出言姜，明俱出入，互相见。”可知这两句是互文，是说庄公和姜氏在出入隧道时都赋诗。例②“位尊而无功，奉厚而无劳”互见，“位尊”与“奉厚”互补，“无功”与“无劳”互补，意即“位尊奉厚而无功无劳”。例③两句内容互见，“赵女”与“齐姬”互补，“侍前”与“奉后”互补，意即“赵女齐姬侍前奉后”。例④“战城南，死郭北”两句内容互见，“战”与“死”互补，“城南”与“郭北”互补，意即“战于城南郭北，死在城南郭北”。例⑤“鳏寡不闻犬豕之食，茕独不见牛马之衣”两句内容互见，“鳏寡”与“茕独”互补，“不闻”与“不见”互补，“犬豕之食”与“牛马之衣”互补，意即“鳏寡茕独不闻不见犬豕之食牛马之衣”。例⑥两句内容互见，“大城”与“小城”互补，“铁不如”与“万丈余”互补，意即大大小小的城墙都比铁坚固且万丈之高。例⑦“叫嚣乎东西，隳突乎南北”两句内容互见，"叫嚣"与"隳突"互补，"东西"与"南北"互补，应按"叫嚣隳突乎东西南北"理解，即悍吏们在村子的四面八方到处大叫大喊，骚扰破坏。

从以上的例子可以看出，互文的主要特点就是上下文义相互补充，彼此包容。理解这类语句，不能机械地仅从字眼上死扣。比如，"战城南，死郭北"，若理解为在城南作战，在郭北死去，那就错了。

上面两类互见的例子中，上下两部分的内容可以直接合并起来理解，这是互文的一般情况。但有的作者在运用互文时往往有所突破，出现比较复杂的情况，不能合并理解。例如：

⑧开我东阁门，坐我西阁床。（《木兰诗》）

⑨花径不曾缘客扫，蓬门今始为君开。（杜甫《客至》）

例⑧两句内容互见，但不能直接合并为"开我东阁门西阁床，坐我东阁门西阁床"。实际上这两句中上句说了个头，而没有尾；下句只说了尾，而没有头。这两句的互文方式不单纯是句中词语的相互补足，而是意义上的相互隐含和渗透，应理解为："开我东阁门坐东阁床，开我西阁门坐西阁床。"例⑨的互文与此相同，应理解为："花径不曾缘客扫，今始为君扫；蓬门不曾缘客开，今始为君开。"

第四节 割裂

割裂又叫"藏词"，这种修辞方式是把一句话或一个短语割裂开来，取用其中的一部分，曲折地表示被隐藏的另一部分的意义。割裂可以看成是一种特殊形式的借代（称）。从意义上看，割裂有三种情况：

一、截取句子的一部分指代另一部分的意思

例如：

①今之否隔，友于同忧。（曹植《求通亲亲表》）

②行行向不惑，淹留遂无成。（陶渊明《饮酒》之四）

③痛心拔脑，有如孔怀。（陆机《与长沙顾母书》）

④隋卢思道尝共寿阳庾知礼作诗，已成而思道未就，礼曰："卢之诗何太春日？"（《启颜录·卢思道》）

⑤烈宗知其抗直，而恶闻逆耳。（《晋书·孝武帝纪》）

⑥君欲老夫旦旦耶？（《聊斋志异·薛慰娘》）

例①的"否隔"即隔绝。"友于"指兄弟，语出《尚书·君陈》："惟孝友于兄弟。"意即"只有孝顺父母的人才会对兄弟友爱"。后人把这句话割裂开来，摘取"友于"代替"兄弟"。例②的"不惑"指四十岁。语出《论语·为政》："吾十有五而志于学，三十而立，四十而不惑，五十而知天命，六十而耳顺，七十而从心所欲，不逾矩。"后人截取"不惑"表示四十岁。此外，还截取"而立"表

三十岁，截取“知天命”表五十岁，截取“耳顺”表六十岁等等。例③的“孔怀”指兄弟。语出《诗经·小雅·棠棣》：“死丧之威，兄弟孔怀。”“兄弟孔怀”意即“兄弟很悲伤”。后人截取“孔怀”代指“兄弟”。例④的“春日”表示迟缓。语出《诗经·豳风·七月》：“春日迟迟，采蘩祁祁。”“迟迟”即迟缓，后人截取“春日”代称。例⑤的“逆耳”指忠言。语出《孔子家语·六本》：“良药苦于口而利于病，忠言逆于耳而利于行。”后人截取“逆（于）耳”代替“忠言”。例⑥的“旦旦”本来是“诚恳的样子”，这里却表“发誓”，这是截取《诗经·卫风·氓》“信誓旦旦”的后两个字。

以截取部分指代另一部分时，隐没的内容可在截取部分的前面，这种情况叫“藏头”，如例②③⑤⑥；隐没的内容也可在截取部分的后面，这种情况叫“歇后”，如例①④。

二、截取部分表示整个句子的意思

例如：

①重以尸素，抱罪枕席。（《晋书·纪瞻传》）

②居常待其尽，曲肱岂伤冲。（陶渊明《五月旦作和戴主簿》）

③君非从流，臣进逆耳。（萧统《文选序》）

④岂不旦夕念，为尔惜居诸。（韩愈《符读书城南》）

⑤民穷诉苍天，日夜思来苏。（陆游《感兴》）

例①的“尸素”表示“尸位素餐”，指居官位而不理事，不劳而获。语出《汉书·朱浮传》：“今朝廷大臣，上不能匡主，下亡以益民，皆尸位素餐。”这里，“尸位素餐”的意思只用“尸素”两字表示。例②“曲肱岂伤冲”意为清贫的日子不会影响对道的追求（冲，指道）。语出《论语·述而》：“饭疏食，饮水，曲肱而枕之，乐亦在其中矣。”这段话是孔子安于清贫的自述，“曲肱而枕之”即弯着胳膊当枕头睡觉休息。这里，截取“曲肱”表示“清贫”之义。例③的“从流”来源于《左传·成公八年》的“从善如流。”意为很快接受别人意见，像水从高处往低处流一样。这里截取“从善如流”的首尾两字表示整句的意思。例④的“居诸”指日月，时光。语出《诗经·邶风·日月》：“日居月诸，照临下土。”“居”和“诸”本是语气词，“日居月诸”，意即“太阳啊月亮啊”，这里截取两个虚词代日月。例⑤的“来苏”指国君来解救百姓，语出《尚书·仲虺之诰》：“徯予后，后来其苏。”“徯”，等待；“后”，国君；“苏”，苏醒。全句意为：“等待我们的国君，国君一来，我们就复活了。”这里的“来苏”，实际上包含了“后来其苏”整句话的意思。

三、截取部分表示新的意思

有时割裂后截取的部分既不表示句子或短语另一部分的意思，也不表示整个短语或句子的意思，所表示的意思是在原句基础上的变化和发展。例如：

①方今英雄并起，各矫命专制，唯曹兖州乃心王室。（《三国志·魏书·钟繇传》）

②是知孝治所被，爰及无心，锡类所及，匪徒教义。（任昉《启萧太傅固辞夺礼》）

③以彼行媒，同之抱布。（沈约《奏弹王源》）

④免怀之岁，天夺圣善；不食三日，哀比成人。（张说《息国长公主神道碑》）

例①的“乃心”表示“忠心”。语出《尚书·康王之诰》：“虽尔身在外，乃心罔不在王室。”句意为：虽然你的身体在外，但是你的心无时不在王室。是对臣子忠诚于王室的称赞。后人截取“乃心”来表示忠心。例②“锡类”指孝子的孝心。语出《诗经·大雅·既醉》：“孝子不匮，永锡尔类。”“锡”通“赐”，两句意思是：孝子的孝心没有穷尽，永远把它赐给你们的同类。这里从“永锡尔类”中截取“锡类”二字，代指孝心，两句意为：孝心所涉及的，不仅仅是教义。例③的“抱布”不是具体的动作，抱着布，而是指“买卖”。语出《诗经·卫风·氓》：“氓之蚩蚩，抱布贸丝。”此处说王源用嫁女所得的财礼为自己纳妾，就跟做买卖一样。例④的“免怀”指三岁的时候。语出《论语·阳货》：“子生三年，然后免于父母之怀。”意思是：儿女出生三年以后，才能脱离父母的怀抱。这里则从句中截取“免怀”两个字来指代三年的时间。

割裂这种修辞方式，从形式上看，随意性较大，有时截取前面部分，有时截取后面部分，有时又从中任意抽取。截取的两个字可以是一个词，如“春日”，也可以是短语，如“不惑”、“逆耳”，甚至两个完全不能组合的词在割裂方式中也可以放在一起表意，如“友于”、“居诸”、“锡类”等。由于任意割裂，随便拼凑，这种修辞方式使古汉语产生了一批畸形词语。或是把意义完整的词强行分割，或是把意义毫不相干的词生硬结合，弄得非驴非马、奇形怪状。这种近乎文字游戏的修辞方式，既造成了表意的晦涩难懂，徒增阅读的困难，又损害了汉语词汇的完整性，是古代汉语发展中的一种不健康的倾向。北齐学者颜之推就曾对上举“孔怀”代“兄弟”的表达方式对陆机提出过批评，他在《颜氏家训·文章》中说：

> 《诗》云：“孔怀兄弟。”孔，甚也；怀，思也。言甚可思也。陆机《与长沙顾母书》述从弟士璜死，乃言“痛心拔脑，有如孔怀”。心既痛矣，即为甚思，何故方言“有如”也？观其此义，当谓亲兄弟为“孔怀”。《诗》云：“父母孔迩”。而呼二亲为“孔迩”，于义通乎？

颜之推的这个批评是对的，“割裂”的修辞方式不值得提倡。现代汉语中，除了保留以“而立”代三十岁、“不惑”代四十岁这样极个别的情况外，一般不再使用割裂的修辞方式。由于古人的诗文中“割裂”的现象不少，因而了解这种修辞方式是有必要的。

第五节 同义连用

将两个或两个以上意义相同或相近的词语临时组合在一起，使其相当于一个词，表示一个共同的意义，这种表达方式叫做同义连用。同义连用又叫同义连文、同义复词、复语、连语、连文等。连用的词语在意义上有互相融合、渗透、补充的作用。

一、同义连用的类型

同义连用在古书中应用十分普遍。从词类看，基本上包括了各类词；从音节上看，以双音节为主，也有三音节、四音节的。例如：

①贪于饮食，冒于货贿。(《左传·文公十八年》)

②《诗》三百篇，大抵圣贤发愤之所为作也。(司马迁《报任安书》)

③草木畅茂，禽兽繁殖。(《孟子·滕文公上》)

④圣人举事，求其宜适也。(《论衡·书虚》)

⑤秦王身问之："子，孰谁也?"(《战国策·赵策》)

⑥是我代韩受魏之兵，顾反听命于韩也。(《战国策·齐策》)

⑦由也为之，比及三年，可使有勇，且知方也。(《论语·先进》)

⑧若苟君说之，则众能为之。(《墨子·兼爱中》)

例①"货贿"连用，"货"指财物，"贿"也指财物；"冒"义同"贪"。例②"为作"连用，"为"也有"作"义，"发愤之所为作"意即"发愤之所作"。例③"畅茂"连用，"畅"也有"茂盛"义。例④"宜适"连用，共表"适当，合适"义。例⑤疑问代词"孰谁"连用，共表"谁，哪个"义。例⑥副词"顾反"连用，共表"反而，却"义。例⑦介词"比及"连用，共表"等到，到了"义。例⑧假设连词"若苟"连用，共表"假若，如果"之义。以上都是双音节的，再看三音节、四音节的同义连用：

⑨览相观于四极兮，周流乎天余乃下。(屈原《离骚》)

⑩至今皆得水利，民人以给足富。(《史记·滑稽列传》)

⑪府帑虽未能充，略颇稍给。(《汉书·王莽传》)

以上三音节同义连用。例⑨"览相观"三字连用，共表"浏览观看"之义。例⑩"给足富"三字连用，共表"富裕，富足"之义。例⑪的"略颇稍"，杨树达《汉书窥管》引周寿昌《汉书注校补》："'略颇稍'三字连文。"姚维锐《古书疑义举例增补》："'略'即'颇'也，'颇'即'稍'也，此以三字为复用矣。"也就是说，这三字共表"略微，稍微"之义。

⑫木处则惴慄恂惧，猿猴然乎哉!(《庄子·齐物论》)

⑬朋党比周，以环主图私为务。(《荀子·臣道》)

⑭仆窃不自料其卑贱，见主上惨怆怛悼，诚欲效其款款之愚。(司马迁《报任安书》)

以上是四音节同义连用。例⑫"惴慄恂惧"四字同义连用，《说文》："惴，忧惧也。"《玉篇》："恂，慄也。"四字合起来共表"恐惧，害怕"之义。例⑬"朋党比周"四字同义连用，共表"拉帮结伙、相互勾结"之义。"环主"指迷惑君主。例⑭"惨怆怛悼"四字同义连用，《尔雅·释诂下》："惨，忧也。"《说文》："怆，伤也。"《广雅·释诂一》："怛，忧也。"《玉篇》："悼，伤也。"四个字均有“忧伤”义，合起来形容十分忧愁悲伤。

以上都是单音节构成的同义连用。此外，还有双音节词或词组构成的同义连用。例如：

⑮及罪至罔加，不能引决自裁。（司马迁《报任安书》）

⑯燕军扰乱奔走，齐人追亡逐北。（《史记·田单列传》）

⑰光敕左右：“谨宿卫！卒有物故自裁，令我负天下，有杀主名。”（《汉书·霍光传》）

例⑮“引决”和“自裁”同义连用，都是指自杀。例⑯“追亡”和“逐北”同义连用，都是指追赶败逃的敌人。例⑰“物故”指死亡，和“自裁”即“自杀”之义相近而同义连用。

二、修辞作用和表义特点

同义连用是十分普遍的修辞方式。其修辞作用主要在以下两个方面：一是加重语气，强调语意。这在三字、四字组成的同义连用中最为突出，如上所举“给足富”三字连用，增强了突出富裕程度的语气；“惨怆怛悼”四字连用，强调了忧愁悲伤的程度。二是凑足音节，协调语句。为了使语句整齐，节奏和谐，古人往往不避重复而同义连用。如：

①跋履山川，踰越险阻。（《左传·成公十三年》）

“踰”和“越”同义，“险”和“阻”同义，它们分别连用，与前面的“跋履”和“山川”对应，构成整齐和谐的句式。

构成同义连用的词语一般是能够独立运用的多义词，当其连用后，并未产生新的意义，而是将原有两个（或两个以上）词语的某一相同相近的意义固定在一个共同的义位上，相互融合渗透，又相互限制约束，从而使多义词在具体语言中意义的单一性和明确性得到了增强。例如：

②所以动心忍性，曾益其所不能。（《孟子·告子下》）

例中“曾”和“益”都是多义词，“曾”有曾经、增加、重叠、竟然等常义，“益”有溢出、增加、益处、更加等常义，且当时还未从字形上加以分化区别；“曾益”两词连用，就使各自的其他意义得以排除，而两者共有的“增加”义则得到了明确的体现。

需要注意的是，语言中绝对的等义词是不存在的。构成同义连用的虽然是同义词，但它们往往只是在某一相同点上重合，各自在意义或功能上有其区别性特征；但是一旦连用后，就要存同舍异，隐弃各自的特点，共同体现相同的意义。因此，理解同义连用应当求其同而不必寻其异。例如：

③各兴心而嫉妒兮。（屈原《离骚》）

王逸注：“害贤为嫉，害色为妒。”“嫉”和“妒”分别使用时，的确有这样的区别；但在句中连用后，就是泛指忌人之长。若按王逸注机械地解释例中的“嫉妒”，就不合适了。

同义连用在形式上接近词组，在意义上它却相当于一个词。由于同义连用是词语的临时组合，所以属于修辞表达方面的问题。当然，有些同义连用的词语用得多了，后来逐渐固定下来，便成了一个复合词，这也是汉语词汇发展的自然现象。

思考与练习

一、并提的主要特点是什么？举例说明。

二、互文见义的主要特点是什么？举例说明。

三、举例说明同义连用的修辞作用和表义特点。

四、指出并说明下列句中的修辞表达方式。

1. 今少卿抱不测之罪，涉旬月，迫季冬，仆又薄从上雍，恐卒然不可为讳。（司马迁《报任安书》）
2. 至今皆得水利，民人以给足富。（《史记·滑稽列传》）
3. 自非亭午夜分，不见曦月。（《水经注·江水》）
4. 东西植松柏，左右种梧桐。（《孔雀东南飞》）
5. 张仪闻，乃曰："以一仪而当汉中地，臣请往如楚。"（《史记·屈原列传》）
6. 将军角弓不得控，都护铁衣冷难着。（岑参《白雪歌送武判官归京》）

阅读与参考书目

（清）俞樾．古书疑义举例五种．北京：中华书局，1956

陈望道．修辞学发凡．上海：上海教育出版社，1979

杨树达．汉文文言修辞学．北京：中国科学出版社，1954

朱祖延．古汉语修辞例话．武汉：湖北人民出版社，1979

赵克勤．古汉语修辞简论．北京：商务印书馆，1983

李维琦．修辞学．长沙：湖南人民出版社，1986

郭锡良等．古代汉语（下）．天津：天津教育出版社，1991

周生亚．古代诗歌修辞．北京：语文出版社，1995

周振甫．中国修辞学史．北京：商务印书馆，1991

第5讲

音　韵

第一节　绪论

一、什么是音韵学

(一)概念

音韵学又称声韵学，它是研究汉字的历史读音和汉语各个历史时期声、韵、调系统及其历史演变规律的一门传统学问，是古代汉语的一个重要组成部分。音韵学通过分析汉字的读音，归纳汉语各个历史时期的语音系统，然后对各个历史时期的语音系统进行比较，进而探究汉语语音的历史演变过程及其发展规律。所谓声、韵、调系统，就是指某个历史时期汉语声、韵、调的种类及声母、韵母的配合规律。以现代普通话为例，它有22个声母，39个韵母，4个调类。其声母和韵母的配合不是任意的，而有一定的规律，如j、q、x三个声母只能和齐齿呼与撮口呼的韵母相拼，而不能与开口呼与合口呼的韵母相拼。音韵学一直着力于研究汉语的历史读音，研究历代汉语的语音系统及其组合规律，属于历史语音学。历史语音学研究某一语言各个历史阶段的语音系统及其发展规律。从音系学或音位学的角度看，可看成历时的汉语音系学，具有历时性、系统性两大主要特点。

(二)分类

汉语音韵学有传统与现代之分。传统音韵学的研究，主要是汉语各个时期的语音系统的音类的考辨、分析和归类的工作，未能探求具体的音值；现代音韵学借鉴、吸收西方现代语言学的理论、方法和工具来研究汉语历史语音，主要是语音系统的音值构拟，走上了科学之路。

传统音韵学分为三个门类，即今音学、古音学和等韵学。段玉裁《广雅疏证·序》说："古今者，不定之名也。三代为古，则汉为今。汉魏晋为古，则唐宋以下为今。"这里，"古音"指上古音，"今音"指中古音。今音学是研究中古时期（魏晋南北朝到唐宋）汉语语音系统的一门学问；古音学是研究上古时期

（先秦两汉）汉语语音系统的一门学问；等韵学是用“等”的概念分析汉语声韵调配合规律的一门学问，它通过韵图的形式展示某一历史时期的声、韵、调系统。等韵图类似于现代汉语中的声韵调配合表。清人劳乃宣《等韵一得·序》说得好：“有古韵之学，探源六经，下及屈、宋，以考唐虞三代秦汉之音是也。有今韵之学，以沈、陆为宗，以《广韵》、《集韵》为本，证以诸名家之诗与有韵之文，以考六朝唐宋以来之音也。有等韵之学，辨字母之重轻清浊，别韵摄之开合正副，按等寻呼，据音定切，以考人声自然之音是也。古韵、今韵以考据为主，等韵以审音为主，各有专家，不相谋也。”随着汉语音韵学的发展，在传统音韵学三分的基础上，又增加了“北音学”（或称近代音），它是研究宋末元初至清中叶的近代汉语语音系统，北音学的研究对于了解普通话的形成和发展有着重要的意义，是汉语音韵学不可缺少的一部分。

二、音韵学的功用

汉语音韵学和现代汉语、汉语史、方言学、文字学、训诂学、古典文学、文献学以及古籍整理等学科都有密切的联系。下面主要从五个方面谈谈汉语音韵学的功用。

（一）音韵学是建立汉语史的前提

要学习古代汉语，阅读古代典籍，必须了解和掌握古汉语的音节结构和语音系统。要研究汉语语音，总结汉语语音的特点和发展规律，就不能不建立汉语语音史。要建立汉语语音史，首先必须研究出汉语各个历史时期的声、韵、调系统，例如先秦、隋唐、元明清时期汉语的声、韵、调系统如何，等等。只有把不同历史时期声、韵、调系统的面貌弄清楚，并找出其间的联系、发展和演变规律，才谈得上汉语语音史的建立。要弄清楚汉语各个历史时期声、韵、调的状况，就有赖于音韵学的研究。

（二）音韵学是方言调查研究的必要条件

要对方言进行深入的研究，不能不涉及方言的历史。只有从历史的角度找出方言特定的根据，才能弄清方言的来龙去脉，才能对方言的特点及其演变规律做出合乎科学的解释。因此，要从事方言调查研究，就必须具备一定的音韵学知识。搞方言调查，就要亲自到方言区去口问、耳听、手记，做静态的分析描写工作，这就需要具备音韵学知识。凡是有关方言调查的书籍，都要讲述音韵学的基础知识。

（三）音韵学是文字学、训诂学的工具

文字学、音韵学、训诂学都是研究我国古代语言文字意义的传统学问，它们三位一体，关系密切。音韵学是文字学、训诂学的基础，是研究文字学、训诂学的有力工具。因声求义以明文字训诂又是治音韵学的根本目的。东汉许慎《说文解字》在解释汉字时要涉及文字的形音义。形声字的声符表音，有时又用“读若”来给汉字注音，要弄清楚它们的关系就要用到音韵学知识。要读懂古代文献，也必须掌握音韵学知识。古人于此有正确而清醒的认识。如清初顾炎武在《答李子德书》中说：“读九经自考文始，考文自知音始。”乾嘉时期的段玉裁在《寄戴东原先生书》中说：“音韵明而六书明，六书明而古经传无不可通。”清末章太炎先生在胡以鲁《国语学草创·序》中强调语音在语言中的重要地位：“音

以表言，言以达意，舍声音而为语言文字者，天下无有。”黄侃先生也认为：“音韵之学，最忌空谈音理。必求施之文字、训诂，则音韵不同虚设，而文字、训诂亦非以音韵为之贯串，为之钤键不可。二者有一不明，则不足以论小学，不足以谈古籍。然则音韵之于文字、训诂，犹人身有脉络关节也。”

（四）音韵学是学习古代诗歌声律的基础

中国古代诗歌讲究节奏和押韵，富于音乐感。特别是隋唐以后的格律诗，为了极尽诗句乐感的抑扬顿挫、曲折变化之妙，诗人将平上去入四声分成平仄两类，规定了严格的交替格律。因此，如果没有一定的音韵学修养，对古代诗歌就无法做到全面准确的理解和鉴赏。古诗今天看起来不押韵，在中古时期却是押韵的。要真正懂得律诗的格律，就必须具备一些音韵学的基础知识不可。例如古代属于仄声的入声字有一些今天已变成了平声字，如果按照今天的调类去分析律诗的平仄，就会出错。

（五）有助于深入了解现代汉语语音系统

现代汉语是从古代汉语发展而来的，现代汉语的语音系统也是由古代汉语的语音系统发展而来的。不知古音，现代汉语普通话及方言的读音就成了无源之水，其特点和规律也就无从把握了。只有掌握了音韵学知识，才能了解现代汉语语音的声韵调的结合关系。只有了解了古今语音演变的规律，才能进一步掌握现代汉语的语音结构规律和语音演变规律，也才能做好现代汉语语音的规范化工作。

三、研究音韵学的材料和方法

（一）研究音韵学的材料

由于汉字不是音素文字，不能直接反映历史上不同时期的实际语音系统情况，所以只能通过对各种不同的数据进行分析归纳，来间接地了解古代汉语的语音面貌。研究古代汉语语音的材料主要包括以下几种：

（1）汉字

汉字中有大量的形声字。形声字的声符表示字的读音。造字时以甲字作乙字的声旁，那么甲字与乙字的读音肯定是相同或非常接近的。例如“闻”字从“门”得声，那么，在造字之初“闻”、“门”读音一定非常接近。使用相同声旁的字，它们的读音也必定是相同或非常接近的。例如“芒”、“妄”、“忘”、“忙”都从“亡”得声，这些字普通话韵母相同、声母不同，在上古它们的声母一定是相同或非常相近的。根据这种情况，我们可以通过对大量形声字声旁的分析来研究古代汉语的语音。此外，汉字在使用过程中出现了很多通假字、古今字、异体字、繁简字等，这些材料也都与语音有着不同程度的联系，因此都是研究古代汉语语音的重要材料。

（2）古代的韵文材料

韵文材料指的是诗歌、辞赋等韵文中的韵脚字。汉语的押韵至少是主要元音和韵尾相同，有时是韵母相同的字才能相押，所以彼此押韵的字，它们的韵母相同，至少是主要元音和韵尾相同。如《诗经·大雅·绵》第二章：“古公亶父，来朝走马，率西水浒，至于岐下。爰及姜女，聿来胥宇。”其韵脚是“父”、“马”、“浒”、“下”、“女”、“宇”，它们的韵母今天是不相同的；在《诗经》时代，它们的韵母应该是相同的，至少主要元音是相同的。根据这种情况，我们就可以利用诗歌、辞赋等韵文的韵脚字材料来分析归纳诗歌、辞赋创作时期的韵母情况。因此古代的韵文材料是研究古代汉语韵母系统的重要材料。

（3）古代的注音材料

古代的注音材料包括古代文献中的譬况、直音、读若、反切等。这些材料直接反映被注音字和注音字在古代的读音，因此也是研究古音非常有价值的材料。用打比方的方法给汉字注音就是譬况，如《淮南子·地形训》："其地宜黍，多旄犀。"东汉高诱注："旄读绸缪之缪，急气言乃得之。"直音就是用同音字给另一个字注音。例如：《汉书·高帝纪》"单父人吕公善沛令"，颜师古注引孟康曰："单音善，父音甫。"读若是通过比况的方法用读音相同、相近的字注音。如《说文》："瑂，读若眉。""祘，读若筭。""舁，读若余"，即"瑂"与"眉"、"祘"与"筭"、"舁"与"余"在东汉时期的读音是相同或相近的。汉末以后，随着佛教的传入，学者利用梵文的拼音原理来分析汉字读音的声、韵、调结构，创制了反切注音法。"反切"又叫"反"、"切"、"翻"、"反语"等，是用两个汉字来给一个汉字注音，其基本做法是：切上字与被切字声母相同，切下字与被切字的韵母和声调相同。例如《广韵》"东，德红切"，即取"德"的声母和"红"的韵母和声调切出"东"的读音。

（4）古代的韵书和韵图

韵书是人们将韵母相同、相近的字汇集在一起，供人们写诗时选择韵脚字用的一种字典，如《切韵》、《广韵》、《集韵》、《平水韵》等；韵图是古人编制的声韵调配合的音节结构表，如宋代的《韵镜》、《七音略》、《切韵指掌图》、《四声等子》等。韵书不仅将韵母相同、相近的字汇聚在一起，而且在每一韵中又按声母的不同分出若干同音字组（又称"小韵"）并用反切法注音；韵图是直观地将字的声韵调情况都反映出来。这两种材料都能比较准确地反映出当时的语音系统，是研究古音最有用的成系统的材料。

（5）古代的异文材料

异文指不同的书或同一部书的不同版本在记载同一内容时使用不同的字词。如"伏羲"在古书中又作宓羲、庖牺、包牺、伏戏等。这样的异文对于研究上古汉语的声母和韵母系统有一定价值。

（6）古代的声训材料

声训是用读音相同或相近的词去解释另一个词的训诂方法。声训材料在一定程度上能反映当时的语音情况，可以作为研究古音的参考材料。如《释名·释州国》："邦，封也，封有功于是也。""郡，群也。有所群聚也。"《释名·释形体》："身，伸也。可屈伸也。""胃，围也。围受食物也。"《说文》："政，正也（攴部）。""户，护也（户部）。""晋，进也。""日，实也（日部）。""月，阙也（月部）。""遵，循也（辵部）。"等等。

（7）古代的对音材料

对音就是音译。对音材料在一定程度上能反映出词在借用时的读音情况。这在汉语古音研究特别是音值构拟上有着独特的价值。梵文 namas，借入汉语后，音译作"南无"，用"无"字对译原词的"ma"，说明"无"在当时的声母是 m。梵文 buddha，汉语音译作"浮屠"、"浮图"，以"浮"对音梵文"bu"，说明"浮"的声母古代是双唇音。一方面，自汉末起，佛教东传，汉语从梵语借入了大量词语，大部分是音译词；另一方面，其他民族语言如朝鲜语、日语、越南语也从汉语借用了大量词语，其中很大一部分也是音译词。这些对音材料被称为梵汉对音、朝汉对音、日汉对音、越汉对音，是研究古代汉语语音系统非常宝贵的数据。

（8）方言材料

自古以来，汉语方言复杂，由于语音发展的不平衡性，古代的一个音在甲方言发生了变化，在乙方言却保留下来了。例如“家”古代声母是舌根音［k］，普通话已变为舌面音［tɕ］，一些方言今天仍然念舌根音［k］。古代汉语的许多语音特点保存在现代汉语方言，如粤方言保存了古代汉语的［-m］、［-p］、［-t］、［-k］四种辅音韵尾，闽方言保存了上古汉语舌头音舌上音不分的特点，吴方言保存了古代汉语声母清浊对立的特点。汉语方言为我们研究古音提供了珍贵的活语言材料。

（9）亲属语言材料

汉语与藏语等汉藏系语言有共同的来源，拿汉语去跟同语系的其他语言进行历史比较研究是汉语古音研究的一种重要的方法。汉语上古音研究中的一些难题如复辅音声母、音节模式、声调起源等问题，必须借助于汉语与亲属语言的比较研究才能够得到很好的解决。

（二）研究音韵学的方法

罗常培先生在《汉语音韵学导论》中提出研究音韵学的方法是“审音、明变、旁征、祛妄”。今天，我们要研究音韵学，还要有现代语言学，特别是现代语音学的知识。研究汉语声韵系统、分析汉语声韵调的特点、探求古音的发展规律以及对古音进行构拟等，都需要使用语音学知识，可以说，语音学是研究汉语音韵的基础和工具。音韵学研究的具体方法有很多，如：丝联绳引法、反切系联法、谐声推演法、审音法、历史比较法、内部拟测法、译音对勘法，等等。万献初在《音韵学要略》中还提出：“需要特别强调的，一是‘音义互联’的方法，二是‘人文计算’的方法。……人文计算，是指运用计算机技术建立语音材料数据库来作统计、比较、分析，从而发现规律并提升理论。……人文计算的计算机数据化能帮助我们做很多前人做不到或想不到的事情，比如通过程序设计，可以自动给出音韵地位，可以自动进行材料对比、反切系联、韵段和韵字分析；可以进行各类自动化统计与计算，诸如算术统计、概率统计、数理统计、分布及离合指数计算等。计算机技术最长于海量音切数据的处理和检索，既快捷又准确，其效率是过去手工排卡片、查索引远远不能企及的，所以它是21世纪汉语音韵学取得突破性进展的有利条件和重要方法。”这些提法在今天所处的信息时代是很有意义的。

第二节　汉语音韵学的基本概念和术语

一、声母的基本概念和术语

（一）关于声母的名称

声母是指音节开头的辅音。有些音节没有声母，直接以元音开头，习惯上称作零声母。

古代没有表示声母的音标，就选用一定的汉字代表声母，这些声母代表字称作声纽、字母或声类。

在传统音韵学中，声母又称作“声”、“纽”、“声纽”、“音纽”等，古人以为声母是一个字音的枢纽，所以将它称作声纽。如“双声”、“古音十九纽”中的“声”、“纽”都表示声母的意思。最早提到“纽”的文献是唐代孙愐的《唐韵·序》。根据瑞典汉学家高本汉的研究，声纽与现在所说的声母略有不同，它包括同辅音的颚化音和非颚化音，如“见”纽包括［kj］、［k］两个声母。

（二）五音、七音、九音

发音部位，即发音时发音器官构成阻碍的部位，例如发［p］这个音时，构成阻碍的部位是双唇，双唇就是发［p］音的发音部位，［p］就叫做双唇音。在古代音韵学著作中，关于声母发音部位的归纳分析主要有“五音”、“七音”之说。“五音”最早见于《玉篇·五音声论》，其名称为：喉、舌、齿、唇、牙，排列次序是所谓由内而外。还有一种排列法是所谓由外而内，即唇、舌、齿、牙、喉。《广韵》卷末所附《辨字五音法》的排列就是这样。

五音：古代根据声母发音部位的不同，把声母按发音部位分为“唇、舌、牙、齿、喉”五类，即“五音”。

七音：在五音的基础上，再分出“半舌”（来纽）和“半齿”（日纽），共七类，就是“七音”。这种分法最早见于南宋张麟之重刊的《韵镜》、郑樵的《通志·七音略》和沈括的《梦溪笔谈》。

九音：到了南宋的《切韵指掌图》，又将七音中的唇音分为重唇音和轻唇音，将舌音又分为舌头音和舌上音，将齿音分为齿头音和正齿音，将半舌音和半齿音合称为舌齿音。这样，古代声母的发音部位就有了九类。

（三）清浊

对于声母的发音方法，传统音韵学主要使用“清”、“浊”的术语来作解释。传统音韵学对声母清浊的问题注意的比较早，据《隋书·潘徽传》载，魏时李登的《声类》和晋代吕静的《韵集》中已经有清浊的分别。唐代孙愐《唐韵·序》说：“切韵者，本呼四声，引字调音，各字有清浊。”由此可知，声母的清浊之辨由来已久。明确从清浊角度对声母进行分类的最早文献是《韵镜》和无名氏的《四声等子》，其后旧传司马光所撰的《切韵指掌图》、沈括的《梦溪笔谈》、元人黄公绍的《古今韵会》、刘鉴的《经史正音切韵指南》、清人江永的《音学辨微》等书中都从清浊的角度对声母进行了分类。后来，学者根据韵图中三十六字母排列的位置及发音特点，又将清浊各自一分为二，即：全清、次清，全浊、次浊。如《韵镜》、《梦溪笔谈》、《经史正音切韵指南》和《音切谱》都将声母分为全清、次清、全浊和次浊四类。也有分为五类、七类的。《四声等子》、《切韵指掌图》分为五类，原因是将全浊声母分成了全浊和半浊半清两类；《音学辨微》则分为七类，它将全清声母分为最清和又次清两类，将全浊声母又分为最浊和又次浊两类，将次浊声母又分为次浊和浊两类。

从现代语音学的观点看，传统的清浊之分实际上就是声带颤动与否。凡发音时声带不颤动的声母为清，凡声带颤动的声母为浊。至于全清、次清、全浊、次浊的进一步划分，则涉及其他的发音方法问题。古代全清、次清之间与全浊、次浊之间的区别特征是不一致的。全清的“全”是就清声母的不送气而言，次清的“次”是就清声母的送气而言，这与发音方法的气流强弱相关；全浊的“全”主要指塞音、塞擦音、擦音类浊声母，次浊的“次”则主要指鼻音、边音类浊声母，这与发音方法的阻碍方式相关。清浊本是由声带的颤动与否造成的，但与声调的高低也有密切的关系。清浊区别消失后，往往转化为阴、阳。今天普通话平声分阴阳，就是由原来的声母的清浊造成的。因此清、浊是相互对立的，但次清和次浊却不是相对的。

(四) 字母

古人对声母的分析方法是，给每一个声母取一个汉字作代表，比如［p］声母用“帮”来代表，［t］声母用“端”来代表，［n］声母用“泥”来代表，等等。这些代表声母的专用字就叫做“字母”。

字母相传是唐末一个叫守温的和尚根据当时汉语声母的实际情况而创制的，共有三十个。每个字母代表的就是它自身的声母，例如“明”这个字母代表的声母是［m］。

三十字母可能是守温学习翻译佛经时，受梵文字母“悉昙”的启发对反切上字进行归纳而成的。

关于守温三十字母的创立还有其他说法：《玉海》载沙门僧守温三十六字母图卷一卷，其后有吕介孺释文云：“大唐舍利创字母三十，后温首座益以娘、床、帮、滂、微、奉六母是为三十六字母。”按钱大昕等人考证，守温是唐末沙门僧人，后于三十字母的创立。僧守温则采西域婆罗门书之四十二字母，又兼陆（陆法言）、孙（孙愐）之韵书，参稽比较，遂制成三十六字母。可见，三十字母与三十六字母的创立大概还是源于西域佛经的制音思想与方法。

后来刘半农先生在法国国家图书馆看见敦煌石室写本，有一个写得很坏、破碎的卷子，共分三截，有一截的第一行写“南梁汉比丘守温述”八个字，背面有“三十字母敲韵”六字。（参见刘复《敦煌缀琐·守温韵学残卷》之《守温三十六字母排列法研究》）这个敲韵图受梵、藏发音影响较重。罗常培《敦煌写本守温韵学残卷跋》考证守温是唐末沙门人，“南梁”非朝代名而是地名。唐兰考证南梁就是兴元，即今天的陕西南郑县。守温当是当时凉州西域一代的汉族僧人。

后来，唐宋时期的音韵学家根据当时的语音实际，对这三十字母的次序及取字进行了整理，同时增补了“非、敷、奉、微”和“娘、床”六个字母，形成三十六字母。这三十六字母大致体现了唐末宋初汉语的声母系统，习惯上仍然叫“守温三十六字母”。唐代初期，轻唇音大概尚未从重唇音分化出来，故三十字母中没有轻唇音一类。而娘母起先归于泥母之中，床母没有出现，则是因为自古“床”、“禅”不分，到宋初才加以区分。根据现在的研究，三十六字母并不合于唐朝的声类。至于三十六字母究竟何人所创，至今未有定论。

在音韵学上，将魏晋南北朝至唐宋时期的语音称为中古音。中古音可以分为中古前期和中古后期。前期以《切韵》音系（即《广韵》音系）为代表，后期以三十六字母为代表。

三十字母（南梁汉比丘守温述）

唇音	不	芳	并	明		
舌音	端	透	定	泥	是舌头音	
	知	彻	澄	日	是舌上音	
牙音	见	溪	群	来	疑	等字是也

齿音 精 清 从 是齿头音
审 穿 禅 照 是正齿音
喉音 心 邪 晓 是喉中音，清
匣 喻 影 亦是喉中音，浊

表 5—1 **三十六字母分类、音值表**

语音学名	音韵学名		全清	次清	全浊	次浊
双唇音	唇音	重唇音	帮 p	滂 p‘	并 b	明 m
唇齿音		轻唇音	非 f	敷 f‘	奉 v	微 ɱ
舌尖中	舌音	舌头音	端 t	透 t‘	定 d	泥 n
舌面（塞）		舌上音	知 ȶ	彻 ȶ‘	澄 ȡ	娘 ȵ
舌尖前	齿音	齿头音	精 ts	清 ts‘	从 dz	
			心 s		邪 z	
舌面音（塞擦）		正齿音	照 tɕ	穿 tɕ‘	床 dʑ	
			审 ɕ		禅 ʑ	
舌根音	牙音		见 k	溪 k‘	群 g	疑 ŋ
舌根零声母半元	喉音		影 0	晓 x	匣 ɣ	喻 j
舌尖音	半舌音		来 l			
舌面音	半齿音		日 nʑ			

三十六字母中“帮组”属于双唇音（重唇），“非组”属于唇齿音（轻唇）。舌头音“端组”是舌尖中音，舌上音“知组”是舌面前音。齿头音“精组”是舌尖前音，而正齿音“照组”又是舌面前音。舌音都是塞音，而齿音都是塞擦音。喉音中的“晓母”和“匣母”是舌面后音，与见组发音部位相同。影母是零声母，喻母是半元音，半舌是舌尖边音，半齿是舌面前的塞擦音。

二、韵母的基本概念和术语

（一）概念

韵母是指音节中声母以后的部分，可以是一个元音，也可以是几个元音或元音加辅音。如果音节中没有声母，那整个音节便都是韵母。

（二）对韵母的分析

（1）从韵头角度对韵母进行分析

韵母的第一个音素，前人叫韵头，现在叫介音。在现代汉语中，韵头共有 [i]、[u]、[ü] 三个。根据多数音韵学家的研究，单纯的韵头在中古时期只有 [i]、[u] 两个，今天的 [y] 韵头在中古是没有的，它是由中古 [i]、[u] 的结合音 [iu] 演变而来的。

（2）同时从韵头、韵腹角度对韵母进行分析

韵腹是韵母的主要元音。音韵学家同时从韵头、韵腹两个角度对韵母进行分析，提出了“等”的概念。“等”就是根据韵头、韵腹的状况对韵母的分类。清人江永《音学辨微》的解释是：“一等洪大，二等次大，三四皆细，而四尤细。”

（3）从韵尾角度对韵母进行分析

韵母的最后一个音素叫韵尾。在分析韵母第一个音素及韵腹的同时，音韵学家又从韵母最后一个音素的角度对韵母进行了分析。根据韵尾特点，将韵母分为阴声韵、阳声韵、入声韵三类。

这三类韵母在中古都是存在的，阴、阳、入三声相配，构成了整齐的系统，这是古汉语语音的重要特点之一。到了普通话里，中古阳声韵中的［-m］尾韵变成了［-n］尾韵，与原来的［-n］尾韵合流。入声韵则消变成了阴声韵，与原有的阴声韵合流。中古［-m］尾阳声韵及入声韵现在只是保留在一些方言如厦门、广州、梅县话中。

（4）等呼与洪细

传统音韵学常常提到“等”。“等”是等第的意思，是古人分析汉语语音的一种特殊方法。今天能看到的最早的有关“等”的文献来自《守温韵学残卷》，其中有“四等轻重例”。如：

一等	二等	三等	四等	
高古豪反	交肴	娇宵	浇萧	开口
kɑu	kau	kiɛu	kieu	
观古桓反	关删	勬仙	涓先	合口
kuɑn	kuan	kiuɛn	kiuen	

“呼”、“洪细”这样的术语，它们都与韵母的分类有关。“呼”的概念源于开口和合口这两个概念。古人用这一对术语来区分唇型的圆展。中古开口韵的韵头或韵腹不是 u，因此唇型展；合口韵的韵头或韵腹是 u，唇型圆。“呼”是就韵头和韵腹而言的，中古时将韵母分为开口和合口两类，称为“开合二呼”。这种情况宋元时期的韵图中有所反映。一般说来，开口指韵母不是 u/o 之类的圆唇元音，也没有 u 或 w 韵头，合口指韵母是 u/o 之类的圆唇元音，或有 u/w 韵头，开口与合口的区别实际上就是圆唇与不圆唇的区别。四呼的形成是比较晚近的事情，大约在明清时出现“四呼”的说法，即开口呼、合口呼、齐齿呼、撮口呼。明确将韵母分为开、齐、合、撮四呼的学者是清代音韵学家潘耒。

洪细是洪音和细音的合称，“洪音”和“细音”是两个相对的传统音韵学的概念，它们也是古人用来区分韵母开口度的大小的。洪音是开口度大的韵母，细音是开口度小的韵母。中古时期虽然没有开、齐、合、撮四呼，但开口与合口却各有洪音和细音。开口洪音大致相当于今天的开口呼，开口细音大致相当于今天的齐齿呼，合口洪音大致相当于今天的合口呼，合口细音大致相当于今天的撮口呼。就现代语音学观点看，古代没有 i/j 介音的韵母类是洪音，发展到现在为开口呼、合口呼；而有 i/j 介音的韵母类是细音，发展到现在为齐齿呼、撮口呼。“二呼”与“四呼”的关系大致是：中古“开口”变为近代“开口呼”（洪音）和“齐齿呼”（细音），中古“合口”变为近代“合口呼”（洪音）和“撮口呼”（细音）。

（5）从押韵的角度对韵母进行归纳

韵母可以从韵头、韵腹、韵尾的角度进行分析，也可以根据某种需要对它进行归纳。传统音韵学上常提到“韵”（韵部）、“摄”这两个术语，即属于对韵母归纳的概念。

从押韵的角度对韵母进行归纳，古人提出了“韵”的概念，“韵”就是韵部，而不是韵母。《广韵》有二〇六韵，也称作二〇六部。在中古，凡属于同一韵的韵母必须具备两个条件：韵腹相同或相近，韵尾相同，韵头异同或有无不论；声调相同。如果声调不同，即使韵母结构相同也算不同的韵部。

（6）从研究语音的角度对韵母进行归纳

为了研究语音，音韵学家对韵母作了进一步的归纳，即对“韵”直接进行归纳，从而提出了“摄”的概念。归摄的条件比归韵的条件宽得多，它不论韵头，也不计声调，对韵尾的要求也不很严格，凡是韵腹相同或相近、韵尾相同或部分相同的一组韵即为一摄。

摄的归纳见于宋元时期的等韵图，《韵镜》、《七音略》将《广韵》二〇六韵归成43图，《切韵指掌图》归为20图，这些韵图的归韵说明当时已有了“摄”的观念，但还没有提出“摄”的名称。宋元之际，无名氏的《四声等子》首次将二〇六韵归为十六摄，并进行了命名。元人刘鉴的《经史正音切韵指南》也将二〇六韵归纳为十六摄，其排列次序及归韵与《四声等子》稍有不同，后来刘鉴十六摄的顺序经过小的调整而多被沿用。

三、相关的一些基本概念和术语

音类：声母、韵母和声调的类别。

音值：声母、韵母和声调的实际读法。

韵头：指韵腹之前的高元音或半元音，因常介于声母和韵腹之间，故又称介音或介母。

韵腹：指韵母的主要元音。

韵尾：韵腹后面的收尾音叫做韵尾，包括元音韵尾和辅音韵尾两类。

韵：（1）指韵母；（2）指主要元音、韵尾和声调相同的音韵类聚。

韵目：韵书中韵部的标目，也就是韵部的代表字。

韵部：不区别声调也不区别介音，只要韵腹（主要元音）和韵尾相同，这就是韵部。韵部比韵母和韵的概念更大。

韵摄：等韵学家把主要元音和韵尾相同相近的韵归为一类，称之为韵摄。

韵脚：韵文句末押韵的字。

阴声韵：以元音收尾或是没有韵尾的韵母叫做阴声韵。

阳声韵：以鼻音n、m、ŋ收尾的韵母叫做阳声韵。

入声韵：以辅音p、t、k为韵尾的韵母叫做入声韵。

阴阳对转：指阴阳入三类韵母的相互转变现象。

呼：（1）宋元学者按发音时嘴唇的圆展情况把韵母分为两类——不圆唇者为开口呼，圆唇者为合口呼。（2）明清学者把韵母分为开口、齐齿、合口、撮口四类，合称四呼。

尖音：声母z、c、s跟i、ü或i、ü开头的韵母拼合成的音节叫做尖音。

团音：声母j、q、x跟i、ü或i、ü开头的韵母拼合成的音节叫做团音。

平仄：“平”指平声，“仄”指上声、去声、入声。

舒促：“舒”指四声中的平声、上声、去声三种声调；“促”指“入声”。

阴调：同阳调对言，阴平、阴上、阴去、阴入等声调都总称阴调。一般说来，现代普通话或方言读阴调的字，来自古代清声母。

阳调：同阴调对言，阳平、阳上、阳去、阳入等声调都总称阳调。一般说来，现代普通话或方言读阳调的字，来自古代浊声母。

第三节 韵书和韵图

一、《切韵》以前的韵书

据文献记载，东汉末年，孙炎、应劭等人开始创制反切，为汉字注音。到南北朝时期，由于文辞特别讲究声律，所以人们对字音的分析非常重视。梁代沈约又发现汉语音节中的声调，即“四声”，定名为“平、上、去、入”。此后就出现了别四声、分韵类、以反切注音的韵书。一般认为，韵书起源于反切。清戴震《声韵考》：“未有韵书，先有反切。反切散见于经传古籍，论韵者博考以成其书。”清张祥晋《七音谱·反切原始篇》：“盖有反语，则类聚之即成韵书。”在汉语音韵学史上，一般认为，我国最早的韵书是魏时李登的《声类》。唐代封演《闻见记》说：“魏时有李登者，撰《声类》十卷，凡一万一千五百二十字。以五声命字，不立诸部。”此书依照字音的异同而分类，以宫、商、角、徵、羽五声来区别字音，所以书名叫《声类》。所谓“五声”原指乐曲的音调，此指字音声调。唐代日本僧人遍照金刚所著《文镜秘府论》中也说：“声有五声，角、徵、宫、商、羽也。分于文字四声，平、上、去、入也。宫、商为平声，徵为上声，羽为去声，角为入声。”所谓“不立诸部”，就是说《声类》不像后世的韵书那样按韵分类而立韵部。也有人认为，“五声”指“喉、牙、舌、齿、唇”五音。诸说无法肯定。虽然如此，但它使用反切注音，对字音分类，有首创之功，对后世的韵书影响深远。魏晋南北朝时期，出现的韵书越来越多，北齐颜之推在《颜氏家训·音辞》中说：“自兹厥后，音韵锋出。”

出现的韵书越来越多，根据文献记录以及王国维《观堂集林》的考证，六朝韵书有几十家之多，这里列举陆法言在《切韵·序》里提到的几家：吕静《韵集》(《隋书·经籍志》著录为六卷，《旧唐书·经籍志》作五卷)，夏侯咏《韵略》(《隋书·经籍志》作《四声韵略》，著录为十三卷)，阳休之《韵略》(《隋书·经籍志》著录为一卷)，周思言《音韵》，李季节的《音谱》(《隋书·经籍志》作李概，著录为四卷)，杜台卿《韵略》。诸家韵书早已佚失，现在无法得知它们的全貌。除了周思言《音韵》，其他五人韵书还能从唐写本《刊谬补缺切韵》韵目下的附注里，知道一些分韵异同的概况。据《隋书·经籍志》所载，南北朝时期出现的韵书还有周研《声韵》、无名氏《韵集》、张谅《四声韵林》、段宏《韵集》等。

二、《切韵》系韵书

(一)《切韵》

今传最早的韵书是隋朝陆法言撰的《切韵》成书于601年（隋文帝仁寿元年）。其编写体例、审韵原则由当时著名的音韵学家颜之推、萧该等八人所定，由陆法言执笔。《切韵》是继承了以前韵书而制作的，在诸家韵书的优缺点的基础上，“因论南北是非，古今通塞，捃选精切，除削疏缓”编纂而成。这在《切韵·序》里说得很明白，“吕静《韵集》、夏侯咏《韵略》、阳休之《韵略》、周思言《音韵》、李季节《音谱》、杜台卿《韵略》等，各有乖互。”又说：“向来论难，疑处悉尽，何不随口记之？我辈数人，定则定矣。……遂取诸家音韵，古今字书，以前所记者，定之为《切韵》五卷。”所以，它出世后，六朝的其他韵书就失去了使用价值而被淘汰。正由于《切韵》代替了以前各家的韵书，而且比以往任何一种韵书具有更高的威望，被当时的人们所重视。根据有关残卷及有关记载，我们知道陆法言《切韵》共五卷，每卷按四声分“韵”。平声字多，分上下两卷，平声上卷有二十六韵，平声下卷有二十八个韵。上去入三声各一卷。上声卷有五十一个韵，去声卷有五十六个韵，入声卷有三十二个韵。总共有一百九十三个韵，收字一万二千余。

到了唐代，《切韵》被作为科举考试的标准韵书，地位得到进一步的提高，因此，为《切韵》增字作注的人很多，其中主要的有王仁昫的《刊谬补缺切韵》、孙愐的《唐韵》及李舟的《切韵》等。时间一长，陆法言的原书反而看不见了，只有他写的一篇《切韵·序》完好地保存下来。可惜的是，唐人的增订本在以后很长的时间里失传了，今天所能看到的是清末以后才陆续从敦煌石室、新疆吐鲁番及故宫等地发现的，大多数都是一些残卷。

这些新发现的韵书，除故宫博物院所藏的两种《刊谬补缺切韵》和蒋斧本《唐韵》外，其余均出于敦煌莫高窟和新疆吐鲁番地带。出自敦煌的，在 1907—1908 年之间被英国人斯坦因、法国人伯希和等劫往国外。还有一种唐抄本《切韵》残卷，流落到日本人之手，收在大谷光瑞所印的《西域考古图谱》中。

为了使这些散失的韵书重归故土，我国学者曾千方百计做了大量的收集、整理工作。1921 年，王国维首先把伦敦所藏的三种《切韵》残卷（即《切一》、《切二》、《切三》）根据照片抄录印行。1925 年，北京大学刘复又将他从巴黎抄回的王仁昫《刊谬补缺切韵》（即王一）和两种《切韵》序文编入《敦煌掇琐》。1936 年，北京大学刘复、罗常培、魏建功把他们所见到的九种《切韵》、《唐韵》残卷及《广韵》编成《十韵汇编》影印出版。1955 年姜亮夫将自己从前在国外摹录的 27 种唐五代韵书及附录 6 种编成《瀛涯敦煌韵辑》出版。1983 年，周祖谟先生将自己从 1945 年开始收集、摹录、编辑的 30 种韵书题为《唐五代韵书集存》，由中华书局影印出版，书中有详细的考释和校记等。

切韵序

陆法言

昔开皇初，有仪同刘臻等八人，同诣法言门宿。夜永酒阑，论及音韵。以古今声调既自有别，诸家取舍亦复不同。吴楚则时伤轻浅，燕赵则多涉重浊；秦陇则去声为入，梁益则平声似去。又支脂鱼虞共为一韵，先仙尤侯俱论是切。欲广文路，自可清浊皆通；若赏知音，即须轻重有异。吕静《韵集》、夏侯咏《韵略》、阳休之《韵略》、周思言《音韵》、李季节《音谱》、杜台卿《韵略》等，各有乖互。江东取韵，与河北复殊。因论南北是非，古今通塞，欲更捃选精切，除削疏缓，萧、颜多所决定。魏著作谓法言曰：“向来论难，疑处悉尽，何为不随口记之？我辈数人，定则定矣。”法言即烛下握笔，略记纲纪。后博问英辩，殆得精华。于是更涉余学，兼从薄宦，十数年间，不遑修集。今返初服，私训诸弟子，凡有文藻，即须明声韵。屏居山野，交游阻绝，疑惑之所，质问无从。亡者则生死路殊，空怀可作之叹；

存者则贵贱礼隔，以报绝交之旨。遂取诸家音韵、古今字书，以前所记者，定之为《切韵》五卷。剖析豪厘，分别黍累。何烦泣玉，未得县金。藏之名山，昔怪马迁之言大；持以盖酱，今叹扬雄之口吃。非是小子专辄，乃述群贤遗意。宁敢施行人世，直欲不出户庭。于时岁次辛酉，大隋仁寿元年也。（据周祖谟《广韵校本》卷首）

据《四库全书总目提要》记载：《切韵》"成书于仁寿元年。唐仪凤二年长孙讷言为之注，后郭知玄、关亮，薛珣、王仁昫、祝尚丘递有增加"。根据《广韵》卷首以及《唐书·艺文志》中记载的材料来看，唐代增订《切韵》最重要者有王仁昫的《刊谬补缺切韵》、孙愐的《唐韵》和李舟的《切韵》等。李舟的《切韵》只能从徐铉改订的《说文解字篆韵谱》中了解到它排列韵部的次序。孙愐的《唐韵》保存下来的只有序言和唐写本残叶一种，只有王仁昫的《刊谬补缺切韵》还有完整的本子。

（二）《唐韵》

唐代孙愐改编《切韵》而成《唐韵》，时间是唐玄宗天宝十年（751）。《唐韵·序》说："起终五年构成一部。前后总加四万二千三百八十三言"，清戴震《声韵考》卷一引宋人李涛："天宝末，陈州司法孙愐者以《切韵》为谬，复略加刊正，别为《唐韵》之名。"金韩道昭《五音集韵·序》对《唐韵》评价很高："议者犹谓（《切韵》）注在差错，文书漏误，若无刊正，何以讨论？则《唐韵》所以修焉。采摭群言，撮其枢要，六经之文，自尔焕然；九流之学，在所不废。"

《唐韵》于开元年间写成初本，分为195韵，比《切韵》多上声"俨"和去声"酽"二韵，其他分韵与王仁昫《刊谬补缺切韵》相同。其后，孙氏在初稿本基础上又按开口、合口之不同，把一些本来合在一起的韵分开，于是便增加了12个韵，成为207个韵。

《唐韵》今亦亡佚。现在残卷有：一为吴县蒋斧所藏，只存去入两声。光绪三十四年（1908）蒋氏由罗振玉介绍，在北京琉璃厂书肆购得而影印刊行。另一种为法国人伯希和盗去。《唐韵》刊行后，影响很大。徐铉校定《说文解字》时，采用了《唐韵》的反切。徐铉《说文解字篆韵谱》，也大体上按《唐韵》而分韵列字。英国人斯坦因曾于敦煌得到唐写本残卷三种，后来经过王国维抄录刊行，世称为《切一》、《切二》、《切三》。《切一》仅存上声"海韵"至"铣韵"部分；《切二》仅存平声"东韵"至"鱼韵"部分，但书前有陆法言与长孙讷言的序文；《切三》仅存平、上、入三声的主要部分，有长孙讷言所加之字。

（三）王韵

《切韵》至唐人开科取士作为官定韵书之后，时人不断有所增删改定，唐王仁昫的《刊谬补缺切韵》是最重要、最有影响的一种。王仁昫"刊谬补缺"的主旨是增字加注，他在自序中说："陆法言《切韵》，时俗共重，以为典规，然苦字少，复阙字义，可为《刊谬补缺切韵》。"这部韵书，在1947年以前，也只能见到唐写本残卷两种：一出敦煌，被法国人伯希和盗得，现藏巴黎国民图书馆，简称"王一"。我国现存的仅有从国外收集回的显微胶卷，藏北京图书馆。另外，刘复《敦煌掇琐》、罗常培等《十韵汇编》和姜亮夫《瀛涯敦煌韵辑》都有收录。另一种出自故宫，书中因有明代项元汴的跋语，称为项子京跋本，又称内府本，简称"王二"。现有延光室影印本和唐兰仿写石印本。《十韵汇编》也加以收录。1947

年又从故宫发现一种全本，书后因有明代宋濂的题跋，称为宋濂跋本唐写本王仁昫《刊谬补缺切韵》，成书于706年，简称“王三”。现有故宫博物院影印本。从“王三”来看，对陆法言原书的韵目次序，并没有多大改动，只是上声多了一个“广”韵，去声多了一个“严”韵，共195韵。“王三”成书于706年，比陆法言的《切韵》晚一百多年，是目前保存下来的最早的最完整的《切韵》增订本，但由于它也长期失传，直到1947年才从故宫发现，因此，以前谈到最完整的《切韵》增订本，当以《广韵》为最早。

三、《广韵》

（一）《广韵》

到了北宋初年，陈彭年、丘雍等人奉皇帝的诏令据《切韵》及唐人的增订本对《切韵》进行了修订。修订本于真宗景德四年（1007）完成，于真宗大中祥符元年（1008）改名为《大宋重修广韵》，简称《广韵》。这是第一部官修性质的韵书，是《切韵》最重要的增订本。清人王应麟《玉海》指出：“《大宋重修广韵》凡二万六千一百九十四言，注一十九万一千六百九十二字。”《广韵》分韵为206韵，收26 194字，比《切韵》多收14 000余字。其体例、反切均依仿《切韵》。顾名思义，《广韵》主要是对《切韵》的修订、增广，所以它的体例、反切一仍其旧。现存《广韵》的版本很多，有繁本和简本两种。简本是元朝人根据宋朝繁本的删节本，所删的只是注释，性质并没有改变。通常能见到的本子有：（1）张氏泽存堂重刊宋本《广韵》（繁本）；（2）古逸丛书覆宋本《重修广韵》（繁本）；（3）涵芬楼覆印宋刊巾箱本（繁本）；（4）曹刻楝亭五种本（繁本）；（5）古逸丛书覆元泰定本（简本）；（6）小学汇函内府本（简本）。今人周祖谟、余廼永有考校精湛的广韵校本可供参考。

从韵书的发展来说，《切韵》系的韵书发展到《广韵》是一个高峰，它和魏晋南北朝的韵书集大成于陆氏的《切韵》一样，把唐人增订《切韵》的成绩做了总结。从它产生之后，不仅代替了《切韵》和唐代各种《切韵》增订本，而且比所有韵书流传得更广，影响更大。

《广韵》1000年来一直影响着读书人，成为科举必备书。《切韵》上集六朝韵书的大成，下开唐代韵书之先导；《广韵》集唐以来韵书的大成，开宋以后历代韵书之先导；清代以来，研究古音，无不由《广韵》入手。今天构拟中古音系、上推上古音的立足点是《广韵》，研究中古到现代的音变规则的根据也是《广韵》。

把《切韵》与《广韵》进行比较可知：两书相隔400多年（《切韵》601年，《广韵》1008年），名称也变更了两次（《切韵》——《唐韵》——《广韵》），字数和注释也有很大扩充（《切韵》收字12 000多，《广韵》收26 194字，注释191 692字），分韵多少有出入（《切韵》193韵，《广韵》206韵），但是就整个语音系统来说，《广韵》和《切韵》基本上一致，没有多大改动。举分韵为例，《广韵》分韵为206韵，比《切韵》多出13韵，具体是：

（平）	（上）	（去）	（入）
	俨	酽	
谆	准	稕	术
桓	缓	换	末
戈	果	过	

可以看出：多出了严韵的上去声韵，从真韵分出其合口韵谆韵及其上去入声，从寒韵分出其合口韵桓韵及其上去入声，从歌韵分出戈韵及其上去声。

这是分韵宽严的问题，并非语音系统有什么不同。所以，现在的《广韵》系统，实际上就是指《切韵》系统。向来研究汉语语音史，都是把《广韵》作为研究《切韵》音系的代表，并以此上推古音，下和现代方言比较。

（二）《广韵》的体例

《广韵》是音韵学研究中的一部极其重要的韵书，它既是研究古音学的阶梯，又是《切韵》系（即中古音）韵书的代表，宋元以后，等韵图也是以《广韵》做原始基础的。所以学习音韵学的人，首先，简单地了解一下《广韵》的音韵结构是非常必要的。

《广韵》以四声为纲、韵目为纬（即按调分类、以调统韵）而编排的，分 206 韵，按平上去入四声分置五卷。其中平声 57 韵，置于第一、二卷；上声 55 韵，去声 60 韵，入声 34 韵，分别置于第三、四、五卷。平声字多，需要分卷，不是那时平声有“阴、阳”之分。第一卷 28 韵，称作上平声；第二卷 29 韵，称作下平声。

每卷之中所列各韵用一个代表字作为名称，叫做“韵目”。《广韵》的韵目是用数字来表明次第的，如平声一东、二冬、三钟、四江，入声一屋、二沃、三烛、四觉等。各个韵目下所辖的字是同韵的，但声母不一定相同。因此一韵之中所含各字按声母的不同分别排列。同声母的字唐人称之为“小韵”，小韵也称作“纽”，小韵所含各字均属同音字。小韵与小韵之间用“○”相隔。

下边举例讲解《广韵》编写体制。（图 5—1）是《广韵》第一卷（平声上卷）的第一页。开始第一个“东”字就是本卷第一个韵目。凡是可以和“东”同声调同韵的字全放在这个韵目下边，组成一个“韵”这样的单位。这个韵就叫“东”韵。因为排在第一，所以又叫“一东”韵，后边排在第二的叫“冬”韵或“二冬”韵，以此类推，上去入各卷的韵仿此。

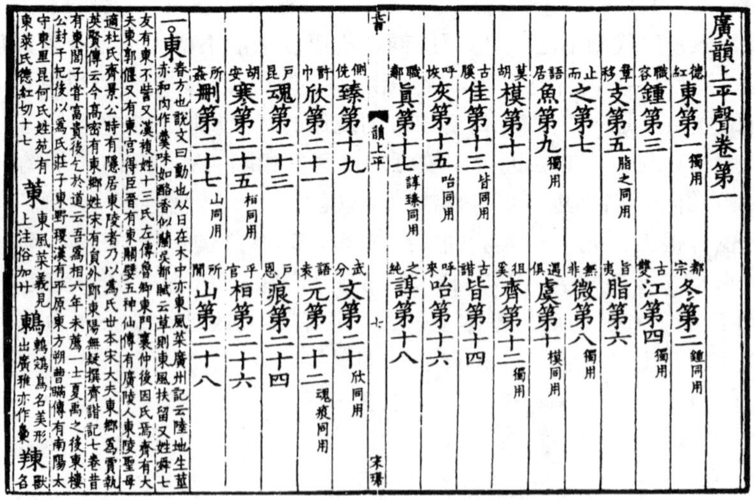

图 5—1 《宋本广韵》上平声“一东”的第一页（影印）

每个韵之内再按声母把本韵所收的字分成小组。两个小组之间画一个“○”隔开。如○东○同○中○虫。如果一个韵里包括两个韵母，分为两个小韵（或组），这种小韵就是声母相同而韵母不同了。小韵中的第一字之下先注释字义，然后是反切注音，最后用数字标明该小韵所含字数。每一个小韵第一个字下注出反切，后边的字不注。因为这些字既然同一个小韵，必定同音，只注第一个字就行了。如果一个字有两种读法，就再注一个反切，写作“又××切”或“又音×”。通常把这另一个音叫“又音”。“又音”也是常见的。又音的读法如果出了本韵，一般会在另一个韵里见到这个反切。反切之后的数字表示这个小韵里收了多少字。比如第一个字“东”，既是大韵的韵目，又是一个小韵的代表字。下边“德红切”就是这个韵的注音。“十七”是说这个小韵共收17个字。

《广韵》的编写体制大体如此。其中小韵的反切和又音是《广韵》的精华。我们考察《广韵》的声母韵母系统就是靠这些反切进行的。

《广韵》把一个音读的平上去入四种声调都分开，算四个韵。讲《广韵》，通常都按韵部的类别来称述。比如说“东部”，指的就是“东董送屋”。这就叫“举平以赅（包括）上去入”。

清人戴震根据四声相配的规则将《广韵》韵目编成《考定广韵独用同用四声表》（见《声韵考》卷二）。韵目前的数字是该韵目在本卷中的序数。平声上卷从“一东”到“二十八山”，平声下卷从“一先”到“二十九凡”，上声卷从“一董”到“五十五范”，去声卷从“一送”到“六十梵”，入声卷从“一屋”到“三十四乏”，总共206个韵。如果按同一横行为一个韵部算，只有61个韵部。

有入声韵相配的韵都是阳声韵，没有入声韵相配的韵都是阴声韵。其中“祭泰夬废”四韵只有去声，没有平上入声，所以自己算一个韵部，各自独占一横行。

入声韵韵尾与阳声韵不同，也可以看成另一个音读，单独算一个韵部。那就是在61个韵部外，加34个入声韵部，共95个韵部。

此外有四个地方本该立韵目，但因为字少，为了便于押韵，就合并到邻近的韵。如下：一，冬韵上声只有“湩、鶶”两小韵3字，不单立韵目，并入钟韵上声“肿”韵。湩，都鶶切；鶶，莫湩切；反切下字互用。二，臻韵上声只有“𧤛、龀”两小韵3字，并入欣韵上声“隐”韵。反切：𧤛，仄谨切；龀，初谨切；谨，隐韵。《韵镜》则归入臻韵上声位置。三，臻韵去声只有“龀”（又读去声）一小韵7字，反切：初覲切，并入真部的去声“震”韵。覲，震韵。《韵镜》则归入臻韵去声位置。四，痕韵的入声只有“麧”一个小韵5字，下没切；并入魂韵的入声“没”韵。《韵镜》则归入臻韵入声位置。《广韵》分小韵的原则：至少3小韵才能独立为韵。如：栉韵3小韵13字；恨韵4小韵7字；臻韵3小韵34字。

按理只要音读不同，有一个字就得立一个韵目，不应并入邻近的韵中去。但这种因字少而并韵的办法可以使系统不太零散。归纳音韵系统也有一个“求简”的原则，所以合理的并韵是允许的。

206韵区分的情况是非常复杂的，其中有四声的区别，有阴声韵、阳声韵的区别，有开合等呼的区别，同时还有古今音变和南北方言的区别。如介音不同的分韵：冬、钟；开合不同的分韵：灰、咍；痕、魂；等的不同：豪、肴、宵、萧四韵；因古今南北的不同的分韵，是承袭切韵的，细密繁多：东、冬；支、脂。

四声的区别，非常明显，如“东、董、送、屋”就是东韵的平、上、去、入四声，每个字代表一个韵。平声57韵，上声55韵，去声60韵，入声34韵。平、上、去、入的韵数为什么这样参差不齐呢？

原因在于，一方面主要是四声不可能俱全，另一方面与有些声调的字数因为太少不自成一韵也有关系。如上平声“臻”韵的上声和去声、上平声“痕”韵的入声，也都是因为这个道理而合并到别的韵里去了。阴声韵与阳声韵的区别，以及入声韵与阳声韵的配合情况，也是206韵区分的特点之一。在平声57韵里的“支、脂、之、微……尤、侯、幽”等（举平以赅上、去，下同）22韵，加上去声的“祭、泰、夬、废”四韵，共26韵，都是以元音收尾或者没有韵尾，叫做阴声韵；其余如“东、冬、钟、江……咸、衔、严、凡”等35韵，都是以鼻音收尾，叫做阳声韵。在《广韵》里面，阳声韵和入声韵相配，阴声韵就不和入声韵相配。阳声韵不仅和入声韵相配合，而且配合得非常整齐，如阳声韵有收［-ŋ］、收［-n］、收［-m］三种鼻韵韵尾，和它相配的入声韵就有收［-k］、收［-t］、收［-p］三种塞音韵尾。它们都是按照相同的发音部位相配成对的，如“东、冬、钟、江、阳、唐、庚、耕、清、青、蒸、登”12个阳声韵是收舌根鼻音［-ŋ］的，和它们相配的“屋、沃、烛、觉、药、铎、陌、麦、昔、锡、职、德”等12个入声韵收舌根塞音［-k］；“真、谆、臻、文、欣、元、魂、痕、寒、桓、删、山、先、仙”14个阳声韵是收舌尖鼻音［-n］的，和它们相配的“质、术、栉、物、迄、月、没、曷、末、辖、黠、屑、薛”13个（“痕”韵入声字太少，没有另立韵目）入声韵，都是收舌尖塞音［-t］；“侵、覃、谈、盐、添、咸、衔、严、凡”等9个阳声韵是收双唇鼻音［-m］的，和它们相配的“缉、合、盍、叶、帖、洽、狎、叶、乏”等9个入声韵都是收双唇塞音［-p］。这些语音的痕迹，从现代汉语南方方言和外国译音中，还可以找到。

表5—2　　《广韵》韵目四声相承关系表

上平一东韵	上声一董韵	去声一送韵	入声一屋韵
上平二冬韵		去声二宋韵	入声二沃韵
上平三钟韵	上声二肿韵	去声三用韵	入声三烛韵
上平四江韵	上声三讲韵	去声四绛韵	入声四觉韵
上平五支韵	上声四纸韵	去声五寘韵	
上平六脂韵	上声五旨韵	去声六至韵	
上平七之韵	上声六止韵	去声七志韵	
上平八微韵	上声七尾韵	去声八未韵	
上平九鱼韵	上声八语韵	去声九御韵	
上平十虞韵	上声九麌韵	去声十遇韵	

续前表

上平十一模韵	上声十姥韵	去声十一暮韵	
上平十二齐韵	上声十一荠韵	去声十二霁韵	
		去声十三祭韵	
		去声十四泰韵	
上平十三佳韵	上声十二蟹韵	去声十五卦韵	
上平十四皆韵	上声十三骇韵	去声十六怪韵	
		去声十七夬韵	
上平十五灰韵	上声十四贿韵	去声十八队韵	
上平十六咍韵	上声十五海韵	去声十九代韵	
		去声二十废韵	
上平十七真韵	上声十六轸韵	去声二十一震韵	入声五质韵
上平十八谆韵	上声十七准韵	去声二十二稕韵	入声六术韵
上平十九臻韵			入声七栉韵
上平二十文韵	上声十八吻韵	去声二十三问韵	入声八物韵
上平二十一欣韵	上声十九隐韵	去声二十四焮韵	入声九迄韵
上平二十二元韵	上声二十阮韵	去声二十五愿韵	入声十月韵
上平二十三魂韵	上声二十一混韵	去声二十六慁韵	入声十一没韵
上平二十四痕韵	上声二十二很韵	去声二十七恨韵	
上平二十五寒韵	上声二十三旱韵	去声二十八翰韵	入声十二曷韵
上平二十六桓韵	上声二十四缓韵	去声二十九换韵	入声十三末韵
上平二十七删韵	上声二十五潸韵	去声三十谏韵	入声十四黠韵
上平二十八山韵	上声二十六产韵	去声三十一裥韵	入声十五辖韵
下平一先韵	上声二十七铣韵	去声三十二霰韵	入声十六屑韵
下平二仙韵	上声二十八狝韵	去声三十三线韵	入声十七薛韵
下平三萧韵	上声二十九筱韵	去声三十四啸韵	
下平四宵韵	上声三十小韵	去声三十五笑韵	
下平五肴韵	上声三十一巧韵	去声三十六效韵	
下平六豪韵	上声三十二晧韵	去声三十七号韵	
下平七歌韵	上声三十三哿韵	去声三十八个韵	
下平八戈韵	上声三十四果韵	去声三十九过韵	
下平九麻韵	上声三十五马韵	去声四十祃韵	
下平十阳韵	上声三十六养韵	去声四十一漾韵	入声十八药韵
下平十一唐韵	上声三十七荡韵	去声四十二宕韵	入声十九铎韵
下平十二庚韵	上声三十八梗韵	去声四十三映韵	入声二十陌韵
下平十三耕韵	上声三十九耿韵	去声四十四诤韵	入声二十一麦韵
下平十四清韵	上声四十静韵	去声四十五劲韵	入声二十二昔韵
下平十五青韵	上声四十一迥韵	去声四十六径韵	入声二十三锡韵
下平十六蒸韵	上声四十二拯韵	去声四十七证韵	入声二十四职韵
下平十七登韵	上声四十三等韵	去声四十八嶝韵	入声二十五德韵
下平十八尤韵	上声四十四有韵	去声四十九宥韵	
下平十九侯韵	上声四十五厚韵	去声五十候韵	
下平二十幽韵	上声四十六黝韵	去声五十一幼韵	
下平二十一侵韵	上声四十七寝韵	去声五十二沁韵	入声二十六缉韵
下平二十二覃韵	上声四十八感韵	去声五十三勘韵	入声二十七合韵

续前表

下平二十三谈韵	上声四十九敢韵	去声五十四阚韵	入声二十八盍韵
下平二十四盐韵	上声五十琰韵	去声五十五艳韵	入声二十九叶韵
下平二十五添韵	上声五十一忝韵	去声五十六㮇韵	入声三十帖韵
下平二十六咸韵	上声五十三豏韵	去声五十八陷韵	入声三十一洽韵
下平二十七衔韵	上声五十四槛韵	去声五十九鉴韵	入声三十二狎韵
下平二十八严韵	上声五十二俨韵	去声五十七酽韵	入声三十三业韵
下平二十九凡韵	上声五十五范韵	去声六十梵韵	入声三十四乏韵

（三）反切系联法

《广韵》在音韵学上有重要价值。由于《广韵》对字的读音作了系统的分析和归纳，因而为我们研究中古汉语的语音系统提供了重要的依据。因此我们如果把《广韵》里的反切上下字进行归纳，那么就可以了解《广韵》的声韵系统。我国第一个研究《广韵》声韵系统的人是清代音韵学家陈澧。陈澧所依据的材料是《广韵》里的反切。他第一个提出归纳反切上下字的方法——系联法，他的《切韵考》就是使用这一方法取得的重大成果。系联法的基本依据就是反切的原理，即反切上字与被切字的声母相同，反切下字与被切字的韵母及声调相同。其系联的条例共有三项：基本条例、分析条例和补充条例。

（1）关于反切上字的系联

基本条例

因为反切上字与被切字声母相同（前提），所以，凡同用、互用、递用的切上字，其声母必属同一声类（推论）。

同用例 切上字如果用同一个字作反切上字，则切上字的声母属于同类。例如：

冬　都宗切　　　　当　都郎切

冬、当这两个切上字均用“都”作其反切上字，所以它们的声母属于同类。

互用例 两个切上字如果相互作为对方的反切上字，则此两个切上字的声母属于同类。例如：

当　都郎切　　　　都　当孤切

“当”用“都”作切上字，“都”又以“当”作切上字，互相为用，所以当、都的声母属于同类。

递用例 甲切上字以乙字作为切上字，乙字又以丙字作为切上字，则甲乙丙三字的声母属于同类。例如：

冬　都宗切　　　　都　当孤切

“冬”以“都”作为切上字，“都”又以“当”作为切上字，递相为用，所以冬、都、当三字的声母属于同类。

下面举一组系联的实例：

边 布 玄	布 博 故	补 博 古	百博 伯陌	北 博 墨	博 补 各	巴 伯 加

布、补、伯、百、北五字都用“博”作切上字，此为同用；“补”用“博”作切上字，“博”又用“补”作切上字，此为互用；“边”用“布”作切上字，“布”又用“博”作切上字，“巴”用“伯”作切上字，“伯”又用“博”作切上字，此皆为递用。通过如此系联，证明边、布、补、伯、百、北、博、巴八个切上字的声母同属一类。

分析条例

陈澧认为《广韵》同音之字不分两切语，而不同小韵之字音必有别。因此，“其两切语下字同类者，则上字必不同类。”如：“洪，户公切”，“烘，呼东切”，“公、东”既然韵属同类，则“户、呼”声必不同类。分析条例的作用是把看似表示同音而实际不同音的反切分开。

补充条例

有些不能直接系联的切语，可以从“又音”和“互见”的反切来加以考证。陈澧说：“然有实同类而不能系联者，以其切语上字两两互用故也”。如端母的切上字有“都、丁、多、当、得、德、冬”，反切分别为：都，当孤切；丁，当经切；当，都郎切；冬，都宗切；多，得何切；得，多则切；德，多则切。这七个反切只能系联为两类（前4个一类，后3个一类），无法系联为一类。但陈澧发现东小韵下的第九字“涷”下注“又都贡切”，查送韵下“涷”小韵此字作“多贡切，又音东”。这里的又音应与平声东韵的“德红切”相当，而“多贡切”应与平声的“都贡切”相应。可见“都贡”和“多贡”表示的是同一个音，因此“都”和“多”应为一类。这样，陈澧通过又音又切就把这七个反切系联为一类了。补充条例的作用把看似表示不同音而实际同音的反切系联为一类。

（2）关于反切下字的系联

基本条例

因为反切下字与被切字韵母相同（前提），所以，凡同用、互用、递用的切下字，其韵母必属同一韵类（推论）。

同用例　切下字如果用同一个字作为反切下字，则切下字的韵母属于同类。例如：

东　德红切　　　　公　　古红切

东、公这两个切下字都用“红”字作反切下字，所以它们的韵母属于同类。

互用例　两个切下字如果相互作为对方的反切下字，则此两个切下字的韵母属于同类。例如：

公　古红切　　　　红　　户公切

“公”用“红”作切下字，“红”又用“公”作切下字，所以公、红的韵母属于同类。

递用例　甲切下字以乙字作为切下字，乙字又以丙字作为切下字，则甲乙丙三字的韵母属于同类。例如：

东　德红切　　　　红　　户公切

“东”以“红”作切下字，“红”又以“公 ”作切下字，递相为用，所以东、红、公三字的韵母属于同类。

下面同样举一组系联的实例：

鱼第九

渠 强鱼	鉏 士鱼	徐 似鱼	除 直鱼	蜍 署鱼	书 伤鱼	居 九鱼	猪 陟鱼	诸 章鱼
且 子鱼	虚 去鱼	菹 侧鱼	初 楚居	胥 相居	攄 丑居	虚 朽居	於 央居	鱼 语居
胪 力居	余 以诸	如 人诸	禄 女余	疽 七余	疏 所菹			

分析条例

陈澧认为《广韵》同音之字不分两切语，而不同小韵之字音必有别。因此，“其两切语上字同类者，则下字必不同类。”如：“笼，卢红切”，“隆，力中切”，“卢、力”上字同类，则“中、红”必不同类。

《广韵》反切上字表

见： 1. 古公过各格兼姑佳诡乖
2. 居举九俱纪几规吉

溪： 1. 苦口康枯空恪牵谦楷客可
2. 去丘区墟起躯羌绮钦倾窥诘袪岂曲卿弃乞

群： 渠其巨求奇暨臼衢强具跪狂

疑： 1. 五吾研吴俄
2. 鱼语牛宜虞疑拟愚遇危玉

晓： 1. 呼火荒虎海呵馨花
2. 许虚香况兴休喜朽义

匣： 1. 胡户下侯乎何黄护怀
(喻三) 2. 于王雨为羽云永有云筠薳韦洧荣

影： 1. 乌安烟翳爱哀握
2. 於乙衣伊一央纡忆依挹忧谒委

喻四： 以羊余餘与弋夷予翼营移悦

知： 陟竹知张中猪征追卓珍迍

彻： 丑敕耻痴楮褚抽

澄： 直除丈宅持柱池迟治场伫驰坠

庄： 侧庄阻邹簪仄争

章： 之职章诸旨止脂征正占支煮

初： 初楚测叉刍厕创疮

昌： 昌尺充赤处叱

崇： 士仕锄鉏床鶵雏查助豺崇崱俟

船： 食神实乘

生： 所山疎色数砂沙疏生史

书： 式书失舒施伤识赏诗始试矢释商
禅： 市是时常承视署殊氏寔臣殖植尝蜀成
日： 而如人汝仍儿耳儒
泥： 1. 奴乃那诺内妳
（娘） 2. 女尼挐秾
来： 1. 卢郎落鲁来洛勒赖练
2. 力良吕里林离连缕
端： 都丁多当得德冬
透： 他吐土托汤天通台
定： 徒杜特度唐同陀堂
精： 1. 作则祖臧借
2. 子即将姊资遵兹醉锉
清： 1. 仓千苍麤采青麁
2. 七此亲醋迁取雌
从： 1. 昨徂才在藏前
2. 疾慈秦自渐匠情
心： 1. 苏先桑素速
2. 息相私思斯胥虽辛须写悉司
邪： 徐似祥辝辞详寺随旬夕
帮： 1. 博北布补边伯百巴
（非） 2. 方甫府必彼卑兵陂并分笔畀鄙封晡
滂： 1. 普匹滂譬
（敷） 2. 芳敷抚孚披丕妃峰拂
并： 1. 蒲薄傍步部白裴捕
（奉） 2. 符扶房皮毗防平婢便附缚浮冯父弼
明： 1. 莫模谟慕母摸
（微） 2. 武亡弥无文眉靡明美绵巫望

此《广韵》反切上字表，包含51声类和35声母的内容。

（四）《广韵》的声类、声母和韵类、韵母

(1)《广韵》的声类和声母

《广韵》的声类

陈澧《切韵考》通过反切系联法将《广韵》452个切上字归纳为40类。这四十类和唐末宋初的三十六字母相比，照、穿、床、审、喻五组中各多出一类，微纽并入明纽，又少了一类，故成了四十类。陈澧认为这四十类反映了《广韵》的声纽状况，但是后来的学者认为陈澧没有严格遵守自己所定的原则。有时他用补充条例将基本条例无法系联的两类系联为一类；例如将“文、美、望、无、巫、明、弥、亡、眉、绵、武、靡”同“莫、慕、模、谟、摸、母”归为一类的情况就是这样。有时他却没有使用补充条例将那些可以系联在一起的两类归为一类，例如“博”类与“方”类的情况就是这样。他对补充条例的使用随意性很强，正像罗常培先生指出的那样：“以今考之，其为例犹未能尽纯也。盖因变例以求其合，则为类当不满四十；舍变例而求其分，则为类当逾乎四十。陈氏于其所欲合者，则用变例以联之，于其所欲分者，则用正例以别之，未免自乱其例矣！”因此，陈澧的四十类没有反映出《广韵》声类的真实面貌。于是后来的学者在此基础上又作了不少修订和增补。继陈澧之后，黄侃、钱玄同、高本汉、白涤洲、黄粹伯、曾运乾、陆志韦、周祖谟等学者先后对《广韵》的声类进行了考察。黄侃、钱玄同考察的结果是 41 类（微纽、明纽分开），高本汉、白涤洲、黄粹伯考察的结果是 47 类（三十六字母的见溪疑影晓来一分为二），曾运乾、陆志韦、周祖谟考察的结果是 51 类（三十六字母的精清从心一分为二），李荣分为 52 类（三十六字母的禅一分为二）。这 52 类应该说是很精密的，符合《广韵》的实际情况。我们采用 51 声类的说法。

《广韵》的声母

声类是根据系联法或统计法对反切上字归类的结果。声类的不同，并不意味着声母也一定不同，因为表示同一声母的反切上字根据系联或统计可能会分成两类，例如代表来纽 [l] 的反切上字根据系联、统计被分成了卢、力两类。声类并不完全等于声母，因为有的声类不同，却同属一个音位，如“古”、“居”是两个声类，在中古是一个“见”母，拟音都作 [k]。因此，《广韵》51 个声类，从音位的观点进一步归纳，得出的结论是 35 个声母。李荣《切韵音系》确定声母是 36 个。

(2)《广韵》的韵类和韵母

《广韵》的韵类

那么，《广韵》的韵母系统又是什么情况呢？同样也从研究反切入手，方法与求声类一样，把反切下字的同用、互用、递用加以系联，将每韵的反切下字分析为一类或几类，从而得出《广韵》的韵类。陈澧用系联法对《广韵》每一韵中的1 195个反切下字进行系联，结果发现有些韵只含有一个韵类，有些韵含有两个、三个甚至四个韵类。陈澧用系联法系联的结果是 206 韵中共含有 311 个韵类。继陈澧之后，高本汉、白涤洲、黄侃、周祖谟、李荣及邵荣芬等人先后对《广韵》的韵类作了较系统的研究，所得的结果有相同、也有不同。高本汉研究的结果是 290 类，白涤洲使用统计法研究的结果也是 290 类，黄侃研究的结果是 335 类，周祖谟的研究结果是 324 类，李荣《切韵音系》的研究结果是 334 类，邵荣芬《切韵研究》的研究结果是 326 类。王力在《汉语音韵学》及《汉语史稿》中基本采用的是高本汉和白涤洲的分类。董同龢基本上坚持陈澧的分类。目前学术界有不少人采用的是 290 类的说法。

《广韵》的韵母

《广韵》的 290 个韵是按声调计算的，即韵类的声调不同即算不同的韵类；如果不计声调，即平上去三声相承的韵类或平上去入四声相承的韵类算一类，则 290 类只有 90 类之多。王力《汉语史稿》于戈韵和昔韵中分别增添了 [ǐɑ]（戈开三）、[ǐwɛk]（昔合三）两音。按照《史稿》的这种分类，《广韵》的韵类总数便成了 292 类，根据平、上、去相承的道理从韵类中进一步归纳韵母，入声由于韵尾不同，单独归为一类韵母。不计声调为 92 类，这 92 类所含的不同韵母共有 142 个，其中阴声韵 40 个，阳声韵 51 个，入声韵 51 个。我们采用《史稿》的说法，将《广韵》韵母确定为 142 个。

虽然《切韵》音系是一个综合的音系，不能代表中古的某个实际语音系统，但一般说来，汉语音韵学的学习重点应在今音学。《广韵》一书记录了中古汉语的字音和字义，特别是数以千计的反切注音，为后人研究这一时期的语音面貌保存了完整而详细的资料。研究上古音和近代音也可以以《广韵》作为桥梁和基础，再根据其他的材料来进行。因此，它是汉语语音史上一部承上启下的著作。以上论述可以说明，要想了解中古时期汉语的语音系统，只能依靠《广韵》，这是唯一的途径。不仅如此，我们还可以根据《广韵》上推古音，下证今音。因而它是音韵学的基础，是音韵学学习的关键。罗常培先生说过："代表隋唐音系的《广韵》是现存的一部最古的韵书，治古韵必得拿它作阶梯，治今韵也必得奉它作圭臬。"

四、中古音系

今音学，是研究中古时期语音系统的音韵学分支，主要研究南北朝至唐宋时期的语音系统。它以《切韵》、《唐韵》、《广韵》、《集韵》、《礼部韵略》、《平水韵》等，即《切韵》系韵书韵图为主要研究对象，分析、归纳出中古时期的声母、韵母、声调系统，探讨其演变规律。《广韵》基本上完整地保存了《切韵》的音系，成为中古音系的代表韵书。研究中古音系一般都是从《广韵》入手。总之，今音学研究的是《切韵》音系。

（一）中古音的声母

在上一节说到人们通过系联《广韵》的反切上下字得出《广韵》的声类和韵类，再从音位的观点对《广韵》的声类和韵类做进一步归纳，就可以得出《广韵》的声母和韵母。前代学者通过对《广韵》反切上字进行系联、分析、归纳而得出其声母系统，因为《广韵》一个音节只用一个反切，将全书的反切上字进行归纳分类就可以得到它的声母系统。研究《广韵》声母系统的学者们由于对一些具体问题的处理不同，因而他们的结论也不一样。反切上字的分类在音韵学上称作声类。声类并不等于声母，反切上字的选用受反切下字"等"的影响，不同的反切下字要求不同的反切上字和它相拼，以便反切上下字拼起来和谐。这就导致反切上字产生了随反切下字分类的趋势。通常是一、二、四等为一类，三等为一类，如见母反切上字分为"古"、"居"两类，前者只出现于一、二、四等，后者只出现于三等。考虑到这个问题，声母比反切上字分出来的类要少得多。如见母的反切上字分为两类，声母却只有一个。

本书将中古声母确定为三十五个，亦即《广韵》的三十五母。

《广韵》三十五声母与三十六字母相比，有以下几点变化：一，《广韵》唇音少了四个，只有重唇音，没有轻唇音。三十六字母已经有了轻唇音"非"、"敷"、"奉"、"微"；二，《广韵》正齿音多了四个："庄"、"初"、"崇"、"生"和"章"、"昌"、"船"、"书"、"禅"九个声母在三十六字母合并为正齿音"照""穿""船""审""禅"；三，喻母有分有合，《广韵》"匣"母"于"类字在三十六字母中与"喻"母合并；四，《广韵》没有"娘"母，三十六字母有"娘"母。《广韵》里娘母是否从泥母中独立的问题存在争议。

很多学者都研究过《广韵》的声母系统，结论互有参差，但总的趋势还是比较接近的。多数学者认为中古的声母有 36 个。此外，李荣通过对《切韵》残卷的研究，发现一个俟母。俟母属于齿音庄组，与禅母相对。当今多数学者承认俟母，也有一些学者持有保留意见。李荣还认为中古不存在娘母，这个见解赞成的人少，反对的人多。总之，中古声母总数在 35 个（不承认俟母和娘母）到 37 个（承认俟母，不排除娘母）之间。

(二) 中古音的韵母

上节说到，《广韵》的韵类共有 292 类（王力《汉语史稿》的分类或王力《汉语音韵学》中的 290 类再加上戈开三和昔合三）。如果不计声调，则为 92 类，其中所含韵母计有 142 类。本书把《广韵》的 142 个韵母确定为中古的韵母。《韵镜》的韵类共有 291 类（比《广韵》少一个戈开三），如果不计声调，则为 90 类，其中所含韵母共有 139 类。两相比较，《广韵》比《韵镜》只多出真合三、质合三及戈开三三个韵母。由此可以看出，《广韵》切下字系联的结果和《韵镜》所列的韵类数是极其接近的，这说明了系联结果的可靠性。下面我们列出中古韵母及其拟音，便于参考、比较。同时，引用唐作藩《音韵学教程》里的《广韵》反切下字表，此表内容丰富，包含 206 韵、韵部、韵母及其拟音、反切下字及其出现次数。我们可以充分利用，从而更好地了解中古音系。

中古韵母音值表

1. 东开一 oŋ	屋开一 ok
2. 东开三 ioŋ	屋开三 iok
3. 冬合一 uŋ	沃合一 uk
4. 钟合三 iuŋ	烛合三 iuk
5. 江开二 ɔŋ	觉开二 ɔk
6. 支开三 ie	
7. 支合三 iue	
8. 脂开三 iei	
9. 脂合三 iuei	
10. 之开三 i	
11. 微开三 iəi	
12. 微合三 iuəi	
13. 鱼开三 io	
14. 虞合三 iu	
15. 模合一 u	
16. 齐开四 ɛi	
17. 齐合四 uɛi	
18. 祭开三 iɛi	
19. 祭合三 iuɛi	
20. 泰开一 ɑi	
21. 泰合一 uɑi	
22. 佳开二 ai	
23. 佳合二 uai	
24. 皆开二 ɐi	
25. 皆合二 uɐi	
26. 夬开二 æi	
27. 夬合二 uæi	
28. 灰合一 uɒi	
29. 咍开一 ɒi	
30. 废开三 iɐi	

31. 废合三 iuɐi	
32. 真开三 ien	质开三 iet
33. 真合三 iuen	质合三 iuet
34. 谆合三 iuɛn	术合三 iuɛt
35. 臻开三 iɛn	栉开三 iɛt
36. 文合三 iuən	物合三 iuət
37. 欣开三 iən	迄开三 iət
38. 元开三 iɐn	月开三 iɐt
39. 元合三 iuɐn	月合三 iuɐt
40. 魂合一 uən	没合一 uət
41. 痕开一 ən	没开一 ət
42. 寒开一 ɑn	曷开一 ɑt
43. 桓合一 uɑn	末合一 uɑt
44. 删开二 an	辖开二 at
45. 删合二 uan	辖合二 uat
46. 山开二 æn	黠开二 æt
47. 山合二 uæn	黠合二 uæt
48. 先开四 ɛn	屑开四 ɛt
49. 先合四 uɛn	屑合四 uɛt
50. 仙开三 iæn	薛开三 iæt
51. 仙合三 iuæn	薛合三 iuæt
52. 萧开四 ɛu	
53. 宵开三 iæu	
54. 肴开二 au	
55. 豪开一 ɑu	
56. 歌开一 ɑ	
57. 戈合一 uɑ	
58. 戈开三 iɑ	
59. 戈合三 iuɑ	
60. 麻开二 a	
61. 麻合二 ua	
62. 麻开三 ia	
63. 阳开三 iɑŋ	药开三 iɑk
64. 阳合三 iuɑŋ	药合三 iuɑk
65. 唐开一 ɑŋ	铎开一 ɑk
66. 唐合一 uɑŋ	铎合一 uɑk
67. 庚开二 aŋ	陌开二 ak
68. 庚合二 uaŋ	陌合二 uak
69. 庚开三 iaŋ	陌开三 iak
70. 庚合三 iuaŋ	
71. 耕开二 ɐŋ	麦开二 ɐk
72. 耕合二 uɐŋ	麦合二 uɐk

73.	清开三 iæŋ	昔开三 iæk
74.	清合三 iuæŋ	昔合三 iuæk
75.	青开四 ɛŋ	锡开四 ɛk
76.	青合四 uɛŋ	锡合四 uɛk
77.	蒸开三 iəŋ	职开三 iək
78.		职合三 iuək
79.	登开一 əŋ	德开一 ək
80.	登合一 uəŋ	德合一 uək
81.	尤开三 iəu	
82.	侯开一 əu	
83.	幽开三 iɛu	
84.	侵开三 iem	缉开三 iep
85.	覃开一 ɒm	合开一 ɒp
86.	谈开一 ɑm	盍开一 ɑp
87.	盐开三 iæm	叶开三 iæp
88.	添开四 ɛm	帖开四 ɛp
89.	咸开二 ɐm	洽开二 ɐp
90.	衔开二 am	狎开二 ap
91.	严开三 iɐm	业开三 iɐp
92.	凡合三 iuɐm	乏合三 iuɐp

表 5—3　　《广韵》反切下字表

韵部數	韵母數	平上去擬音	平	反切下字	上	反切下字
一	1 2	uŋ ĭuŋ	一東	紅$_{12}$東$_{2}$ 公$_{2}$ 弓$_{6}$ 戎$_{5}$ 中$_{3}$ 融宮終	一董	孔$_{3}$ 董$_{2}$ 動$_{2}$ 揔蠓
二	3	uoŋ	二冬	冬$_{7}$ 宗$_{3}$	（二腫）	鴆湩
三	4	ĭwoŋ	三鍾	容$_{17}$恭$_{3}$ 封鍾凶庸	二腫	隴$_{11}$ 勇$_{2}$ 拱$_{2}$ 踵奉允悚冢
四	5	ɔŋ	四江	江$_{17}$雙	三講	項$_{4}$ 講$_{2}$ 慃
五	6 7	ĭe ĭwe	五支	支$_{9}$ 移$_{9}$ 宜$_{5}$ 羈$_{5}$ 離$_{3}$ 奇知 爲$_{12}$垂$_{6}$ 危規隨吹	四紙	氏$_{7}$ 綺$_{4}$ 紙$_{4}$ 婢$_{3}$ 倚$_{2}$ 爾$_{2}$ 此是豸侈俾（彼）委$_{10}$ 婢$_{3}$ 弭$_{3}$ 彼$_{3}$ 累$_{3}$ 捶$_{2}$ 詭毀髓靡
六	8 9	i wi	六脂	夷$_{8}$ 脂$_{2}$ 尼$_{2}$ 資飢肌私（之）追$_{9}$ 悲$_{4}$ 佳$_{4}$ 遺眉綏維	五旨	几$_{7}$ 履$_{4}$ 姊$_{3}$ 雉視矢 軌$_{4}$ 鄙$_{3}$ 癸$_{3}$ 美$_{2}$ 誄$_{2}$ 水$_{2}$ 洧壘（累）
七	10	ĭə	七之	之$_{14}$其$_{5}$ 茲$_{2}$ 持$_{2}$ 而菑	六止	里$_{11}$止$_{3}$ 紀$_{3}$ 士$_{2}$ 史$_{2}$ 市理已擬
八	11 12	ĭəi ĭwəi	八微	希$_{2}$ 衣$_{2}$ 依 非$_{5}$ 韋$_{2}$ 微歸	七尾	豈$_{2}$ 豨 鬼$_{3}$ 偉$_{3}$ 尾$_{2}$ 匪
九	13	ĭo	九魚	魚$_{12}$居$_{7}$ 諸$_{2}$ 余$_{2}$ 菹	八語	呂$_{13}$與$_{6}$ 舉$_{4}$ 許$_{2}$ 巨渚
十	14	ĭu	十虞	俱$_{8}$ 朱$_{7}$ 無$_{3}$ 于$_{3}$ 輸俞夫逾誅隅芻	九麌	矩$_{5}$ 庾$_{5}$ 主$_{4}$ 雨$_{3}$ 武$_{2}$ 甫禹羽

续前表

韵部數	韵母數	平上去擬音	平	反切下字	上	反切下字
十一	15	u	十一模	胡$_9$ 都$_3$ 孤$_9$ 乎吴吾姑烏	十姥	古$_{14}$户魯補杜
十二	16 17	iei iwei	十二齊	奚$_7$ 鷄$_4$ 嵇$_3$ 兮$_3$ 迷$_2$ 鸍 低携$_3$ 圭$_2$	十一薺	禮$_{12}$啟$_2$ 米$_2$ 第

韵部數	韵母數	去	反切下字	入聲擬音	入	反切下字
一	1 2	一送	貢$_8$ 弄$_5$ 送$_2$ 凍 仲$_7$ 鳳$_3$ 衆	uk ĭuk	一屋	木$_8$ 谷$_7$ 卜禄 六$_{20}$竹$_4$ 逐福菊匊宿
二	3	二宋	綜$_2$ 宋$_2$ 統	uɔk	二沃	沃$_9$ 毒$_3$ 酷$_2$ 篤
三	4	三用	用$_{16}$頌	iwok	三燭	玉$_{14}$蜀$_3$ 欲$_2$ 足曲録
四	5	四絳	絳$_7$ 降巷	ək	四覺	角$_{17}$岳覺
五	6 7	五寘	義$_{14}$智$_5$寄$_3$ 賜$_3$ 豉$_2$ 企 僞$_8$ 恚$_4$ 睡$_3$ 瑞$_3$ 避累			
六	8 9	六至	利$_{10}$至$_7$ 四$_3$ 冀$_3$ 季$_3$ 二$_2$ 器$_2$ 寐悸自類$_4$ 醉$_3$ 位$_3$ 遂$_3$ 愧秘媚備萃			
七	10	七志	吏$_{11}$記$_4$ 置$_2$ 志			
八	11 12	八未	既$_5$ 家 貴$_2$ 胃$_2$ 沸$_2$ 味未畏			
九	13	九御	據$_7$ 倨$_5$ 恕$_3$ 御$_2$ 慮$_2$ 預$_2$ 署洳助去			
十	14	十遇	遇$_{13}$句$_8$ 戍$_2$ 注$_2$ 具			
十一	15	十一暮	故$_{14}$誤$_2$ 祚暮路			
十二	16 17	十二霽	計$_{16}$詣$_3$ 惠$_2$ 桂戾			

韵部數	韵母數	平上去擬音	平	反切下字	上	反切下字
十三	18 19	ĭɛi ĭwɛi				
十四	20 21	ɑi uɑi				
十五	22 23	ai wai	十三佳	佳$_{11}$膎 媧$_3$ 蛙緺	十二蟹	蟹$_7$ 買$_4$ 夥𠁥
十六	24 25	ɐi wɐi	十四皆	皆$_{14}$諧$_3$ 懷$_5$ 乖淮	十三駭	駭$_3$ 楷
十七	26 27	æi wæi				
十八	28	uɒi	十五灰	回$_{13}$恢$_3$ 杯$_3$ 灰胚	十四賄	罪$_{10}$猥$_4$ 賄$_3$

续前表

韵部數	韵母數	平上去擬音	平	反切下字	上	反切下字
十九	29	ɒi	十六咍	來$_{9}$ 哀$_{4}$ 才$_{3}$ 開哉	十五海	亥$_{1}$ 改$_{6}$ 宰$_{2}$ 在乃紿愷
二十	30 31	ĭɐi ĭwɐi				
二十一	32 33	ĭěn ĭwěn	十七真	鄰$_{11}$ 巾$_{6}$ 真$_{4}$ 珍$_{3}$ 人$_{3}$ 銀賓（倫$_{2}$）贇筠	十六軫	忍$_{11}$引$_{2}$ 軫盡 殞$_{2}$ 敏
二十二	34	ĭuěn	十八諄	倫$_{8}$ 匀$_{2}$ 遵迍脣綸旬 （巾人）	十七準	尹$_{6}$ 準$_{3}$ 允$_{3}$ 腎 紖 （忍$_{1}$2）
二十三	35	ĭen	十九臻	臻$_{2}$ 詵		（謹$_{2}$）
二十四	36	ĭuən	二十文	云$_{3}$ 分$_{3}$ 文$_{2}$	十八吻	粉$_{5}$ 吻$_{3}$

韵部數	韵母數	去	反切下字	入聲擬音	入	反切下字
十三	18 19	十三祭	例$_{9}$ 制$_{5}$ 祭$_{2}$ 憩$_{2}$ 弊袂蔽 罽芮$_{8}$ 銳$_{2}$ 歲$_{2}$ 衛$_{8}$ 吠$_{2}$ 稅			
十四	20 21	十四泰	蓋$_{11}$ 太 帶 大 艾 貝 外$_{11}$ 會$_{2}$ 最			
十五	20 23	十五卦	懈$_{7}$ 賣$_{5}$ 隘卦$_{5}$ 賣$_{1}$			
十六	24 25	十六怪	拜$_{5}$ 介$_{4}$ 界$_{2}$ 戒怪$_{6}$ 壞			
十七	26 27	十七夬	犗$_{5}$ 喝夬$_{5}$ 邁$_{4}$ 快$_{2}$ 話			
十八	28	十八隊	對$_{8}$ 內$_{4}$ 佩$_{2}$ 妹隊輩繢昧			
十九	29	十九代	代$_{11}$ 愛$_{2}$ 溉耐概			
二十	30 31	二十廢	（肺）廢$_{3}$ 穢$_{2}$ 肺			
二十一	32 33	二十一震	刃$_{13}$ 覲$_{3}$ 晋$_{2}$ 遴$_{2}$ 振 印 （峻）________	ĭět ĭwět	五質	質$_{7}$ 吉$_{5}$ 悉$_{4}$ 栗$_{4}$ 乙$_{4}$ 筆$_{2}$ 密$_{2}$ 必$_{2}$ 畢$_{2}$ 七一 日叱（律）
二十二	34	二十二稕	閏$_{5}$ 順峻	ĭuět	六術	聿$_{6}$ 律$_{6}$ 卹$_{2}$
二十三	35		（靳）	iet	七櫛	瑟$_{2}$ 櫛
二十四	36	二十三問	問$_{5}$ 運	iuət	八物	勿$_{7}$ 物$_{2}$ 弗$_{2}$

韵部數	韵母數	去	反切下字	入聲擬音	入	反切下字
二十五	37	二十四焮	靳$_{4}$焮	ĭət	九迄	訖$_{2}$迄$_{2}$乞

续前表

韵部數	韵母數	去	反切下字	入聲擬音	入	反切下字
二十六	38 39	二十五願	建$_3$ 堰（萬） 願$_5$ 萬$_4$販怨	ĭɐt ĭwɐt	十月	竭$_2$ 謁歇訐 月$_5$ 伐$_3$ 越厥發
二十七	40	二十六慁	困$_{11}$悶$_6$ 寸	uət	十一没	没$_8$ 骨$_8$ 忽$_2$ 勃
二十八	41	二十七恨	恨$_3$ 艮	ət	麧	（没）
二十九	42	二十八翰	旰$_8$ 案$_4$ 贊按旦	ɑt	十二曷	割$_6$ 葛$_3$ 曷$_3$ 達$_2$
三十	43	二十九换	貫$_5$ 玩$_4$ 半$_2$ 亂$_3$ 段$_2$ 换喚算漫	uɑt	十三末	括$_9$ 活$_5$ 撥$_2$ 末$_2$ 栝$_2$
三十一	44 45	三十諫	晏$_6$ 諫澗雁 患$_7$ 慣	at wat	十四黠	八$_{10}$黠$_3$ 滑$_3$ 拔（八）
三十二	46 47	三十一襇	莧$_5$ 襇 幻$_2$ 辨	æt wæt	十五鎋	鎋$_{11}$轄瞎 刮$_7$ 頒
三十三	48 49	三十二霰	甸$_{13}$練$_2$ 佃電麵 縣$_3$ 絢	iet iwet	十六屑	結$_{17}$屑蔑 决$_3$ 穴$_2$
三十四	50 51	三十三綫	戰$_5$ 箭$_3$ 綫$_2$ 面$_2$ 扇$_2$ 賤碾膳 變彦（見） 戀$_5$ 絹$_5$ 眷$_4$ 倦$_2$ 卷掾釧囀	ĭɛt ĭwɛt	十七薛	烈$_{22}$薛熱滅別竭 劣$_8$ 悦$_5$ 雪$_4$ 絶$_3$ 爇輟
三十五	52	三十四嘯	弔$_9$ 嘯叫			
三十六	53	三十五笑	照$_5$ 召$_5$ 笑$_3$ 妙$_2$ 肖$_2$ 要$_2$ 廟少			
三十七	54	三十六效	教$_{15}$孝皃稍			
三十八	55	三十七號	到$_{13}$報$_2$ 導耗			

韵部數	韵母數	平上去擬音	平	反切下字	上	反切下字
三十九	56	ɑ	七歌	何$_{11}$俄歌河	三十三哿	可$_{11}$我$_3$
四十	57 58 59	uɑ ĭɑ ĭuɑ	八戈	禾$_{10}$戈$_4$ 波婆和（迦） 伽迦 靴$_3$ 䏧$_2$ 肥	三十四果	果$_{14}$火$_3$（可$_2$） —————— ——————
四十一	60 61 62	a ĭa wa	九麻	加$_{14}$牙$_2$ 巴$_2$ 霞 遮$_4$ 邪$_4$ 車嗟奢賒 瓜$_5$ 華$_2$ 花	三十五馬	下$_{14}$雅賈疋 者$_4$ 也$_3$ 野$_2$ 冶 姐 瓦$_6$ 寡$_2$
四十二	63 64	ĭɑŋ ĭwɑŋ	十陽	良$_{14}$ 羊$_7$ 莊$_2$ 章陽張 方$_4$ 王$_2$	三十六養	兩$_{21}$ 丈$_2$ 獎掌養網 昉往$_4$
四十三	65 66	ɑŋ uɑŋ	十一唐	郎$_{12}$當$_2$ 岡$_2$ 剛 光$_5$ 旁黄	三十七蕩	朗$_{17}$黨 晃$_4$ 廣
四十四	67 68 69 70	ɐŋ ĭɐŋ wɐŋ ĭwɐŋ	十二庚	庚$_{12}$行（盲） 京$_3$ 卿驚 横$_2$ 盲$_2$ 兵$_3$ 明榮	三十八梗	梗$_4$ 杏$_2$ 打冷 影景（丙） （猛$_3$）礦礬（杏） 永$_4$ 憬

续前表

韵部數	韵母數	平上去擬音	平	反切下字	上	反切下字
四十五	71 72	æŋ wæŋ	十三耕	耕$_8$ 莖$_6$ 萌$_3$ 宏$_2$	三十九耿	幸$_4$ 耿
四十六	73 74	ĭɛŋ ĭwɛŋ	十四清	盈$_9$ 貞$_3$ 成$_2$ 征情并 營$_5$ 傾	四十静	郢$_9$ 井$_3$ 整静 頃潁
四十七	75 76	ieŋ iweŋ	十五青	經$_6$ 丁$_5$ 靈刑 扃螢	四十一迥	挺$_5$ 鼎$_4$ 頂剄醒涬 迥$_7$
四十八	77 78	ĭəŋ	十六蒸	陵$_{12}$ 冰$_2$ 兢$_2$ 矜$_2$ 膺蒸 乘仍升	四十二拯	拯$_2$ 庱

韵部數	韵母數	平上去擬音	平	反切下字	上	反切下字
二十五	37	ĭən	二十一欣	斤$_4$ 欣	十九隱	謹$_5$ 隱
二十六	38 39	ĭɐn ĭwɐn	二十二元	言$_5$ 軒 袁$_5$ 元$_5$ 煩	二十阮	偃$_5$ 憓 遠$_3$ 阮$_3$ 晚$_3$
二十七	40	uən	二十三魂	昆$_{10}$ 渾$_4$ 尊$_4$ 奔魂	三十一混	本$_{13}$ 損$_2$ 忖袞
二十八	41	ən	二十四痕	痕$_2$ 根$_2$ 恩	二十二很	很$_2$ 墾
二十九	42	ɑn	二十五寒	干$_6$ 寒$_5$ 安$_2$（官）	三十三旱	旱$_9$ 但笴
三十	43	uɑn	二十六桓	官$_{11}$ 丸$_4$ 潘端	二十四緩	管$_{10}$ 伴滿纂緩 （旱$_2$ 但）
三十一	44 45	an wæn	二十七刪	姦$_3$ 顔$_2$ 還$_6$ 關$_2$ 班（頑）	二十五潸	板$_5$ 赧 綰鯇（板$_6$）
三十二	46 47	æn wæn	二十八山	閑$_2$ 山$_3$ 間$_3$ 瞷 頑$_5$ 鰥$_2$	十六産	限$_6$ 簡$_3$ （綰）
三十三	48 49	ien iwen	一先	前$_4$ 賢$_3$ 年$_2$ 堅$_2$ 田$_2$ 先$_2$ 顛烟玄$_5$ 涓	二十七銑	典$_7$ 殄繭峴 泫$_3$ 畎
三十四	50 51	ĭɛn ĭwɛn	二仙	連$_9$ 延$_8$ 然$_3$ 乾$_3$ 仙焉 緣$_{11}$ 員$_4$ 權$_2$ 專圜攣川宣 全泉	二十八狝	善$_7$ 演$_5$ 免$_4$ 淺$_3$ 蹇$_2$ 輦$_2$ 展$_2$ 辨剪兗$_{13}$ 轉$_2$ 緬篆
三十五	52	ieu	三蕭	聊$_3$ 堯$_2$ 么$_6$ 彫$_2$ 蕭	二十九筱	了$_6$ 鳥$_3$ 皎$_2$ 皛
三十六	53	ĭɛu	四宵	遥$_8$ 招$_3$ 嬌$_4$ 昭$_3$ 喬$_2$ 霄$_2$ 邀宵消瀌焦囂	三十小	小$_7$ 沼$_7$ 兆$_2$ 夭$_2$ 表$_2$ 少$_2$ 矯
三十七	54	an	五肴	交$_{16}$ 肴茅嘲	三十一巧	巧$_7$ 絞$_4$ 爪飽
三十八	55	ɑn	六豪	刀$_8$ 勞$_3$ 袍$_2$ 毛$_2$ 曹遭牢褒	三十二皓	皓$_7$ 考$_5$ 浩$_3$ 早抱道

续前表

韵部數	韵母數	去	反切下字	入聲擬音	入	反切下字
三十五	56	三十八箇	箇$_6$ 佐$_3$ 賀個邏			
四十	57 58 59	三十九過	卧$_{14}$ 過$_5$ 貨$_2$ 唾（賀）			
四十一	60 61 62	四十禡	駕$_{11}$ 訝$_2$ 嫁$_2$ 亞$_2$ 罵 夜$_8$ 謝$_2$ 化$_4$ 吴（霸）			
四十二	63 64	四十一漾	亮$_{22}$ 讓向樣 放$_3$ 況$_2$ 妄訪	ǐak ǐwak	十八藥	略$_7$ 約$_5$ 灼$_3$ 若$_2$ 勺爵雀虐藥 縛$_6$ 钁籰
四十三	65 66	四十二宕	浪$_{16}$ 宕 曠$_3$ 謗	ɑk uɑk	十九鐸	各$_{15}$ 落$_3$ 郭$_6$ 博穫
四十四	67 68 69 70	四十三映	孟$_6$ 更$_4$ 敬$_6$ 慶 横（孟） 病$_2$ 命$_2$	ɐk ǐɐk wɐk	二十陌	格$_6$ 伯$_6$ 陌$_6$ 白$_3$ 戟$_4$ 逆劇却 伯獲虢
四十五	71 72	四十四諍	迸$_4$ 諍$_2$	æk wæk	二十一麥	革$_9$ 核厄摘責戹 獲$_5$ 麥$_3$ 摑
四十六	73 74	四十五勁	正$_{10}$ 政$_4$ 姓$_2$ 盛鄭令	ǐɛk ǐwɛk	二十二昔	益$_4$ 隻$_4$ 昔$_3$ 石$_2$ 亦$_2$ 積易迹炙辟（役）；役（隻）
四十七	75 76	四十六徑	定$_{10}$ 徑佞	iek iwek	二十三錫	歷$_{11}$ 擊$_4$ 激$_2$ 狄$_2$ 闃狊鶪
四十八	77 78	四十七證	證$_9$ 孕$_2$ 應$_2$ 餕甑	ǐək ǐwək	二十四職	力$_{18}$ 職$_3$ 側即翼直極（逼$_5$）

韵部數	韵母數	平上去擬音	平	反切下字	上	反切下字
四十九	79 80	əŋ uəŋ	十七登	登$_6$ 滕$_3$ 棱增崩朋恒 肱$_2$ 弘	四十三等	等$_3$ 肯
五十	81	ǐəu	十八尤	鳩$_7$ 求$_5$ 由$_5$ 流$_4$ 尤$_3$ 周$_2$ 秋$_3$ 州浮謀	四十四有	九$_9$ 久$_9$ 有$_3$ 柳$_3$ 酉$_2$ 否婦
五十一	82	əu	十九侯	侯$_3$ 鉤$_4$ 婁	四十五厚	后$_6$ 口$_6$ 厚$_2$ 苟$_2$ 詬$_3$ 斗
五十二	83	iəu	二十幽	幽$_5$ 虯彪$_2$ 烋	四十六黝	黝$_2$ 糾
五十三	84	ǐəm	二十一侵	林$_6$ 金$_5$ 針$_4$ 深$_2$ 吟$_2$ 淫$_2$ 心$_2$ 尋今簪任	四十七寑	荏$_5$ 錦$_6$ 甚$_5$ 稔$_3$ 飲$_3$ 枕$_2$ 朕$_2$ 凜痒
五十四	85	ɒm	二十二覃	含$_{13}$ 南男	四十八感	感$_{13}$ 禫唵
五十五	86	ɑm	二十三談	甘$_7$ 三$_2$ 酣$_2$ 談	四十九敢	敢$_{11}$ 覽$_2$
五十六	87	ǐɛm	二十四鹽	廉$_{14}$ 鹽 6 占$_2$ 炎$_2$ 淹	五十琰	琰$_5$ 冉$_4$ 檢$_3$ 染$_2$ 斂漸奄險儉
五十七	88	iem	二十五添	兼$_8$ 甜	五十一忝	忝$_5$ 玷$_{14}$ 簟
五十八	89	ɐm	二十六咸	咸$_9$ 讒	五十二豏	減$_9$ 斬$_4$ 豏

续前表

韵部數	韵母數	平上去擬音	平	反切下字	上	反切下字
五十九	90	am	二十七銜	銜$_7$ 監	五十三檻	檻$_6$ 黤
六十	91	ĭɐm	二十八嚴	嚴$_3$ 輸	五十四儼	广$_2$ 埯
六十一	92	ĭwɐm	二十九凡	凡芝	五十五范	犯$_4$ 錽范

韵部數	韵母數	去	反切下字	入聲擬音	入	反切下字
四十九	79 80	四十八嶝	鄧$_7$ 亘$_2$ 隥贈	ɑk uɑk	二十五德	則$_5$ 得$_4$ 北$_2$ 德$_2$ 勒墨黓$_2$ 國
五十	81	四十九宥	救$_{10}$ 祐$_2$ 又咒副僦溜富就			
五十一	82	五十候	候$_{10}$ 奏$_3$ 豆$_2$ 遘$_2$ 漏			
五十二	83	五十一幼	幼$_2$ 謬$_2$			
五十三	84	五十二沁	禁$_9$ 鴆$_6$ 蔭$_2$ 任譖	ĭəp	二十六緝	入$_{10}$ 立$_9$ 及$_4$ 戢$_2$ 執$_2$ 急汲汁
五十四	85	五十三勘	紺$_{13}$ 暗	ɒp	二十七合	合$_{11}$ 答$_4$ 閤沓
五十五	86	五十四闞	濫$_6$ 瞰噉暫蹔	ap	二十八盍	盍$_{13}$ 臘榼雜
五十六	87	五十五艷	艷$_9$ 贍$_2$ 驗$_3$ 窆	ĭɛp	二十九葉	涉$_7$ 輒$_7$ 葉$_6$ 攝接
五十七	88	五十六㮇	念$_{10}$ 店$_2$	iep	三十帖	協$_5$ 頰$_2$ 愜牒
五十八	89	五十七陷	陷$_2$ 韽賺	ɐp	三十一洽	洽$_{10}$ 夾$_2$ 図
五十九	90	五十八鑑	鑒$_5$ 懺$_3$	ap	三十二狎	甲$_5$ 狎
六十	91	五十九釅	釅（欠$_2$）（劍）	ĭɐp	三十三業	業$_4$ 怯$_2$ 刼
六十一	92	六十梵	劍$_2$ 梵泛欠	ĭwɐp	三十四乏	法$_5$ 乏

［注：此表按唐作藩《音韵学教程》（第三版）中“《广韵》反切下字表”原文照录］

（三）中古音的声调

中古的调类共有四个，即平、上、去、入四声。这在《切韵》、《广韵》、《韵镜》、《七音略》等韵书和等韵图中都是如此。关于中古四个调类的调值，因为没有足够的材料，现在则无从得知，但是我们从古人的描述中可以了解到一些大致的情况。下面是古人关于四声调值的几种描述。

隋刘善经在《四声论》中说："昔周孔所以不论四声者，正以春为阳中，德泽不偏，即平声之象；夏，草木茂盛，炎炽如火，即上声之象；秋，霜凝木落，去根离本，即去声之象；冬，天地闭藏，万物尽收，即入声之象。"

唐南阳释处忠《元和韵谱》中说："平声者哀而安，上声者厉而举，去声者清而远，入声者直而促。"

唐时日本沙门安然在《悉昙藏》中描写日译汉音的声调说："平声直低，有轻有重；上声直昂，有轻无重；去声稍引，无轻无重；入声径止，无内无外。"

明释真空《玉钥匙》歌诀："平声平道莫低昂，上声高呼猛烈强，去声分明哀道远，入声短促急收藏。”

以上几种描写虽不尽相同，但描写的特点可以说是大同小异。从中可以大体知道平声的调子是平直的，上声是上扬的，去声是下滑的，入声是短促的。根据调名，也可以知道平声的调型应该是平调，上声的调型应该是升调，去声应该是降调，入声的“入”与“出”相对，是不易发出的促调。由于中古四声到今音中发生了很大的变化，一般人很难把握现代四声在中古时的调属。

中古声调到近代再到现代的变化，我们在后面有专门、详细的论述，参看第四节“近代音系”中的“中古以后的声调方面的变化”部分。

五、《广韵》以后的几种韵书和韵图

等韵学是研究汉语发音方法和发音原理的科学。等韵学，是以宋元以来的等韵图作为对象来研究汉语语音系统的音韵学分支，研究材料包括各时期不同内容的韵图。等韵学的基本内容可分为两部分，即韵图和门法。韵图是利用图表形式逐一表示一个个反切的读音。对韵书来说，它把韵书所反映的语音系统简练明晰地表现出来。对于使用韵图的人来说，韵图是汉语音节拼合的练习表，通过反复练习，达到准确读出反切读音的目的。等韵学的精华表现在韵图上。等韵图主要是运用“等、呼、摄”等概念对字音进行审辨，较为完整而直观地显示语音组合的系统面貌，略相当于古代汉语的音节表。早期韵图主要用来分析韵书中的反切，分等列图展示其声、韵、调配合关系，如《韵镜》、《七音略》就是用图表来反映《广韵》语音系统的。后来，明清等韵图经过改造而不断扩大表现范围，被用来分析和描写近代汉语的多种语音系统，包括一些方言的语音系统。清代的古音学家还利用韵图来分析上古音系统。等韵学有精细的审音方法，有成套的术语（包括很多的“门法”术语），有较好的系统观念和音理知识，这些对音韵学各门类的研究都很有作用。

从现代语言学理论、方法等方面看，等韵学是传统的汉语语音学，或者说可以看成中国古代的普通语音学和音系学，是音韵学基础中的基础。门法是按照韵图查找反切读音的方法，主要讲特例，即按一般方法查不出准确读音的各种情况。最初的门法附在韵图前边或后边，如《韵镜》卷首有《归字例》，就属于门法一类的文字。另外，《四声等子》有《辨音和切字例》、《辨类隔切字例》，《切韵指掌图》有《检例》，这些都属于门法，但这时还没有“门法”的名称。直到元代刘鉴《切韵指南》所附《门法玉钥匙》才第一次出现门法名称，列13条门法，明代真空《直指玉钥匙门法》，把刘鉴的13条门法扩展为20条，是集门法大成的著作。这些门法，主要试图解释韵书反切与韵图列字的等列出入情况，有些解释基本合理，有些不尽合理，有些则是错误的。

无论是合并韵目的后出韵书，还是图示韵书内容的早期等韵图，都还只是表现形式上的变化，反映的语音系统基本上相同，都是《切韵》音系的内容，而没有直接反映各时代的实际语音，这显示了《切韵》系韵书、韵图的一贯性和保守性。

由于声韵调的分析都有明确的指称或代用符号可用，又受梵文等拼音文字的影响，有人便创制了等韵图，用图表的方式来展示韵书所收反切的语音地位（声、韵、调）。为了解说等韵图的内容，又产生了一系列音韵学的新术语，使传统音韵学的审音更为精细和准确，理论色彩也更为浓厚，等韵学也就形成了自己独立的系统性。

（一）《韵镜》

（1）《韵镜》的产生

《韵镜》的作者和成书年代已不可考，有人认为它在《切韵》著成不久后即产生了，是据《切韵》而作。也有人认为《韵镜》成书于宋代，是根据《礼部韵略》的前身《景德韵略》而作。从《韵镜》所列的音节来看，有些与唐代或唐以前的韵书相合而不与《广韵》相合，有些则与《广韵》相合而不与唐代及唐以前的韵书相合。从分韵为二〇六韵的情况来看，《韵镜》与《广韵》又完全一致。总体来看，《韵镜》与《广韵》相合的成分要多一些。

现在所见到的《韵镜》是南宋张麟之在高宗绍兴辛巳年（1161）刊行的。此书在宋理宗淳佑年间（1241—1252）传入日本，此后国内反而失传。清末黎庶昌出使日本，才得到永禄本《韵镜》，后收入《古逸丛书》。该书1955年由古籍出版社影印出版。

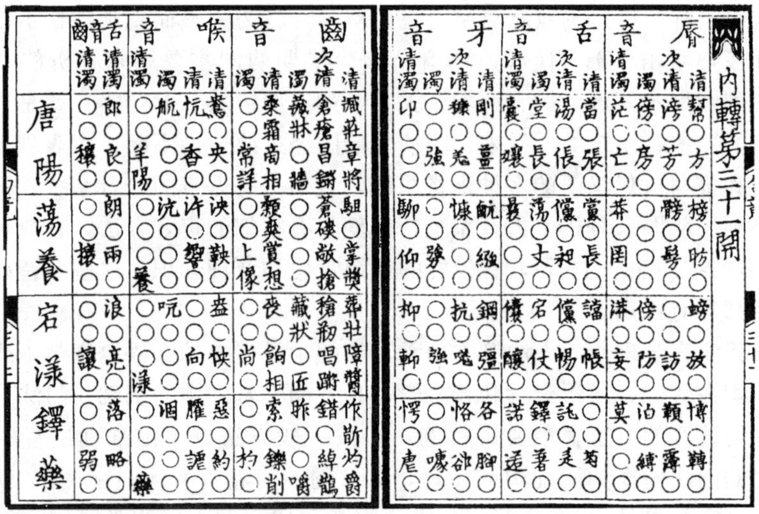

图5—2 《韵镜》影印页

（2）《韵镜》的作用

《韵镜》的作用主要有以下几个方面。

展示中古音系

《韵镜》的图表类似于普通话声韵配合表，它以七音为经，通过“清、次清、浊、清浊”等术语将七音中所含的声母区分开来；以二〇六韵为纬，通过四格将韵所含的韵母区分开来。在声、韵交叉处便是音节代表字。这样就将中古汉语的声韵调（韵本身包含声调）及其配合规律展示出来。详见图5—2《韵镜》影印件。

说明正音

《韵镜》中的每一个音节都是标准音，因此根据《韵镜》便可以校正读音。

例如对韵书中的反切如果把握不好，即可从《韵镜》中查到其音节代表字，通过音节代表字就知道了其声母及所属韵和等呼。

方便练音

《韵镜》相当于一个完备的音节表。它代表了所有汉字的读音，因此，只要熟读《韵镜》中的每一个音节，便可以以简驭繁地掌握所有汉字的读音。

（3）《韵镜》的体例

依图列等

将一图内所含韵母总体上分为四类，称作四等，分置于四格。例如“外转第二十五开”这一图共有“豪爻宵萧”四韵，各含有一个韵母，依次定为一二三四等韵，分别置于第一二三四等格，其音值今可拟作［ɑu］、［au］、［iæu］、［ɛu］。当一图内所含韵母不足四等时，所缺音节用“〇”补充。例如“外转第十三开”一图共有“咍皆齐”三韵，各含一个韵母，分属一二四等韵，本图无三等韵，三等格上的空位用“〇”补充。当图中某韵含有两个以上的韵母时，这些韵母所组成的音节各依其等分列于相应的格位，例如“内转第一开”，东韵含有两个韵母，分别属一等韵和三等韵，和一等韵组成的音节列于一等格，和三等韵组成的音节列于三等格。

以声为经，以韵为纬

七音按照唇音、舌音、牙音、齿音、喉音、舌齿音（包括半舌半齿）的顺序列于每一图的上方。牙音含一组声母“见溪群疑”，分别用“清、次清、浊、清浊”表示。唇音含一组声母“帮滂并明”，分别用“清、次清、浊、清浊”表示。舌音含两组声母“端透定泥”和“知彻澄娘”，分别同时用“清、次清、浊、清浊”表示；由于端组只与一等和四等格子上的韵相拼，知组只与二三等格子上的韵相拼，所以这两组音不混。齿音含三组声母“精清从心邪”、“庄初崇生俟”和“章昌船书禅”，分别同时用“清、次清、浊、清浊”表示；由于规定精组只与一等和四等格子上的韵相拼，庄组只与二等格子上的韵相拼，章组只与三等格子上的韵相拼，所以这三组音不会相混。喉音含两组声母“影晓匣云”和“以”，分别同时用“清、清、浊、清浊”表示；“云”与“以”均为清浊音，由于规定“云”只与三等格子上的韵相拼，“以”只与四等格子上的韵相拼，所以“云”与“以”不会相混。舌齿音含两个声母“半舌”与“半齿”，均用“清浊”表示，在右者为“半舌”，在左者为“半齿”。

假二等与假四等的安排

齿音一栏中的精组声母可以和一三四等韵相拼，庄组声母可以和二三等韵相拼，章组声母只和三等韵相拼。这三组声母有一个共同点即都可以和三等韵相拼，而三等格只有一个，安排不下。处理的方法是：规定章组与三等韵所拼的音节居于三等格；庄组与三等韵相拼的音节居于第二格，这叫做“假二等”，例如“内转第六开”中“脂”韵栏第二格齿音下的“师”字；精组与三等韵相拼的音节居于第四格，这叫做“假四等”，例如“内转第六开”中“脂”韵一栏第四格齿音下的“咨、郪、茨、私”四字。这样安排的根据是，庄组声母不会同时与同一图中的二等韵和三等韵相拼，精组声母也不会同时与同一图中的三等韵和四等韵相拼。庄组声母可与相拼的三等韵有“鱼虞支脂之尤侵真臻谆阳蒸”等十二个，这十二个韵均不与二等韵同处于一图；与二等韵同处一图的三等韵有“祭元仙宵清庚三盐严”等八个，但这八韵均不与庄组声母相拼。所以庄组下的二等格不会同时出现既有二等音节又有三等音节的问题，有二等则肯定没有三等，有三等则肯定没有二等。例如在“内转第十二合”的第一栏中，有一等模韵和三等虞韵，无二等韵，二等格的位置是空的，所以庄组与虞韵所拼的“㑳”、“刍”等音节可置于第二格。又如在“外转第二十五开”的第一栏中，有二等爻韵又有三等宵韵，庄组与爻韵相拼的“巢”、“梢”等音节列于第二格，由于庄组不与宵韵相拼，所以不需要第二格的位置。精组声母可与相拼的三等韵有“东$_{\text{三}}$钟支脂之鱼虞祭真谆仙宵麻$_{\text{三}}$阳清尤侵盐蒸”等十九韵，这十九韵与精组相拼的音节全部被安排在四等格上，均为假四等。其中“东$_{\text{三}}$钟支脂之鱼虞真谆麻$_{\text{三}}$阳幽侵蒸”等十四韵均不与四等韵同图，即这些韵出现时四等韵不出现，第四格是空的，所以可以寄放“假四等”；其中“祭仙宵清盐”五韵分别与四等韵“霁先萧青添”同图，这时按一般排列规则让“祭”等与章组相拼的音节居于第三格，让“霁”等与精组相拼的音节居于第四格，而让“祭”等与精组相拼的音节居于另一图的第四格上。例如在“外转第二十三开”中，仙韵居第三格，先韵居第四格，仙韵与精组相拼的音节被安排在“外转第二十一开”的第四格上。当“祭”等与精组相拼的音节被安排在另一图上时，即使该图无三等韵，“祭”等也不能居于三等格，因为第三格始终是章组与三等韵所拼音节的位置。例如在“外转第二十六开”的平声栏中，虽只有三等宵韵一个韵，也被安排在第四格上。此外，喉音中云（喻三）、以（喻四）两个声母都只与三等韵相拼，为了避免共居三等格的冲突，规定“云”母与三等韵所拼的音节居于三等格，而让“以”母与三等韵所拼的音节居于四等格，这也叫做假四等。与“以”母相拼的三等韵共有“东$_{\text{三}}$钟支脂之虞祭真谆仙宵麻$_{\text{三}}$阳清幽侵盐”等十七韵。其中“东$_{\text{三}}$钟支脂之虞真谆麻$_{\text{三}}$阳幽侵”等十二韵所在的图上都没有四等韵，故“以”母与这些韵相拼的音节可置于四等格上；“祭仙宵清盐”五韵所在的图上分别有四等韵“霁先萧青添”，这时“祭”等与“以”母相拼的音节均被安排在另一图的第四格上，如“外转第四十合（应为开）”平声栏中的盐小韵所处的位置即在四等格上。

重纽的安排

“支脂祭真仙宵侵盐”等八个三等韵遇唇、牙、喉音被分成两类，一类与舌齿音所拼的音节同处于三等格，一类处于四等格。例如“内转第四开合”中平声栏唇音与支韵相拼的音节被分成“陂铍皮縻”与“卑披陴弥”两类。前一类与舌齿音下的音节同处于三等格，后一类处于四等格，这就是所谓重纽。重纽的音值在今天看来一般是没有区别的，但在制图的当时可能有一定的差别或理由，所以被分成了两类。

(4)《韵镜》对中古声母和韵母的分析

对中古声母的分析

《韵镜》将中古声母分为 38 个，同时指明每一声母的清浊，见下表：

表 5—4 **《韵镜》声母表**

发音方法 / 声音 / 发音部位	清	次清	浊	清浊	清	浊
唇音	帮（非）	滂（敷）	并（奉）	明（微）		
舌音	端知	透彻	定澄	泥娘		
牙音	见	溪	群	疑		
齿音	精庄章	清初昌	从崇船		心生书	邪俟禅
喉音	影			云以	晓	匣
舌齿音				来日		

《韵镜》指明了每一声母所能相拼的韵母，赋予声母以“等”的色彩。“等”本来是区分韵母的概念，《韵镜》将不同的韵母列于四等格子中，对每一格的韵母所能相拼的声母作了明确的规定。这种规定表明了哪类声母可以和哪类韵母相拼，这样使声母也具有了等的色彩。

《韵镜》38声母所含的等：

四等具全声母：　帮滂并明　见溪疑　影晓　泥来
一二四等声母：　匣
一三四等声母：　精清从心
一四等声母：　端透定
二三等声母：　知彻澄娘庄初崇生
三等声母：　群俟章昌船书禅邪云以日

对中古韵母的分析

《韵镜》将206韵按类归纳为25组，同组韵表明其韵腹相同或相近，韵尾相同或部分相同。

《韵镜》将206韵按开合归为43图，这样就明确显示韵母的开合情况。206韵的开合情况如下：

有开合两类韵母的韵：支脂微齐佳皆祭泰夬废元删山先仙戈麻阳唐庚耕清青登职；

只有开口韵母的韵：东江之鱼咍真臻欣痕寒萧宵肴豪歌蒸尤侯幽侵覃谈盐添咸衔严；

只有合口韵母的韵：冬钟虞模灰谆文魂桓凡。

《韵镜》在同一图内用四个格子将不同等的韵母区别开来，206韵所含等（举平以赅上去入）的情况如下：

独立一等韵：冬模泰灰咍魂痕寒桓豪歌唐登侯覃谈；

独立二等韵：江佳皆夬删山肴耕咸衔；

独立三等韵：其一，微废文欣元严凡（此七韵及庚$_{三}$所拼的声母较少，只限于唇牙喉音，韵图列在三等格。）其二，钟之鱼虞臻谆阳清蒸尤幽（此十一韵及东$_{三}$戈$_{三}$麻$_{三}$所拼的声母较多，除“端透定”外都可以相拼，在韵图上遇庄组声母时被排在二等格，遇精组声母及“以”母时被排在四等格。）其三，支脂祭真仙宵侵盐（此八韵具有b类韵的全部特点，同时遇唇牙喉音时分为重纽，重纽韵图分别排在三、四格。）

独立四等韵：齐先萧青添；

一三等合韵：东戈；

二三等合韵：麻庚。

根据《韵镜》的分析，可知其所含韵共有291类，不计声调为90类。这90类所包含的韵母共有阴声韵39个，阳声韵50个，入声韵50个，总数为139个。

(5)《韵镜》和《广韵》在考察中古音中的互补作用

《广韵》是研究中古音的最重要的材料，通过系联法对《广韵》反切上下字进行归类，可以弄清《广韵》所包含的声类和韵类。不过，要进一步了解中古声、韵及其配合规律的具体情况，单靠《广韵》是不够的，因为系联法有它的局限性。此外，如果离开了《韵镜》，系联结果的准确性也难以把握。因此，对于考察中古音来说，《广韵》与《韵镜》的作用是互为补充、相得益彰的。此外，通过《广韵》与《韵镜》的比较，可以发现二者之间的差异，这也有助于中古音的研究。

(二)《集韵》

《广韵》之后，陆续出现了一些和《广韵》同属一系的韵书和韵图，主要有《集韵》、《壬子新刊礼部韵略》、《七音略》、《四声等子》、《切韵指掌图》、《经史正音切韵指南》等。

《集韵》是《广韵》的增修本。《广韵》颁行29年后（宋仁宗景佑四年，1037），太常博士宋祁、太常丞郑戬上书指出《广韵》“多用旧文，繁略失当”，皇帝遂诏宋祁、郑戬与国子监直讲贾昌朝、王洙共同对《广韵》进行修订，而令刑部郎中丁度、礼部员外郎李淑主持其事。修订的宗旨是“务从该广”。修订本于宋仁宗宝元二年（1039）纂成刊行，皇帝赐名《集韵》，意思是集韵书之大成。《集韵》分韵也是206韵，但内容与《广韵》多有不同，主要有以下几个方面：其一，《广韵》共分五卷。《集韵》分为十卷，其中一、二卷为上平声，三、四卷为下平声，五、六卷为上声，七、八卷为去声，九、十卷为入声。其二，《集韵》的韵目用字、目次及韵目下所注的独用、同用（《集韵》作“与……通”）与《广韵》有所不同。其三，《广韵》收字26 194个，《集韵》收字53 525个，比《广韵》多出27 331个。其四，《广韵》的注释较繁，《集韵》的注释较简。其五，《集韵》对一些字的归韵与《广韵》不同，例如“因、堇、寅、银、俊、困”等字，《广韵》归在真韵，《集韵》则归入谆韵。

唐作藩先生《音韵学教程》认为，《集韵》的反切变动较大，在很大程度上反映宋代语音的实际变化。

(三)《壬子新刊礼部韵略》

《壬子新刊礼部韵略》成书于南宋淳祐壬子年（1252）。作者刘渊，江北平水人（今山西临汾人）。《壬子新刊礼部韵略》的革新之处是将《广韵》、《礼部韵略》等书注明同用的邻韵进行了合并，使206韵减少到107韵。该书已佚，现在只能从元代熊忠《古今韵会举要》的记载中得知其分韵的情况是上平声十五韵，下平声十五韵，上声三十韵，去声三十韵，入声十七韵。

因为刘渊是平水人，一般所说的“平水韵”据说就是指刘渊的《壬子新刊礼部韵略》。但在刘书撰成二十多年前，金人平水书籍王文郁编写过韵书叫《平水新刊韵略》，清人钱大昕曾见过一个刻本，书前有许古在金正大六年（1229）写的序。该书分韵为106韵，比刘渊《壬子新刊礼部韵略》少一个“拯韵”。王文郁是平水的书籍（官名），所以平水韵的得名也许始于王文郁的《平水韵略》。《壬子新刊礼部韵略》青韵的上声“迥”韵独用，“蒸”韵的上声“拯”韵和“登”韵的上声“等”韵相通。

“平水韵”106韵及对《广韵》206韵归并

上平声十五韵

一东	二冬（钟）	三江	四支（脂之）
五微	六鱼	七虞（模）	八齐
九佳（皆）	十灰（咍）	十一真（谆臻）	十二文（欣）
十三元（魂痕）	十四寒（桓）	十五删（山）	

下平声十五韵

一先（仙）	二萧（宵）	三肴	四豪
五歌（戈）	六麻	七阳（唐）	八庚（耕清）
九青	十蒸（登）	十一尤（侯幽）	十二侵
十三覃（谈）	十四盐（添严）	十五咸（衔凡）	

上声廿九韵

一董	二肿	三讲	四纸（旨止）
五尾	六语	七麌（姥）	八荠
九蟹（骇）	十贿（海）	十一轸（准）	十二吻（隐）
十三阮（混很）	十四旱（缓）	十五潸（产）	十六铣（狝）
十七筱（小）	十八巧	十九晧	二十哿（果）
廿一马	廿二养（荡）	廿三梗（耿静）	廿四迥（拯等）
廿五有（厚黝）	廿六寝	廿七感（敢）	廿八琰（忝俨）
廿九豏（槛范）			

去声三十韵

一送	二宋（用）	三绛	四寘（至志）
五未	六御	七遇（暮）	八霁（祭）
九泰	十卦（怪夬）	十一队（代废）	十二震（稕）
十三问（焮）	十四愿（慁恨）	十五翰（换）	十六谏（裥）
十七霰（线）	十八啸（笑）	十九效	二十号
廿一个（过）	廿二祃	廿三漾（宕）	廿四敬（诤劲）
廿五径（证嶝）	廿六宥（候幼）	廿七沁	廿八勘（阚）
廿九艳（㮇酽）	三十陷（鉴梵）		

入声十七韵

一屋	二沃（烛）	三觉	四质（术栉）
五物（迄）	六月（没）	七曷（末）	八黠（辖）
九屑（薛）	十药（铎）	十一陌（麦昔）	十二锡

十三职（德） 十四缉 十五合（盍） 十六叶（帖业）
十七洽（狎乏）
（韵目前数字是“平水韵”的目次，括号里是被归并的《广韵》韵目。）

唐代虽没有“平水韵”，但已有独用同用的规定，“平水韵”就是根据这些独用同用例归并而成的，所以唐诗的用韵和“平水韵”是一致的。由于“平水韵”的分韵比较符合唐代用韵的实际，且易于掌握，于是逐渐成了正统。明清时代科举考试用的诗韵都是106韵，如清康熙年间张玉书等人奉诏编撰的《佩文韵府》（其简本为《佩文诗韵》、《佩文诗韵释要》）等。由于这些诗韵的分部都是106，所以也叫做“平水韵”。

（四）《七音略》

《七音略》的作者是宋代人郑樵（1104—1162），刊行于宋高宗绍兴三十二年（1162）前后，存于郑氏《通志》。《七音略》与《韵镜》属于同一韵图系统，反映的基本上也是《广韵》的内容。在编排体例上，它与《韵镜》有同有异，大同小异。具体如下：

（1）声母

《七音略》的声母有38个，和《韵镜》一样。《韵镜》用七音和发音方法“清”、“次清”、“浊”、“清浊”的形式表示38个声母，《七音略》则采用三十六字母表示38个声母（比三十六字母多一个俟母，喻母分成云、以两母），共列为23个竖行。在三十六字母下用羽、徵、角、商、宫、半徵、半商分别表示声母的发音部位唇、舌、齿、牙、喉、半舌、半齿。

（2）韵部

《七音略》分韵为206韵，归为43图，即43转，与《韵镜》相同。各转所含韵与《韵镜》基本相同，只有几处不同。《七音略》与《韵镜》部分韵图的次序不同。某些转属于开口还是合口，《七音略》与《韵镜》也不一致。

（3）声调

《韵镜》声调隐含于韵中，《七音略》则明确在各转的右方标明平上去入。

（五）《四声等子》

《四声等子》的撰者不详，成书约在12世纪以后，曾附于《龙龛手鉴》之后刊行，该书的重要特点是根据当时的实际语音把206韵归为十六摄，把43图并为20图。其具体编排体例主要如下：

（1）声母

《四声等子》用三十六字母表示声母，以牙、舌、唇、齿、喉、半舌、半齿为次，其中喉音的顺序是晓匣影喻。

（2）韵部

将206韵归为16摄，或一摄一图，或一摄分居开合两图，或两摄共一图，全书分为20图。

十六摄的目次和所辖《广韵》韵目（举平声以赅上、去、入）：

1. 通：东、冬、钟
2. 江：江
3. 止：支、脂、之、微

图 5—3　《七音略》影印页

4. 遇：鱼、虞、模

5. 蟹：齐、佳、皆、灰、咍

6. 臻：真、谆、臻、文、欣、元、魂、痕

7. 山：寒、桓、删、山、先、仙

8. 效：萧、宵、肴、豪

9. 果：歌、戈

10. 假：麻

11. 宕：阳、唐

12. 梗：庚、耕、清、青

13. 曾：蒸、登

14. 流：尤、侯、幽

15. 深：侵

16. 咸：覃、谈、盐、添、咸、衔、严、凡

206 韵的等呼：

平　上　去　入

果摄开口一等	歌	哿	个	
三等	戈			
合口一等	戈	果	过	
三等	戈			
假摄开口二等	麻	马	祃	
三等	麻	马	祃	
合口二等	麻	马	祃	
遇摄合口一等	模	姥	暮	
三等	鱼	语	御	
三等	虞	麌	遇	
蟹摄开口一等	咍	海	代	
一等			泰	
二等	皆	骇	怪	
二等	佳	蟹	卦	
二等			夬	
三等			祭	
三等			废	
四等	齐	荠	霁	
合口一等	灰	贿	队	
一等			泰	
二等		皆	怪	
二等	佳	蟹	卦	
二等			夬	
三等			祭	
三等			废	
四等		齐	霁	
止摄开口三等	支	纸	寘	
三等	脂	旨	至	
三等	之	止	志	
三等	微	尾	未	
合口三等	支	纸	寘	
三等	脂	旨	至	
三等	微	尾	未	
效摄开口一等	豪	晧	号	
二等	肴	巧	效	
三等	宵	小	笑	
四等	萧	筱	啸	
流摄开口一等	侯	厚	候	
三等	尤	有	宥	
三等	幽	黝	幼	
咸摄开口一等	覃	感	勘	合

一等	谈	敢	阚	盍
二等	咸	豏	陷	洽
二等	衔	槛	鉴	狎
三等	盐	琰	艳	叶
三等	严	俨	酽	业
四等	添	忝	㮇	帖
合口三等	凡	梵	范	乏
深摄开口二等	侵	寝	沁	缉
山摄开口一等	寒	旱	翰	曷
二等	山	产	裥	辖
二等	删	潸	谏	黠
三等	仙	狝	线	薛
三等	元	阮	愿	月
四等	先	铣	霰	屑
山摄合口一等	桓	缓	换	末
二等	山		裥	辖
二等	删	潸	谏	黠
三等	仙	狝	线	薛
三等	元	阮	愿	月
四等	先	铣	霰	屑
臻摄开口一等	痕	很	恨	
三等	真（臻）	轸	震	质（栉）
三等	欣	隐	焮	迄
臻摄开口一等	魂	混	慁	没
三等	谆	准	稕	术
三等	文	吻	问	物
宕摄开口一等	唐	荡	宕	铎
三等	阳	养	漾	药
宕摄合口一等	唐	荡	宕	铎
三等	阳	养	漾	药
江摄开口二等	江	讲	绛	觉
曾摄开口一等	登	等	嶝	德
三等	蒸	拯	证	职
曾摄合口一等	登			德
三等				职
梗摄开口二等	庚	梗	映	陌
二等	耕	耿	诤	麦
三等	庚	梗	映	陌
三等	清	静	劲	昔
四等	青	迥	径	锡
梗摄合口二等	庚	梗	映	陌

二等	耕		净	麦
三等	庚	梗	映	
三等	清	静		昔
四等	青	迥		
通摄合口一等	东	董	送	屋
一等	冬		宋	沃
三等	东		送	屋
三等	钟	肿	用	烛

（六）《切韵指掌图》

《切韵指掌图》（下称《指掌图》）旧题司马光撰，成书时间约在13世纪，它对《广韵》的不少韵部进行了合并（如东与冬、鱼与虞、谈与覃等），是研究等韵学和宋代语音的重要依据。且在入声与阴声韵的配法、开合的处理等方面都与早期的等韵书有很大的不同。这部书在性质上与《四声等子》很接近，但在体例上也有较大的差异。

（1）声母

《指掌图》以三十六字母表示声母，排列为三十六行，其次序为：见溪群疑　端透定泥　知彻澄娘　帮滂并明　非敷奉微　精清从心邪　照穿床审禅　影晓匣喻　来日

这种次序与《韵镜》、《七音略》不同，与《四声等子》的排法也有一定差异。

韻	日	來	喻	匣	曉	影	禪	審	牀	穿	照	斜	心	從	清	精	
唐		郎	○	杭	炕	鴦						○	桑	藏	倉	臧	平
陽		○	○	○	○	○	○	霜	牀	瘡	莊						
陽	穰	○	○	○	香	央	常	商	○	昌	章						
陽		良	陽	○	○	○						祥	襄	牆	槍	將	
蕩		朗	○	沆	汻	坱						○	顙	奘	蒼	駔	上
養		○	○	○	○	○	○	爽	○	磢	○						
養	壤	○	○	○	饗	鞅	上	賞	○	敞	掌						
養		兩	養	○	○	○						像	想	蔣	搶	奬	
宕		浪	○	吭	○	盎						○	喪	藏	稓	葬	去
漾		○	○	○	○	○	○	灀	狀	剏	壯						
漾	讓	○	○	○	向	怏	尚	餉	○	唱	障						
漾		諒	漾	○	○	○						○	相	匠	蹡	醬	
鐸		落	○	涸	臛	惡						○	索	昨	錯	作	入
覺		○	○	○	○	○	○	朔	浞	擉	斮						
藥	若	○	○	○	謔	約	妁	爍	○	綽	灼						
藥		略	藥	○	○	○						○	削	嚼	鵲	雀	

图5—4　《切韵指掌图》影印页

（2）韵部

《指掌图》全书共分二十图，其内容与《四声等子》的二十图不完全相同。

《指掌图》没有摄的名称，但有摄的内容，按其各图的特点进行归类，共有十三摄，独居一图的韵为一摄，开合相配图中的韵合为一摄。十六摄中的果与假、宕与江、梗与曾在《指掌图》中被分别合为一图，故比十六摄少了三摄。这十三摄可称为：

通 止 遇 蟹 臻 山 效 果（假）宕（江）梗（曾）流 深 咸

《指掌图》对开合的处理与《四声等子》有所不同，如《四声等子》将江韵归于开口图，《指掌图》则将江韵归于合口图。

《指掌图》对有些韵进行了合并，其内容与《四声等子》的做法有同有异。

（3）声调

《指掌图》像《韵镜》一样，让平上去入四类韵分别居于四栏之末（每一栏分四个格子列等），同时在各栏之前明确标出四声。

第四节 近代音系

到了元代，周德清的《中原音韵》总结了当时元曲的押韵规律，开始以当时的北方口语语音为依据，研究并系统展示了时音的语音系统，使韵书发生了革命性的变化。其后，不断有研究和反映近代汉语实际语音的音韵学著作（韵书、韵图、论著等）出现，为研究中古汉语语音系统向现代汉语语音系统的演变历程积累了丰富的近代汉语语音资料。

元代时，近代音的基础已经形成。元代以后，近代音虽有所发展，但没有发生大的变化。《中原音韵》是以元代中原实际语音为依据而编的一部韵书，因此，它所包含的声、韵、调大体上反映了近代音的面貌。

一、《中原音韵》

《中原音韵》是为指导元曲制作而编写的一部韵书。成书于元泰定元年（1324），著者周德清，字挺斋，高安（今江西高安县）人。此书改革了历来韵书撰作的宗旨和体制，不受《广韵》一系韵书的束缚，而以元代北方官话的实际语音为依据，直接为当时的戏曲制作服务。由于该书依据的是元代的实际语音，所以对于考察当时的语音具有特别重要的意义。该书的体例如下：

第一，全书共收 5 866 字，分十九韵。十九韵的韵目及拟音如下：

1. 东钟 uŋ	2. 江阳 aŋ	3. 支思 ï	4. 齐微 i、ei
5. 鱼模 u	6. 皆来 ai	7. 真文 ən	8. 寒山 an
9. 桓欢 ɔn	10. 先天 ien	11. 萧豪 au	12. 歌戈 o
13. 家麻 a	14. 车遮 e	15. 庚青 əŋ	16. 尤侯 əu
17. 侵寻 əm	18. 盐咸 am	19. 廉纤 iem	

第二，《中原音韵》声母表。

唇音：帮 p	滂 p‘	明 m	非 f　微 v
舌音：端 t	透 t‘	泥 n	来 l
齿音：精 ts	清 ts‘	心 s	

	知 tʃ	痴 tʃ'	十 ʃ	日 ʒ
	之 tʂ	嗤 tʂ'	诗 ʂ	儿 ʒ
喉牙音：见 k		溪 k'	疑 ŋ	晓 x 影 ø

第三，分部不论声调。

一部之中包括平、上、去声韵字，其中平声分为阴、阳两类。中古的入声字被分别附于平、上、去声字之后，称作“入派三声”。例如：

东钟

平声 阴 东冬○钟中忠衷终○通蓪○……

阳 同筒铜桐峒童僮曈瞳朣潼冬○戎茙……

上声 董懂○肿踵种冢○孔恐○桶统○……

去声 洞动栋冻蝀○凤奉讽缝○贡共供○……

第四，各部中的同音字之间用○隔开，例如：

鱼模：平声阳：庐闾驴……○如茹……○无芜巫诬○模谟摸谋○徒图……○殂徂○徐

二、《韵略易通》

《韵略易通》成书于明英宗正统七年（1442），作者兰茂，字挺秀，号止庵、和光道人，云南杨林人。兰茂著此书的目的是便于初学写诗的人用韵，故书中不收繁难异僻字，只收常用便俗字。所依据的方言是当时通行于云南一带的官话。云南官话和当时的北方话比较接近，研究《韵略易通》对于研究《中原音韵》有重要的参证作用。该书的特点主要如下：

第一，分韵 20 部，各部韵目的用字及次序与《中原音韵》稍异。

这些韵目是：

一东红	二江阳	三真文	四山寒
五端桓	六先全	七庚晴	八侵寻
九缄咸	十廉纤	十一支辞	十二西微
十三居鱼	十四呼模	十五皆来	十六萧豪
十七戈何	十八家麻	十九遮蛇	二十幽楼

此 20 部比《中原音韵》多出一个“居鱼”部。

第二，声调有平上去入四声，其中平声不分阴阳，入声韵与阳声韵相配。声调特点与《中原音韵》大不相同，可能反映了当时云南官话的实际情况。

第三，分部不论声调。同一部中包括平、上、去、入四声之字或平、上、去三声之字。

第四，明确将声母确定为 20 类，用一首《早梅诗》表示。诗中每一字的声母各代表当时云南官话的一个声母，其诗如下：

东风破早梅，向暖一枝开，冰雪无人见，春从天上来。

《早梅诗》与三十六字母对照表

冰 [p] （帮并$_{仄}$）	破 [p'] （滂并$_{平}$）	梅 [m] （明）	风 [f] （非敷奉）
无 [v] （微）	东 [t] （端定$_{仄}$）	天 [t'] （透定$_{平}$）	暖 [n] （泥娘）

来［l］	见［k］	开［k‘］	向［x］
（来）	（见群$_{仄}$）	（溪群$_{平}$）	（晓匣）
枝［tʂ］	春［tʂ‘］	上［ʂ］	人［ʐ］
（知照澄$_{仄}$床$_{仄}$）	（彻穿澄$_{平}$床$_{平}$禅$_{平}$）	（审床$_{平仄}$禅$_{平仄}$）	（日）
早［ts］	从［ts‘］	雪［s］	一［o］
（精从$_{仄}$）	（清从$_{平}$邪$_{平}$）	（心邪$_{平仄}$）	（影喻疑）

三、近代音的声母

《中原音韵》没有明确显示其声母是多少，但是它在每部之中将同音字排在一起，中间用○号隔开，据此，只要对各同音字组进行研究，即可得知《中原音韵》所包含的声母。根据罗常培先生的研究，《中原音韵》共含有20个声母。这20个声母正好与兰茂《早梅诗》所代表的声母相同。

继罗常培之后，赵荫棠《中原音韵研究》将《中原音韵》的声母确定为25类，陆志韦《释中原音韵》和王力《汉语史稿》分别确定为24类，杨耐思《中原音韵音系》和宁继福《中原音韵表稿》分别确定为21类。

表5—5　　中原音韵声母对照表（据杨耐思《中原音韵音系》）

例字	罗订	赵订	陆订	今订
崩	p	p	p	p
烹	p‘	p‘	p‘	p‘
蒙	m	m	m	m
风	f	f	f	f
亡	v	v	w	v
东	t	t	t	t
通	t‘	t‘	t‘	t‘
农	n	n	n	n
龙	l	l	l	l
宗	ts	ts	ts	ts
匆	ts‘	ts‘	ts‘	ts‘
嵩	s	s	s	s
支章	tʃ	tʂ	tʂ，tɕ	tʃ
眵昌	tʃ‘	tʂ‘	tʂ‘，tɕ‘	tʃ‘
施商	ʃ	ʂ	ʂ，ɕ	ʃ
戎	ʒ	ʐ	ʐ	ʒ
工姜	k	k（c），tɕ	k	k
空腔	k‘	k‘（c‘），tɕ‘	k‘	k‘
仰	ŋ	ŋ（ɲ），ɲ	ŋ	ŋ
烘香	x	X（Ç），Ç	x	x
邕	0	（0）	—	0

四、近代音的韵母

要确定《中原音韵》十九个韵部中包含有多少韵母，主要方法也是通过对每一部中的同音字组进行研究。不同的小韵（用○号隔开的同音字组）必不同音。在声母相同的情况下，小韵的韵母必不相同，这就是归纳法。使用归纳法进行研究，再参照其他材料即可考订出《中原音韵》的韵母系统。赵荫棠、陆志韦、杨耐思、邵荣芬、宁继福等人都对《中原音韵》的韵母作过研究，其中杨耐思、宁继福的研究后起，比较深入。杨耐思参照《古今韵会举要》、《蒙古字韵》、《八思巴字》等材料将《中原音韵》的韵母确定为46个，宁继福在"归纳法"的基础上又使用"内部分析法"将《中原音韵》的韵母也确定为46个。两人的拟音也基本相同，差别仅表现在"桓欢"、"萧豪"、"歌戈"三部上。我们采用46韵母的说法。

表5—6　　中原音韵韵母表（据杨耐思《中原音韵音系》）

东钟	uŋ	iuŋ		
江阳	aŋ	iaŋ	uaŋ	
支思	ï			
齐微	ei	i	uei	
鱼模	u	iu		
皆来	ai	iai	uai	
真文	ən	iən	uən	iuən
寒山	an	ian	uan	
桓欢	on			
先天		iɛn		iuɛn
萧豪	au	iau　iɛu		
歌戈	o	io	uo	
家麻	a	ia	ua	
车遮		iɛ		iuɛ
庚青	əŋ	iəŋ	uəŋ	iuəŋ
尤侯	əu	iəu		
侵寻	əm	iəm		
监咸	am	iam		
廉纤		iɛm		

五、近代音的声调

近代音的声调，周德清在《中原音韵》中已明确指出：阴平、阳平（周氏于平声中分阴、阳二类）、上声、去声，它与今天北京话的四声完全一致，只是具体的归字有所不同而已。关于中古的入声字，周氏将它们分别附在平（阴平、阳平）、上、去三声之后，没有独立分类。这种情况表明中古的入声到元代官话里已经消失，学术界多数人都持这种看法。也有一些学者认为入声到元代时仍然存在，陆志韦、杨耐思、李新魁等人即持这种看法。近半个世纪来，研究《中原音韵》的人，大多数都认为《中原音韵》的"入派三声"，反映出十三四世纪的"中原之音"已经没有入声了。只有陆志韦在《释中原音韵》里提出"中原之音"本有入声这一看法，并对当时的入声进行了一番解释。我们认为，陆说有入声是对的，但当时的入声是怎样的性质，陆氏没能解释清楚，特别是所构拟的音值多

出于误会，需要进一步的探讨。（杨耐思《中原音韵音系》）

周德清曾在《中原音韵·自序》中说：“夫声分平仄者，谓无入声，以入声派入平、上、去三声也。作平者最为紧切，施于句中，不可不谨。派入三声者，广其韵耳。有才者本韵自足矣。”又在《中原音韵·正语作词起例》中说：“入声派入平、上、去三声者，以广其押韵，为作词而设耳。然呼吸言语之间，还有入声之别。……入声派入平、上、去三声，如“鞞”字，次本韵后，使黑白分明，以别本声、外来，庶便学者。有才者本韵自足矣。……入声作三声者，广其押韵，为作词而设耳，毋以此为比，当以呼吸言语还有入声之别而辨之可也。”这些都是“入声存在说”的主要依据。

六、中古以后的声母和韵母变化

（一）声母的主要变化

（1）全浊声母的清化

中古汉语的声母共有 37 个，其中并（奉）、定、澄、从、邪、崇、俟、船、禅、群、匣十一声母为全浊音，这些全浊音到了《中原音韵》时代全部变成了清音声母。全浊音变为清音时因受到声调的影响而发生了分化：其中塞音和塞擦音受平声的影响一般变成了送气音，受仄声的影响一般变成了不送气音；全浊擦音的变化更复杂一些。

（2）[f] 的产生

[f] 的前身是《切韵》时代的帮、滂、并三母，到了三十六字母时期，和合口三等韵及流摄开口三等韵相拼的帮、滂、并分别变成了非、敷、奉三母。此后帮、滂、并只与开口一二三四等韵及合口一二四等韵拼合；非、敷、奉三母则只与合口三等韵和流摄开口三等“尤”、“有”韵拼合。元明时期，随着全浊音的消失，非、敷、奉三母合流，并变成了 [f]。反映这一重要变化的文献材料是元周德清的《中原音韵》和明兰茂《韵略易通》中的《早梅诗》。根据以上情况可以看出，非、敷、奉三母基本上是受合口三等韵的影响而产生的，[f] 母的正式出现是在元明时期。

（3）[tɕ]、[tɕ‘]、[ɕ] 的产生

[tɕ]、[tɕ‘]、[ɕ] 大致产生于清初稍后的时期，因为在清初的《五方元音》中 [tɕ]、[tɕ‘]、[ɕ] 尚未出现（如“剪”[ts] 母字有：精尖尊钻；“金”[k] 母字有：京坚根干）。[tɕ]、[tɕ‘]、[ɕ] 各有两个来源，即《中原音韵》的 [k]、[k‘]、[x] 与 [ts]、[ts‘]、[s]：

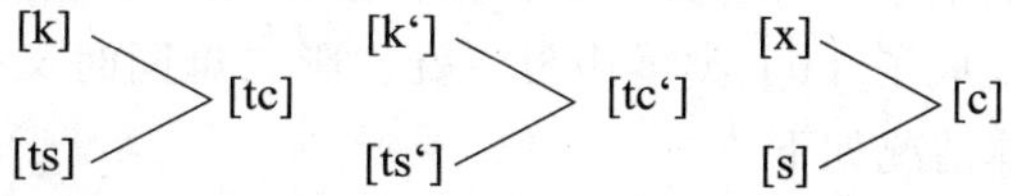

其产生的具体原因是：舌根音 [k]、[k‘]、[x] 与齐、撮二呼韵母相拼，受 [i]、[y] 韵头或韵母的影响而发生了腭化，腭化后舌位前移，遂变成了 [tɕ]、[tɕ‘]、[ɕ]。例如：

见：姜 [kiaŋ] → [tɕiaŋ]　　溪：去 [k‘y] → [tɕ‘y]

群：乾 [kiɛn] → [tɕian]　　晓：晓 [xiau] → [ɕiau]

匣：兮 [xi] → [ɕi]

舌尖前音［ts］、［ts‘］、［s］与齐、撮二呼韵母相拼，受［i］、［y］韵头或韵母的影响发生了腭化，腭化后舌位后移，也变成了［tɕ］、［tɕ‘］、［ɕ］。例如：

精：将［tsiaŋ］→［tɕiaŋ］　　清：趣［ts‘y］→［tɕ‘y］

从：前［ts‘ian］→［tɕ‘ian］　　心：小［siau］→［ɕiau］

邪：夕［xi］→［ɕi］

（4）［tʂ］、［tʂ‘］、［ʂ］的产生

［tʂ］、［tʂ‘］、［ʂ］由中古的知组、庄组、章组三组声母合流而成，其演变的情形大致是：庄组、章组在唐末宋初之际合并为照组，大约到了《中原音韵》时期，知组又与照组合并。具体如下：

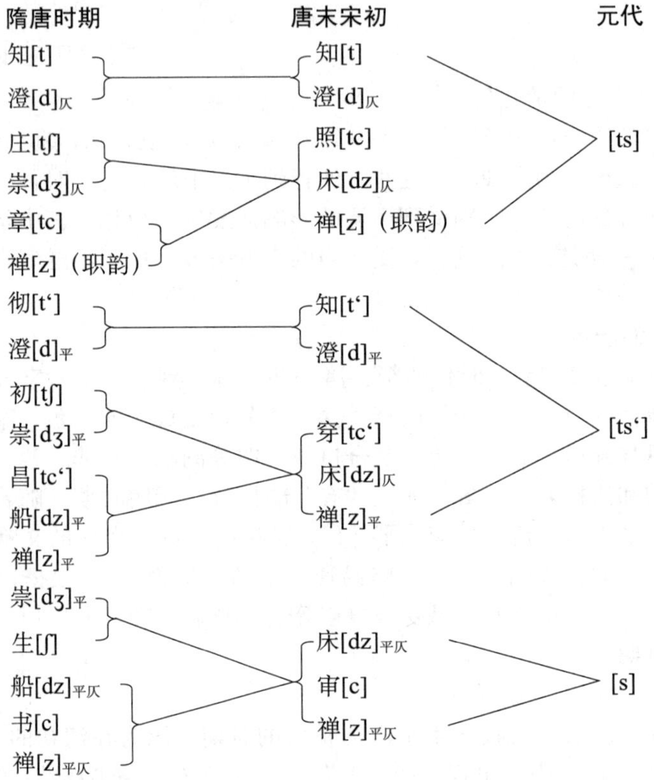

（5）零声母的增加

隋唐时期零声母只有一个“影”母，到了现代北京话中，中古的微、疑、影、云、以五母都成了零声母。其中疑、影、云、以四母变成了［i］、［u］、［y］三类零声母，微母变成了［u］类零声母，疑、影二母同时又变成了［a］、［o］、［ə］类零声母。具体情况如下：

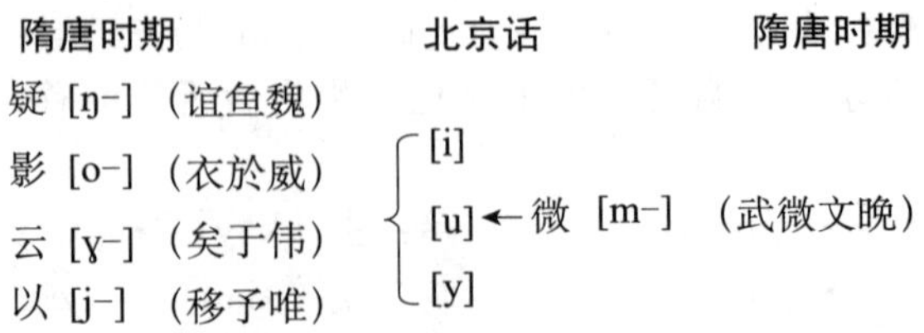

疑 [ŋ-]（岸耦娥）
影 [o-]（按欧遏） → [a] [o] [ə]

（6）[v] 母的消失

[v] 母的消失从清初的《五方元音》一书中可以反映出来。该书将声母分为20类，以“梆、匏、木、风”等字命名。此20个声母中已没有了 [v] 母，原 [v] 母字被归并进了零声母 [o]。下面是这20个声母的拟音：

梆 [p]	匏 [p‘]	木 [m]	风 [f]
斗 [t]	土 [t‘]	鸟 [n]	雷 [l]
竹 [tʂ]	虫 [tʂ‘]	石 [ʂ]	日 [r]
剪 [ts]	鹊 [ts‘]	系 [s]	云 [j]
金 [k]	桥 [k‘]	火 [x]	蛙 [w]、[o]（例字：文晚恩安）

文、晚二字在《中原音韵》中属于“无” [v] 母，《五方元音》将此类字归入“蛙”母，这说明此时“无” [v] 母已经消失。

（二）韵母的主要变化

（1）二呼四等变为四呼

中古的开合四等到今北京话中变成了开、齐、合、撮四呼，其演变的情形大致如下：

中古的开口一二等变成了今音的开口呼。例如：

毛 [mɑu]（肴$_{\text{开一}}$）
茅 [mɑu]（肴$_{\text{开二}}$） → [mɑu]

中古开口三四等变成了今音的齐齿呼。例如：

联 [liæn]（仙$_{\text{开三}}$）
莲 [lɛn]（先$_{\text{开四}}$） → [lian]

中古合口一二等变成了今音的合口呼。例如：

光 [kuɑŋ]（唐$_{\text{合一}}$）—— [kuɑŋ]
关 [kuɑn]（删$_{\text{合二}}$）—— [kuɑn]

中古合口三四等变成今音的撮口呼。例如：

员 [ɣiun]（仙$_{\text{合三}}$）
渊 [uɛn]（先$_{\text{合四}}$） → [yan]

以上变化只是大致的趋势。

关于四呼形成的时间，大体可以确定在明代初年。明初兰茂的《韵略易通》(1642) 将《中原音韵》中的“鱼模”部分成了“居鱼”、“呼模”两部，可见其时 [y] 韵母和 [y] 介音已经出现。[y] 韵母和 [y] 介音的出现，意味着四呼已经形成（中古的开口细音后来叫做齐齿呼），只是还未有名称而已。开齐合撮的名称是清初潘耒正式提出来的，他在《类音》中明确用这些名称对韵母进行了分类。

（2）相近韵母的合并

中古同摄的韵读音比较接近，其中一等韵与二等韵、三等韵与四等韵后来多数都发生了合并，一部分三四等韵与一二等韵也发生了合并。例如：

开 [k‘ɒi]（溪咍$_{开一}$） 楷 [k‘ɐi]（溪皆$_{开二}$）	[k‘ai]
薨 [xuəŋ]（晓登$_{合一}$） 轰 [xuɐŋ]（晓耕$_{合二}$）	[xuŋ]
披 [p‘ie]（滂支$_{开三}$） 批 [p‘ei]（滂齐$_{开四}$）	[p‘i]
旋 [ziuæn]（邪仙$_{合三}$） 玄 [ɣuɛn]（匣先$_{合四}$）	[ɕyan]
交 [kau]（见肴$_{开二}$） 焦 [tsiæu]（精宵$_{开三}$） 浇 [kɛu]（见萧$_{开四}$）	[tɕiau]
碗 [uɑn]（影缓$_{合一}$） 绾 [uan]（影潸$_{合二}$） 晚 [miuɐn]（微阮$_{合三}$）	[uan]

相近韵母的合并是中古韵母大量减少的重要原因之一。

（3）[-m] 尾韵变为 [-n] 尾韵

《广韵》深、咸二摄带 [-m] 尾的韵有九个，即“侵覃谈盐添咸衔严凡”。在《中原音韵》中，这九个韵被合并成了“侵寻”、“监咸”、“廉纤”三部。到了明末毕拱宸的《韵略汇通》，此三部与“真文”、“寒山”、“桓欢”、“先天”四部合并为“真寻”、“山寒”、“先全”三部，这说明其时 [-m] 尾已经消失。现将《韵略汇通》的十六个韵目列示如下：

一东洪	二江阳	三真寻	四庚晴
五先全	六山寒	七支辞	八灰微
九居鱼	十呼模	十一皆来	十二萧豪
十三戈何	十四家麻	十五遮蛇	十六幽楼

[-m] 尾韵并入 [-n] 尾韵，这是中古韵母大量减少的又一重要原因。

（4）入声韵的消失

中古的入声韵有 [-p]、[-t]、[-k] 三种韵尾，到了《中原音韵》时，这三种韵尾全部脱落。韵尾脱落后，入声韵转变成了阴声韵，从而与原有的阴声韵发生了合并，这种合并也是造成中古韵母大量减少的主要原因。例如：

插[tʃ‘ɐp]（初洽$_{开二}$） 差[tʃ‘a]（初麻$_{开二}$）	[tʂ‘a]

脱[t‘uɑt](透末$_{合一}$)
拖[t‘ɑ](透歌$_{开一}$) } [t‘uo]
哭[k‘ok](溪屋$_{合一}$)
枯[k‘u](溪模$_{合一}$) } [k‘u]

(三) 中古以后的声调方面的变化

(1) 平分阴阳

中古的平声到现代北京话中变成了阴平和阳平两个调类，这个变化在元代时已经形成。分化的条件是声母的清浊，其规律是：其一，清音变阴平，即声母为全清、次清的古平声字，北京话中都读作阴平声。例如：东（端）风（非）吹（昌）衣（影）。其二，浊音变阳平，即声母为全浊、次浊的古平声字，北京话中都读作阳平声。例如：唐（定）、时（禅）、传（澄）、奇（群）、牛（疑）、迷（明）、难（泥）、来（来）。

(2) 浊上变去

“浊上变去”指中古上声字中的全浊声母字在现代北京话中多数都读成了去声。这个变化至少在唐代末年已经开始。唐末人李涪曾在其《刊误》中批评《切韵》将一些去声字归入上声。李涪所举的例字都是《切韵》中的全浊上声字，如“舅”、“皓”等。这些例子说明不是《切韵》将字归错了，而是在李涪那个时代有一部分全浊声母的上声字已转变为去声。北宋以后，这种变化的趋势更为明显。到了现代北京话中，大部分全浊上声字都变成了去声。例如：父（奉）、坐（从）、弟（定）、跪（群）、巨（群）、象（邪）、抱（并）、柱（澄）。

(3) 入派三声

中古入声韵到元代消变为阴声韵后，其调值受声母清浊的影响也发生了分化：凡声母为全浊的中古入声字被派入阳平，如“白、读、舌、绝、习、食”；凡声母为次浊的中古入声字被派入去声，如“纳、辣、热、越、悦、月、落”；凡声母为清音的中古入声字被派入上声，如“笔、北、七、得、国、续、骨、百、室、乙、尺、作、客”。这种变化称为“入派三声”。其变化规律是：全浊变阳平，次浊变去声，清音变上声。其中派入上声的字最多。从元代到现代北京话中，中古入声韵的变化规律是：全浊变阳平，次浊变去声，清入声派入阴平、阳平、上声、去声（没有规律）。

上述两种变化可见图5—5。

第五节 上古音系

古音学又称上古音研究，是研究上古（西周至东汉）时期语音系统的音韵学分支，它主要以先秦两汉有韵诗文和汉字的谐声系统为研究对象和材料，通过与中古《切韵》音系的比较来归纳和展示周秦汉古音的韵部系统和声类特点。古韵的研究，宋代吴棫开其端；明末陈第批判前人的叶音说，成为古韵研究的先锋；

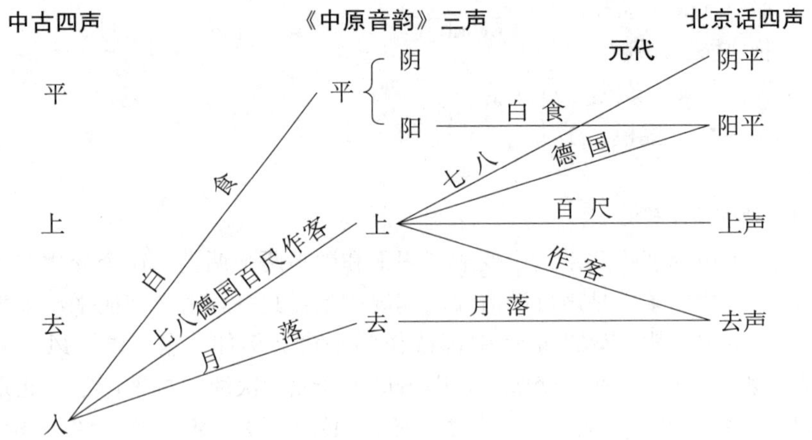

图 5—5

清初顾炎武从理论和实践上奠定了古韵研究的基础；以后江永、戴震、段玉裁、王念孙、孔广森、江有诰、章太炎、黄侃等人，在前人研究的基础上后出转精，大体上完成了古韵分部工作；王力先生定《诗经》韵 29 部，战国至两汉古韵 30 部，可作为古韵研究的总结。古声母的研究，清代钱大昕首开其端，后有章太炎、黄侃、曾运乾等人承其后。研究上古音的资料主要有两方面：其一，《诗经》、《楚辞》的押韵字，经书、子书中的韵语，两汉以前的韵文；其二，形声字的声符。

一、上古汉语韵母系统

（一）前人对上古韵母的研究

吴棫

宋代吴棫是古音研究的开创者，他有《韵补》一书，以《广韵》为据，凡某韵字古书上有和别的韵相押的，就在那个韵的韵目下注“古通某，古转声通某”。吴棫对古韵的分析不限于《诗经》，取材芜杂，所引书 50 种，下逮欧阳修、苏轼、苏辙等人的作品，这是不科学的。

《四库全书简明目录》称：“其书部分多谬误，引证尤为泛滥。然韵书始自齐梁，而古韵则自宋以前无专书，以棫此书为祖。将有其末，必求其本，故录之，以见后来之知讲古韵从此书始；后来之妄讲古韵，亦从此书始焉。”

陈第

陈第明确提出了“时有古今，地有南北，字有更革，音有转移，亦势所必至”的观念（见《毛诗古音考·自序》）。他的《毛诗古音考》将《诗经》和古代韵语中押韵不同于后代诗歌的字加以归纳，指出其语音变化。如“马”字，他举出《诗经》和《楚辞》等中的 18 个例子，说明其本与“楚、处、组、土”等字押韵。如《诗经·汉广》：“翘翘错薪，言刈其楚。之子于归，言秣其马。”《诗经·击鼓》：“爰居爰处，爰丧其马。”《九歌·国殇》：“霾两轮兮絷四马，援玉枹兮击鸣鼓。”因此，他认为古代“马”字“音姥”。

顾炎武

顾炎武在古音学上的贡献主要是在方法论上。他不为后代韵书所束缚，就古韵言古音，大胆离析《广韵》，给后人的研究奠定了基础。比如《广韵》支韵字，顾氏将其中的“离、池、皮、仪”等字析出，归入其第六部（歌部），其他字归入之部。中古韵书将入声字与阳声韵相配，而《诗经》的入声字常与阴声韵字相押，所以顾氏将入声字归入阴声韵内。只有收［-p］尾的入声字仍归入收［-m］尾的阳声韵内。用这种方法，顾氏将古音分为十部。具体如下：

（一）东冬钟江

（二）脂之微齐佳皆灰咍支$_{半}$尤$_{半}$

（三）鱼虞模侯麻$_{半}$

（四）真谆臻文欣元魂痕寒桓删山先仙

（五）宵萧肴豪幽尤$_{半}$

（六）歌戈麻$_{半}$支$_{半}$

（七）阳唐庚$_{半}$

（八）耕清青庚$_{半}$

（九）蒸登

（十）侵覃谈盐添咸衔严凡

但顾炎武的研究也有毛病，就是他认为后代韵书与古人用韵不合的地方都是后人错了。所以他的《唐韵正》是依据先秦古韵来纠正《唐韵》的错误的。这种复古的观念，实质上仍然否认了语音的变化。

江永

江永著有《古韵标准》一书，分古韵为13部。他坚持考古与审音并重，他批评顾炎武的《古音表》："离合处尚有未精，其分配入声多未当，此亦考古之功多，审音之功浅。"因此他往往结合音理来分析古音。

与顾炎武的十部相比，江永多了三部。顾氏收［-n］尾的阳声韵只有一个真部，江氏依据音理分出元部。他认为真细而元洪。根据同样的道理，他把顾氏的侵部，分为侵、谈两部。另外他把顾氏的鱼部分为鱼、侯两部，侯部中还有一些字是从顾氏的萧部分出的。

段玉裁

段玉裁在《说文解字注》后附有《六书音韵表》，将古韵分为17部。段氏的最大贡献是将顾氏的之部分为之、脂、支三部。同时，他又从真部中分出了文部，从侯部中分出了尤部，这一部后来叫幽部。段玉裁的另一个贡献是将谐声系统与古韵分部全面结合起来，提出了"同谐声者必同部"的原则。在韵部的次序上，他按语音的相近关系来排列17部的顺序。也是他在古音学上的一个贡献。

戴震

戴震著有《声类表》一书，但段的分部在戴之前。戴将入声字从阴声韵部里独立出来，分为25部，其中有9部是入声。与段不同的是尤、侯两部不分，真、文也不分，但同时又从脂部分出祭部来。《诗经》中入声字一般是自己相押，但也有不少与阴声韵相押。从谐声系统来看，入声字与去声字的关系也很密切，所以清代的学者通常把入声韵归入阴声韵内。戴震开始把入声韵独立出来，这是他的贡献。

孔广森

孔广森著有《诗声类》，分古韵为18部。他的发明是东、冬分部。另外他提出了阴阳对转的理论，认为阴声韵可以和阳声韵相配，相配的韵可以对转。例如

《诗经·邶风·北门》第三章："王事敦我，政事一埤遗我！我入自外，室人交徧摧我！""敦"是文部字，与阴声韵的"遗、摧"相押。又如《小雅·大田》："去其螟螣，及其蟊贼。""螣"是蒸部字，"贼"是职部字。但孔广森否认上古有入声，这是不对的。

王念孙

王念孙著有《诗经群经楚辞韵谱》，分古韵为 21 部。他将侵部的入声字分出，立为缉部，谈部的入声分出为盍部。又将脂部的入声分出为至和祭两部。晚年又赞成东、冬分部，就是 22 部。王在考定古音 21 部之前，只见到顾炎武和江永的书，因此其分之脂支为三，真文为二，幽侯为二都是与段玉裁不谋而合。

江有诰

江有诰著有《音学十书》，也分古韵为 21 部，与王念孙的不同是至部不独立，而东冬分立。

章太炎

章太炎分古韵为 23 部，与王念孙相比，主张东冬分部（晚年将冬部并入侵部），又从至部和脂部分出去入声合口字，立为队部。

黄侃

黄侃分古韵为 28 部。与章太炎不同，将入声韵全部独立。黄侃还提出了古本韵和古本声的概念。他认为古本韵是古代就有的，中古的一、四等韵是古本韵，而二、三等韵是今变韵。古本声是在古本韵中出现的声母，即只出现在一、四等的声母是古本声，共有 19 个，而出现在二、三等的声母是今变声。

上古三十韵部及拟音表

阴声韵	入声韵	阳声韵
1. 之部 ə	2. 职部 ək	3. 蒸部 əŋ
4. 幽部 u	5. 觉部 uk	6. 冬部 uŋ
7. 宵部 o	8. 药部 ok	
9. 侯部 ɔ	10. 屋部 ɔk	11. 东部 ɔŋ
12. 鱼部 a	13. 铎部 ak	14. 阳部 aŋ
15. 支部 e	16. 锡部 ek	17. 耕部 eŋ
18. 脂部 ei	19. 质部 et	20. 真部 en
21. 微部 əi	22. 物部 ət	23. 文部 ən
24. 歌部 ai	25. 月部 at	26. 元部 an
	27. 缉部 əp	28. 侵部 əm
	29. 叶部 ap	30. 谈部 am

说明：这个表中排在同一竖列的韵部，是根据韵尾来分的。第一列是无韵尾或以元音收尾，即阴声韵。第二列是以闭塞辅音-k、-t、-p 收尾的，即入声韵。第三列是以鼻辅音-ŋ、-n、-m 收尾的，即阳声韵。

从第 1 部到第 17 部，即第一行到第六行，王力称为甲类韵，它们的阴声韵是没有韵尾或收-u，入声韵都是收-k 尾，阳声韵都收-ŋ 尾；从第 18 部到第 26 部，即第七行到第九行，王力称为乙类韵，其阴声韵是收-i 尾，入声韵都是收-t

尾，阳声韵都收-n尾；第27部到第30部，即第十行到第十一行，王力称为丙类韵，它们没有相配的阴声韵，入声韵是收-p尾，阳声韵都收-m尾。排在同一横行的韵部，是按其主要元音是否相同来分的。因为其主要元音相同，所以在押韵时有时可以通押，在谐声系列中也往往可以相通。同时，同一横行的入声韵和阳声韵韵尾的发音部位相同。如甲类韵的入声韵尾是-k，阳声韵尾就是-ŋ，都是舌根部位。这样的韵部也就是可以互相对转的韵，因此它们可以相配。如：寺、特、等三字分别属之、职、蒸三部，它们属对转关系。同一竖列之间的韵，即阴声韵与阴声韵之间，或阳声韵与阳声韵之间如果发生押韵、谐声或假借等关系的，称为旁转。通常旁转是发生在邻韵之间。如第1部之部常和第4部幽部有押韵或谐声关系。幽部和宵部也有旁转关系。但之部和支部一般就不会发生关系。另外主元音相同的韵之间也可以发生旁转。如阳部和元部之间，阳部和谈部之间，都有押韵的情况。如《诗·殷武》“监严滥”与“遑”押韵，前者是谈部字，后者是阳部字。

（二）上古韵部的分类

第一类：之ə 职ək 蒸əŋ

《广韵》之、职、蒸三韵系的字基本上与上古这三部字相当。到了中古，它们主要变入一等韵和三等韵，也有些字变入二等的。之部在《诗经》押韵中，既跟幽部合韵，也跟鱼部合韵。所以一般认为它是个央元音，既能与后元音幽部的u相通，又能与前元音鱼部的a相通。这三部相配的例子又如：“亥核”、“否不”和“态能”、“乃仍”谐声，《诗经·郑风·女曰鸡鸣》“来赠”押韵。

第二类：幽u 觉uk 冬uŋ

冬部也有学者称为中部。王力先生认为在《诗经》时代冬部可以归入侵部(29部)。因为在谐声和《诗经》押韵中两者关系密切。如“风”从“凡”得声，又如《诗经·七月》：“二之日凿冰冲冲，三之日纳于凌阴。”到了《楚辞》的押韵中，冬部从侵部分出。幽部的元音拟作u，因为与其相配的冬部现在仍然是个后元音。“鸠”是幽部字，《吕氏春秋·仲春纪》：“苍庚鸣，鹰化为鸠。”高诱注：“鸠，盖布谷鸟也。”布谷鸟的叫声为ku或gu。布谷或鸠都应是拟声词。

第三类：宵o 约ok

这一类没有相配的阳声韵。宵药合韵的例子有《诗经·周南·关雎》中“芼乐”，《诗经·小雅·南有嘉鱼》中“罩乐”。谐声上有关系的如“罩卓”、“夭沃”、“肖削”。

第四类：侯ɔ 屋ɔk 东ɔŋ

上古的东部包括《广韵》的东一和钟韵。在韵书和韵图里，东一和东三为一韵；冬与钟相邻，在同一图。上古正好相反，东一和钟在东部，冬和东三属冬部。这三部对转的例子如卜和讣、构和讲、禺和颙。

第五类：鱼a 铎ak 阳aŋ

这三部是上古字数较多的三个韵。这几韵的拟音通常认为是a，因为在阳声韵和入声韵中大多还是如此。阴声韵里，麻韵的字仍然有很多还是a。汪荣宝曾从译音、象声词和声音的自然之理来考察这几部的古读。如梵文Buddha，宋齐以后译作“佛陀”，魏晋以前译作“浮图”，“陀”为歌韵字，“图”为模韵字。禽鸟之名多象其声，“乌”读a，像乌鸦叫声。“呜呼”就是aha，张口舒气之声。

"父"读如 ba，就是现在的"爸"。"呱呱坠地"之"呱"念作 u，实际上本应作 ua。

阴入相谐的如"乍作"，"借昔"，"固涸"，"暮莫"。

第六类：支 e 锡 ek 耕 eŋ

支部也有人称作佳部的，因为《广韵》支韵并不都是从上古支部来的，有不少字来自上古的歌部。如"义、奇、池、皮"等。另外上古已有之部和脂部两个韵部名称同音，再加一个支部，也不方便称呼。这三部谐声上的关系如"束责"、"啻商"、"易锡"等是阴入对转。这三部韵演变到中古音后，没有一等韵，但有四等韵，所以其元音应是一个前高元音。潘悟云认为支部有"咩"字，《说文》云："羊鸣也"，也是一个象声词。羊的叫声近 me，不近 mi。所以支部字元音应是 e。

第七类：脂 ei 质 et 真 en

脂、质、真的主要元音李方桂拟作 i，因为这三部变到中古也是只有二、三、四等韵，没有一等韵的。不过潘悟云认为这理由不充分。因为中古一等韵中也没有 e 元音的。潘悟云提出从系统上看，如果这三部是 e 的话，那么上古的元音系统中就没有主元音为 i 这样的韵母了，这与语言的普遍现象不符合，因为缺少像 i 这种很常见元音的语言，几乎是没有的。另外从对音材料来看，Hinduka 过去译作"天竺"或"身毒"，可见真部的元音本是 i。

第八类：微 əi 物 ət 文 ən

这三部中，阴阳之间的关系很密切。如"西哂"、"颀斤"、"辉军"。

第九类：歌 ai 月 at 元 an

歌部包括《广韵》的支韵字。如"皮罢离为詈羁丽地施詈宜靡奇义移"等字，但从其谐声和押韵来看，应在歌部。其中歌元之间的关系比其他韵的阴阳关系都密切。如"懒赖"、"涮刷"、"旦妲"、"番播"、"难傩"等。因此，郑张尚芳和潘悟云认为上古的歌部韵尾应是-l。这就容易解释乙类韵中的阴声韵与阳声韵之间的通转关系。

第十类：缉 əp 侵 əm

风字从凡得声，《诗经》押韵也多与侵部字相押，后来由于异化作用，变入侵部。熊字《说文》认为从炎得声，也是后来变入冬部。王力先生认为早期的冬部是 uəm，所以《诗经》中有不少"冬侵"互押的韵例。如《豳风·七月》"冲阴"押韵，《大雅·公刘》"饮宗"押韵，《大雅·荡》"谌终"押韵。u 与闭口的 m 发生异化作用，使-m 变成-ŋ。缉部在谐声上有不少与脂部字发生关系的。如"立位"、"入纳内"、"执贽"等古文字同字。

第十一类：叶 ap 谈 am

二、上古汉语声母系统

上古，指先秦两汉时期。上古时期汉语共同语声母系统究竟是什么样的面貌，还需要进一步研究，这里介绍上古声母系统的一些主要特点。

相对上古韵母研究而言，声母研究的材料要少得多，可以用于上古声母研究的材料有谐声材料、古代注音材料、通假异文材料、声训材料、对音材料、方言材料和汉藏语系民族语言材料。根据这些材料，学者们研究出了上古汉语声母系统的几个主要特点。

(一) 古无轻唇音

清代语言学家钱大昕在《十驾斋养新录》首先提出的第一条汉语声母演变规律。“古无轻唇音”，是说上古时期的唇音声母只有帮组重唇音声母“帮［p］”、“滂［ph］”、“并”［b］、“明［m］”，没有非组轻唇音声母“非［pf］”、“敷［pfh］”、“奉［v］”、“微［w］”。唇齿音声母是从双唇音声母演变出来的。例如“辈”读双唇音，说明其声旁“非”在古代读双唇音。汉语南方方言中还保留这些痕迹。这个结论主要是根据上古典籍中大量的通假异文、注音、声训材料及谐声字现象提出来的，例如：

通假异文：

封域/邦域 附娄/部娄 扶服/匍匐 伏羲/庖羲 芜青/蔓青 汾水/盆水

古代注音：

《说文·女部》：“娓，读若媚。”《说文·肉部》：“膴，读若谟。”

声训：

《释名·释州国》：“邦，封也，封有功。”《释名·释姿容》：“负，背也，置项背也。”“望，茫也，远视茫茫也。”《释名·释宫室》：“房，旁也，在堂两旁也。”《尔雅·释言》：“靡，无也。”

谐声：

非——悲辈排裴；反——版板扳叛；番——播潘蟠鄱；奉——棒捧埲菶；未——妹寐昧魅。

以上这些材料可以充分说明上古时期的重唇音和轻唇音是混而不分的，但还不足以说明“古无轻唇音”，现代方音则可以予以证明。部分方言里许多轻唇音字读成了重唇音字，一般却没有将重唇音读作轻唇音的，由此证明了重唇音变轻唇音的历史音变现象。唇音声母中有一部分明母字，在谐声中常与晓母字发生关系，如：

每：悔诲	毛：耗	民：昬
勿：忽	亡：肓	微：徽
黑：墨默	麻：麾	昏：緍

有这种谐声关系的字不少，不能把它当作例外或巧合。因此，这类字在上古的声母不应像中古一样，一类是 m，一类是 x，这相差太远了。

董同龢将这类与 m 谐声的晓母字的上古音拟作与 m 同部位的清鼻音 m。李方桂写作 hm。“悔忽”等字多属合口，在合口介音 u 的影响下，变成了中古的 x。

(二) 古无舌上音

清代语言学家钱大昕在《十驾斋养新录》首先提出的一条汉语声母演变规律。“古无舌上音”，指在上古声母系统中只有“端透定泥”这组舌头音声母，没有“知彻澄娘”这组舌上音声母。舌上音声母是后来从舌头音声母中分化出来的。这也是根据上古典籍中大量的通假异文、注音、声训材料及谐声字现象提出来的。例如：

通假异文：

冲子/童子 天竺/身毒 滹沱/呼池 孟猪/明都 追琢/雕琢 直/特

古代注音：

《说文·水部》："冲，读若动。"《经典释文》："虫，徐邈音徒冬反。""赵，徒了反。""竹，徒沃反。""侄，大结反。""追，多雷反，又对回反。"

声训：

《说文·阜部》："陟，登也。"《说文·田部》："田，陈也。"

谐声：

登——橙澄证撜；兆——桃逃跳挑眺；卓——掉悼淖；召——迢笤苕貂；重——动董恸湩。

另外，直到现在，广西北部平话、闽方言等南方方言，古代舌上音声母字有不少仍读作舌头音声母。从而证实了"古无舌上音"的论断。

舌音声母中古分端知两类，钱大昕已证明古无舌上音，这也是得到公认的。直到《广韵》的反切上，仍然有端知互切的例子，这是上古两组声母有关系的痕迹。中古的知组声母是 ȶ、ȶʻ、ȡ、ȵ，实际上它们与端组处于互补的关系，端组声母只出现于一、四等韵，知组声母只出现于二、三等韵，假定它们上古属同一类，应该没有什么问题。后来分化为两类，是受韵母的影响。

（三）娘日二纽归泥

"娘日二纽归泥"说是章太炎提出来的。他认为中古汉语的"娘"母和"日"母在上古汉语中归入"泥"母。"娘"母归"泥"母是没有问题的，按王力的看法，《切韵》还没有"娘"母。"日"母归"泥"母的结论在学术界有不同的看法，有的认为上古有"日"母，有的认为"日"母应归入"泥"母。从谐声材料分析，"日"、"泥"两个声母在上古时期的关系确实很密切，"如"、"汝"以"女"作声符，"女"属"泥"母，"如"、"汝"属"日"母；"匿"、"诺"用"若"作声符，"匿"、"诺"属"泥"母，"若"属"日"母。

但简单地把"日"母归于"泥"母还是有问题，因为"娘"母已经归"泥"母了，而"娘"母和"日"母都有三等字。如果"娘"母和"日"母上古完全同音的话，那么如何解释二者后来分化为不同声母的条件呢？所以可以假定上古的"日"母还是不同于"泥"，而是一个 ȵ。

（四）喻三归匣、喻四归定

"喻三归匣"、"喻四归定"是由曾运乾提出来的。他认为中古喻母在上古一分为二，喻母三等归入匣母，喻母四等归入定母。"喻三归匣"的结论已被大多数人接受，王力认为，喻三（也称于母或云母）在《切韵》时还没有从匣母分出来。"喻四归定"的结论大多数学者没有接受。从谐声材料分析，上古时期喻四与定母等舌头音的关系比较密切，其音值应该是舌尖中音的某个音，肯定不是中古的半元音［j］，"地"以"也"作声符，"地"属"定"母，"也"属"喻"四；"移"以"多"作声符，"多"属"端"母，"移"属"喻"四；"偷"以"俞"字作声符，"偷"属"透"母，"俞"属"喻"四。

（五）照二归精、照三归端

所谓"照二归精、照三归端"，指上古时期，中古"庄"组（"照"二）与"精"组字关系密切，"章"组（"照"三）与"端"组的关系密切，他们在读音上很相近。这个观点主要是由黄侃提出来的。学术界对这个结论尚有不同的看法。从各种材料分析，上古时期“照”二与“精”组、“照”三与“端”组的关系确实很密切。“浞”字，徐邈音“在角反”；“栈”字，徐邈音“在间反”；“浞”、“栈”属于“照”二，“在”属于“精”组；“搜”、“溲”用“叟”作声符，“搜”、“溲”属“照”二，“叟”属于“精”组。“嗔”、“瞋”、“填”、“阗”用“真”字作声符，“嗔”、“瞋”、“真”属于“照”三，“填”、“阗”属于“端”组；“袗”、“诊”、“疹”、“殄”同声符，“袗”、“诊”、“疹”属于“照”三，“殄”字属于“端”组；“雕”、“锏”用“周”字作声符，“雕”、“锏”属于“端”组，“周”属“照”三。

（六）清化鼻音、清化边音

李方桂《上古音研究》提出上古汉语有清化鼻音和清化边音，给上古汉语拟了一套与鼻音 m、n、ŋ 对立的清化鼻音 hm、hn、hŋ，拟了一个与边音 l 对立的清化边音 hl。之所以提出这样的假设，是为了解释说明像下面这样的谐声现象：每一悔、难一滩、午一许、赖一獭等。李方桂的这一观点得到学界的普遍赞同。

除了上面这些结论以外，中古“章”组、“端（知）”组声母在上古与“见”组声母的关系也引起了学界的注意。中古部分章组声母字与见组声母字发生谐声关系，如“支”、“枝”声母属于“章”组，而与两字有谐声关系的“伎”、“妓”、“歧”、“跂”属于“见”组，“枢”、“驱”、“抠”都用“区”字作声符，“驱”、“抠”、“区”属于“见”组，“枢”字属于“章”组。其他材料也反映出“章”组声母的部分字在上古与“见”组声母有关系，如“支”字在东汉三国的梵汉对音材料中经常对译梵文的 ke 音节。部分“端”组声母字在上古汉语与“见”组声母也有关系，如《说文》：“啖，食也。从口陷声。读与含同。”“啖”字音“徒滥切”，属“定”母，“含”字属于“匣”母。“啖”字与“陷”字同声符，“陷”字属“匣”母。学术界已经注意到“章”、“端”两组声母在上古与“见”组的关系，但究竟是一种什么关系，目前各家的看法还很不统一，还有待于进一步研究。

（七）上古汉语的复辅音声母问题

《切韵》声母和三十六字母都是单辅音声母，但现在多数学者认为上古汉语很可能是有复辅音声母存在，主要理由是：

（1）谐声材料说明上古可能有复辅音声母存在

如“路”以“各”字作声符，“路”属于“来”母 [l]，“各”属“见”母 [k]；“廉”“谦”用“兼”字作声符，“廉”属“来”母，“兼”属“见”母 [k]，“谦”属溪母 [kh]；“禁”用“林”作声符，“禁”属“见”母，“林”属于“来”母；“葻”用“风”作声符，“葻”属于“来”母，“风”属“帮”母 [p]；“庞”用“龙”作声符，“龙”属“来”母，“庞”属“并”母 [b]；“廪”用“禀”字作声符，“禀”属“帮”母，“廪”属“来”母。又“靸”用“及”字作声符，“靸”属“心”母 [s]，“及”属“群”母 [g]；“丧”用“亡”作声符，“丧”属“心”母，“亡”属“明”母 [m]。这些材料说明造字时代的汉语有 kl、pl、sm 这样的复辅音声母存在。

（2）古代文献中的读若、又音及其他注音材料说明上古汉语可能有复辅音声母存在

“厱”与“检”同声符，《说文》“厱”字“读若蓝”，“检”属舌根“见”母，“蓝”属“来”母。“又音”就是一字多音，有许多“又音”是古代复声母分化而成的，“铬”字，《玉篇》有“卢各”“何格”两个反切，“卢”属“来”母，“何”属舌根“匣”母[ɣ]；“姗”字，《类篇》有“相干”、“铺官”两个反切，“相”属“心”母，“铺”属唇音“滂”母[p]；“纶”，《玉篇》音“古还切”，又音“力旬切”，“古”属“见”母，“力”属“来”母。《左传·昭公十一年》“城陈蔡不羹”，孔颖达疏：“（羹）音亦为郎”，“羹”属“见”母，“郎”属“来”母。《汉书·古今人表》“黄帝乐官伶沦”，服虔曰：“沦音鳏”，“沦”属“来”母，“鳏”属“见”母。

（3）异文材料也证明上古汉语可能有复辅音声母存在

《尚书》“西伯戡黎”，“黎”，《史记·周本纪》引作“耆”；“黎”属“来”母，“耆”属“群”母。《周易·师卦》：“在师中吉，承天宠也”，“宠”《音义》：“如字。郑云：‘光耀也。’王肃作‘龙’，云：‘宠’也。”“宠”字中古属“彻”母[ȶʻ]，“龙”属“来”母；《尚书·尧典》“宅西曰昧谷”，《史记·五帝本纪》引作“昧谷”，裴骃《史记集解》：“徐广曰：一作柳谷”。“昧”属“明”母[m]，“柳”属“来”母[l]，这些异文材料说明上古存在 cl 型复声母。

（4）亲属语言材料也可以证明上古汉语可能有复辅音声母存在

学术界普遍认为下面一些藏文词语与汉语词语有同源关系：

藏文	gais	gsum	lda	drug	brgjad	dgu	sgo	khrims
汉语	二	三	五	六	八	九	户	禁

这些与汉语同源的藏语词都有复辅音声母，说明与它们同源的汉语词在早期也可能是有复辅音声母的。

古代汉语复辅音声母问题的研究历史不长，因此尽管目前大多数学者都肯定上古汉语有复辅音声母，但对上古汉语复辅音声母的结构类型、复辅音声母与上古汉语语法形态的关系、复辅音声母简化的方式规律等诸多问题都还存在分歧，这些问题还需要进行深入的研究。

三、上古汉语声调系统

古人对于声调的认识开始于南北朝时期。上古周秦时期汉语有没有声调？这是一个比较复杂的问题。这里面主要涉及几个问题：第一，上古汉语有没有声调？第二，如果有，有几个声调？第三，如果上古没有声调，那么声调又是何时产生的？怎样产生的？关于上古汉语的声调，学术界有各种不同的说法，主要有以下几种观点：

（一）古无四声说

陈第认为：“四声之辨，古人未有。”但《诗经》一般都是以平协平，以上协上，以入协入，少有特例。上古汉语没有声调，大约东汉末才有了声调。多数现代西方学者持这种观点。

《诗经》时期已有四声。清代古音学家大多持这种观点，但各家具体而微。顾炎武《音学五书》提出“四声一贯”说，认为《诗经》都是四声通押，即“古人未尝无入声也……入声可转为三声也”。但是《诗经》都以同调相押为常规，以异调相押（即通押）为变格。所以“古有四声”是成立的。即《诗经》时代是有四声的，但押韵时四声可以通押。江永《古韵标准》认为："平自韵平，上去入自韵上去入者，恒也。"此即承认古有四声说，并不强调四声通押，而强调常规。江有诰和王念孙也主张上古有四声之别，认为上古四声与后世四声不同。现代学者也多赞同这一观点。

（二）上古四声不全

段玉裁《六书音韵表》提出古无去声说，认为"考周秦汉初之文，有平上入而无去。洎乎魏晋，上入声多转而为去声"。"去声备于魏晋。"孔广森《诗声类》提出古无入声说，认为"入声起自江左，非中原旧读"。孔氏是曲阜人，当时中原官话中的古入声已经派入三声。段玉裁的观点对后来的研究有很大影响。后来的学者中，黄侃提出上古只有平、入两个声调，认为"古无去声，段君所说。今更知古无上声，惟有平入而已"。

王力提出上古汉语有四个声调，分为舒促两大类，即：舒声：平声：高长调，长入：高长调舒声；促声 ：上声：低短调 ，短入：低短调。王力认为，去声是最后产生的。前苏联学者雅洪托夫提出公元前1000年中期的上古汉语只有两个声调，相当于后来的平调和升调（他认为汉语入声是靠韵尾区别意义的，不能算独立的调类），去声到了公元前3世纪才产生。

（三）五声说

王国维认为："古音有五声。……平声有二，上去入各一，是为五声。"陆志韦提出长去短去说，认为上古长去声通平上声，则可升可降的短去声可叫做上古的第五声。即把去声分为两类：一类是促音（短去），来自入声；另一类是舒声（通平上声），来自平上声。也即认为上古有平、上、长去、短去、入五个声调。

中外学者在探讨汉语声调起源方面做了大量的工作，其中在学术界较有影响的是"汉语声调源于韵尾说"。声调源于韵尾是说早期汉语不是靠音高而是靠辅音韵尾来区别意义的，音节的音高只是韵尾的伴随特征，后来韵尾简化消失，音节原来的羡余特征音高才作为韵尾消失后的补偿手段成为具有辨义功能的声调。由于历来对平声和入声起源问题的争论较少，所以主张声调源于韵尾的学者把研究重点放在探求上声和去声的起源上。李方桂《上古音研究》构拟上古音时，给后来的上声字构拟了-x尾，给去声字构拟了-h尾。目前在中外学界较有影响的观点是：上声源于-ʔ尾，去声源于-s尾。也有学者认为汉语声调是辅音声母简化的结果。

从亲属语言来看，与汉语有亲属关系的语言如羌语、嘉戎语至今没有声调，根据古藏文、缅文资料，古代藏语、缅语也没有声调。藏缅语声调的形成有一个从无到有、由少而多，其辨义功能由弱到强的过程。可以设想，汉语与之相类似，其声调也是后起的。但究竟汉语声调在上古何时产生的，声调的产生与汉语音节结构简化的具体关系如何，这些问题都有待进一步研究。

（说明：本讲内容是笔者多方学习、参照前贤时哲音韵学成果而编写的结果。编写教材，不在创新，而在清清楚楚介绍其内容，难在参照取舍。我们主要参考、甚至引用了唐作藩先生《音韵学教程》以及胡安顺、沈建明先生有关音韵学课件的部分内容，这是毋庸讳言的。在此特别声明并表示诚挚的感谢。）

思考与练习

一、掌握音韵学的基本概念：

音韵学、国际音标、平仄、舒促、读若、直音、反切、音类、音值、五音、七音、清浊、等呼、四等、四呼、洪细、开合、尖团、字母、轻重唇音、舌头舌上音、中古音、近代音、上古音、韵书、陆法言、三十六字母、韵、韵部、韵摄、韵类、韵目、声类、切韵、广韵、反切上字表、反切下字表、反切系联法、陈澧、三十字母、唐韵、王韵、集韵、韵书残卷、韵镜、四声等子、七音略、切韵指掌图、16摄、韵图、内外转、平水韵、中原音韵、韵略易通、平分阴阳、浊上变去、浊音清化、入派三声、阴声韵、阳声韵、入声韵、阴阳对转、声训、谐声、上古三十韵部、古无轻唇音、古无舌上音、娘日二纽归泥、喻三归匣、喻四归定、对音、复辅音、构拟、亲属语言、顾炎武、段玉裁、章太炎、王力、李方桂、汉语语音史

二、理解音韵学的定义、内容、材料、方法、功用。

三、比较三十字母与三十六字母的异同。

四、比较35声母、36字母与51声类的异同。

五、具体分析206韵四声韵目不具全的原因。

六、阅读《切韵·序》，了解其具体内容，理解切韵的性质。

七、举例说明《广韵》的体例。

八、注出《登高》的四声、平仄、韵脚及所属《广韵》韵目。

杜甫《登高》

风急天高猿啸哀，渚清沙白鸟飞回。
无边落木萧萧下，不尽长江滚滚来。
万里悲秋常作客，百年多病独登台。
艰难苦恨繁霜鬓，潦倒新停浊酒杯。

九、抄录并记忆《广韵》平声、入声韵目。

十、从《广韵》查找下列字所在韵目，注明其反切和同小韵字数。

考周秦汉初之文，有平上入而无去。

十一、从《广韵》查找下列字的声母、声类。

吴楚则时伤轻浅，燕赵则多涉重浊。

十二、辨析下列字的清浊。

欲广文路，自可清浊皆通。

十三、用反切系联法分析《广韵》庚韵的反切，找出其有几个韵类。

十四、从《广韵》查找下列字的韵母、韵类和等呼。

因论南北是非，古今通塞。

十五、分析《广韵》206韵的分等情况。

十六、从《韵镜》查找下列字的音韵地位。

若赏知音，即须轻重有异。

十七、分析果摄、遇摄、宕摄所包含的韵和韵母。

十八、掌握上古30韵部，分析它的系统性。

十九、分析《关雎》的韵脚，归纳韵部。

二十、分析《早梅诗》所代表的近代音声母。

阅读与参考书目

王力．汉语音韵学．北京：中华书局，1956
王力．汉语音韵．北京：中华书局，1980
丁声树．古今字音对照手册．北京：中华书局，1981
高本汉．中国音韵学研究．北京：商务印书馆，1941
李荣．音韵存稿．北京：商务印书馆，1982
李新魁．汉语等韵学．北京：中华书局，1983
罗常培．汉语音韵学导论．北京：中华书局，1956
唐作藩．音韵学教程．北京：北京大学出版社，2002
杨耐思．中原音韵研究．北京：社会科学出版社，1981
赵诚．中国古代韵书．北京：中华书局，1980
周祖谟．汉语音韵论文集．北京：商务印书馆，1957
李思敬．音韵．北京：商务印书馆，1985
李方桂．上古音研究．北京：商务印书馆，1980
潘悟云．汉语历史音韵学．上海：上海教育出版社，2000
胡安顺．音韵学通论．北京：中华书局，2009
严学宭．广韵导读．北京：中国国际广播出版社，2008

第6讲

诗　律

第一节　绪论

一、诗歌与格律

中国诗歌源远流长。几千年来，诗歌一直是一种重要的文学样式。《诗经》是我国最早的一部诗歌总集，共收入西周初年至春秋中叶大约500多年的诗歌，以四言为主。《楚辞》是我国第一部浪漫主义诗歌总集，也是战国时期南方楚地文化的诗歌总集，以六言为主。五言诗、七言诗和乐府产生于汉朝，汉末《古诗十九首》是最早出现的成熟的五言诗，三国曹丕《燕歌行》是第一首完整的七言诗（句句押韵），鲍照的《拟行路难》之一和之三是最早的隔句押韵的七言诗。汉魏六朝的五言诗、七言诗和乐府一般称为古诗。齐梁时代，人们发现了四声，诗歌创作开始讲究平仄、声律。唐代，正式形成了一种讲究平仄和对仗的格律诗，当时称为近体诗（与古诗相对）。

古典诗歌的写作，当然需要激情、才华，可是格律，也是不可或缺，必须掌握的。杜甫说过："晚节渐于诗律细。"（《遣闷戏呈路十九曹长》）苏轼也说过："敢将诗律斗深严。"（《谢人见和前篇二首》）可见，诗人们历来重视诗歌的格律。

近体诗的格律是在初唐、盛唐形成的，当时的人们并没有把诗律完整地记录下来，因而需要后人整理、研究、阐释。后来许多学者不断研究，一直到王力的《汉语诗律学》出现，才使得诗律的研究成为一门学术。

要了解诗律，掌握诗律，以至于运用诗律进行诗歌创作，对多数人来说，并不是一件容易的事。诗律内容丰富，由于历史的原因，许多人对诗律不了解；又由于古今语音发生了变化，这也使得许多爱好格律诗的人难以掌握诗律。

二、诗歌的种类

从格律上来分：古体诗、近体诗。

古体诗分为两类：五言古诗和七言古诗，简称五古和七古。五古如李白《月下独酌》，七古如岑参《白雪歌送武判官归京》。古体诗全诗字数不拘多少。还有一种杂言诗，掺杂着五字句和七字句，甚至还有三字句、四字句、六字句、八字句、九字句等。一般把杂言诗归入七言古诗一类，如李白《梦游天姥吟留别》。近体诗出现以前的诗都是古体诗，唐以后也有人写诗不讲究平仄和对仗，这种诗亦称为古体诗，也叫古风。

近体诗在字数、韵脚、声调、对仗各方面都有许多讲究，与古体诗截然不同。近体诗和古体诗相比，有四个方面不同：一是句数固定，二是押韵严格，三是讲究平仄，四是要求对仗。

近体诗分为两类：律诗和绝句，有五言、七言之分，分为五律、七律、五绝和七绝。

我们学习诗歌格律，主要是学习近体诗的格律。

第二节 近体诗的字句

一、字句有定

近体诗包括律诗、绝句、排律三种形式，它们的句数和字数都有一定的规定。古体诗的句数是不限的。律诗八句，绝句四句，只有排律超过了八句。不能反过来说八句都是律诗、四句都是绝句。有些初学写诗的人往往写了八句就题为“七律”或“五律”，写了四句就题为“七绝”或“五绝”，这是一种误解。因为字句固定不是近体诗本质的特点，如果不讲平仄，尽管是四句或八句，也不能叫绝句或律诗，仍然是古体诗。

二、四联

律诗每两句为一联。各联的名称依次为“首联”、“颔联”、“颈联”、“尾联”。每联的第一句叫做“出句”，第二句叫做“对句”。

第三节 近体诗的押韵

诗歌的韵，指主要元音和韵尾相同的韵字，就属于同一韵。韵和韵母不一样。主要元音和韵尾相同、声调不同的字，在近体诗中不能通押。近体诗除有的首句入韵外，其余都是偶句押韵。古体诗一般也是偶句押韵。在这一点上，两者没有本质区别。

近体诗押韵严格，表现在两点：其一，近体诗一般只用平声韵，偶尔押仄声韵；其二，近体诗一韵到底，不能出韵，就是说韵脚必须用同一个韵的字，不能用邻韵的字。但有例外，即首句入韵的可以用邻韵。古体诗用韵较宽，可以用邻韵的字。古体诗还可以换韵。

诗人一般都是根据当时的语音来押韵。由于《切韵》、《广韵》的分韵过于琐细，不完全符合当时的口语，所以唐代诗人作诗已不完全照此去用。当时就有"同用"的规定，允许把某些邻近的韵合起来用。后来，人们把 206 韵归并为 106 韵，这就是后来的"平水韵"。

尽管"平水韵"是南宋时才出现的，但它反映了唐朝人作诗用韵的部类。唐以后直到近现代，尽管实际语音已经有了很大变化，但人们做近体诗时，还都以"平水韵"为标准。

第四节　近体诗的平仄

一、平仄

学近体诗先要知平仄。平仄是形成近体诗的最重要的因素，讲究平仄是近体诗最本质的特点。所谓诗的格律，不外是充分地利用汉语的声、韵、调的特点而已。其实，这种格律是容易掌握的。

平仄的作用就是构成一种节奏。诗人依照汉语声调的特点，安排一种高低长短相互交替的节奏，就是所谓"声律"。《文心雕龙·声律》有专门的论述。中国文人很早就有意识地运用平仄的交互，来寻求声律美。平仄的交互作为一种规则固定下来，是从近体诗开始的。

声调是客观存在的，是人们发现了它的存在，不是由谁创造、发明的。沈约等人只是有意识地运用声调的交互来写诗。平仄的交互成为诗的格律要求以后，其影响是深远的。只要我们能够分辨平仄，并且按照下面的规定来安排平仄，就可以掌握其格律了。

二、律诗的四种基本句式

五言律诗：

（甲）仄仄平平仄　　（乙）平平仄仄平
（丙）平平平仄仄　　（丁）仄仄仄平平

除了特例，无论怎么变化，都不出这四种基本句式。

七言律诗是在五言诗的前面再加上相反的平仄，基本句式是：

（甲）平平仄仄平平仄　　（乙）仄仄平平仄仄平
（丙）仄仄平平平仄仄　　（丁）平平仄仄仄平平

无论怎么变化，都不出这四种基本句式。

三、平仄协调

近体诗平仄的安排有一个基本原则，就是要求平仄错综和谐而不显单调。近体诗的平仄可以根据“粘”、“对”的规律来掌握。“粘”就是上一联对句和下一联出句第二个字的平仄必须相同，“对”就是同一联中出句和对句第二个字的平仄必须相反。不合乎“粘”的规则的叫“失粘”，不合乎“对”的规则的叫“失对”。在唐诗中有少数失粘的，失对的很少见。宋代以后，失粘和失对的情况就罕见了。

平仄相间、平仄相对、平仄相粘的要求、规则具体是：一句之中，平仄相间；一联之中，平仄相对；各联之中，平仄相粘。

近体诗以两个音节为一个音步。那么，只有平平、仄仄、平仄、仄平四种形式。末一字为单字，或为平，或为仄，随句决定。每一音步的第二字是节奏点所在，不能随意变更。所谓平仄格律，就是针对节奏点而言。

(1) 一句之间，平仄相间

(甲) 仄仄　平平　仄

(2) 一联之中，平仄相对

(甲) 仄仄　平平　仄
(乙) 平平　仄仄　平

这种相对的规则是不能违反的。

所谓“平仄相间”、“平仄相对”，以对节奏点（五律的节奏点指每句中的第二字、第四字及最后一字）的字的平仄要求最为严格，因为它们正是平仄错综协调的关键所在。

这些句式有一个规律，就是逢双必反：第四字的平仄和第二字相反，第六字又与第四字相反，如此反复就形成了节奏感。但是逢单却可反可不反，这是因为重音落在双数音节上，单数音节相比而言就显得不重要了。

这四种基本句式的交错，就构成不同格式的律诗。（一般来说，五言诗以首句不押韵为常，七言诗以首句押韵为常。）

(3) 各联之间，平仄相粘

五律下联出句第二字的平仄必须与上联对句的第二字的平仄相同，七律下联出句第四字的平仄必须与上联对句的第四字的平仄相同。这样既可以把后一联与前一联黏合连接起来，也可以使前后两联有所变化。

五律：

(甲) 仄仄　平平　仄
(乙) 平**平**　仄仄　平
(丙) 平**平**　平仄　仄
(丁) 仄仄　仄平　平

七律：

(甲) 平平　仄仄　平平　仄

（乙）仄仄　平平　仄仄　平
（丙）仄仄　平平　平仄　仄
（丁）平平　仄仄　仄平　平

四、五律、七律的四种格式

所谓格式是就首句而言的，首句第一字为起，末字为收。首句第一字、末字是平声的，分别叫平起、平收。首句第一字、末字是仄声的，分别叫仄起、仄收。起收相配，就有四种格式：仄起仄收式，仄起平收式，平起仄收式，平起平收式。

分开来说，以上述五律、七律四种基本句式排列如下：

五律：

仄起仄收式：（甲）（乙）（丙）（丁）（甲）（乙）（丙）（丁）
仄起平收式：（丁）（乙）（丙）（丁）（甲）（乙）（丙）（丁）
平起仄收式：（丙）（丁）（甲）（乙）（丙）（丁）（甲）（乙）
平起平收式：（乙）（丁）（甲）（乙）（丙）（丁）（甲）（乙）

七律：

仄起仄收式：（丙）（丁）（甲）（乙）（丙）（丁）（甲）（乙）
仄起平收式：（乙）（丁）（甲）（乙）（丙）（丁）（甲）（乙）
平起仄收式：（甲）（乙）（丙）（丁）（甲）（乙）（丙）（丁）
平起平收式：（丁）（乙）（丙）（丁）（甲）（乙）（丙）（丁）

上面四种格式，无非是按照“粘”、“对”的规则来排列而已，并非想象的那么复杂。只要掌握了這一规律，排律也便可以依次类推了。

五、“一三五不论，二四六分明”

与格式一字不差的诗是少见的。不过，这种不同主要出现在“一三”（七律是一三五）这几个非节奏点上。非节奏点上的字的平仄具有很大的灵活性，诗人们可以不受其拘束，这自然为诗歌的写作带来方便。从这个角度来说，前人所总结的“一三五不论，二四六分明”的规则，主要是为了满足人们写作的需要。

“一三五不论，二四六分明”，是过去做诗的一个口诀，意思是说七言近体诗的第一、三、五个字（五言则为第一、三个字，下同）平仄可以不论，第二、四、六个字（五言则为第二、四个字，下同）平仄必须分明。这个口诀基本上是对的，一般来说，近体诗中第二、四、六字的平仄不能违反；第一、三、五字往往可平可仄。

六、拗救

上面讲的是近体诗的一般规律，实际上，近体诗中有些地方是可平可仄的。而有的地方的平仄则不能随意改变，如违反了平仄格律就叫“拗”，不过“拗”了以后可以“救”。能够拗救的诗句，仍然是合乎格律的。

“一三五不论，二四六分明”要求二、四、六（五律为二、四）位置上的字，其平仄必须分明，不可随意变动。一、三、五（五律为一、三）位置上的字，由于是非节奏点所在，并不影响大局协调性。于是，人们又设法调整其平仄关系，以便保持其协调性，便又有了所谓的“救”。这样写起诗来，就更加自由方便了。

不过，由于“拗”、“救”的产生，又使“二四六分明”的规则出现了例外。归纳起来就是：

（一）二四六分明，两处不明

（1）在一定的条件下，（平平）仄仄平平仄（即甲句）句式中的第四字（七言为第六字）的平声可以作仄声。

（2）在一定的条件下，（仄仄）平平平仄仄（即丙句）句式中的第四字（七言为第六字）的仄声可以作平声。

（二）一三五不论，两处必论

由于格律诗要求避免“三平调”和“孤平”等现象，因而“一三五不论”的这种自由，仍然是受到制约的。

（1）必须避免“三平调”。

“三平调”是指句末连用三个平声字，这是古风中特有的句式，在近体诗中是绝不允许出现的。在“（平平）仄仄仄平平”（丁句）中，第三个字（七律为第五个字）的仄声是不能任意变动的，否则，就会出现“三平调”。

（2）必须避免“犯孤平”。

“孤平”是指句中除了韵脚以外只有一个平声字。在“（仄仄）平平仄仄平”（即乙句），若第一个字（七律为第三字）的平声用为仄声，就叫“犯孤平”。出现孤平，就会使平仄失调，故而格律诗要求避免这种情况的出现。犯孤平指的是平脚的句子，仄脚的句子即使只有一个平声字，也不算犯孤平。但“孤平”可以救。

如果句末三个字都是仄声，叫做“三仄调”。原则上说，近体诗禁忌三平调和三仄调。

根据“一三五不论，两处必论”和“二四六分明，两处不明”，可以把格律诗的“拗救”，归纳为“平仄相救得协调”。

（三）拗救的基本原则：以平救仄，以仄救平

（1）句中拗救

一句之中出现拗而随之补救，谓之句中拗救。可分为两种情况：

①孤平拗救

（乙句）“仄仄平平仄仄平”中，第三个字必须是平（五言是第一个字），否则犯了“孤平”。在犯孤平的情况下，必须在相应的位置上予以补救，这就叫做“孤平拗救”。五言律诗：第一字拗，本句第三字救。

李白《宿五松山下荀媪家》

我宿五松下，寂寥无所欢。
田家秋作苦，邻女夜舂寒。
跪进雕胡饭，月光明素盘。
令人惭漂母，三谢不能餐。

（“寂”拗“无”救，“月”拗“明”救）

七言律诗：第三字拗，本句第五字救。

杜甫《九日五首》（其一）

重阳独酌杯中酒，抱病**起**登**江**上台。
竹叶于人既无分，菊花从此不须开。
殊方日落玄猿哭，旧国霜前白雁来。
弟妹萧条各何往，干戈衰谢两相催。

（“起”拗“江”救）

②本句自救

在（丙句）“仄仄平平平仄仄”中，第六字本当用仄而用了平声，那么第五字的平声就要改为仄声。对于五律来说，就是当第四字出现了“拗”，则必须将第三字改为仄声。这样其格式便成为“仄仄平平仄平仄”。这种拗救叫做“本句自救”。实际上，“仄仄平平仄平仄”这种句式，在近体诗中反而比“仄仄平平平仄仄”用得更普遍，应该看作是正格。这种句式多用在尾联的出句上。

张九龄《望月怀远》

海上生明月，天涯共此时。
情人**怨遥**夜，竟夕起相思。
灭烛怜光满，披衣觉露滋。
不堪盈手赠，还寝梦佳期。

（“遥”拗“怨”救）

林逋《山园小梅》

众芳摇落独暄妍，占尽风情向小园。
疏影横斜**水清**浅，暗香浮动月黄昏。
霜禽欲下先偷眼，粉蝶如知合断魂。
幸有微吟**可相**狎，不须檀板共金樽。

（“清”拗“水”救，“相”拗“可”救）

这种本句自救，原则上还要求第一字（七律为第三字）的平声不能变动。

只有少数本句自救的句子有例外：第一字（七律为第三字）用了仄声字。

王力《汉语诗律学》共列举了110个本句自救的诗句，其中仅有4例的第一字（七律为第三字）用了仄声字：

杨颜《田家》：“小园足生事，寻胜日倾壶。”

祖咏《题韩少府水亭》：“宁知武陵趣，宛在市朝间。”

杨万里《辛亥元日送张德茂》：“到得我来恰君去，正当腊后与春前。”

杨万里《和昌英叔久雨》：“更着好风随清句，不知何地频闲愁。”

（2）联中拗救

联中拗救指出现在由“（平平）仄仄平平仄”（甲句）和“（仄仄）平平仄仄平”（乙句）所构成的一联之中的拗救。如果其出句出现拗字，而用对句予以补救，谓之“联中拗救”。

①相同位置的联中拗救

五言律诗：其出句第三字拗（当平而仄），就用对句第三字来救（改仄而平）。

杜甫《重游何氏庄五首》(之二)

山雨樽还在，沙沉榻未移。
犬迎曾宿客，鸦护落巢儿。
云薄**翠**微寺，天清**皇**子陂。
向来幽兴极，步屣过东篱。

（“翠”拗“皇”救）

如果是七言律诗，这种拗救则出现在出句和对句的第五字。

杜甫《蜀相》

丞相祠堂何处寻，锦官城外柏森森。
映阶碧草**自**春色，隔叶黄鹂**空**好音。
三顾频烦天下计，两朝开济老臣心。
出师未捷身先死，长使英雄泪满襟。

（“自”拗“空”救）

由于“相同位置的联中拗救”是出现在第三字（七言律诗为第五字）的位置上的，原本就处于“一三五不论”的情况之下，所以，这种情况是可救可不救的。

刘禹锡《八月十五夜观月》

天将今夜月，一遍洗寰瀛。
暑退**九**霄净，秋澄万景清。
星辰让光彩，风露发晶英。
能变人间世，翛然是玉京。

（“九”拗无救）

②不同位置的联中拗救

在一定条件下，“平平仄仄平平仄”（甲句）中的第六字平声可以改作仄声，则必须用对句的第五字来救（改仄为平）。对于五言律诗来说，就是当出句的第四字出现了拗字（当平而仄），则必须用对句的第三字来救（改仄为平）。

岑参《杨固店》

客舍梨**叶**赤，邻家**闻**捣衣。
夜来尝有梦，坠泪缘思归。

洛水行欲尽，缑山看渐微。
长安只千里，何事信音稀。

（“叶”拗“闻”救，“欲”拗“看”救）

黄庭坚《寄黄几复》

我居北海君南海，寄雁传书谢不能。
桃李春风一杯酒，江湖夜雨十年灯。
持家但有四立壁，治病不蕲三折肱。
想见读书头已白，隔溪猿哭瘴溪藤。

（“立”拗“三”救）

有时候，出句的第三字和第四字都是仄声字，可以说是由对句的第三字来救出句的第三、第四字。

杜甫《夜雨》

小雨夜复密，回风吹早秋。
野凉侵闭户，江满带维舟。
通籍恨多病，为郎忝薄游。
天寒出巫峡，醉别仲宣楼。

（“夜、复”拗“吹”救）

（3）一字两救

①孤平拗救与相同位置的联中拗救同时出现。

孤平拗救出现在乙句“（仄仄）平平仄仄平”中，联中拗救出现在甲句和乙句组成的一联“（平平）仄仄平平仄”和“（仄仄）平平仄仄平”中。这样，有时候，孤平拗救与联中拗救会同时出现：乙句第三字（七律为第五字）既救了本句的“孤平”，又救了出句中的第三字或者第四字。同一个字救了两处，这就是“一字两救”。一字两救也可以分为两种情况。

郑谷《峡中尝茶》

簇簇新英摘露光，小江园里火煎尝。
吴僧漫说鸦山好，蜀叟休夸鸟嘴香。
合座半瓯轻泛绿，开缄数片浅含黄。
鹿门病客不归去，酒渴更知春味长。

（“不、更”拗“春”救）

②孤平拗救与不同位置的联中拗救同时出现。

李商隐《落花》

高阁客竟去，小园花乱飞。

参差连曲陌，迢递送斜晖。
肠断未忍扫，眼穿仍欲归。
芳心向春尽，所得是沾衣。

（“竟、小”拗“花”救，“忍、眼”拗“仍”救）

由以上所举例证可以看出，有时候在一首诗中，同时出现几种拗救的情况。

杜甫《入宅三首》（之一）

奔峭背赤甲，断崖当白盐。
客居愧迁次，春酒渐多添。
花亚欲移竹，鸟窥新卷帘。
衰年不敢恨，胜概欲相兼。

（“赤、断”拗“当”救，“欲、鸟”拗“新”救）

岑参《陕州月城楼送辛判官入奏》

送客飞鸟外，城头楼最高。
樽前遇风雨，窗里动波涛。
谒帝向金殿，随身惟宝刀。
相思霸陵月，只有梦偏劳。

（“鸟”拗“楼”救，“遇”拗“风”救，“向”拗“惟”救，“霸”拗“陵”救）

四种句式中，可平可仄的位置（黑体）、有条件变更的平仄（行楷）如下：

（甲）**平**平　**仄**仄　平平　仄
（乙）**仄**仄　平平　**仄**仄　平
（丙）**仄**仄　平平　**平**仄　仄
（丁）**平**平　**仄**仄　仄平　平

（四）平仄格律的例外情况

（1）关于三仄调

三仄调：平平仄仄仄、仄仄平平仄仄仄

前人在规定格律的时候，主观上是希望避免“三仄调”的。“仄仄平平仄”和“平平仄仄平”两种句式作为首联之后，那么，颔联出句就可能成为“平平仄仄仄”，而其对句便成为“仄仄平平平”了。这样做的结果是，不仅出现了三仄调，而且连三平调也难以避免了。其实，颔联的出句只能是“平平平仄仄”的格式（对句为“仄仄仄平平”）。然而，有了“一三五不论”的自由，第三字的平声可以用成仄声，于是，在“平平平仄仄”的句式中，又极可能出现“三仄调”。

通过对唐代诗歌的分析发现，具体诗作并不严格地遵照格律诗规定，并不绝对回避“三仄调”。

杜甫《春宿左省》

花隐掖垣暮，啾啾栖鸟过。
星临万户动，月傍九霄多。
不寝听金钥，因风想玉珂。
明朝有封事，数问夜如何。

（“星临万户动”中，“万户动”三个仄声）

谁怜**一片影**，相失万重云。（杜甫《孤雁》）
相看**两不厌**，只有敬亭山。（李白《独坐敬亭山》）
晴开**万井树**，愁看五陵烟。（岑参《登总持阁》）
弥年**不得意**，新岁又如何。（刘禹锡《岁夜咏怀》）
楚山**不可极**，归路但萧条。（祖咏《江南旅情》）

其实，并不限于仄起仄收一种形式，只要是在“平平平仄仄”这一句式中，第三字用了仄声，都可以成为“三仄调”。有人认为“三仄调”是拗句，是一种“当救而未救”的拗句。

在唐人的诗中，这种“拗而不救”的“三仄调”颇为常见。在杜甫的462首律诗中，“三仄调”即有200余例，几乎占到二分之一的比例。诗人们在写格律诗时，并不回避“三仄调”。格律诗实际上是允许“三仄调”的存在的，我们发现，用调整对句的平仄来救出句的“三仄调”的情况并不多见。补救之后，反而出现了“三平调”与“三仄调”相对的特殊情况了。

可怜**白雪曲**，未遇**知音人**。（韦应物《简卢陟》）
草色全经**细雨湿**，花枝欲动**春风寒**。（王维《酌酒与裴迪》）

人们在制定格律的时候，最初的想法大约是要求回避“三仄调”的。但是，在实践中，诗人们并没有严格遵守这一规定。

（2）关于四仄、五仄与六仄

在由“仄仄平平仄”和“平平仄仄平”两种句式构成的一联中，有时候会由于“一三五不论”以及“拗救”的同时存在，而出现四仄、五仄、六仄的情况。

肠**断未忍扫**，眼穿仍欲归。（李商隐《落花》）

四个、五个仄声相连的句子，在杜甫的诗作中也有不少用例。

南雪不到地，青崖沾未消。（《又雪》）
小雨夜复密，回风吹早秋。（《夜雨》）
河汉不改色，关山空自寒。（《初月》）
待月月未出，望江江自流。（李白《挂席江上待月有怀》）
禹力不到处，河声流向西。（周朴《董岭水》）
渐与骨肉远，转于僮仆亲。（崔涂《除夜有感》）

根据律诗“拗救”的原则来分析，以上各例中的四个仄声字或五个仄声字连用的情况，依然是符合诗律的。不过，由于第四字的“拗”必须由对句的第三字来救，因此只有在“仄仄平平仄”這一句式用作出句的时候，五律中的这种五仄连用的情况才会出现。

在七言律诗中，当“平平仄仄平平仄”这一句式用作出句时，也可能出现七字六仄的情况：如果第一字和第五字用仄声，而第六字虽拗（即用仄声字）却有救，这样就形成七字六仄的格局。不过，这种情况相当少见。如：一身报国有万死，双鬓向人无再青。（陆游《夜泊水村》）

（3）关于拗而未救

拗救是在出现拗字时必须根据一定的规则予以补救的一种变通的格律。它是人们在写作实践中所创造的，是对格律的一种突破。有时候，由于表达的需要出现了拗字，而诗人们却无法予以补救，这时候，他们便舍形式而就内容，也就不再补救了。

如：

万木冻欲折，孤根暖独回。（唐·齐己《早梅》）

二月二日江上行，东风日暖闻吹笙。（唐·李商隐《二月二日》）

王力说：“初学诗的人应该先求平仄分明，绝不能因为弄错了平仄而以此为口实。”在初期的格律诗中，失粘的情况还是比较多见的。《唐诗三百首》中就有一些诗是失粘的。

王力还说，“首先我们须知，‘对’和‘粘’的格律在盛唐以前并不十分讲究；二者比较起来，‘粘’更居于不甚重要的地位。直至中唐以后，还偶然有不对不粘的例子。‘失对’和‘失粘’的‘失’字，是后代的诗人说出来的，‘失’是‘不合格’的意思，而唐人并不把不对不粘的情形认为这样严重……大约‘粘’的形式，在律诗形成的时候虽已有这种倾向，却还未成为必须遵守的规律。中唐以后，粘的规律渐严。……近代（也许是自宋以后）科场中不准有失对失粘的诗，于是粘对几乎成为金科玉律。它是被算入平仄格式以内的。”

第五节 近体诗的对仗

一、对仗

对仗，也叫对偶。这是一种把字数相等、结构相同的两个句子安排在一起，来表现一定意义，以加强表达效果的修辞方式。汉民族追求一种对称的审美情趣而讲究对仗，成为格律诗的又一必不可少的条件和显著特点。

袁枚《诗学全书·卷一·论近体》：“近体有律诗。调平仄，拘对偶，严如法律也。”一般来说，律诗和排律十分讲究对仗，在绝句中，对仗的要求并不严格。诗歌讲究对仗，是从南北朝开始的。赵翼《瓯北诗话·卷十二·七言律》：“自古诗十九首以五言传，柏梁以七言传，于是才士专以五七言为诗。然汉魏以来，多尚散行，不尚对偶。自谢灵运辈始以对属为工，已为律诗开端。”

二、对仗的位置

一般说来，在格律诗的四联之中，中间两联讲究对仗。首联和尾联是否对仗，则没有严格的要求。

岑参《高冠谷口招郑鄠》

谷口来相访，空斋不见君。
涧花然暮雨，潭树暖春云。
门径稀人迹，檐峰下鹿群。
衣裳与枕席，山霭碧氛氲。

崔颢《行经华阴》

岧峣太华俯咸京，天外三峰削不成。
武帝祠前云欲散，仙人掌上雨初晴。
河山北枕秦关险，驿树西连汉畤平。
借问路旁名利客，何如此地学长生。

有时候，首联也有对仗的。

杜甫《遣意二首》（之二）

檐影微微落，津流脉脉斜。
野船明细火，宿雁聚圆沙。
云掩初弦月，香传小树花。
邻人有美酒，稚子也能赊。

有的尾联也用对仗。

杜甫《水槛遣心二首》（之一）

去郭轩楹敞，无村眺望赊。
澄江平少岸，幽树晚多花。
细雨鱼儿出，微风燕子斜。
城中十万户，此地两三家。

有时候也有四联都对仗的。

杜甫《登高》

风急天高猿啸哀，渚清沙白鸟飞回。
无边落木萧萧下，不尽长江滚滚来。
万里悲秋常作客，百年多病独登台。
艰难苦恨繁霜鬓，潦倒新停浊酒杯。

也有四联都不用对仗的。

李白《夜泊牛渚怀古》

牛渚西江夜，青天无片云。
登舟望秋月，空忆谢将军。
余亦能高咏，斯人不可闻。
明朝挂帆席，枫叶落纷纷。

三、对仗的句式

（一）结构对

就对仗的句式而言，其基本要求是利用结构相同的句式来构成对仗，即并列结构对并列结构，偏正结构对偏正结构，主谓结构对主谓结构，动宾结构对动宾结构。

并列结构相对：

八月枚乘笔，三吴张翰杯。（李白《送友人寻越中山水》九、十两句）
鸡声茅店月，人迹板桥霜。（温庭筠《商山早行》颔联）

偏正结构相对：

两行灯下泪，一纸岭南书。（卢纶《夜中得循州赵司马侍郎书因寄回使》颔联）
王孙草上悠扬蝶，少女风前烂漫花。（薛逢《长安春日》颈联）
使君滩上草，神女馆前云。（沈佺期《十三四时尝从巫峡过他日偶然有思》颔联）

主谓结构相对：

厨人具鸡黍，稚子摘杨梅。（孟浩然《裴司士员司户见访》颈联）
山从人面起，云傍马头生。（李白《送友人入蜀》颔联）
寒随一夜去，春逐五更来。（王諲《除夜》颔联）

动宾结构相对：

独敲初夜磬，闲倚一枝藤。（李商隐《北青萝》颈联）
但见文翁能化俗，焉知李广未封侯。（杜甫《将赴荆南寄别李剑州》颔联）

复句相对：

洲白芦花吐，园红柿叶稀。（张均《岳阳晚景》颈联）
马嘶古道行人歇，麦秀空城野雉飞。（刘禹锡《荆门道怀古》）

以上举例，是就整句的结构而言的，但是，这种情况是比较少见的。如果就一句之中的局部结构而言，其要求也是一样的。

所谓相同的结构形式构成对仗的要求也不是绝对的。有时候，不同的结构形式也可以相对。

惯看宾客儿童喜，得食阶除鸟雀驯。（杜甫《南邻》颔联）

格律诗的对仗，还要求句子的成分相同，也就是要求主语对主语，谓语对谓语，宾语对宾语，状语对状语，补语对补语，定语对定语。

山从人面起，云傍马头生。（李白《送友人入蜀》颔联）
鸡声茅店月，人迹板桥霜。（温庭筠《商山早行》颔联）

(二) 工对与宽对

格律诗十分注重词语的对仗，尤以名词的对仗最为讲究。往往要求对仗的名词必须是同一类的。此外，数目词、颜色词、方位词，也自成一类，很少与其他词语相对。

同类的词语相对，通常称为“工对”。

少妇今春意，良人昨夜情。（沈佺期《杂诗》之三颈联）
绕郭荷花三十里，拂城松树一千株。（白居易《余杭形胜》颔联）
花暖青牛卧，松高白鹤眠。（李白《寻雍尊师隐居》颈联）
细雨鱼儿出，微风燕子斜。（杜甫《水槛遣心》之一颈联）

如果是句中自对，同时又两句相对，也被认为是工对。

小院回廊春寂寂，浴凫飞鹭晚悠悠。（杜甫《涪城县香积寺官阁》颈联）
江流天地外，山色有无中。（王维《汉江临眺》颔联）

工对的情况毕竟是比较难得的，更多的是宽对。宽对是相对于工对而言的。其要求是，只要用以对仗的词语词性相同就可以了。

江月随人影，山花趁马蹄。（张渭《送裴侍御归上都》颈联）
天意怜幽草，人间重晚晴。（李商隐《晚晴》颔联）
秋后见飞千里雁，月中闻捣万家衣。（刘方平《秋夜寄皇甫冉郑丰》颔联）
细雨湿衣看不见，闲花落地听无声。（刘长卿《赠别严士元》颔联）

四、特殊的对仗技巧

古代的诗人们为了追求对仗工整，还创造了一些特殊的对仗技巧。我们主要介绍“借对”和“流水对”。

(一) 借对

这是利用汉字所具有的一字多义或者二字同音的特点而构成的对仗。又可以分为借义对和借音对两种情况。

（1）借义对：是利用汉字的多义性的特点而构成的对仗。一字有两义，诗句中表义是用甲义，而借其乙义（另一意义）来对仗。

白发催年老，青阳逼岁除。（孟浩然《岁暮归南山》颈联。《尔雅·释天》：“春为青阳。”）

雨昏青草湖边过，花落黄陵庙里啼。（郑谷《鹧鸪》颔联。黄陵：黄陵庙，又称二妃庙。）

世间好物黄醅酒，天下闲人白侍郎。（白居易《尝黄醅新酎忆微之》首联。白侍郎：白居易）

(2) 借音对：利用汉语中的同音现象所构成的一种对仗。一般多见于颜色对。借“清”为“青”：

若听清猿后，应多白发生。（马戴《送人游蜀》颔联）
西山白雪三城戍，南浦清江万里桥。（杜甫《野望》首联）

借“沧”为“苍”：

一官成白首，万里寄沧州。（刘长卿《松江独宿》颈联）

借“皇”为“黄”：

事直皇天在，归迟白发生。（刘长卿《新安奉送穆谕德归朝，赋得行字》颔联）

借“下”为“夏”：

根非生下土，叶不坠秋风。（张乔《试月中桂》颈联）

(二) 流水对

这是诗人们巧妙地把一句话分成两句，出句与对句在意思上是相承而连贯的，必须联系起来，才能表达一个完整的意思，但同时却又在字面上形成对仗。这两个条件同时兼备，便是流水对。

如：

当君怀归日，是妾断肠时。（李白《春思》颔联）
野火烧不尽，春风吹又生。（白居易《赋得古草原送别》颔联）
慈母手中线，游子身上衣。（孟郊《游子吟》首联）
即从巴峡穿巫峡，便下襄阳向洛阳。（杜甫《闻官军收河南河北》尾联）

（说明：本讲内容是我们多方学习、参照前贤时哲诗律成果而编写的结果。我们主要参考，甚至引用了郭芹纳先生《诗律》以及谢洁瑕先生有关诗律教学课件的部分内容。在此特别声明并表示诚挚的感谢。）

思考与练习

1. 掌握诗律的基本概念：律诗、绝句、平仄、押韵、一韵到底、出韵、出句、对句、四联名称、粘对、拗救、起收、句式、格式、孤平、三平调、三仄调、排律、对仗

2. 分析下列诗的字句。

黄庭坚《出迎使客质明放船自瓦窑归》

鼓吹喧江雨不开，丹枫落叶放船回。
风行水上如云过，地近岭南无雁来。
楼阁人家卷帘幕，菰蒲鸥鸟乐湾洄。

惜无陶谢挥斤手，诗句纵横付酒杯。

3. 分析下列诗的押韵。

白居易《钱塘湖春行》

孤山寺北贾亭西，水面初平云脚低。
几处早莺争暖树，谁家新燕啄春泥。
乱花渐欲迷人眼，浅草才能没马蹄。
最爱湖东行不足，绿杨阴里白沙堤。

4. 分析下列诗的格律，并标出其平仄，指出它们属于哪种格式。

李白《秋登宣城谢朓北楼》

江城如画里，山晓望晴空。
两水夹明镜，双桥落彩虹。
人烟寒橘柚，秋色老梧桐。
谁念北楼上，临风怀谢公。

5. 分析下列各首诗的平仄，并说明有无本句自救的情况。

宋之问《登禅定寺阁》

梵宇出三天，登临望八川。
开襟坐霄汉，挥手拂云烟。
函谷青山外，昆池落日边。
东京杨柳陌，少别已经年。

杜甫《咏怀古迹五首》（其四）

群山万壑赴荆门，生长明妃尚有村。
一去紫台连朔漠，独留青冢向黄昏。
画图省识春风面，环佩空归月夜魂。
千载琵琶作胡语，分明怨恨曲中论。

6. 分析下列各首诗的平仄，并说明有无孤平拗救的情况。

王维《辋川闲居》

一从归白社，不复到青门。
时倚檐前树，远看原上村。
青菰临水拔，白鸟向山翻。
寂寞於陵子，桔槔方灌园。

赵光远《题妓莱儿壁》

鱼钥兽环斜掩门，萋萋芳草忆王孙。
醉凭青琐窥韩寿，闲掷金梭恼谢鲲。
不夜珠光连玉匣，辟寒钗影落瑶尊。
欲知肠断相思处，役尽江淹别后魂。

7. 分析下列各首诗的平仄，并指出其相同位置的联中拗救。

杜甫《天末怀李白》

凉风起天末，君子意如何？
鸿雁几时到，江湖秋水多。
文章憎命达，魑魅喜人过。
应共冤魂语，投诗赠汨罗。

陆游《上虞逆旅见旧题岁月感怀》

舴艋为家东复西，今朝破晓下前溪。
青山缺处日初上，孤店开时莺乱啼。
倦枕不成千里梦，壞墙闲觅十年题。
漆园傲吏犹非达，物我区区岂足齐。

8. 分析下列各首诗的平仄，说明其一字两救的情况。

高适《别韦五》

徒然酌杯酒，不觉散人愁。
相识仍远别，欲归翻旅游。
夏云满郊甸，明月照河洲。
莫恨征途远，东看漳水流。

9. 分析下列各首诗的平仄，说明其复杂的拗救情况。

杜甫《促织》

促织甚微细，哀音何动人。
草根吟不稳，床下夜相亲。
久客得无泪，放妻难及晨。
悲丝与急管，感激异天真。

杜甫《铜官渚守风》

不夜楚帆落，避风湘渚间。
水耕先浸草，春火更烧山。
早泊云物晦，逆行波浪悭。
飞来双白鹤，过去杳难攀。

李商隐《水斋》

多病欣依有道邦，南塘宴起想秋江。
卷帘飞燕还拂水，开户暗虫犹打窗。
更阅前题已披卷，仍斟昨夜未开缸。
谁人为报故交道，莫惜鲤鱼时一双。

10. 分析《登高》的字句、押韵、平仄、对仗。

杜甫《登高》

风急天高猿啸哀，渚清沙白鸟飞回。
无边落木萧萧下，不尽长江滚滚来。
万里悲秋常作客，百年多病独登台。
艰难苦恨繁霜鬓，潦倒新停浊酒杯。

阅读与参考书目

王力主编．古代汉语（第四册诗律）．北京：中华书局，1964
王力．诗词格律．北京：中华书局，1977
王力．诗词格律概要．北京：北京出版社，1979
王力．诗词格律十讲．北京：北京出版社，1978
郭芹纳．诗律．北京：商务印书馆，2004

第 7 讲

训　诂

第一节　绪论

一、训诂　训诂学

文字学、音韵学、训诂学是传统“小学”的三个分支，文字学重于形，音韵学重于音，而训诂学重于义。“小学”研究的对象是文献，这些文献在后人眼里都可称为古文，所以，训诂学就是研读和注释古书的学问。

古人对“训诂”二字的解释很多。晋代郭璞的《尔雅注》释《释诂》篇名说：“此所以释古今之异言，通方俗之殊语。”唐代孔颖达《尔雅正义》释《释训》篇名说：“道形貌也。”——“诂”指的是古语和方言，“训”指的是说明外物之形貌。

《说文解字》：“训，说教也。”“诂，训故言也。”意思也是对古人的话进行解释。段玉裁注“诂”字云：“故言者，旧言也，十口所识前言也。训者，说教也，‘训故言’者，说释故言以教人，是之谓诂。”

“训”、“诂”二字古人有时连用，有时单说，有时是名词，有时是动词，“诂训”有时又写成“故训”。而首次用在书名而流传至今的，是《毛诗诂训传》。孔颖达疏《关雎》序说：“诂者古也，古今异言，通之使人知也。训者道也，道物之貌以告人也。”“然则诂训者，通古今之异辞，辨物之形貌，则解释之义尽归于此。”

我们可以把跟二字音义相关的字放在一起互证一下。“川顺训钏串穿”等字，都有“通畅”、“平顺”的意义，“诂故古固锢”等字都有“原来”、“不变”的意义。所以，“训”侧重于动词的“解释”义，“诂”侧重于名词的“故言”义。

近人黄侃（字季刚，1886—1935）说：“诂者故也，即本来之谓；训者顺也，即引申之谓。训诂者，用语言解释语言之谓。若以此地之语释昔地之语，或以此时之语释昔时之语，虽属训诂之所有事，而非构成之原理。真正之训诂学，即以语言解释语言，初无时地之限域，且论其法式，明其义例，以求语言文字之系统与根源是也。”（见黄侃《文字声韵训诂笔记》）这段文字对“训、诂、训诂、训诂学”作出了比较科学的解释，被后人认可和广泛引用。

二、训诂学的内容和性质

上文我们介绍了对“训诂”二字的解释，已经揭示了训诂学的内容范围。它主要包括两个方面：

一是如郭璞所说，“释古今之异言，通方俗之殊语”，亦即黄侃所说“以此地之语释昔地之语，或以此时之语释昔时之语”，即解释古语和方言。古之俚语即今之雅言，方言一进入古书，后人即视之为古语词，所以可以说，训诂学的第一个内容，就是对古书进行注解。对古书的注释内容也是很广泛的，如校对、正字、注音、释词、串句、说明语法修辞、典章制度、历史事实、解释文化常识……反正是古书中有什么，就注解什么。

二是如黄侃所说，“论其法式，明其义例，以求语言文字之系统与根源”，即训诂理论。传统训诂学的理论建设，一直以来都是与训诂实践同步发展的。早在春秋时期，人们对自己文章中出现的有特殊含义的名词术语，自己就作了注释，创造了“文中自注”的训诂形式。汉代形成了“随文释义”和“通释语义”两种训诂形式。在今文经学和古文经学的论争中，澄清了古书校对认定、训诂的对象任务和社会功能等重要问题，建立了著名的“汉学”。两个流派还自觉合作，互相认同，形成了一套完整的训诂术语。唐代对佛经翻译和对音等给训诂学和音韵学的合作提供了范例。特别是在清代，训诂学家在探讨训诂原则和方法方面更是名论并出，面目一新。有人说古代训诂学没有理论，实际上每一个时代的训诂学家，都有新的理论发明，这些新的理论发明都深藏在它们的注释之中，只是少有理论专著而已。比如说，许慎的六书理论和部首学说仅仅在《说文解字・叙》中作了简短的说明，而没有专门论述，但是它们被贯穿在全书的编排、字形分析和本义解说中，2000多年过去了，这两个理论对后人显示了强大的示范作用和制约作用，《说文解字》所创立的原则和方法仍为人们解说本义、编写字书所遵循。

训诂学的性质是由它的内容确定的，综合性和实用性是它最大的特点。

训诂学的综合性包括两个方面：一是它调动了语言各学科的所有知识，它以释义为主，但释义过程中遇到的文字、语音、语法、修辞等语言问题，无一可以回避。二是古书涉及社会的各个方面，需要注释者进行甄别、分析和说明。注释家得去学习并掌握这些知识，得去了解社会的全貌，才能解释清楚古书中的这些内容。真正的训诂名家不仅仅是语言学家，而且是通才。他们同时可能是文学家、史学家，甚至是政治家、军事家、革命家。如晋代作《春秋左传集解》的杜预就是一代名将，给《孝经》作注的是著名皇帝唐玄宗，给《诗经》、《楚辞》作注并留下著名的《四书章句集注》的朱熹，是历仕四朝的北宋名臣。清代学术的奠基者顾炎武是著名的反清斗士，清末的小学领袖章太炎还做过革命党人。古书是我国古代社会文化的缩影和载体，包罗万象，需要注释者兼通百科，不通则不可为注，这是一个自然的道理。

训诂学的实用性，也可作两个方面的理解：第一点，它面对的都是古籍，必须老老实实地说清古书中实实在在的语言事实，这是基础的第一步。读者看了你的注释，就能解决古书阅读的疑难，若语言文字不通那就不值一文，而经义的阐发则是读书的第二步了。我们现在读汉唐古注有困难，那是语言变异所造成的，实际上在那个时代，这些可是十来岁的孩子都能读通的。第二点，中国的训诂学，从诞生开始，就是为经世致用的经学服务的，训诂学就是借了经学的东风得以发生、发展直至独立强大。两千年来，每个朝代的训诂学，都有为时代服务的倾向，都带上了时代的烙印。训诂学从来都有忠于古人和服务今人的双重任务。直到现在，训诂学还在教育教学、古籍整理、辞书编写等多个领域发挥服务作用，最明显、最广泛的是服务于文化传播和中学语文教育。

训诂学的理论并不高深，比起现代一些学科甚至可以说是比较简单的。直到近代，学术界还有一派观点坚持说我国古代只有“训诂工作”而没有训诂学。这就否认了传统学科的历史特点，以今人的标准去衡量古人。对传统学科的评价应该看它解决了什么实际问题，有没有社会认可的实用价值。古人遵循学以致用、“述而不作”的原则，不轻易发表自己的言论，这是传统学科的特点。比如天文学、历史学、地理学等，无不如此。我们总不能说司马迁因为没有写出史学理论著作就不算史学家吧？黄侃说的“真正的训诂学”是“以语言解释语言”，“论其法式，明其义例，以求语言文字之系统与根源”，汉人早就卓有建树。只是古人训诂的“法式”、“义例”，近代以来才被人们系统地整理并阐明而已。

三、学习态度和方法

(一) 广泛阅读古书古注

基于训诂学以上的特点、性质和任务，学习训诂学，就要下实实在在的功夫，不允许任何的投机取巧。没有艰苦的大量的古书阅读作基础是不行的。古书古注阅读不广、不深，则无从研究训诂学，还会陷入人云亦云的循环。现代学人不可能像古人那样终生攻读古籍，那就更应该讲究读书的专注，力求学有所得。古书古注，有它的规律，古书之难读，在于开头，日积月累，必有所得，强读下来，会“日知其所亡（无）”，其味无穷。如果学者满足于一知半解，所说漏洞百出，却自命为“一家之说”，实际上是给古人抹黑，也误导了今人。在中学语文课堂上，也时而可见对前人注释一概不读，偏偏相信错漏百出的“参考”读物的情形。回过头来说，选入中学语文教材的古文，实际上读懂它的古注并不难。读了就会心中有底，理直气壮。

(二) 借鉴前人训诂成果

登上巨人的肩膀更可望远，训诂学已经有了两千多年的历史，古人从实践到理论都给我们提供了规范和借鉴，在这个基础上，我们可作以下几方面的采撷：其一，直接使用已经验证而被确认的注释成果。大部分的古书古义，可以采用此法。其二，综合前人之说，解决前人没有解决的问题。还有很多古书前人没有注解，或者语焉不详，这个任务就落到了我们肩上。其三，更正前人错误，重新寻找确诂。不少的训诂学著作因为历史的原因，可能会带上所在时代消极的东西，即使是《十三经注疏》、《说文解字》这些巨著，错误仍是不少。随着时代发展，我们会逐渐发现并更正它们的错误。

训诂学有两大忌讳：一是没有原则地迷信古人，食古不化，以讹传讹。二是没有基础地另立新说，“六经注我”，指鹿为马。孟子说“尽信书不如无书”，就是强调读书要独立思考，不要人云亦云。作为一代大师的朱熹也有错误，他否认语音是发展的，坚持“古人叶音”说，因为他的名气太大，这个错误延续了宋元明三代，直到明末清初才被彻底推翻。今人有跟古人不同的学习和生活经历，学到的东西远过古人，而对古书的阅读却不及古人，因而勤勉谨慎地对待古书古注尤其重要。最近不少的“学者”少了读书功夫，多了急功近利，不成熟的东西连续不断地出现在出版物和传媒上。比如说“北方有个大鸟叫做鲲鹏”——为什么就不去读一读《庄子》原文呢？某学者考证“牢”字和“家”字，说古人把牛关进圈里而把猪置于家中，推导出在古代“猪的地位比牛高”的结论——难道连“太牢”一词都没读过吗？真正有志于传统文化的研究者和传播者，应以此为戒。

（三）探讨问题的所以然

许嘉璐先生在比较古代汉语和训诂学两门课程时说，古代汉语解决的是“是什么”的问题，训诂学解决的是“为什么”的问题。我国数千年民族文化的传承，除了语言记载的功绩外，语言的解释同样功不可灭。训诂学从诞生时起，就自觉承担了“求语言文字之系统与根源”的使命，孟子曰“仁者爱人”，不单单是说明儒家学说的“仁”的含义，也说明了概念的起源、语音和词义的关系等。古人注书，在寻求这些关系上下了很大功夫。《说文》收集古文重文，以形索义，解说了造字时代文字的系统结构和形义关系。《经典释文》保留了200多家注音，其中很多是不见于他书的已经失传的语料。唐代李善的《文选注》则注意训释每一个典故的出处。裴松之注解《三国志》，人们认为，他提供的史料和史料分析的价值，甚至超过了被注的《三国志》原书的价值。古人的成就，在于他们追求学问的坚韧和寻根究底的精神。

《尚书·西伯戡黎第十六》：“奔告于受。”孔安国注：“受，纣也，音相乱。帝乙之子，嗣立，暴虐无道。”跟着引马融注云：“‘受’读曰‘纣’。或曰受妇人之言，故号曰受也。”孔颖达疏：“‘受’即‘纣’也，音相乱，故字改易耳。《殷本纪》云：‘帝乙崩，子辛立，是为帝辛，天下谓之纣。’郑玄云：‘纣，帝乙之少子，名辛。帝乙爱而欲立焉，号曰受德，时人传声转作纣也。’《谥法》云：‘残义损善曰纣。’殷时未有谥法，后人见其恶，为作恶义耳。”

从汉到唐，一共四位大家，用引书和“或曰”说明“纣”的来源：其名叫“辛”，当初是父亲帝乙给他一个“受德”的号，而他偏偏是“受妇人之言”。因为“受”、“纣”二字“音相乱”（音近），就读写成“纣”字。后来因为“纣”字有“残义损善”的含义，人们就用一直用这个称谓去叫他，再也没有改过来。读者读注至此，才对这个称谓有了彻底的理解。

初中语文《论语六则》：“学而时习之，不亦说乎？”西汉的王肃错误地把“习”注释为“诵习”，开了个坏头，宋代邢昺作疏也因循其说（见《十三经注疏·论语注疏》），以至于现代还有人误解为“温习”、“复习”。实际上这句话的关键是后面的“之”字。周秦之世，小学习“六艺”：礼、乐、射、御、书、数，其中“书”指写字，而非后代意义的书本；《史记·孔子世家》：“孔子以四教：文、行、忠、信”，这里的“文”说的是礼仪之学而非文章。在《论语》中，人们问孔子许多关于“好学”的问题，孔子的回答没有一次涉及读书。古书中曾多次出现孔子教弟子“习礼”即演习礼仪的故事。“习”字的确切意义应该是演习、实践、实习，以实践为最准确——孔子教导弟子：要把从老师那里学到的道理付诸实践。如果不对当时的教育形式和孔子的教育行为进行彻底考证，我们还会犯王肃一样的错误。

（四）要有唯物史观

训诂学对记载、演绎和传承中国古代文化立下了伟大功绩，它陪伴中国封建社会走完了全程，是社会发展的一股强大动力。它研究的范围大大超越了“语言”的内容，它所起的作用远非一般的语言学科可比。正因为如此，一些超越了客观语言的东西，一些妨碍社会进步的东西，也会渗透其中。在训诂学著作中，语言解释和帝皇意志交织，往往难分你我。封建思想和鬼神迷信也充斥其间，狭隘的学派之见始终存在。这就要求我们应该把训诂学放到漫长的历史长河中去综合考察，取其精华，弃其糟粕。每一个强盛时代到来之时，中华民族都会对前人留下的文化遗产做一次大的检阅、反思、评判、整理，从而把它推上一个新的阶段。我们现在正在致力于中华民族的伟大复兴，广大的语言研究者正承担着扬弃旧的训诂学，建立新的语言学科的历史责任。

第二节 训诂史论

训诂起于春秋时期。它的起因，可以归结为内外两点：内因是语言文字的变异，“时有古今，地有南北，字有更革，音有转移”（陈第《毛诗古今考》）。自古至今，语言学之于民族语言，始终肩负两重责任：一是贯通古语今言，二是规范语言交际。外因是社会政治文化的需求，人们为了达到种种目的，要求语言工作者为其寻找依据，申明宗旨，传递信息。

训诂学萌芽的春秋时期，社会动荡，百家争鸣，人口迁移，语言变异，正是同时具备了以上两种因素的时代。从汉代开始，我国的人口迅速增加，地域不断扩大，政治文化是“罢黜百家，独尊儒术”，经学长盛不衰，贯穿了中国封建社会的始终，因而训诂学也兴盛了两千年。晚清以来，经学衰亡，训诂学迅速转变为纯粹的语言学科。最近一二十年，为了中华民族的复兴，它又承担起传播传统文化的任务。两千多年来，训诂学始终与语言变化和社会变化紧紧联系在一起，训诂学的分期，也是以此为依据的。先秦为萌芽时期，汉代为定型和兴盛时期，魏晋南北朝隋唐是独立发展和集古今大成时期，宋元明三代为衰落时期，清代为复兴鼎盛时期。

一、萌芽时期——先秦

上古时期，口语怎么讲，书面语就怎么记，没有文白之分，因而只有小学“六书”（文字）的教育而没有训诂。春秋战国时期，诸侯力政，战乱频繁，下层百姓都期盼一个安定局面的到来，上层贵族在思考自己如何取得统治地位，而处于社会中下层的知识分子，纷纷著书立说，发表代表了社会各个阶层要求的强国建国思想和为人处世之道，形成一个“百家争鸣”的光辉灿烂的文化局面。学者们对于自己提出的一些概念术语，怕别人不懂，就在文中自己作了注解。如：《庄子·天地》："物得以生谓之德"；《荀子·大略》："礼者，人之所履也"；《管子·心术上》："义者，谓各处其宜也"，等等。《老子》第二十五章对"道"是这样自注的："有物混成，先天地生。寂兮寥兮，独立而不改，周行而不殆，可以为天地母。吾不知其名，强字之曰道。"这里说了"道"的特征：其一，混然生成于天地之前，可视为天地之母；其二，无声无形，有自己的运动规律，不受外力影响。这就是中国本土哲学老庄流派的宇宙本体，后人据此认为老子哲学的世界观是客观唯心主义的。

有的学者赞同或反对某家学说，或者一个学派的后学追崇前代宗师，就另写文章阐释其宗旨经义，这类文章有的后来跟它的阐释对象合成一书了。我们现在看到的《韩非子》有《喻老上》、《喻老下》两篇，就是阐述《老子》的经义和发表自己的看法。《管子》中即有《牧民》等原书篇目，又有后加的《牧民解》等注释篇目。《汉书·艺文志》："丘明恐弟子各安其意以失其真，故论本事而作传，明夫子不以空言说经也。《春秋》所贬损大人当世君臣，有威权势力，其事实皆形于传。"意谓《左传》是《春秋》的注解，所以后人把《左传》和《公羊传》、《穀梁传》同列为"春秋三传"。

文中自注和另书另文作注有个共同之处，就是以正文的形式给正文作注，人们就称之为"正文式训诂"，这是言文一致和百家争鸣的特殊产物，算不上是真正的语言解释。或者可以说，训诂学在它的萌芽时期，其任务就已经不仅仅是语言解释了。透过语言解释的外壳，明显可见其演绎和推广百家之言，尤其是宣扬儒家思想的实质，它与现代语言学的本末刚刚相反。

二、兴盛和定型时期——两汉

(一) 尊孔读经和学术论争是汉代训诂的巨大动力

汉代是中国历史上强大的大一统封建王朝，前期因为要医治战争创伤，崇尚黄老之术，以无为治国。在经历了著名的约法三章、萧规曹随和文景之治以后，至汉武帝时，国力大盛，"武功"则对外出击匈奴，广通西域，一统南越；"文治"则对内检讨历史，"罢黜百家，独尊儒术"。但当时因为多年战乱，又经"焚书坑儒"，古籍散失严重，于是就进行了中国历史上第一次古籍大整理。整理出来的儒家经典，朝廷为之建立学宫，任命博士讲学，严命贵族子弟听讲学习，经考核合格方可为官。这样就把读书和当官联系在一起，在全国掀起了尊孔读经的高潮。因为去古已久，语言变异，人口大增，国土广阔，方言复杂，言文一致的格局已经打破，经书阅读已经困难，那么给古书进行注解势在必行，这就给训诂学的发生发展提供了良机。

最初搜集起来的古书，多是时人用"今文"即汉代隶书手写，所以叫做"今文经"，今文经进入官学的学宫，皇帝设立五经博士，其弟子很快就占据了强大的政治地位。今文经学派的代表人物是董仲舒，代表思想是他的"春秋公羊学"。今文经学迎合当时的政治需要，常常迎合皇帝旨意，多针砭时事，以经学辅吏治，而不惜故意曲解经书。在学术上注重诵讲章句，按一己一时之意，阐发"微言大义"，搞烦琐考证，漫无边际。"博士买驴，书券三纸，未有驴字"（《颜氏家训》）。《汉书·儒林传》载夏侯建说《尚书》，弟子为"尧典"二字注释就达十几万言。不但使读者和听众反感，连今文经学家们也觉得疲惫不堪。

今文经学建立不久，人们陆续发现大批的古书，如河间献王刘德收集民间旧书，得到《周官》、《礼》、《礼记》、《尚书》、《孟子》、《老子》等，鲁恭王刘馀拆除孔子旧宅，从壁中发现《尚书》、《礼记》、《论语》、《孝经》等，都是古文。不但文字与今文不同，内容也有出入。人们把这些经书叫作“古文经”。一批处于下层地位的知识分子开始研究古文经，遂建立了古文经学和古文经学派，他们认为，应在古文的事实上讲述经书，不应以今人之意曲解经文经义。古文经学实事求是，不趋时附势，后世称之为“朴学”，因盛行于汉，故又称“汉学”。

古文经学派自始至终与今文经学派互竞短长，争取学术地位和政治地位。这场从学术界开始，后来蔓延到官场的轰轰烈烈的学术论争和政治争斗一直延续了整个汉代。因为今文经学代表了统治集团的利益，受到皇帝偏爱，同时今文经学派又早早地占据了政府各个要害部门，所以古文经最终不能正式进入官学。但是古文经学名师辈出，学风朴实，解经准确可信，在学术界，在民间长盛不衰，逐渐得到广泛认可。随着古文经学的兴盛，今文经学逐渐失去学术基础，逐步从经学退出。我们现在看到的汉人整理流传至今的古籍，大多是古文经书。

古文经学家因长期在野，有些大师终身不仕，对经籍进行了深入的研究，一人兼通数经者不少。如郑玄、许慎等遍注五经，多有著述，融会贯通，互相发明，体系严密，方法同一，代表了古文经学的最高成就，对训诂学的实践和理论都作出了巨大贡献。

语言文字的变异，社会现实的需要，贯穿几百年的学术论争等诸般因素推动了汉代训诂学迅猛发展，直接走上了成熟定型阶段，训诂业绩辉煌。

（二）两汉训诂的业绩

具体表现在以下几个方面：

第一，随文释义的著作大批出现。《诗》、《书》、《礼》、《易》、《春秋》等“五经”有多家注释，“三礼”、“三传”已经注释齐全，《老子》也有注解。到了东汉，不少史书、子书如《国语》、《史记》、《汉书》、《吕氏春秋》、《楚辞》、《战国策》等都有了注释。

第二，出现了《尔雅》、《方言》、《释名》、《说文解字》等一批通释语义的训诂专著。这是在普遍解释具体词义的基础上，训诂学界将词义研究推进到新的概括总结阶段，意义巨大。

第三，涌现出一批如马融、郑玄、服虔、许慎、扬雄、孔安国等成就卓著的训诂大家。这批语言学的巨人和他们的著作，以及见于其间的语言学、训诂学思想，得到后人普遍认可，其影响一直延续到现在。

第四，理论研究大有成效。这一点尤其难得。理论的建设需要长期实践方可见功，而汉代训诂，却是二者同时飞速发展。理论建树主要表现在以下几个方面：

①出现了随文释义和通释语义两种主要训诂体式。

②训诂方法已成系统。这个成就是多方面的。声训有《释名》的尝试，形训有《说文解字》为后人示范，义训则有群书注释，训诂家已经注意将形音义三者相结合来探求词义。

③活语言研究和语言史观已有苗头。《方言》是一部方言词语分布和雅俗对译的专著，说明训诂家们已经注意到活语言研究的价值和方法。郑玄的《毛诗

笺》是一部重要的著作，它不但对毛氏释《诗》作了补充订正，为后来的义疏开了先河。在理论上还给后人以重要启示：语言在发展，时代在变化，训诂也应随时而变。

④校勘学和古文字学已有闪现。在训诂学主流发展的同时，它的一个小分支——校勘学已经悄悄兴起。古文经学为了确保经书的真实准确，同时也为了与论敌抗衡，自觉将各种本子进行比较校对。今文经和古文经的同时出现，是校勘学的直接催生剂。古文字学也曾一闪即逝。《说文解字》已经收集少量的六国古文和金文，其中还有“见于山川者”，即出土文物，可惜当时人们还没认识到这些文物的价值，没人继承这一工作，使这个学科的建立延期一千多年。

⑤绝大多数的训诂术语出现，分工明确。古人写文章和说话时，同一种现象经常会有一些相近的用语习惯，在注古书时也会如此。比如说，用一个同义词来解释另一个词，《毛诗》：“垝，毁也。”《说文解字》：“祥，福也”，“爰，引也”，不约而同地，其他训诂家也是这样说，然后约定俗成，“某，某也”就成了用同义词解释另一个词的术语。古书注解有多个环节，如校勘、注音、正字、解词、串句……每一个环节都有相应的术语。汉代训诂术语已经相当齐全和稳定，这是长期实践的结果，也是学科成熟的重要标志。

(三)
两个争论不休的问题

关于汉代训诂，有两个争论不休的理论问题，一个是汉代有没有训诂学，这在第一节已经说明。另一个值得商榷的问题是，不少现代著作说：汉代训诂最大的弊端是“训诂成了经学的附庸”。训诂的第一个高潮是由经学引起的，训诂学一开始就是为经学服务的，西汉时期，儒家以外的著作，只有《老子》一书有注，东汉已有部分史书、子书被注，但是数量不多。东汉社会甚至宫廷之中大肆流传与经书相对的“纬书”，加之道教兴起，使得此时的训诂，也多少带上这些谶纬迷信的消极成分，在郑玄、许慎等人的著作中，亦有不少这样的痕迹，以上都是事实。但是古往今来，中国的人文科学的发生发展，都和主流文化紧密结合，甚至连一些客观性很强的学科，如中医学、天文学等，都无一幸免地带上了各个时代消极的痕迹。训诂学依附于两千年的封建社会及其主流文化，可能算是它的错误，但却是历史的必然。我们既可以说训诂学是经学的工具，但反过来说亦未尝不可，训诂学正是敏锐地抓住了这一良机，利用了经学，开了一个好头，最大程度地发展了自己，奠定了两千年的学科基础。

三、独立发展和集成时期——魏晋南北朝隋唐

(一)
特殊的历史文化背景

这个时期的社会面貌前后不同。前半段的魏晋南北朝时期是中国文化史上又一个光辉灿烂的时期，但是它跟春秋战国文化的积极有为有根本的不同。因为国家分裂，外族入侵，朝廷无能为力，主流文化避位，消极的道教文化乘机蔓延，佛学东来，魏晋南北朝人学术上抛弃了积极进取的儒学和经世致用的经学，崇尚以道家思想为骨架而杂以儒、佛的极端放任自由的玄学；文学上抛弃直面社会人生的责任而沉迷于孤芳自赏的山水田园；官场抛弃了选举制度而建立了“九品中正制”，出现了士族集团；日常生活则以闲适、清谈、奢侈为雅。《颜氏家训》云：“梁朝全盛之时，贵游子弟，多无学术，至于谚云‘上车不落则著作，体中何如则秘书’。无不熏衣剃面，傅粉施朱，驾长檐车，跟高齿屐，坐棋子方褥，

凭斑丝隐囊，列器玩于左右，从容出入，望若神仙。明经求第，则顾人答策；三九公宴，则假手赋诗。”大半个魏晋南北朝时期简直如一潭污泥浊水。但偏偏是这种无所追求、无所约束，使得人的个性得以彻底解放，为所欲为，创造了一种包容百家的非主流的自由文化。

唐代是中国历史上继汉代以后又一个强盛时期，这个时期国家富强鼎盛，政治开明，文化开放。李唐皇帝尊李耳（老子）为始祖，道教一度成为国教；为了社会安定的需要，又鼓励官民人等信奉佛教，佛家寺庙遍布全国，处处传出诵经之声，唐僧取经成为一时壮举。在伦理文化上，李唐带来的是西北民族粗犷的民风，注意大事，不拘小节。例如李世民弑兄杀弟逼父让位，仍不失为明君；唐玄宗收了寿王妃杨玉环为妃，白居易还将它演绎成一段凄美无限而流传千古的爱情故事。

训诂学抓住了前期的语言、人口、文化变异的转折，也抓住了后期社会强盛、文化开放的契机，摆脱了经学的束缚，得到了自由发展。

（二）特点和成就

这个时期训诂的特点和成就是：

（1）训诂范围扩大，训诂学走向独立

在古书注释方面，虽然经籍仍占多数，五经和《孝经》、《论语》的注释多达数十家，但史、子、集的重要著作如《史记》、《汉书》、《后汉书》、《晋书》、《三国志》、《老子》、《庄子》、《列子》、《鬼谷子》、《世说新语》、《孙子兵法》、《孙武兵经》、《吴起兵法》、《黄帝八十一难经》、《皇帝素问》、《楚辞》、《大乘经》、《小乘律》、《文选》等数十部也都有了注解。其中《老子》注有30家，《庄子》注有15家，可与五经注释相比。

在训诂形式方面，出现了汇集众说的“集解”（按：晋代杜预的《春秋左传集解》是经传并解而非汇集众说）和经传并注的“义疏”，这都是文化开放的产物。前者如晋代范宁的《穀梁传集解》、何晏的《论语集解》、宋代裴骃的《史记集解》等。后者涉及甚广，几乎遍及儒道两家所有经典。最著名的是唐代孔颖达等人的《五经正义》。“义疏”实是对汉代郑玄“笺”体的继承，是对经文的重新注解和对前人注释的重新审视。

这个时期的训诂专著也表现出很大的创新。文字研究上出现了一些新字、俗字、杂字字典，方言研究、少数民族语言研究、佛经汉译研究等都有了专著面世。

所以，我们说，这个时期的训诂学，不只是依赖经学，为经学服务，更承担起对各种古籍和各种语言现象进行研究的任务，走上了独立发展的道路。

（2）出现了集古今训诂之大成的巨著

这个时期没有什么新的思想建树，学术的高度和深度也没有明显超过汉人的地方，但是却出现了不少大书，汇集了前人和时人的训诂成果。如对史书、兵书的“集解”，两部《一切经音义》、唐代陆德明的汇集前代词语训诂资料的《经典释文》、孔颖达等人的《五经正义》等，篇幅浩瀚、容量巨大，非汉人之可比。《五经正义》是奉太宗君命而作，这种“官注”的书前代未曾有，这就可能产生两种效果：一是代表了当时的质量和权威；二是反映了最高统治者的意志。

四、衰落时期——宋元明

(一)
理学对训诂学的影响

儒学经过魏晋南北朝的冷落，又受到玄学的搅乱，暂时失去了全面统治地位；随着隋代短暂统一和科举制度的建立，再经过强大唐代的整理，逐渐恢复了原来的权威。宋代统治者总结了唐代灭亡的教训，一开始就“杯酒释兵权”，将大权收归中央集团。以程颢、程颐、朱熹为代表的御用文人也依此标准进行有宋一代的文化建设，把封建伦理道德和等级制度解释成“天理”，将与之背离者解释为“人欲”，主张“存天理，灭人欲”，实为鼓吹对封建君权的绝对服从，将儒学改造为规范和禁锢社会思想、社会行为和社会文化的“理学”。理学家们在训诂上大谈性理，不及经义，脱离经文词句原意而发挥己意，把古代经书作为他们宣传理学观点的工具，给训诂学造成了极大内伤，严重妨碍了训诂学的自由独立发展。

(二)
经义阐发和词语训诂的背离

出于维护封建君权的目的，训诂学为理学所左右，在经义阐发上凭空说解，曲解经书原意。如陆九渊说：“学苟知本，六经皆我注脚。”这就是著名的本末倒置的“六经注我”观点。但是，理学家们的语词训诂还是有较高造诣的，他们也知道为一时的政治服务只是理学的任务，而训诂学与理学毕竟不同，一些有志于学术的学者，在训诂上仍然取得了不小的成就。朱熹既是理学家的代表人物，同时也是宋代训诂的领袖人物。他遍注诸经，出言有据，重视名物训诂，多有创见。他的《四书集注》成为以后数百年不同朝代共用的科举教科书。所以，我们读宋代理学家的训诂，应当摄取其词语训诂、名物考证的精华，抛弃其理学教条的空言阐发。

(三)
“疑古学风”的两面性

宋人以理学为标准，喜欢怀疑古人而申发己意，凡与古人不合者，皆以古为非，以己为是，逐渐形成一种“疑古学风”。这股学风有危险性，也有利于创新。就拿朱熹来说，也轻于疑经，多有错误，但是他说《国风》多男女情诗的观点，眼光独到而且勇气可嘉。

王安石的《字说》，全书全不顾六书本意，妄讲形义关系。该书已逸，我们从王安石的学生陆佃《埤雅》所录《字说》两条，足见其荒谬不经。如：“豺亦兽也，乃能获兽，能胜其类，又知以时祭，可谓‘才’矣。獭非能胜其类也，然亦知根本反始，非无赖者。”又：“蝮，能之则复；其害人也，人亦复焉。”有“才”的野兽叫做“豺”，把不是无赖的动物起名“獭”是一种误解，毒蛇害人遭人报复所以把它叫做“蝮”蛇，果真如此吗？

和《字说》相反，“右文说”却令人耳目一新。沈括的《梦溪笔谈》载：“王圣美治字学，演其义为右文。古之字皆从左文。凡字，其类在左，其义在右。如木类，其左皆从木。所谓右文者，如‘戋’，小也，水之小者曰浅，金之小者曰钱，歹之小者曰残，贝之小者曰贱，如此之类，皆以‘戋’为义也。”这是继许慎《说文》“亦声”字之例及以《释名》为代表的“声训”以后，从文字声符的角度以音索义的实例，对后人有较大影响。

（四）“说文学”、“雅学”和“古音学”兴起

隋唐以科举取士，“说文”之学少人问津，《说文解字》经唐李阳冰擅改，遂失去其真实面目，直至南唐与宋之交的徐铉、徐锴兄弟，为之作了大量考证工作，各自进行修订，才得以保留其基本原貌而流传至今。徐锴的《说文系传》先成，人称“小徐本”；徐铉的校订本《说文解字》后出，人称“大徐本”。二书各有成就：小徐本旨在发明许慎原旨，多有申发；大徐本旨在校勘文字，复原原书。二书之出，再兴许学研究之风，新学科“说文学”由此而起。

魏晋隋唐时期，士子重辞赋诗词，轻儒道经典，《尔雅》不被重视，仅晋代郭璞《尔雅注》较为知名。宋代以后，科举重经术，就又有不少学者致力《尔雅》研究，出现一批“雅”书。如《埤雅》、《骈雅》、《通雅》、《尔雅翼》、《尔雅新义》、《尔雅注》等，如果撇开其中理学说教和故造新奇的东西，在收集新词和训释词义方面仍有不少可取之处。由于著作和学者众多，势不可挡，以词语训诂为主要内容的“雅学”也成为一门专门学问。

上古韵文，唐宋人读起来不押韵，这是语音演变的结果。但是宋人——包括朱熹都说上古本来就不押韵，只是古人临时读成押韵罢了。用朱熹的话，叫“古人叶韵”（例见下文“术语”节），这就是错误的“叶音说”（按：“叶”，又写作“协”，音协）。这种错误充斥了以《四书集注》为代表的宋元明三代训诂著作之中，贻患无穷。打破这个局面的是明末的陈第（1541—1617），他在他的《毛诗古音考》书序中说：“时有古今，地有南北，字有更革，音有转移。”他考证多种古籍和古音资料，除著有《毛诗古音考》外，还有《读诗拙言》、《屈宋古音义》等，认为《诗经》、《楚辞》反映的是古音，不能以唐宋今音为标准，以改读来求韵脚的谐和。陈第树起了语言史观的旗帜，彻底扫清了“叶音说”的谬误，建立了传统音韵学的分支学科“古音学”。古音学是清人训诂的犀利武器。

除此以外，宋代金石学已有雏形，如欧阳修的《集古录》、赵明诚的《金石录》等，为训诂学提供了新的材料。

汉语语法研究起步晚，发展慢，上古人们只有“词”（又写作“辞”，指虚词）的术语，唐人开始把实词叫做“义类”，宋人将二者改为“虚词”和“实词”，这个分类和名称沿用至今。

元明两代训诂，除了少量的辽、金、蒙古语解释和俗字、方言资料稍有新意外，其他乏善可陈。

五、复兴和鼎盛时期——清代

（一）清代训诂复兴和鼎盛的复杂原因

清代训诂复兴和鼎盛的原因是很复杂的。其一，清朝统治者采取怀柔政策，使知识分子以读书求功名，将有识之士诱入故纸堆。其二，民族力量排满失利，转而寄希望于存中华民族传统精神以救国，清初的顾炎武等人所走道路即是如此。其三，从汉至明，训诂学有兴有衰，有足够的历史经验可供清人借鉴。其四，清中叶以后，西学东渐，使清人眼界大开，理论和方法都受启发。其五，音韵学的成果显著，古音学持续发展，成为训诂学的犀利武器。

（二）清代训诂的巨大成就

其一，古籍的注释，数量、质量皆为空前。《皇清经解》、《皇清经解续编》所收共有157家，389种，2 727卷。二书荟萃了清人注经的成果。史、子、集三部的重要著作数十部，清人都作了质量上乘的注解。其二，对前人训诂专著作广泛、深入的研究，涌现出二百多名《说文》研究者，其中以段、王、桂、朱四大家尤为著名。对《尔雅》、《方言》、《释名》、《广雅》等书的研究也大有成效。其三，总结历代字词训诂的大型工具书《康熙字典》、《经籍纂诂》等面世。打开任何一部清代编撰的地方志，书中都有一章“艺文志”，“艺文志”中必有“邑人”（本县人）的古书注解存目，可知清代文人读经著书之风极盛。

（三）清代学者对训诂学理论和方法的贡献

其一，以音韵学、古音学的研究成果为新武器，探讨语词的音义关系，提出了“因声求义”的原则和方法，冲破字形束缚，把语词训诂提到语言学的高度。其二，对前人训诂理论和方法进行了总结，批判了宋明理学的错误，彻底杜绝了它对训诂学的影响。其三，指出形音义之间的辩证关系，主张三者相互探求，强调语音的发展变化，推翻了“叶音说”，确立了历史发展观点。其四，笔记体训诂大量出现，开近、现代科学论文的先河。

（四）顾炎武、乾嘉学派、说文学、高邮二王、虚词研究、文例学

顾炎武（1613—1682），字宁人，号亭林，原名绛，后改炎武，江苏昆山人，坚守民族节操，终生为反清复国奔走亡命。治学特色是将考据和经史结合来进行训诂，言必有据，博览群书，著述甚丰，引导清人训诂反归“朴学”。顾炎武是清代学术的奠基人。他精通音韵，所著《音学五书》，叙述音学源流，又“考文自知音始”，第一次用文字谐音系统考证古音，第一次拟出古韵十部系统，上继陈第，奠定了古音学的基础，下启有清一代“以声音通训诂”的训诂新潮流。

经过康乾盛世之后，大多数知识分子致力“官学”，将经史子集重新审视一遍，传统文化无所不包，学术之风甚盛，逐渐形成以考证为特色的学术流派，以乾隆、嘉庆年间吴、皖两地学者组成的学派最为活跃，人称“乾嘉学派”。“乾嘉学派”继承了顾炎武的治学方法，重考证，通音韵，经史结合，兼通百科。主张以声音通训诂，形音义互相探求，解决了不少千古难题，改正了许多千古谬误。遍释群书，从方法到理论，都广有发明，将训诂学推上一个前所未有的高度。

“乾嘉学派”又分吴皖两派，吴派形成较早，以惠栋（1697—1758）为首，惠栋治学特点是所学兼通而以博见长，精研汉学而无门户之见。他从古文字和古音入手研究训诂，著作以《周易述》等多种“易”书为精品，还有经史注释多种。吴派著名学者有钱大昕（1728—1804，代表作有《二十二史考异》）、王鸣盛（1732—1797，代表作有《十七史商榷》）等。后起的皖派成就比吴派大，以戴震（1724—1777）为首，戴氏治学注重规律和方法探讨，主张多学科的融会贯通。著述遍及经、史、天、地、礼、哲诸门，而以经学为中心。各科均有名著，《四库全书》各部他都参与编撰，“天算类”提要全出其手。小学之作有《转语》、《方言疏证》、《尔雅文字考》、《毛郑诗考证》等。皖派著名学者则有段玉裁、王念孙等。

清代说文四大家：段玉裁（1735—1815，《说文解字注》）、桂馥（1736—1806，《说文解字义证》、王筠（1784—1854，《说文句读》）、朱骏声（1788—1858，《说文通训定声》），以段玉裁成就最大。《说文解字注》并不只是解释字形字义，还融进了清人普遍注意的学术观点和学术风格，既有考据、辨误、复原功能，又能发明许书条例方法，说明文字的假借、引申，研究汉字古音古义关系等。在说解中还独创了分析同义词的一组训诂术语“统言”和“析言”。可以说《说文解字注》代表了我国古代《说文》研究的最高成就。

王念孙（字怀祖，1744—1832）及其子王引之（字伯申，1766—1834），江苏高邮人。家学相承，人称“高邮二王”。著作以“高邮王氏四种”最为精到，也最为知名。“四种”包括王念孙的《广雅疏证》和《读书杂志》、王引之的《经义述闻》和《经传释词》。王念孙另有古音学名作《古韵辨》，分古韵为二十一部，比顾炎武的古韵十部精细，自成体系，影响很大。

“高邮二王”是清代训诂的领袖人物，这不只是因为他们经史研究的深度和广度，更是因为“王氏四种”为清人和后人提供了新的训诂理论和方法。《广雅疏证》自序说：“窃以训诂之旨，本于声音。故有声同字异，声近义同，虽或类聚群分，实亦同条共贯……今即就古音以求古义，引伸触类，不限形体。”“训诂之旨，本于声音”是二王坚定不移的信念，“因声求义”就是他们超越前人和领起后人的最得力的训诂方法。段玉裁为该书作序，云：“小学有形、有音、有义。三者互相求，举一可得其二。有古形，有今形，有古音，有今音，有古义，有今义。六者互相求，举一可得其五……怀祖氏能以三者互求，以六者互求，尤能以古音得经义，盖天下一人而已矣。”

《经义述闻》和《读书杂志》二书，是考证古书字词句的单篇文集，集中了二王对多部经典的校勘和词语训诂的精华。其形式短小精悍极其精彩，往往一语中的，发聋振聩。《经传释词》是一部虚词辞典，与前人同类著作不同的是全书都贯穿了考据特色。

两千多年来，见于古书的较为特殊的汉语语法修辞现象的说明，全部是训诂学的分内事，直到元代，才有卢以纬的系统研究虚词的《助语辞》，但到康熙后期，有袁仁林的《虚字说》、刘淇的《助字辨略》，嘉庆初有王引之的《经传释词》，同治间有吴昌莹阐释补充王书的《经词衍释》，虚词研究蔚为大观。

文例之学，创自俞樾（字荫甫，号曲园，1821—1907，浙江德清人），主要著作有《群经平议》、《诸子平议》、《古书疑义举例》等，《群经平议》仿《经义述闻》体例，《诸子平议》仿《读书杂志》。他的学生章太炎的《俞先生传》比较“二王”与俞樾，说：“治《群经》不如《述闻》，谛《诸子》乃与《杂志》抗衡，及为《古书疑义举例》……尽天下之方，视《经传释词》，益恢廓矣。”

《古书疑义举例》七卷，采九经诸子特殊的用字、遣词、造句、修辞文例易为读者不解者88条，每条又有实例若干，逐一分析说明。此书一出，响应仿效者蜂起，如刘师培撰《古书疑义举例补》、马叙伦撰《古书疑义举例校录》、杨树达撰《古书疑义举例续补》、姚维锐撰《古书疑义举例补附》等，加之此前“二王”的《读书杂志》和《经传释词》、俞樾的《群经平议》和《诸子平议》、吴昌莹的《经词衍释》等也有不少特殊文例分析的著作，于是形成晚清至近代的一个热热闹闹的特殊学科：文例学。

清代的虚词和文例研究不但对阅读注释古书有指点迷津的作用，还给后来的语法修辞研究提供了先导理论和直接资料，加快了近代的语法修辞学科建设的速度。

（五）传统小学的殿军和新的语言学说的开拓者——章黄学派

鸦片战争以后，西方列强以坚船利炮，敲开了中国大门，封建制度迅速崩溃，儒学和经学地位不再，儒学治国和读书当官已成虚梦。一时间，经学和训诂学四顾彷徨，不知所措。这时，西方新科学，尤其是现代语言学传入中国，学者们得以从一个科学的高度鸟瞰传统语言文字学，因而扬弃旧的语言学，建立新的语言学科势在必行，训诂学面临何去何从的艰难选择。章黄学派，即代表了训诂学和传统语言文字学的终结和新的转型倾向。

章太炎，（1868—1936），名炳麟，字枚叔，初名学乘，自小立志反清复汉，因仰慕顾炎武的为人，又改名为绛（顾炎武曾名绛），号太炎。既是辛亥革命志士，又是一代小学学术泰斗，学问贯通经、史、哲、文、医、佛，尤专精于文字训诂。早年读书为学，中年追随孙中山致力民主革命，1930 年前后，退出政坛，复治学术。他的一生，既要反帝反封建，又要反崇洋媚外和民族虚无主义，特殊的时代和特殊的人生，形成他古今中外兼收并蓄的学术体系，古为今用、洋为中用的学术思想，他的著作处处留下民族思想的痕迹。著名的训诂著作有《文始》、《国故论衡》、《新方言》、《小学问答》等。在《新方言·序》中，他说："以见古今语言，虽第相嬗代，未有不归其宗。"又说："世人学欧罗巴语，多寻其语根……今于国语顾不欲推见本始，此尚不足齿于冠带之伦，何有于问学乎?"足见一个学者革命家的心结。章氏继承了戴震、俞樾的风格，对语言在文字之先的关系有彻底的认识，重视语音对训诂的作用，追溯语言文字根源。他的《文始》是一部探讨文字语音根源和历史演变的著作，其中包含的语言史观超越了前人。

黄侃（1886—1935），字季刚，号量守居士，湖北蕲春人。黄侃是章太炎学术的继承人，经历与章太炎相似：早年也曾参加同盟会，同时师事章太炎，攻文字训诂之学；辛亥革命后，也退出政治，专攻学术，先后在北京大学等大学任教。是一个典型的教书先生兼学者形象。

黄侃的古音造诣甚深，分古韵为 28 部，古声纽为 19 类。他志在 50 岁前不著书，而上天不佑，竟而在 49 岁时病逝，故无大著传世。后人将其论著手稿陆续整理出版，主要的有《黄侃论学杂著》、《说文笺识四种》、《黄季刚先生遗书》、《字正初编》、《黄侃文字声韵训诂笔记》等。

关于"章黄学派"，许嘉璐先生主编的《传统语言学辞典》评价说："他们在基本的治学方法和学风方面继承了清代朴学的精神，全面总结、吸收了清人音韵、训诂、文字等方面的研究成果，同时又接受了现代科学思想的影响，从而成为延续近两千年的传统小学的殿军和完全扎根于汉语实际中的新的语言学说的开拓者。"

第三节 训诂体式论

训诂体式，是指古人训释古书的行文格式，又叫训诂体裁。有两种分法，一是分为正文体、传注体、专著体三种，二是再加一个笔记体，一共四种。本书采用四种分法。

一、正文式训诂

古人写文章时，怕一些术语名词或含义特别的词语读者会误解或不解，自己做了注解，叫做“文中自注”；有的是另写一篇文章，从不同角度阐明另一篇文章的意思，可叫做“另文作注”。因为都是古书正文，所以叫“正文式训诂”（参看本讲第二节）。这种体式起于春秋时期，一直被后人沿用。

（一）解释专用名词术语

如：

五行：一曰水，二曰火，三曰木，四曰金，五月土。（《尚书·洪范》）

凡师有钟鼓曰伐，无曰侵，轻曰袭。（《左传·庄公二十九年》）

大祫者何？合祭也。（《公羊传·文公二年》）

是是非非谓之智，非是是非谓之愚（《荀子·修身》）

夫气无渐而卒至曰变，物无类而妄生曰异，不常有而忽见曰妖，诡于众而突出曰怪。（《论衡·自纪》）

万人为一军。（《国语·齐语》）

五日为行雨，旬为谷雨，旬五日为时雨。（《尸子》）

老而无妻曰鳏，老而无夫曰寡，老而无子曰独，幼而无父曰孤。（《孟子·梁惠王下》）

他那边（直隶徽州府）土俗，但是有资财的，就呼为朝奉。盖宋时有朝奉大夫，就像称呼富人为员外一般，总是尊他。（《二刻拍案惊奇卷二十八》）

（二）解释句、篇大意

这种情况较少，有文中自注，也有另段、另文作注。一般不以词义为主，有的是说话人或作者自己的见解。

《诗经·周颂·昊天有成命》：“昊天有成命，二后受之。成王不敢康，夙夜基命宥密。于缉熙！单厥心，肆其靖之。”《国语·周语下》叔向引其诗并说：“是道成王之德也。成王能明文昭，能定武烈者也。夫道成命者，而称昊天，翼其上也。二后受之，让于德也。成王不敢康，敬百姓也。夙夜，恭也。基，始也。命，信也。宥，宽也。密，宁也。缉，明也。熙，广也。亶，厚也。肆，固也。靖，和也。其始也，翼上德让，而敬百姓；其中也，恭俭信宽，帅归于宁；其终也，广厚其心，以固和之。始于德让，中于信宽，终于固和，故曰成。单子俭敬让咨，以应成德。单若不兴，子孙必蕃，后世不忘。”

《内经·素问·宝命全形论》：“刺虚者须其实，刺实者须其虚；经气已至，慎守勿失。深浅在志，远近若一，如临深渊，手如握虎，神无营于众物。”《素问·针解篇》作注：“刺实须其虚者，留针，阴气隆至，乃去针也；刺虚须其实者，阳气隆至，针下热，乃去针也。经气已至，慎守勿失者，勿变更也。深浅在志者，知病之内外也。近远如一者，深浅其候等也。如临深渊者，不敢堕也。手如握虎者，欲其壮也。神无营于众物者，静志观病人，无左右视也。”

《老子·四十六章》：“天下有道，却走马以粪；天下无道，戎马生于郊。”《韩非子·喻老》：“天下有道，无急患，则曰静。遽传不用，故曰：‘却走马以粪。’天下无道，攻击不休，相守数年不已，甲胄生虮虱，燕雀处帷幄，而兵不归。故曰：‘戎马生于郊。’”

《管子》有《版法》篇，又有《版法解》。《版法》有云：“凡将立事，正彼天植，风雨无违。远近高下，各得其嗣。”《版法解》注：“凡法事者，操持不可以不正，操持不正，则听治不公。听治不公，则治不尽理，事不尽应。治不尽理，则疏远微贱者无所告诉；事不尽应，则功利不尽举。功利不尽举，则国贫。疏远微贱者无所告，则下饶。故曰：‘凡将立事，正彼天植。’天植者，心也；天植正，则不私近亲，不孽疏远。不私近亲，不孽疏远，则无遗利，无隐治。无遗利，无隐治，则事无不举，物无遗者，欲见天心，明以风雨。故曰：‘风雨无违，远近高下，各得其嗣。’”

这些训诂材料，大多保留了古人对古书文句的理解，十分宝贵。

二、传注式训诂

(一) 传注的名称——含义和分类

汉代博士讲经，必须要有一本讲义，这个讲义的主要内容，就是对古书字、词、句、篇的解释，就像把水注入而稀释物品一样，所以叫做“注”，又叫做“释”。注释以后即可传递开去，所以又叫做“传”，破读为去声，传和注性质相同，古人合称为“传注”，即为注解的别称。这种古书注释形式叫做“传注体”，或叫“传注式”。

为什么又有“注疏”的叫法呢？我们以《诗经》注解为例，比较早的注本叫《毛诗诂训传》，简称《毛诗》，是毛亨对《诗经》进行的第一次注解。《毛诗》问世不久，人们觉得《毛诗》的注解过于简单，不足于教学之用。郑玄就在《毛诗》简帛旁边写上自己的补充意见，把这些文字整理出来，就叫《毛诗笺》。到了唐代，语言变异，很多汉人看得懂的地方唐人又看不懂了，孔颖达奉了皇帝旨意，对毛传、郑笺进行全面梳理，这种梳理叫做“义疏”，简称为“疏”，又叫“正义”。所以又把注和疏合称为“注疏”。笼统地说，“传注”和“注疏”都是注释的别名，分开来说意义不同：注是对经的注解，疏的主要任务是对注进行补充订正。“疏”要遵守一个原则，叫“疏不破注”，即必须承认注的主要观点。换句话说，作疏者要承认被疏者是最好的本子。注疏先要校勘，要定善本，就由此而起。

本来，古书原书和注解的书是分别抄写或印刷的，但早在西汉时期，为了使用方便，人们把原书和注解文字合并在一起了，章太炎把这种情况叫做“驸经”（驸者，附也）。“经”字有两种意义，一种意义是学派的经典，如儒家有《诗经》、《易经》等，又有合称的“五经”、“六经”、“九经”、“十三经”，道家有《道德经》（即《老子》）、《南华经》（即《庄子》）等。另一种意义是训诂学把古书原书叫做“经”，相应地就把注释书和所有的注解文字叫做“传”，把原书和注疏合称为“经传”。

古书注解有多种名称，大致可作如下分类：

传、注、解、言、训、诂、释、诠、述等，大体上都是对经文进行词句解释。

订、证、考、校、辩、隐、疑等，则强调考据的成分。

笺、疏、义疏、正义等则除解释经文外，还对前人的传文进行补充订正。

章句等则增加了对经文篇章大意的阐述。

音、音义等释词兼考注读音。

集解、集注等则经传并解或汇集众家对一书的注解。

虽然名称繁多，有的形式对某些问题有所侧重，但都把词语注释放在重要地位。

（二）传注的阅读——形式和内容

传注的阅读，实际就是读它的形式和内容，即"怎么注"和"注什么"。

为便于说明问题，我们选了四篇古注文章作为附录，供教学和阅读之用。这几篇文章是：《毛诗正义》的《氓》，《春秋左传正义》的《郑伯克段于鄢》和《烛之武退秦师》，《孟子章句集注》的《寡人之于国也》。除《郑伯克段于鄢》外的三篇，均收入人教版现行中学语文教材中。古注双行竖排，不分段，现改为单行横排，按经文内容分段。以黑体字代表原版单行大字，非黑体字代表原版双行小字。原文仅有断句，现加上标点符号。有删节的地方用……号表明。

（1）传注的形式

主要看两点：行文体例和注释术语。

①行文体例

阅读古注一定要认真阅读前言、序、出版说明等，其中必有体例说明。每书的体例又不同，如《毛诗正义》，有诗经、毛传、郑笺、孔疏、陆德明音义五种文字，毛传中又分诗序和传文，你先要弄清楚各自的标志。现将清代阮元编撰、中华书局影印的《十三经注疏·毛诗正义》的体例简单介绍如下：

第一，每诗都有一个"序"，排在篇名之后，经文之前。（如：《氓》，刺时也……），最后都有分章说明（如：《氓》六章，章十句。）。

第二，大字（序文和经文）后面的注文顺序是：传、音义、笺、疏，但并不是每句经文都有四个人的注释。第一项解释如果是注音，或注音兼释义的文字，即是唐代陆德明的《经典释文》的"音义"；如果只是释义，即是"毛传"的传文；郑玄做的"笺"，由"笺云"二字引起；孔颖达的"正义"文字，用加方括号的大"疏"字引起，"疏"的每一个具体解释都用"正义曰"开头。

第三，每个注释内容中间，用一个圈圈隔开，相当于现代行文的分段。

第四，每一段注解，先说明起点和终点。如［疏］"氓之"至"为期"，即是告诉读者，下面要注的是经文的"氓之蚩蚩"到"秋以为期"。而这个内容结束后，加个圈圈，又说明下一个问题的起点和终点："传""氓，民"至"布，币"，这回注的是"毛传"的内容了。完后，又注"笺"的"季春"至"卖丝"……

第五，除了大段注明始终外，对某个具体文句的注释，即用引文术语"者"引来，再作注释。如"言'男女无别'者，若……"即是解释"序"中"男女无别"这句话。

第六，如果引用别人的话，一定用"某某曰"、"某书云"等注明。

搞清楚以上这些，大概就可以看《十三经注疏了》，其他古注书的体例比《毛诗正义》简单一点。

②注释术语

训诂术语很多，读通术语是读通古注的关键。比如说：

《楚辞·涉江》："阴阳易位，时不当兮。"朱熹注："阴谓小人，阳谓君子。”

《诗经·周南·关雎》：“关关雎鸠，在河之洲。”毛传：“水中可居者曰洲。”

《荀子·劝学》：“木直中绳，輮以为轮，其曲中规，虽有槁暴，不复挺者，輮使之然也。”杨倞注：“輮，屈；槁，枯；暴，干；挺，直也。”

要读通上面的句子，就要弄懂三个小知识：

一要看语序，弄懂谁注释谁。朱熹以“小人”、“君子”来解释“阴”、“阳”。被释词在前，注释词在后。而“曰”字则相反，被释词在后，注释词在前。

二要看词义，弄懂句子大意。“谓”可以翻译成“指的是”、“说的是”等。“曰”的意思是“就是”、“叫作”。

三要看用法，弄懂用什么术语注释什么问题。如：“某，某也”，被注词和注释词是同义词；而“谓”解释的是抽象词语的特指意义。

一条注释就有一个术语，弄懂以上三点——特别是前两点，就看懂了术语，看懂术语就看懂了注释，可以依此类推，举一反三。

下文分类介绍常用术语——注意：古人使用术语会有不统一的地方，这里介绍的只是最常见的分类和用法。

第一类：校勘术语，用来说明文字正误、异同、增减。

当为、当作：说明文字错误，说明某字应该改为某某字。如：

《礼记·学记》：“兑命曰：‘念终始，典于学。’。”郑玄注：“兑，当为说，字之误也。”

或作、或为、一作、或作、某本作、又作：说明有的本子此字写作某字。如：

《郑伯克段于鄢》：“多行不义，必自毙。”杜注：“毙，本又作斃。”

《氓》：“匪我愆期，子无良媒。”杜注：“愆，字又作㥶。”

《易·乾卦》：“处终而能全其终。”陆德明《经典释文》：“能全，一本作能令。”

脱（夺）：说明应有而无。如：

《荀子王制》：“王者之政也。”王念孙《读书杂志》：“‘王者’上当有‘是’字……今本脱‘是’字。”

衍：说明应无而有。如：

《管子·白心》：“是以圣人之治也，静身以待之，物至而名自治之。”王念孙《读书杂志》：“‘名自’二字因下文‘正名自治’而衍。”

第二类：引言术语，用来引出引文引言。

一曰、或曰、某人曰、某云、某书曰等。如：

《郑伯克段于鄢》：“都城过百雉。”孔疏：“《公羊传》曰：‘雉者何？五板而堵，五堵而雉。’又《考工记》曰：‘王宫门阿之制五雉，宫隅之制七雉，城隅之制九雉。……门阿之制，以为都城之制；宫隅之制，以为诸侯之城制。’”

"集注"类古注中经常用的术语是"某曰"。如《论语·学而》:"子曰:'学而时习之,不亦说乎?有朋自远方来,不亦乐乎?'"何晏《集解》:"马曰:'子者,男子之通称,谓孔子也。'王曰:'时者,学者以时诵习之。诵习以时,学无废业,所以为说怿。'包曰:'同门曰朋。'"马指马融,王指王肃,包指包咸。他们都是东汉三国时期的训诂学家。

引言一般用"一曰",为了证明与注书无关,有时也会引出跟自己不同的说法供读者参考。如《说文解字·足部》:"蹁,足不正也。从足扁声。一曰拖后足马,读若苹。或曰徧。"又《水部》:"沔,水。出武都沮县东狼谷,东南入江。或曰入夏水。从水丏声。"

第三类:注音术语,用来注音或说明语音现象。

音:用一个同音字来注音。如:

《氓》序:"华落色衰,复相弃背 。或乃困而自悔,丧其妃耦,故序其事以风焉。美反正,刺淫泆也。"音义:"背音佩。妃音配。泆音逸。"

《寡人之于国也》:"不违农时,谷不可胜食也……"注:"胜,音升。数,音促。罟,音古。洿,音乌。"

读如、读若:主要是用音同或音近字注音。如:

《吕氏春秋·制乐篇》:"饬其辞令。"高诱注:"饬读如敕。"

《说文·辵部》:"逝,往也,读若誓。"

但是,有时又说明通假字,表示应该改读。如:

《庄子·内篇·逍遥游》:"吾是以狂而不信也。"王先谦注:"狂音读如诳,言以为狂。"

《说文·王部》:"自,读若鼻。"

读为、读曰:用本字给通假字注音,说明应该改读。如:

《氓》:"隰则有泮"。郑笺:"泮读为畔。畔,涯也。"

《汉书·高帝纪》:"公巨能入乎?"颜师古注:"巨,读曰讵。讵,犹岂也。"

叶:这是宋人误解古音(参看《史论》节)所用术语。如《诗经·北风·燕燕》:"燕燕于飞,下上其音。之子于归,远送于南。"朱熹《诗集传》注"音、南"二字"协尼心反"。不可信。

如字:古人读字有"破读"之法(四声别义),这个术语提示此处应按常见读音读,不必读破。如:

《郑伯克段于鄢》:"都城过百雉,国之害也。"毛传:"一雉之墙,长三丈,高一丈。"音义:"长,直亮反,又如字。高,古报反,又如字。"

《烛之武退秦师》:"若舍郑以为东道主。"音义:"舍音捨,又如字。"

反(翻、切):这是汉代以来古书常用的注解术语,上字取声(含清浊),下字取韵(含声调)。如:

《氓》序"华落色衰……",音义:"华,户花反。复,扶又反。丧,息浪反。风,福凤反。"

《烛之武退秦师》："焉用亡郑以倍邻？"注："焉，於虔反。倍，蒲回反。"

第四类：释义术语，用来解释词句意义。

某，某也；某，某：用判断句形式，以同义词、近义词或短句解释一个词，被释词在前。如：

《氓》："氓之蚩蚩，抱布贸丝。"毛传："氓，民也。蚩蚩，敦厚之貌。"

《郑伯克段于鄢》："《诗》曰：'孝子不匮，永锡尔类。'其是之谓乎！"杜注："不匮，纯孝也。"

《说文·水部》："沐，濯发也。"

曰、为：意为"叫做"，被释词在后，一般给一个名词下定义、立界说。如：

《郑伯克段于鄢》："缮甲兵，具卒乘。"杜注："步曰卒，车曰乘。"

《诗·伐檀》："胡瞻尔庭有县特兮？"又，"胡取禾三百囷兮？"《毛传》："兽三岁曰特。""圆者为囷。"

谓：意为"说的是……"、"指的是……"，被注词在前，用形象词语来解释抽象词语。如：

《寡人之于国也》："不违农时，谷不可胜食也。"朱熹注："农时，谓春耕夏耘秋收之时。"

《烛之武退秦师》："且君尝为晋君赐矣。"杜注："君，谓惠公也。"

《荀子·天论》："强本而节用。"杨倞注："本，谓农桑。"

谓之、之谓：意思、词序、用法都相近，意为"叫他作……"、"叫作……"，被注词在后，二者都用来解词，往往解释并比较一组意义相关的词，不同的是"之谓"解释的是一些专用名词。

先看"谓之"，如：

《孟子·滕文公上》："教人以善谓之忠。"

《说文·冂部》："冂，邑外谓之郊，郊外谓之野，野外谓之林，林外谓之冂。"

《尔雅·释草》："木谓之华，草谓之荣，不荣而实者谓之秀，荣而不实者谓之英。"

再看"之谓"，如：

《孟子·滕文公下》："富贵不能淫，贫贱不能移，威武不能屈，此之谓大丈夫。"

《管子·四时》："能使之谓明，听信之谓圣。"

言：意为"说……"、"说的是……"，被注词句在前，一般用串讲形式来训释词语和句子。如：

《氓》序："华落色衰。"孔疏："言颜色之衰，如华之落也。"

《氓》："不见复关，泣涕涟涟。"毛传："言其有一心乎君子，故能自悔。"

又："尔卜尔筮，体无咎言。"毛传："兆卦之繇，无凶咎之辞，言其皆吉，又诱定之。"

之言、之为言：二者相近，意为"说的是……"，被注词在前，一般用来说明语源。如：

《仪礼·燕礼》："主人酌膳。"郑注："膳之言善。"

《诗·小雅·四曰》："曷言能谷。"郑笺："曷之言何也。"

《说文·卤部》："粟之为言续也。"

《礼记·名堂位》："天子皋门。"郑注："皋之为言高也。"

犹：意思是"相当于……"，被注词在前，说明两个词在特殊语言环境中意义相通，但不一定是同义词。如：

《郑伯克段于鄢》："君子曰：'颍考叔，纯孝也……'"杜预注："纯犹笃也。"

《孟子·梁惠王上》："梁惠王曰：'不可，直不百步耳，是亦走也。'"朱熹注："直，犹但也。"

又："黎民不饥不寒。"朱熹注："黎民，黑发之人，犹秦言黔首也。"

又："老吾老以及人之老，幼吾幼以及人之幼。"赵岐注："老犹敬也，幼犹爱也。"

有时两个词的意义也很接近。如：

《诗·小雅·小明》："政事愈蹙。"郑笺："愈，犹益也。"

貌：意思是"……的样子"，被注词在前，用于解释形容词和副词。如：

《氓》："氓之蚩蚩，抱布贸丝。"毛传："氓，民也。蚩蚩，敦厚之貌。"

又："不见复关，泣涕涟涟。"音义："涟音连，泣貌。"

第五类：释例术语，不是解释字词句，而是用来说明某些语言习惯。

对文、散文：意为"在一起使用时"、"分开来使用时"，用来辨析同类概念（近义词）。如：

《诗经·周南·羔羊》："羔羊之革，素丝五緎。"毛传："革犹皮也。緎，缝也。"孔疏："对文则皮、革异，故《掌皮》云：'秋敛皮，冬敛革。'异时敛之，明其别也。许氏《说文》曰：'兽皮治去其毛曰革。'革，更也。对文言之异，散文则皮、革通。"

《尔雅·释畜》："未成豪，狗。"郝懿行《正义》："狗犬通名，若对文，则大者为犬，小者名狗。散文，则《月令》言'食犬'，《燕礼》言'烹狗'，狗亦犬耳。"

浑言、析言：意为"笼统地说"、"分析地说"，也是用来分析同义词。如：

《说文·宫部》："宫，室也。"段注："按：宫言其外之围绕，室言其内，析言则殊，统言不别也。"

《说文·行部》："行，人之步趋也。"段注："步，行也；趋，走也。二者一徐一疾，皆谓之行，统言之也。《尔雅》：'室中谓之时，堂上谓之行，堂下谓之步，门外谓之趋，中庭谓之走，大路谓之奔。’析言之也。”

互文、互言：用来说明“互文见义”的修辞现象。如：

《郑伯克段于鄢》：“公入而赋……姜出而赋……”孔疏引服虔云：“入言公，出言姜，明俱出入互相见。”

《毛诗·关雎》序：“故正得失，动天地，感鬼神，莫近於诗。”孔疏：“天地云动，鬼神云感，互言耳。”

未闻、未详、阙：这是古人对自己不知的地方暂且存疑所用的术语。如：

《仪礼·士昏礼》：“主人入，亲说妇之缨。”郑注：“入者，从房还入室也。妇人十五许嫁，笄而礼之，因著缨，明有系也。盖以五采为之，其制未闻。”

《文选·七发》：“临朱汜而远逝兮。”李善注：“朱汜，盖地名，未详。”

《说文·上部》：“旁，溥也。从二，阙；方声。”（按：不知字形何意）

《说文·言部》：“谥，行之迹也。从言、兮、皿。阙。”

《说文·木部》：“某，酸果也。从木从甘。阙。”

（2）注释的内容

注释的内容由经文内容而定，几乎无所不包。可以分为两个大类，一是语言类，二是文化类。语言类如考证文字正误，校勘和说明版本，解释句读、语音、词义、语法、修辞现象，考证成语典故，串讲或翻译句子，阐明篇章大意和中心思想等，核心内容是词。文化类如解释典章制度、宗法礼仪、民俗习惯、天文地理、历史事实等。

《郑伯克段于鄢》经文共约520字，下面我们从一个粗略的注释统计，看古注的内容和重点：

①语言类：

校勘2处：毙，本又作獘；巖，本又作嚴。

注音35个：娶寤恶亟共为岩虢大焉厌参毙蔓暱完缮卒乘弟难寘疆舍遗繄语反阙隧乐融洩施匮。

解词31个：申毙姑鄙雉贰暱崩完聚卒乘启失教克寘隧赋纯匮永锡尔、共叔寤生黄泉封人融融洩洩不匮。

语法1处：繄，语助。

修辞1处：公入……姜出……

文例3处：《左传》“初”、《春秋》“称郑伯”、“克段”。

文句串讲即多不胜数，对于每一段经文，孔疏都要做大意说明。（如：“庄公寤生，惊姜氏，故名曰‘寤生’，遂恶之。”杜注：“寐寤而庄公已生，故惊而恶之。”）

②社会文化类：

姓氏1处：姜。

官名1处：封人。

人名4处：共叔、公子吕、祭仲、虢叔。

地名、国名3处：虢国、京、城颍。

都城建制1处：孔疏“定以王城方九里”以下。

车战1处：“兵车一乘，甲士三人，步卒七十二人”。

礼仪1处：“此与华元飨士唯言有羹，故疑是古赐贱官之常”。

总的说来是有难必注，有疑必考，有异必辨，有错必纠，包罗万象。但又以字词句注释为核心。

三、专著式训诂

(一) 专著式训诂的概念

专著式与传注式相反，它不是解释书中词句的具体意义，而是通释语词的概括意义。所以传注式又叫“随文释义”，专著式又叫“通释语义”。专著式训诂是传注式训诂相当成熟后的产物，它以传注式为基础，反过来又可以指导传注式训诂，二者是一种相互依存、分工互补关系。

在“十三经”中，“矣”字出现约2 200次，但是它的概括意义却是很简单的。王引之《经传释词》归纳“矣”字意义和用法如下：

> 《说文》曰：“语已词也。”亦有在句中者，若《书牧誓》：“逷矣，西土之人。”
>
> 在句中，有为起下之词者。若《诗》：“汉之永也矣，不可泳思。”
>
> 矣，犹“乎”也。《易师象传》：“吉又何咎矣?”
>
> 矣，犹“也”也。《诗车攻》曰：“允矣君子，展也大成。”“允矣”与“允也”同……《论语·里仁》篇曰：“恶不仁者，其为仁矣，不使不仁者加乎其身。”“其为仁矣”，即“其为仁也”。“也”、“矣”一声之转，故“也”可训为“矣”，“矣”亦可训“也”也。
>
> 矣，犹“耳”也。《赵策》曰：“则连有赴东海而死矣。吾不忍为之民也。”《燕策》曰：“齐者，故寡人之所欲伐也，直患国弊力不足矣。”“矣”字并与“耳”同义。

前两段说明“矣”在句中的位置及相应的句法功能：在句末则“语已”，在句中则“起下”。下面三段将它具体化。

这就是专著体的抽象概括作用和化繁为简功能。

(二) 重要著作介绍

专著体训诂书数量甚大，对重要的训诂专著，我们都应了解其书名、作者、成书年代、形式和内容、成就与不足等几方面，以利于对它们进行评价和使用。

下面介绍最常见的一些。

(1)《尔雅》

作者和成书年代：成书于秦汉之间，作者不详，儒者以为或周公或孔子或孔门子弟原作，皆不可考。

内容体例：将常用词——主要是见于经籍的常用词分为19类，进行解释。这19类词包括一般语词（释诂、释言、释训）、典章名物（释亲、释宫、释器、释乐）、天文地理（释天、释地、释丘、释山、释水）、动植物（释草、释木、释鱼、释虫、释鸟、释兽、释畜）等几大类。它的行文体例，一般是被解释的一个词或一组词在前，注释词语在后。《尔雅》书名有“近于夏言（华夏共同语）”之意，故被注释的一般是方言、俗语、古语，注释的则是通语、雅语、今语。

学术价值和地位：第一，中国第一部训诂专著，第一部词典，第一部分类词典，开词典学之先河，开通释语义训诂之先河。第一次将汉语语词进行系统整理，对训诂学的建立有开山之功。第二，《尔雅》保存了大量的词语古训，使之成为后代训诂学重要的工具书。

缺点：某些词语释义不全、不确或过于笼统粗疏，词语归类有不科学之处。

雅学源流：因为《尔雅》在经学和训诂学中的重要地位，后代注释、补充、仿效的著作汗牛充栋，遂成“雅学”一派。注释名著有晋代郭璞的《尔雅注》、宋代邢昺的《尔雅疏》、清代郝懿行的《尔雅义疏》、邵晋涵的《尔雅正义》等，历代著名学者如刘歆、陆德明、戴震等都给《尔雅》作注。补充和仿效的著作最重要的是汉代无名氏的《小尔雅》和三国魏张揖的《广雅》。

(2)《广雅》、《广雅疏证》

《广雅》意为“增广《尔雅》”，体例同《尔雅》，大凡先秦两汉经传子史诗赋医字诸书不见于《尔雅》的词语，该书都有补录，其实用价值远过《尔雅》。《广雅疏证》为清代王念孙所著，从内容看是对《广雅》的注释，但因王氏用了当代训诂学的最新成果——因声求义的方法来训释词语，因而解决了不少前人不能解决的问题。更重要的是，王氏在该书中提出了“训诂之旨，本于声音”的训诂原则和“就古音以求古义”的训诂方法，使其理论价值大大超过训释成果，该书是训诂学有总结意义的划时代的巨著（请参看本讲第二节）。

(3)《说文解字》

成书背景和作者：东汉许慎著，许慎是古文经学大师，时人称他“五经无双”，师事著名学者贾逵，著述多种，今存仅《说文解字》15 卷。汉朝廷重文字教学，在许慎之前，有多种韵文识字课本面世，因文字变易，字义难明，甚至经师解字多误。许慎之时，今文经学与古文经学分庭抗礼，学术风气甚盛。许慎用了 21 年的功夫，写成该书。

形式和内容：本书是中国第一部字典，收字 9 353 个，重文 1 163 个，解说凡 133 441 字。将字按字形部首和意义分为 540 部，实为 540 个形义相关的字群。每字注解，先说义，后说形，后说音，部分注释举有书证或各家注解。

地位：《说文》是我国字典学的鼻祖和经典，它首创的部首理论和以形说义的原则，为后世字典辞书编纂者所遵循。本书从理论和解字实践两方面奠定了“六书”理论的基础，以六书分析字形字义，仍为训诂学的基本方法。全书所说解的汉字本义大多可信，至今仍被广泛引用。

不足：作为字典学的开山之作，分部尚有过烦和界限不清的缺陷。作为以形说义的训诂书，仍有被讹变字形误导说解的错误。因时代思想的局限，某些说解以汉人之说解古人，且有封建迷信的内容。

学术源流：宋代的“二徐”分别整理《说文》，“说文学”即“许学”兴起。对《说文》的研究，清代为盛，段玉裁的《说文解字注》最为著名，其书说词义引申和古今字尤为精彩；朱骏声《说文通训定声》在同族词、同源词研究上颇有见地；另有王筠的《说文句读》、桂馥的《说文义证》各有所长，人称段王桂朱为“说文四大家”。后代著名的字书，有晋代吕忱的《字林》、南朝陈朝顾野王的《玉篇》和清代的《康熙字典》。吕书是为补《说文》漏略而作，比《说文》多收 3 471 字，还收了一些异体字。顾书是我国第一部专收楷书字体的字典，编排按意义类别。现存《玉篇》有缺漏，据考证，该书收字在16 000～23 000之间。

(4)《康熙字典》

清代张玉书、陈廷敬等30人于康熙年间奉诏编撰，康熙作序云："朕每念经传至博、音义繁赜，据一人之见、守一家之说，未必能通会罔缺也。爰命儒臣，悉取旧籍，次第排纂，切音解义，一本《说文》、《玉篇》，兼用《广韵》、《集韵》、《韵会》、《正韵》。其余字书一音一义之可采者，靡有遗逸。至诸书引证未备者，则自经史百子以及汉、晋、唐、宋、元、明以来诗人、文士所述，莫不旁罗博证，使有依据。然后，古今形体之辨、方言声气之殊，部分班列，开卷了然，无一义之不详、一音之不备矣。"御制之书，正所谓"成也萧何，败也萧何"，各有得失。收字47 035字，是我国古代收字最多的字典。将许慎540部合并为214部，比许书合理。因为篇幅浩大，分为12集，以干支为集名，每集又分上中下三卷。一部之字按笔画排列，每字列多书音切和多个义项，每个义项都引古书为证。总的说来，体例还是严密的，内容也很丰富，是时人和今人广泛使用的工具书。但是此书引书引文错误很多，王引之专门作了《字典考证》来纠正它的2 588处错误，后来人们把王书排在《康熙字典》之后，让读者使用《康熙字典》参看。另外，正因为"无一义之不详、一音之不备"，使得一些错误的或未有定论的注释也收在书中，注音则夹杂古今南北，读者很难确定正确的读音。

(5)《释名》

作者未确，旧题为东汉刘熙（字成国）所著。本书书名意为解释事物命名之源。全书分词语为8类27篇，也是一部分类词典。行文体例和《尔雅》不同，一般是先列词条，后面加以注解。它的主要成就，是全书皆用"声训"，即利用词的读音来追探词义，方法新颖，给后人启发甚大。本书保留了许多词语的古义和汉代语音线索，有较大的资料价值。它的最大弊病也在于把音义关系绝对化，迷信字音，滥用声训，有不少的推理和注释错误。因为该书错误之多，使得后世少人步其后尘，自三国吴国韦昭的补作《官职训》和另行文章《辨释名》之后，直到清代，才有毕沅的《释名疏证》、王先谦的《释名疏证补》等后续之作。

(6)《方言》

汉代扬雄著，因为史书未载扬雄著书之事，故后人怀疑作者另有其人。该书全称为《輶轩使者绝代语释别国方言》，可知这是一部解释方言词语兼及古今变化的著作。体例是先列一个或一组方言词，再用一个共同语的词来解释，实际上是一种对译。除了保存了一批古代共同语和方言的珍贵资料以外，不少词还说明了它的方言分布，很有历史参考价值。此书不仅为方言学奠定了文献、理论、方法的基础，还真正地从语言学的角度，为训诂学指出了一条全新的路径。汉语方言和《方言》一书，长期以来不被注意，有关注疏甚少，重要著作只有晋代郭璞的《方言注》。从清代开始，对《方言》的注释和研究迅速兴起，戴震、钱绎、王念孙、钱侗等人给它作了注疏，补充之作有杭世骏的《续方言》，章太炎的《新方言》等，于是方言学宣告成立，至现当代，发展更为迅猛。

(7)《经典释文》

唐代陆德明作。对儒家十二部（无《孟子》）、道家的《老》、《庄》二部共十四部经典的经传进行校对、比较、注释。"古今并录，括其枢要，经注毕详，训义兼辨……示传一家之学。"(《经典释文·自序》)先是各书单行，书名都叫"音义"，如《周易音义》、《论语音义》等，合称《经典释文》，简称《释文》。该书收集了唐以前训诂家对经典词义的训释，内容广泛，其中不少引书引言后代已经亡佚，因而它保存的资料十分可贵。该书收汉魏六朝音切凡230多家，保留了丰富的古音资料。对古书文字异同，亦多有考证。其体例按经典篇章排列，释文先音后义，凡音义多出，则已见列于前，他见罗列于后；经典异文，也必列于后。在唐代，此书名气很大，以致孔颖达《五经正义》全部采用该书音义。

(8)《一切经音义》二种

二书同名，作者皆为唐代和尚。后人以玄应所撰25卷为《玄应音义》，慧琳所撰100卷为《慧琳音义》，后者是以前者为基础增广改进而成。二书都是解释汉译佛经词语音义的著作，引用非佛类古籍资料甚多。而且旁征博引，注释精辟，系研究汉译佛经和中古汉语语音，中古西域语音和翻译学、翻译史的重要参考书。

(9)《经籍籑诂》

清阮元主编，臧镛堂、臧礼堂总撰，阮元门生数十人共同编撰的唐代以前训诂资料的总集，资料空前丰富，规模宏大。按词典形式编排，释义先出本义或声训语源，继以引申假借，义项之间用圈圈相隔，每一义项都引有书证并说明出处篇目，便于查索验证。此书从内容到形式都比较完美，仍是今人阅读古书常用的工具书和注释古籍的参考书。缺点是出自多人之手，错误必多；依平水韵编排，今人检字不易。

(10)《语助》、《虚字说》、《助字辨略》

前者为元代卢以纬作，收虚字200多个，是我国第一部虚词词典。其次为清人袁仁林作，收虚字100多个，袁书的《序》对虚字的音义关系、声气特点、修辞效果等方面进行的描述和说明比较准确精到。后者为清代刘淇作，收词除先秦古籍外，还广泛收集唐宋诗文虚词，数量达400多个，分为30类，在《自序》中总结了虚词训释的六种方法。因其内容、分类、训释三者的成就，奠定了汉语虚词研究的基础，后人得益不少，有人说王引之的《经传释词》中都可见到刘书的影响。

四、笔记体训诂

笔记式训诂，指以笔记形式的训诂或散见于其他非训诂著作中的零碎训诂资料。它的特点是不限文体，不拘篇幅，其中有不少真知灼见，是近代以来兴起的学术论文的源头。

最著名的著作是高邮二王的《读书杂志》和《经义述闻》。这是高邮二王四种中的两种，是"二王"的读书笔记和读书心得的结集。

《读书杂志》82卷，王念孙著，对《逸周书》、《战国策》、《史记》、《汉书》、《管子》、《晏子春秋》、《墨子》、《荀子》、《淮南内篇》等古书，从文字、音韵、训诂、校勘等方面进行考证和解释。此书的体例一般每条都摘取被释词句为题，解释时一般先引原文，再引他人校释，然后是辨析说明。如《战国策杂志·楚》"触詟"条：

念孙案：吴说非也。此策及《赵世家》皆作“左师触龙言愿见太后”，今本“龙”、“言”二字误合为“詟”耳。太后闻触龙愿见之言，故盛气以待之。若无“言”字，则文意不明。据姚云：“一本无言字”，则后人因鲍本改之也。《汉书·古今人表》正作“左师触龙”，又《荀子·议兵篇》注曰：“《战国策》赵有左师触龙”，《太平御览·人事部》引此策曰“左师触龙言愿见”，皆其明证也。又《荀子·臣道篇》曰：“若曹触龙之于纣者，可谓国贼矣。”《史记·高祖功臣侯者表》有“临辕夷侯戚触龙”，《景惠间侯者表》有“山都敬侯王触龙”。是古人多以“触龙”为名，未有名“触詟”者。

为了说明“触詟”一名之误，不足200字，校对和引书有吴说、今本、姚云、鲍本、《汉书·古今人表》、《荀子·议兵篇》、《太平御览·人事部》、《荀子·中道篇》、《史记·高祖功臣侯者表》、《景惠间侯者表》，一共十处之多。知识之丰富，论理之精辟，令人叹为观止。

《经义述闻》，王引之著，35卷。书名之意是记录其父王念孙关于经义的述说，但是这只占了全书约一半的内容，另一半即是王引之的见解。本书大多为随经文所做的训诂和校勘。所述均为训释《周易》、《尚书》、《毛诗》、《周礼》、《礼记》、《大戴礼记》、《左传》、《国语》、《公羊传》、《穀梁传》、《尔雅》等书中的讹字、衍文、脱简、句读等疑难问题，纠正毛、郑、马、贾、服、杜、陆、孔、贾旧注中的多处错误。

王氏父子博览群书，因而精于校勘，他们能把校勘和训诂密切联系起来，纠正了不少前人校注中的错误，为古书训释提供了新的方法。此书反映了清人训诂重考据，精于“因声求义”的特点，在考辨过程中，他们把形、音、义三者结合起来进行分析，特别注重古书中存在的通假现象，因此解决了前人未曾解决的难题。

俞樾的《群经平议》和《诸子平议》，体裁和方法都是参考《读书杂志》和《经义述闻》，在内容上也多有发现。

除了一些训诂笔记名著以外，还有不少非训诂类的书，如汉代班固《白虎通义》、应邵《风俗通义》、晋代崔豹《古今注》、北齐颜之推的《颜氏家训》、明代方以智《通雅》、清代顾炎武《日知录》等，里面也会有一些很有价值的训诂资料和训诂观点。著名的“右文说”，就是出现在宋代沈括的科技小品文集《梦溪笔谈》之中。

第四节 训诂方法论

一、形训——以形索义的训诂方法

(一)《说文》的形训

形训，就是通过汉字形体结构分析，索求它的本义的方法。造字时代的“六书”结构是形训的基础，《说文解字》就是依照“六书”来说字的，后人作形训，多仿《说文》。《说文》体例大致如下：“六书”的象形、指事字是独体的“文”，则直接说出它的意思；会意字、形声字是合体的“字”，则说明各个组成部分的意义、作用和关系。对象形、指事字用“从某”、“象某某之形”解释，或直接说明是“象形”或“指事”；对会意和形声字则用“从某”说形义，用“某声”说声音。

（1）说象形：

日，实也，太阳之精不亏，从口一，象形。

月，阙也，太阴之精，象形。

牛，大牲也……象角头三、封尾之形。

册，符命也。诸侯进受于王也。象其札一长一短，中有二编之形。

（2）说指事：

丄，高也，此古文上，指事也。

示，天垂象，见吉凶，所以示人也。从二，三垂，日月星也。观乎天文，以察时变。示，神事也。（按：“二”，古文上）

小，物之微也。从八，丨见而分之。（按：丨，音滚，《说文》：“丨，上下通也。”）

番，兽足谓之番。从釆。田，象其掌。（按：釆，音辨）

（3）解会意：

取，捕取也，从又从耳。《周礼》：获者取左耳。

茻，众艸也。从四屮。（按：“艸”，“草”古字）

莫，日且冥也，从日在茻中。

莽，南昌谓犬善逐菟艸中为莽。从犬从茻。

尒，词之必然也。从入、丨、八。八象气之分散。（按：此“尔”字，“词之必然”：表肯定的语气词）

（4）解形声：

萅，推也。从艸从日，艸春時生也。屯声。（按：此“春”字）

茇，艸根也。从艸犮声。春艸根枯，引之而发土为拨，故谓之茇。一曰艸之白华为茇。

（5）“省形”、“省声”和“亦声”：

有的形声字的形符或声符有省笔，也逐一给予说明，术语分别是“从某省”和“某省声”：

弒，臣殺君也。《易》曰：“臣弒其君。”从殺省，式声。

亭，民所安定也。亭有樓，从高省，丁声。

耇，老人面冻黎若垢。从老省，句声。

莜，艸田器。从艸，條省声。《论语》曰：“以杖荷莜。”今作蓧。

余，语之舒也。从八，舍省声。

售，賣去手也。从口，雔省聲。《詩》曰：“賈用不售。”

有的会意字也有两种特殊情况：一是省笔，许慎解释方法和“省形”相同。二是声符带意，许慎以术语“亦声”来解释。

省笔：

氂，犛牛尾也。从犛省，从毛。

頫，低头也。从页，逃省。

紧，缠丝急也。从臤，从丝省。

祝，祭主赞词者。从示从人口。一曰从兑省。

亦声——声符带意：

靦，面见也。从面、见，见亦声。

息，喘也。从心从自，自亦声。

娶，取妇也。从女从取，取亦声。

婚，妇家也。《礼》：娶妇以昏时，妇人阴也，故曰婚。从女从昏，昏亦声。

(6) 对于一些不知其所以然的字，许慎以“阙”来处理：

谥，行之迹也，从言、兮、皿。阙。

叚，借也，阙。

某，酸果也，从木从甘。阙。

質，以物相赘，从贝从所。阙。

朕，我也，阙。

旁，溥也，从二，阙；方声。

(二) 影响形训的三个因素：形义距离、字形讹变、时代思想

(1) 形义距离，如《说文》：

人，天地之性最貴者也。此籀文。象臂脛之形。

大，天大，地大，人亦大。故大象人形。

立，住也。从大立一之上。

夫，丈夫也。从大，一以象簪也。

天，顛也。至高無上，从一、大。

夾，持也。从大俠二人。

亦，人之臂亦也。从大，象兩亦之形。

夭，屈也。从大，象形。

交，交脛也。从大，象交形。

从“人、大、天、夫、立、亦、夾、交、夭”等多个字的形义看，“大”都是正面人形，“大人”之义呼之欲出，而偏偏它是以正面人形比侧面人形体大来比较表示“大”的抽象词义。

许氏对“尘”的解释是“鹿行扬土也，从鹿从土。”但是古籍用这个字时，跟“鹿”完全无关。

这种现象，可能反映了一种造字的“借形表义”方法，借此形，表彼义。

所以不管汉字在它的造字时代是如何的“形义一致”，表意文字的先天毛病——形与义的距离是永远不可消除的。明白这个道理，我们就会少犯“望文生训”的错误。

(2) 字形讹变，如《说文》：

为，母猴也。其为禽好爪。爪，母猴象也。下腹为母猴形。王育曰："爪，象形也。"

按："为"字的繁体"爲"真的好像一只沐猴，而且许慎言之凿凿，还有别注为证。但是古书文句无证，一直到近代的甲骨文字形考证，方确定是"人役象"之形，为"手"拉着"象"的会意字，以此方可引申出广义的动词"为"。

又《说文》："行，人之步趋也。从彳从亍。"许慎将其说解成会意字，把本义解成动词。而在古书中，"行"还有作名词用的，如《诗·鹿鸣》："人之好我，示我周行。"毛传："周，至。行，道也。"据甲骨文"行"应该是象形字，本义是四通八达的大路，"人之步趋"是它的引申义。

汉字隶化以后，六书体系已被破坏；近代又经汉字简化，讹变日趋严重，我们必须要尽可能找到古文字形，起码要找到小篆字形，才能基本可用。对于一些找不到本义或不能十分确定本义的字，我们不可强说，宁可说它的本义消失了，保留下来的只有见诸较早古籍的古义。这一点告诉我们看待文字遗产要有历史的观点。

（3）时代思想，如《说文》：

三，天地人之道也。从三数。

神，天神，引出万物者也。

王，天下所归往也。董仲舒曰："古之造文者，三画而连其中谓之王。三者，天、地、人也，而参通之者王也。"孔子曰："一贯三为王。"

玉，石之美。有五德：润泽以温，仁之方也；䚡理自外，可以知中，义之方也；其声舒扬，専以远闻，智之方也；不桡而折，勇之方也；锐廉而不技，絜之方也。象三玉之连。丨，其贯也。

这些注解都是错误的。许慎是伟大的古文经学家，《说文解字》是说解汉字本义的权威之作，也难免受到今文经学和汉代纬书的影响。这一点说明我们要有科学的态度。

最后，还有一点要说明的，就是"形训"的意义和作用不仅仅是停止在寻找本义上。词义是发展的，任何后起义都是从本义直接或间接衍生而来，知道了本义，才能准确地寻找发展线索，找到它的派生意义。

二、声训——因声求义的训诂方法

（一）声训的理论依据

声训是通过语音线索寻求语义的训诂方法。早在上古时期，人们已经知道声音和意义的关系，古书中有不少声训的记录，《释名》一书即全用声训解词。上文所举《说文解字》说解"日、月、售、天"等字用的也是声训。

为什么能通过字的声音来寻找它的意义呢？大的道理很容易理解：交际过程中，人们是通过对方所说的话来理解对方的语义的，这些话就是一个一个的音节，所以语言的意义本来就存在于声音之中，文字是语言的记录，语言的意义也就依附在文字之上，所以可以通过字音来寻找词义。

下面我们看古代汉语词的音义关系。

（1）音义结合从偶然走向必然而产生同源字

大半个地球的人都把母亲叫做 ma，大概这是因为婴儿学发音时最容易发这两个音素，而母亲又迫不及待地“对号入座”的原因。还有汉语叫“猫”为 mao，叫“虎”为 hu，这当然跟动物的叫声有关。《说文・名部》：“名，自命也。”说的大概就是这种情况。这些例子似乎可以说明音义的结合是必然的。（按：上几例依现代汉语共同语标音，方言和古语并不如此。下同。）

但是一经考察，我们就发现具有这种音义必然关系的大多是一些动物之名，而且数量不多。而绝大部分的词，用什么声音表示，一开头是没有确定的。如把“羊”这种动物叫成 yáng，而不叫 mě，把“犬”叫成 quǎn，而不叫 hōng，把“八”叫做 bā 而不叫 qī，可见音和义的结合就没什么必然的道理了。

所以现在一般的说法是：在远古，语言的音义结合是偶然的。

但是，词的音义关系一经确定，就不能随意更改，这叫“约定俗成”，一经约定俗成，什么词读什么音，就成了必然，不能随意改动，当一个新词产生时，人们会自觉地想到跟这个概念同类的事物，就拿它同类事物的声音给它命名。如：“八”是“分”的意思，跟它意义相关的“分”——用刀把东西分开；“贫”——把贝（钱财）分开；“癶”——两足分开；“发”——弓和箭分开；“拨”——用手把东西分开……都用了跟“八”字相近的声音来表示。

这一些词的意义和声音同出一源，我们就把它们叫做“同源词”，从文字角度看，又可叫“同源字”。

（2）词义的引申产生古今字

词义的引申会使某些意义独立出来变成新词，没独立之前，这个词的所有意义，都用一个字来记录，独立出来以后，就要选择一个新字，这就出现了“古今字”，如“昏婚”、“取娶”、“大太（同音泰）”等。古字也是今字的源字。

（3）文字记录语言出现通假字

人们在交际过程中使用的只是“词”，用文字记录下来时，大多是用了形义有关的字，这叫词的本字。但有人错用了同音而形义没有关系的字，这叫词的假借字，这种用字的假借又叫“通假”。字的通假得到人们普遍认可以后，就成了一种习惯。如司马迁把“早来”写成“蚤来”（《鸿门宴》），没有人会说他是错的。字的假借也会产生古今字，如“莫”被借去记录否定代词了，就另造一个“暮”来记录“黄昏”的意义，这样，记录“黄昏”意义的 mù 就有了“莫、暮”两字。

（4）声符间接反映了词的意义

文字是记录语言的，当然也包括记录词的声音，如果是形声字，声符和词义也有间接关系。“声符带意”（许慎叫做“亦声”）的实质是“声音带意”，则可通过字的声符所表示的声音来寻找它的意义。宋人的“右文说”，就是建立在这个基础上。

同源词、古今字、假借字、形声字等都是很有规律的字词现象，都可以通过其中的语音线索来寻找词义根源。这就是声训建立的理论基础。

（二）声训的对象和作用

声训这一方法，主要是利用同源词、古今字、假借字、形声字的音义关系来解释语源，注意利用字的同音或双声叠韵关系，作为解释的依据。换句话说，就是用声音相同或者相近的字来解释另一个字。

（1）解释事物命名之源，如：

《尔雅·释訓》："鬼之为言归也。"

《说文·韭部》："韭，菜名。一种而久者，故谓之韭。"

《玉篇》："伸，舒也。"

《周礼·地官·序官》："媒氏。"郑注："媒之为言谋也。"

《尔雅·释宫》："路、旅，途也。路、场、猷、行，道也。"郭璞注："途，即道也。"

《左传·僖公二十二年》："虽及胡耇，获则取之，何有於二毛？"孔疏："《释诂》云：'耇，寿也。'舍人曰：'耇，觏也。血气精华觏竭，言色赤黑如狗矣。'孙炎曰：'耇，面如冻梨色，似浮垢，老人寿徵也。'"

（2）解释通假字，如：

《诗·扬之水》："无信人之言，人是迋女。"毛传："迋，诳也。"

《诗·七月》："七月食瓜，八月断壶。"毛传："壶，瓠也。"

《荀子·劝学》："强自取柱，柔自取束"。唐代杨倞注曰："凡物强则以为柱而任劳，柔则见束而约急，皆其自取也。"王引之《读书杂志》说："杨说'强自取柱'之义甚迂。柱与束相对为文，则柱非谓屋柱之柱也。柱当读为祝。哀十四年《公羊传》'天祝予'，十三年《穀梁传》'祝发文身'，何、范注并曰：'祝，断也。'此言物强则自取断折，所谓太刚则折也。《大戴记》作'强自取折'，是其明证矣。《山海经》："招摇之山有草焉，其名曰祝馀。'祝馀'或作'柱茶'，是'祝'与'柱'通也。"

（3）说解古今字，如：

《周礼·小宗伯》："小宗伯之职，掌建国之神立，右社稷，左宗庙。"郑玄引郑众注："立读为位，古者立、位同字，古文《春秋经》'公即位'为'公即立'。"

《礼记·曲礼下》："君天下曰天子，朝诸侯，分职授政任功，曰：'予一人'。"郑玄注："'余'、'予'古今字。"（按：古今字的概念，现代人与古人理解不同。此例与下例现代人视为同义词）。

《诗·鹿鸣》："视民不恌。"郑笺："视，古示字也。"

《说文·言部》"说"字下，段注："'说释'即'悦怿'，'说、悦'，'释、怿'皆古今字。"

（4）说解声符的意义，如：

《说文·芋部》："芋，大叶实根，骇人，故谓之芋也。从艸于聲。"大徐本引徐锴曰："芋，犹言'吁吁'，惊辞。"

《说文·衣部》："襛，衣厚貌。从衣，农声。"段注："凡农声之字皆训厚：醲，酒厚也。浓，露多也。"

（三）声训的条件

使用声训，要注意两个问题：第一，一定要依据上古语音进行训诂，所以必须得掌握一定的古音学知识，起码会使用工具书。清人敢于提出"音近义通"的观点和"因声求义"的方法并取得巨大成功，就在于他们精通古音学。方言——特别是南方方言资料值得重视，因为其中保留了很多上古汉语口语，但是方言资料一般都是孤证，只能以它为线索与文献互证。第二，音近的字不一定就义通，

《释名》犯了绝对的音义关系的思想错误，轻易地拿音近字来训释，弄出大量错误。如："土，吐也，吐生万物也。"（《说文》："土，地之吐生物者也。"）"田，填也，五稼填满其中也。"这明显都是不对的。

三、义训——比较互证的训诂方法

（一）义训的特点

每一个词义都存在于两个系统之中，一是内部系统，即它的各个义项，其中有引申、比喻、假借等关系。二是外部系统，即它存在的特定语言环境，其中有同源、同义、反义等关系。我们现在看到的义训，如："增，益也"（《尔雅·释言》），似乎十分简单，所以人们叫这种方法为"直陈其义"。实际上"直陈"只是其外，训诂家在寻找这个训释词时，已经自觉或不自觉地进行了一番比较，就像从一个直角坐标中，选择二者最佳的交叉点。如：

《诗·伐木》："相彼鸟矣，犹求友声。矧伊人矣，不求友生？"郑笺："相，视也。鸟尚知居高木呼其友，况是人乎，可不求之？"孔疏："视彼鸟之无知，犹尚作求其友之声，况人之有知矣，焉得不求其友生乎？"都用"视"字解释"相"。"视"有很多同义词，如"看、见、窥、间、观、省、察、觌、监、瞻、临、莅、俯……"，为什么郑、孔都拿"视"来释"相"？就因为二者都有"带着思考认真地看"的共性，这就是注释家经过认真地比较互证以后找到的交叉点。所以，有人就把义训又叫做"比较互证"的训诂方法（陆宗达、王宁《训诂方法论》，中国社科出版社，1983）。在分析和使用义训时，一定要注意到这一点。

（二）义训的方式

比起形训和声训来，义训要困难复杂得多，它的作用也比前两种训诂方法要强得多。绝大部分的传注体和专著体的训诂书，用得最多的都是义训。它不但负有解词责任，还要串讲句子，阐释篇章等。表现方式主要有以下几种：

（1）同义相训

用一个同义词解释叫"直训"。格式：A，B也。如《尔雅·释言》："宅，居也。"

同义词互相解释，叫"互训"。格式：A，B也。B，A也。如《说文·攴部》："改，更也。"又"更，改也。"

用同义词递相解释，叫"递训"。格式：A，B也；B，C也……如《尔雅·释言》："煽，炽也。炽，盛也。"

用一个词释多个同义词，叫"同训"。格式：A、B、C……E也，如《尔雅·释诂》："遹、遵、率、循、由、从，自也。"

（2）反义相训

用一个反义词来解释一个词，又叫"反训"。如：

《尔雅·释诂》："乱，治也。"

又："治、肆、古，故也，肆、故，今也。"

反训的起源是词义的反义引申。如：

《尔雅·释言》："逆，迎也。"

《诗·定之方中》序，孔疏："《左传》又曰：'及败，宋桓公逆诸河，霄济。卫之遗民男女七百有三十人，益之以共、滕之民为五千人。立戴公以庐于漕。'

是宋桓迎卫之遗民渡河，立戴公庐于漕之事。”

《礼记聘礼》：“众介皆逆命不辞。”郑注：“逆，犹受也。”

引申出反向而行。如：

《晏子春秋》：“潜行逆流百步，顺流七里。”

于是就容易引申出抗拒、反逆等反义。如：

《书·舜典》篇名下，孔疏：“《国语》贾逵注云：‘用兵甲者，诸侯逆命，征讨之刑也。’”

《尚书·伊训》：“敢有侮圣言，逆忠直，远耆德，比顽童，时谓乱风。”孔安国传：“狎侮圣人之言而不行，拒逆忠直之规而不纳，耆年有德疏远之，童稚顽嚚亲比之，是荒乱之风俗。”

反义引申的情况很多。如“虚”从高平引申为低洼，“乖”从背戾引申为和顺，“让”从谴责引申为谦让，“薰”从香草引申为臭菜……人们把这种情况叫做“反义同辞”，这就是反训存在的道理。

但是，也确实有一些反训，我们难以找到它的依据，如“故，今也”，古籍无证。可以这样去理解：这个反义曾经在上古口语或书面语出现过，而后来消失了。或者索性说：注释家提醒你，我说的是跟这个词相对的意思。这样看来，反训还可能有一种提示作用。

（3）以义界释词

不是用同义词来解释，而是给一个词下定义，立界说。这种办法往往用来解释名物或比较抽象的词语，也可以解释词的特指意义。如：

《尔雅·释训》：“善父母为孝，善兄弟为友。”

《说文·欠部》：“次，不前不精也。”

《公羊传·庄公七年》：“入曰振旅。”何休注：“五百人曰旅。”

《仪礼·乡饮酒礼》：“乡饮酒之礼。主人就先生而谋宾、介。”郑注：“主人，谓诸侯之乡大夫也。”

（4）以描绘释词

描摹词的状态性质。如：

《尔雅·释木》：“桧，柏叶松身。”

《尔雅·释兽》：“狒狒，如人，被发，迅走，食人。”

《易·乾》孔疏：“乾者，此卦之名。谓之卦者，《易纬》云：‘卦者挂也，言县挂物象，以示于人，故谓之卦。’但二画之体，虽象阴阳之气，未成万物之象，未得成卦，必三画以象三才，写天、地、雷、风、水、火、山、泽之象，乃谓之卦也。“

（5）串讲句子

经常在串讲中兼释字词。如：

《论语·学而》：“子曰：‘人不知而不愠，不亦君子乎？’”何晏注：“凡人有所不知，君子不怒。”

又：子曰：“巧言令色，鲜矣仁！”何晏《集解》引包曰：“巧言，好其言语。令色，善其颜色。皆欲令人说之，少能有仁也。”

《孝经·孝治》：“治国者，不敢侮于鳏寡，而况於士民乎？”李隆基注：“理国，谓诸侯也。鳏寡，国之微者，君尚不敢轻侮，况知礼义之士乎？”

句子串讲，经常兼有解释或对译字词的作用。不另行举例，参看上文。

(6) 阐明篇章结构或篇章大意

这种情况一般出现在全书或全篇的开头，在书名或篇名之后，先来一个简单介绍。《毛传》最为严谨，在每一首诗前，都有一个小序，说明诗的寓意。如：

《葛覃》序："《葛覃》，后妃之本也。后妃在父母家，则志在于女功之事，躬俭节用，服澣濯之衣，尊敬师傅，则可以归安父母，化天下以妇道也。"

《车攻》序："《车攻》，宣王复古也。宣王能内修政事，外攘夷狄，复文、武之境土。修车马，备器械，复会诸侯於东都，因田猎而选车徒焉。"

《孟子·梁惠王上》孙奭疏：

此篇凡二十三章，赵氏分为上下卷，此上卷只有七章。一章言治国，以仁义为名。二章言圣王之德，与民共乐，恩及禽兽。三章言王化之本，在于使民养生丧死之用足备。四章言王者为政之道，生民为首。五章言百里行仁，天下归之。六章言定天下者，一道而已，不贪杀人者，人则归之。七章言典籍攸载帝王之道无传霸之事。其余十六章分在下卷，各有言说，大抵皆是君国之要务，故述为篇章之先。凡此二十三章既以梁惠王问利国为章首，遂以《梁惠王》为篇名。

四、关于训诂方法的运用

(一) 形音义三者互相推求

王念孙说："小学有形、有音、有义，三者互相推求，举一可以得其二。"(《广雅疏证·自序》)段玉裁说："有古形，有今形，有古音，有近音，有古义，有今义，六者互相求，举一可以得其五。"(《广雅疏证序》)说的都是训诂方法的综合运用，任何一个注释家，用的都不只是一种方法。就连《说文》，也频频用声训和义训。选用什么方法不重要，考察和揭示形音义的关系最为要紧。

(二) 读注和作注的几个主要环节

不管是读古注还是给古书作注，必须要善于发现和注重写作之前的几个环节。这几个环节是：

(1) 定对象

我们读"孔疏"就会发现，一些不算复杂的问题都会反复地说明，用的都是当时口语。因为他的书是为当时的教育服务的，读者有大批的青少年，相当于现在的中小学生。我们注书，也应先确定书的读者，也就是你的服务对象，据以确定注书的轻重深浅。

(2) 定善本

不管是古人还是今人，在注书之前都要有这么一个广泛阅读、细心校对和严肃甄别的过程。这个工作读者不可直接看到，但它是保证书的质量的前提。

(3) 定体例

体例严谨与否和作者的责任心和业务水平成正比，任何一部体例紊乱的书都不会是好书，它涉及全书所有的理论和实践问题，体现了作者对每一个语言现象的看法和处理方式。如王力先生多次提醒不要滥用"通同"，因为"某通某"，只是两个字在这一环境下意义相通，指的是假借字（通假字）；而"某同某"，则是两个字意义相同，说的是异体字。如果不注意这“一字之差”，就会犯常识性同时又是理论性的错误。

（4）定体系

一本书中只能有一套理论体系，多了就会自相矛盾，自己打自己的嘴巴。比如说多家的语法学说略有不同，注书者不能在同一本书之中采用有不同意见的两套内容。

以上几个环节不列入可见的“训诂方法”之中，但却是很重要的、潜在的原则和方法。功夫在书外，它们越是安排得科学严密，作品的质量就越高，这几个环节考虑周全了，工作也就完成了一半。

附录　古注文四篇

氓（《毛诗正义》）

汉　毛　亨传
汉　郑　玄笺
唐　孔颖达正义
唐　陆德明音义

《氓》，刺时也。宣公之时，礼义消亡，淫风大行，男女无别，遂相奔诱。华落色衰，复相弃背。或乃困而自悔，丧其妃耦，故序其事以风焉。美反正，刺淫泆也。○氓，莫耕反，民也。《韩诗》云：“美貌。”别，彼列反。华，户花反，或音花。复，扶又反。背音佩。丧，息浪反。妃音配。风，福凤反。泆音逸。［疏］“《氓》六章，章十句”至“淫佚”。○正义曰：言男女无别者，若“外言不入於阃，内言不出於阃”，是有别也。今交见往来，是无别也。奔诱者，谓男子诱之，妇人奔之也。华落、色衰，一也，言颜色之衰，如华之落也。或乃困而自悔者，言当时皆相诱，色衰乃相弃，其中或有困而自悔弃丧其妃耦者，故叙此自悔之事，以风刺其时焉。美者，美此妇人反正自悔，所以刺当时之淫泆也。“复相弃背”以上，总言当时一国之事。“或乃困而自悔”以下，叙此经所陈者，是困而自悔之辞也。上二章说女初奔男之事，下四章言困而自悔也。“言既遂矣，至於暴矣”，是其困也。“躬自悼矣”，尽“亦已焉哉”，是自悔也。

氓之蚩蚩，抱布贸丝。氓，民也。蚩蚩，敦厚之貌。布，币也。笺云：币者，所以贸买物也。季春始蚕，孟夏卖丝。○蚩，尺之反。贸，莫豆反。**匪来贸丝，来即我谋。**笺云：匪，非。即，就也。此民非来买丝，但来就我，欲与我谋为室家也。**送子涉淇，至于顿丘。**丘一成为顿丘。笺云：子者，男子之通称。言民诱己，己乃送之，涉淇水至此顿丘，定室家之谋，且为会期。○顿，都寸反。称，尺证反。**匪我愆期，子无良媒。**愆，过也。笺云：良，善也。非我心欲过子之期，子无善媒来告期时。○愆，起虔反，字又作“諐”。**将子无怒，秋以为期。**将，愿也。笺云：将，请也。民欲为近期，故语之曰：请子无怒，秋以与子为期。○将，七羊反。语，鱼据反。［疏］“氓之”至“为期”。○毛以为，此妇人言己本见诱之时，有一民之善蚩蚩然颜色敦厚，抱布而来，云当买丝。此民於时本心非为来买丝，但来就我，欲谋为室家之道，以买丝为辞，以来诱己。我时为男子所诱，即送此子涉淇水至於顿丘之地，与之定谋，且为会期。男子欲即於夏中以为期，己即谓之：非我欲得过子之期，但子无善媒来告其期时，近恐难可会，故愿子无怒於我，与子秋以为期。○郑唯以“将为”、“请为”异。其以时对面与之言，宜为请。○传“氓，民”至“布，币”。○正义曰：氓、民之一名，对文则异，故《遂人》注云：“变民言甿，异内外也。甿，犹懵懵无知貌。”是其别也。其实通，故下笺云“言民诱己”，是也。《论语》及《灵台》注皆云：“民者，冥也。”此妇人见弃，乃追本男子诱己之时，己所未识，故以悠悠天下之民言之，不取於冥与无知。既求谋己与之相识，故以男子之通称言之，“送子涉淇”、“将子无怒”是也。既因有廉耻之心，以君子所近而托号之，“以望复关”是也。以妇人号夫为君子，是其常称，故传曰：“复关，君子之所近。”又因男子告己云“尔卜尔筮”，己亦答之云“以尔车来”也。三章言士、女者，时贤者所言，非男女相谓也。士者，亦男子之大号，因贤者所言，故四章言“士贰其行”也。以蚩蚩言民之状，故云“敦厚貌”。谓颜色敦厚，己所以悦之。《外府》注云：“布，泉也。其藏曰泉，其行曰布。取名於水泉，其流行无不遍。”《檀弓》注云：“古者谓钱为泉布，所以通布货财。泉亦为布也。”知此布非泉，而言币者，以言抱之，则宜为币，泉则不宜抱之也。《载师》郑司农云：“里布者，布参印书，广二寸，长二尺，以为币贸易物。”引《诗》云“‘抱布贸丝’，抱此布也”。司农之言，事无所出，故郑易之云“罚以一里二十五家之泉”也。此布币谓丝麻布帛之布。币者，布帛之名……

乘彼垝垣，以望复关。垝，毁也。复关，君子所近也。笺云：前既与民以秋为期，期至，故登毁垣，乡其所近而望之，犹有廉耻之心，故因复关以托号民，云此时始秋也。○垝，俱毁反。垣音袁。所近，附近之近。乡，许亮反，本又作“向”。[疏] 传“复关，君子所近”。○正义曰：复关者，非人之名号，而妇人望之，故知君子所近之地。笺又申之犹有廉耻之心，故因其近复关以讬号此民，故下云“不见复关”、“既见复关”，皆号此民为复关。又知此时始秋者，上云“秋以为期”。下四章“桑之落矣”为季秋，三章“桑之未落”为仲秋，故知此时始秋也。**不见复关，泣涕涟涟。**言其有一心乎君子，故能自悔。笺云：用心专者怨必深。○涟音连，泣貌。**既见复关，载笑载言。**笺云：则笑则言，喜之甚。**尔卜尔筮，体无咎言。**龟曰卜。蓍曰筮。体，兆卦之体。笺云：尔，女也。复关既见此妇人，告之曰：我卜女筮，女宜为室家矣。兆卦之繇，无凶咎之辞，言其皆吉，又诱定之。○筮，市制反。体如字，卦兆之体也，《韩诗》作“履”。履，幸也。咎，其九反。蓍音尸。繇，直又反，卦兆之辞也。[疏] 传“体，兆卦之体”。笺“兆卦”至“定之”。○正义曰：传以经卜、筮并言，故兼云“兆卦之体”谓龟兆、筮卦也。《左传》云：“其繇曰：‘一薰一莸，十年尚犹有臭’”，是龟之繇。《易》曰：“困于石，据于蒺藜。“是卦之繇也。二者皆有繇辞。此男子实不卜筮，而言皆吉无凶咎者，又诱以定之。前因贸丝以诱之，今复言卜筮以诱之，故言又也。**以尔车来，以我贿迁。**贿，财。迁，徙也。笺云：女，女复关也。信其卜筮皆吉，故答之曰：径以女车来迎我，我以所有财贿徙就女也。○贿，呼罪反。径，经定反……**《氓》六章，章十句。**

郑伯克段于鄢（《春秋左传正义》）

晋·杜　预注
唐·孔颖达正义
唐·陆德明音义

初，郑武公娶于申，曰武姜。申国，今南阳宛县。○宛，於元反。娶，取住反。[疏]“初，郑武公娶于申，曰武姜”。○正义曰：杜以为凡倒本其事者，皆言初也。贾逵云“凡言初者，隔其年，后有祸福，将终之，乃言初也”。○注“申国，今南阳宛县”。正义曰：《外传》说伯夷之后曰“申吕虽衰，齐许犹在”，则申吕与齐许俱出伯夷，同为姜姓也。《国语》曰“齐许申吕由大姜”，言由大姜而得封也。然则申之始封亦在周兴之初，其后中绝，至宣王之时，申伯以王舅改封於谢。《诗·大雅·崧高》之篇，美宣王褒赏申伯云“王命召伯定申伯之宅”是其事也。《地理志》“南阳郡宛县：故申伯国”。宛县者，谓宣王改封之后也。以前，则不知其地。**生庄公及共叔段。**段出奔共，故曰共叔，犹晋侯在鄂，谓之鄂侯。○共音恭。共，地名。凡国名、地名、人名、字、氏族，皆不重音，疑者复出，后仿此。鄂，五各反。[疏]注“段出”至“鄂侯”。○正义曰：贾服以共为谥。谥法“敬长事上曰共”。作乱而出，非有共德可称，糊口四方，无人与之为谥，故知段出奔共故称共，犹下晋侯之称鄂侯也。**庄公寤生，惊姜氏，故名曰“寤生”，遂恶之。**寐寤而庄公已生，故惊而恶之。○寤，五故反。恶，乌路反。注同。[疏]“庄公寤生，惊姜氏，故名曰寤生，遂恶之”。○正义曰：谓武姜寐时生庄公，至寤始觉其生，故杜云“寐寤而庄公已生”。**爱共叔段，欲立之。**欲立以为太子。**亟请於武公，公弗许。及庄公即位，为之请制。公曰：“制，巖邑也，虢叔死焉。佗邑唯命。”**虢叔，东虢君也。恃制岩险而不脩德，郑灭之。恐段复然，故开以佗邑。虢国，今荥阳县。○亟，欺冀反，数也。为，于伪反。巖，五衔反，本又作嚴。虢，瓜伯反，国名。复，扶又反。[疏]注“虢叔”至“阳县”。○正义曰：僖五年传曰“虢仲、虢叔，王季之穆也”。《晋语》称文王“敬友二虢”，则虢国本有二也。晋所灭者，其国在西，故谓此为东虢也。《郑语》：史伯为桓公诈谋云：“虢叔恃势，郐仲恃险，晋有骄侈怠慢之心。君以成周之众，奉辞伐罪，无不克矣。”桓公从之。是其恃险而不脩德为郑灭之之事也。贾逵云“虢叔封西，虢仲封东”，而此云“虢叔，东虢君”者，言所灭之君字叔也。传云虢仲谮其大夫，谓叔之子孙字曰仲也。案传燕国有二，则一称北燕；邾国有二，则一称小邾。此虢国有二而经传不言东西者，於时东虢已灭，故西虢不称西；其并存之日，亦应以东西别之。《地理志》云“河南郡荥阳县”。应劭云：故虢国，今虢亭是也。**请京，使居之，谓之京城大叔。**公顺姜请，使段居京，谓之“京城大叔”，言宠异於众臣。京，郑邑，今荥阳京县。○大音泰，注及下皆同。

祭仲曰：“都城过百雉，国之害也。祭仲，郑大夫。方丈曰堵，三堵曰雉。一雉之墙，长三丈，高一丈。侯伯之城，方五里，径三百雉，故其大都不得过百雉。○过，古卧反，后不音者皆同。堵，丁古反。长，直亮反，又如字。高，古报反，又如字。径，古定反。**……先王之制，大都不过参国之一，**三分国城之一。○参，七南反，又音三。**中五之一，小九之一。今京不度，非制也。**不合法度，非先王制。[疏]“大都”至“九之一”。○正义曰：定以王城方九里，依此数计之，则王城长五百四十雉。其大都方三里，长一百八十雉；中都方一里又二百四十步，长一百八雉也；小都方一里，长六十雉也。公城方七里，长四百二十雉。其大都方二里又一百步，长一百四十雉也；中都方一里又一百二十步，长八十四雉也；小都方二百三十三步二尺，长四十六雉又二丈也。侯伯城方五里，长三百雉。其大都方一里又二百步，长百雉也；中都比王之小都；其小都方一百六十六步四尺，长三十三雉又一丈也。子男城比王之大都。其大都比侯伯之中都；其中都方一百八十步，长三十六雉也；小都方百步，长二十雉也。……其邑竟广狭无复定准，随人多少而制其都邑，故有大都小都焉。下邑谓之都，都亦一名邑。庄二十八年传曰"宗邑无主"，闵元年传曰"分之都城"，俱论曲沃，而都邑互言，是其名相通也。**君将不堪。公曰："姜氏欲之，焉辟害?"对曰："姜氏何厌之有？不如早为之所，**使得其所宜。○焉，於虔反。厌，於盐反。**无使滋蔓！蔓，难图也。蔓草犹不可除，况君之宠弟乎?"公曰："多行不义，必自毙，子姑待之。"**毙，踣也。姑，且也。○蔓音万。毙，婢世反，本又作獘，旧扶设反。踣，蒲北反。[疏]"无使滋蔓"。○正义曰：此以草喻也。草之滋长引蔓，则难可芟除，喻段之威势稍大，难可图谋也。○注"毙，踣也。"○正义曰：《释言》文也。孙炎曰："前覆曰踣。"**既而大叔命西鄙、北鄙贰於己。**鄙，郑边邑。贰，两属。**公子吕曰："国不堪贰，君将若之何？**公子吕，郑大夫。[疏]'国不堪贰'。○正义曰：两属，则赋役倍；赋役倍，则国人不堪也。**欲与大叔，臣请事之；若弗与，则请除之。无生民心。"**叔久不除，则举国之民当生他心。**公曰："无庸，将自及"。**言无用除之，祸将自及。**大叔又收贰以为己邑，**前两属者，今皆取以为己邑。**至于廪延。**言转侵多也。廪延，郑邑。陈留酸枣县北有延津。○廪，力锦反。**子封曰："可矣，厚将得众。"**子封，公子吕也。厚谓土地广大。**公曰："不义不暱，厚将崩。"**不义於君，不亲於兄，非众所附，虽厚必崩。○暱，女乙反，亲也。[疏]"厚将崩"。○正义曰：以墙屋喻也。厚而无基必自崩，喻众所不附将自败也。高大而坏谓之崩。

大叔完聚，完城郭，聚人民。○完音桓。[疏]注"完城郭，聚人民"。○正义曰：服虔以聚为聚禾黍也。段欲轻行袭郑，不作固守之资，故知聚为聚人，非聚粮也。完城者，谓聚人而完之，非欲守城也。**缮甲兵，具卒乘，**步曰卒，车曰乘。○缮，市战反。卒，尊忽反，步兵也，注及下同。乘，绳证反，注及下同。**将袭郑。夫人将启之。**启，开也。**公闻其期，曰："可矣!"命子封帅车二百乘以伐京。**古者兵车一乘，甲士三人，步卒七十二人。**京叛大叔段，段入于鄢，公伐诸鄢。五月，辛丑，大叔出奔共。**共国，今汲郡共县。○共音恭。汲，居及反。**书曰："郑伯克段于鄢。"段不弟，故不言弟；如二君，故曰"克"；称"郑伯"；讥失教也；谓之郑志，不言出奔，难之也。**传言夫子作《春秋》，改旧史以明义。不早为之所，而养成其恶，故曰"失教"。段实出奔，而以"克"为文，明郑伯志在於杀，难言其奔。○不弟，大计反，又如字。难，乃旦反，注同。[疏]"如二君，故曰克"。○正义曰：谓实非二君，俊杰强盛如是二君，伐而胜之然后称"克"，非谓真是二君也。若真是二君，则以"战"、"袭"、"败"、"取"为文。然既非二君，而杜注经云"以君讨臣而用二君之例"又似真二君者，但杜於彼应云"以君讨臣而用如二君之例"，略其"如"字，但云"而用二君"耳。准获麟之后史文，夫子未脩之前，应云"郑伯之弟段出奔共，与秦伯之弟鍼出奔晋同也"。

以其不弟，故不言弟；志在於杀，故不言奔。然则郑伯亦是旧史之文而得为新意者。……**遂寘姜氏于城颍，**城颍，郑地。○寘，之豉反，置也。**而誓之曰："不及黄泉，无相见也！"**地中之泉，故曰黄泉。**既而悔之。颍考叔为颍谷封人，**封人，典封疆者。○疆，居良反。［疏］注"封人，典封疆者"。○正义曰：《周礼·封人》掌"为畿封而树之"，郑玄云"畿上有封，若今时界也"。天子封人职典封疆，知诸侯封人亦然也。传言祭仲足为祭封人，宋高哀为萧封人，《论语》有仪封人，此言颍谷封人，皆以地名封人。盖封人职典封疆，居在边邑。颍谷、仪、祭，皆是国之边邑也。**闻之，有献於公。公赐之食。食舍肉。公问之。对曰："小人有母，皆尝小人之食矣，未尝君之羹，请以遗之。"**食而不啜羹，欲以发问也。宋华元杀羊为羹飨士，盖古赐贱官之常。○舍音捨。遗，唯季反，下同。啜，川悦反。华，户化反。［疏］注"食而"至"之常"。○正义曰：《礼·公食大夫》及《曲礼》所记大夫、士与客燕食，皆有牲体殽胾，非徒设羹而已。此与华元飨士唯言有羹，故疑是古赐贱官之常。**公曰："尔有母遗，繄我独无！"**繄，语助。○繄，乌兮反，又乌帝反。**颍考叔曰："敢问何谓也？"**据武姜在，设疑也。**公语之故，且告之悔。对曰："君何患焉？若阙地及泉，隧而相见，其谁曰不然？"**隧若今延道。○语，鱼据反。阙，其月反。隧音遂。**公从之，公入而赋："大隧之中，其乐也融融！"**赋，赋诗也。融融，和乐也。○乐音洛，注及下同。融，羊弓反。［疏］注"赋赋"至"乐也"。正义曰：赋诗谓自作诗也。中、融，外、洩，各自为韵。盖所赋之诗有此辞，传略而言之也。融融和乐，洩洩舒散，皆是乐之状，以意言之耳。服虔云："入"言公，"出"言姜，明俱出入互相见。**姜出而赋："大隧之外，其乐也洩洩！"**洩洩，舒散也。○洩，羊世反。**遂为母子如初。**

君子曰："颍考叔，纯孝也。"纯犹笃也。［疏］注"纯犹笃也"。○正义曰：《尔雅·释诂》训纯为大，则纯孝纯臣者，谓大孝大忠也。此纯犹笃者，言孝之笃厚也。**爱其母，施及庄公。《诗》曰：'孝子不匮，永锡尔类。'其是之谓乎！"**不匮，纯孝也。庄公虽失之於初，孝心不忘，考叔感而通之。所谓"永锡尔类"，诗人之作，各以情言；君子论之，不以文害意，故《春秋传》引《诗》不皆与今说诗者同，后皆仿此。○施，以豉反，又式智反。匮，其位反。［疏］……

烛之武退秦师（《春秋左传正义》）

晋·杜　预注
唐·孔颖达正义
唐·陆德明音义

九月，甲午，晋侯、秦伯围郑，以其无礼於晋，文公亡过郑，郑不礼之。○过，古禾反。**且贰於楚也。晋军函陵，秦军氾南。**此东氾也，在荥阳中牟县南。［疏］注"此东氾"。○正义曰：刘炫云："二十四年'王出適郑，处于氾'，注云'郑南氾也'。"《释例·土地名》僖二十四年"氾"下云"此南氾也"。周王出居于氾，楚伐郑师于氾，襄城县南氾城是也。此年"氾"下云"此东氾也"。秦军氾南，晋伐郑师于氾，荥阳中牟县南氾泽是也。杜考校既精，当不徒尔。寻讨传文，未见杜意。

佚之狐言於郑伯曰："国危矣！若使烛之武见秦君，师必退。"佚之狐、烛之武，皆郑大夫。○佚音逸。公从之。**辞曰："臣之壮也，犹不如人；今老矣，无能为也已。"**公曰：**"吾不能早用子，今急而求子，是寡人之过也。然郑亡，子亦有不利焉。"**许之。**夜，缒而出，**缒，县城而下。○缒，丈伪反。县音玄。**见秦伯曰：秦、晋围郑，郑既知亡矣。若亡郑而有益於君，敢以烦执事。**执事，亦谓秦。**越国以鄙远，君知其难也，**设得郑以为秦边邑，则越晋而难保。**焉用亡郑以倍邻？**陪，益也。○焉，於虔反，下"焉取之"同。倍，蒲回反。**邻之厚，君之薄也。若舍郑以为东道主，行李之往来，共其乏困，**行李，使人。○舍音捨，又如字。共音恭，本亦作供。使，所吏反。［疏］注"行李，使人"。○正义曰：襄八年传云"一介行李"，杜云"行李，行人也"。昭十三年传云"行理之命"，杜云"行理，使人"。李、理字异，为注则同，都不解"理"字。《周语》"行理以节逆之"，贾逵云："理，吏也，小行人也。"孔晁注《国语》，其本亦作"李"字，注云："行李，行人之官也"。然则两字通用。本多作"理"，训之为吏，故为行人、使人也。**君亦无所害。且君尝为晋君赐矣，许君焦、瑕，朝济而夕设版焉，君之所知也。**晋君，谓惠公也。焦、瑕，晋河外五城之二邑。朝济河而夕设版筑以距秦，言背秦之速。○朝，如字，注同。版音板。背音佩。**夫晋何厌之有？既东封郑，又欲肆其西封，**封，疆也。肆，申也。○厌，於盐反。疆，居良反。**不阙秦，焉取之？**［疏］"不阙秦，焉取之"。○正义曰：沈云"不阙秦家，更何处取之？"言有心取秦，先谋取郑。言灭秦以将利晋益大疆土。**阙秦以利晋，唯君图之。"秦伯说，与郑人盟。使杞子、逢孙、杨孙戍之，乃还。**三子，秦大夫，反为郑守。○说音悦。为，于伪反。**子犯请击之。公曰："不可。微夫人之力不及此。**请击秦也。夫人，谓秦穆公。○夫音扶，注同。**因人之力而敝之，不仁；失其所与，不知；以乱易整，不武。**秦晋和整，而还相攻，更为乱也。○知音智。**吾其还也。"亦去之。**

寡人之于国也（《孟子章句集注》）

宋·朱熹集注

梁惠王曰："寡人之于国也，尽心焉耳矣。河内凶，则移其民于河东，移其粟于河内。河东凶亦然。察邻国之政，无如寡人之用心者。邻国之民不加少，寡人之民不加多，何也？"寡人，诸侯自称，言寡德之人也。河内河东皆魏地。凶，岁不熟也。移民以就食，移粟以给其老稚之不能移者。**孟子对曰："王好战，请以战喻。填然鼓之，兵刃既接，弃甲曳兵而走。或百步而后止，或五十步而后止。以五十步笑百步，则何如？"曰："不可，直不百步耳，是亦走也。"曰："王如知此，则无望民之多于邻国也。**好，去声。填音田。填，鼓音也。兵以鼓进，以金退。直，犹但也。言此以譬邻国不恤其民，惠王能行小惠，然皆不能行王道以养其民，不可以此而笑彼也。杨氏曰："移民移粟，荒政之所不废也。然不能行先王之道，而徒以是为尽心焉，则末矣。"**不违农时，谷不可胜食也；数罟不入洿池，鱼鳖不可胜食也；斧斤以时入山林，材木不可胜用也。谷与鱼鳖不可胜食，材木不可胜用，是使民养生丧死无憾也。养生丧死无憾，王道之始也。**胜音升。数音促。罟音古。洿音乌。农时，谓春耕夏耘秋收之时。凡有兴作，不违此时，至冬乃役之也。不可胜食，言多也。数，密也。罟，网也。洿，窊下之地，水所聚也。古者网罟必用四寸之目，鱼不满尺，市不得粥，人不得食。山林川泽，与民共之，而有厉禁。草木零落，然后斧斤入焉。此皆为治之初，法制未备，且因天地自然之利，而撙节爱养之事也。然饮食宫室所以养生，祭祀棺椁所以送死，皆民所急而不可无者。今皆有以资之，则人无所恨矣。王道以得民心为本，故以此为王道之始。**五亩之宅，树之以桑，五十者可以衣帛矣；鸡豚狗彘之畜，无失其时，七十者可以食肉矣；百亩之田，勿夺其时，数口之家可以无饥矣；谨庠序之教，申之以孝悌之义，颁白者不负戴于道路矣。七十者衣帛食肉，黎民不饥不寒，然而不王者，未之有也。**衣，去声。畜，敕六反。数，去声。王，去声。凡有天下者人称之曰王，则平声；据其身临天下而言曰王，则去声。后皆放此。五亩之宅，一夫所受，二亩半在田，二亩半在邑。田中不得有木，恐妨五谷，故于墙下植桑以供蚕事。五十始衰，非帛不暖，未五十者不得衣也。畜，养也。时，谓孕子之时，如孟春牺牲毋用牝之类也。七十非肉不饱，未七十者不得食也。百亩之田，亦一夫所受。至此则经界正，井地均，无不受田之家矣。庠序，皆学名也。申，重也，丁宁反复之意。善事父母为孝，善事兄长为悌。颁，与斑同，老人头半白黑者也。负，任在背。戴，任在首。夫民衣食不足，则不暇治礼义；而饱暖无教，则又近于禽兽。故既富而教以孝悌，则人知爱亲敬长而代其劳，不使之负戴于道路矣。衣帛食肉但言七十，举重以见轻也。黎，黑也。黎民，黑发之人，犹秦言黔首也。少壮之人，虽不得衣帛食肉，然亦不至于饥寒也。此言尽法制品节之详，极财成辅相之道，以左右民，是王道之成也。**狗彘食人食而不知检，涂有饿莩而不知发；人死，则曰：'非我也，岁也。'是何异于刺人而杀之，曰：'非我也，兵也。'王无罪岁，斯天下之民至焉。"**莩，平表反。刺，七亦反。检，制也。莩，饿死人也。发，发仓廪以赈贷也。岁，谓岁之丰凶也。惠王不能制民之产，又使狗彘得以食人之食，则与先王制度品节之意异矣。至于民饥而死，犹不知发，则其所移特民间之粟而已。乃以民不加多，归罪于岁凶，是知刃之杀人，而不知操刃者之杀人也。不罪岁，则必能自反而益修其政。天下之民至焉，则不但多于邻国而已。程子曰："孟子之论王道，不过如此，可谓实矣。"又曰："孔子之时，周室虽微，天下犹知尊周之为义，故《春秋》以尊周为本。至孟子时，七国争雄，天下不复知有周，而生民之涂炭已极。当是时，诸侯能行王道，则可以王矣。此孟子所以劝齐梁之君也。盖王者，天下之义主也。圣贤亦何心哉？视天命之改与未改耳。"

思考与练习

一、分析以下著作的作者、成书时代、主要内容、学术成就和缺陷。

《尔雅》、《说文解字》、《释名》、《经籍纂诂》、《读书杂志》、《方言》、《经典释文》、《康熙字典》、《广雅疏证》

二、了解以下训诂学家的生平事迹，列举其主要著作，说明其主要训诂成就。

许慎、郑玄、杜预、裴松之、孔颖达、陆德明、朱熹、顾炎武、王念孙、段玉裁

三、说明以下训诂文句中的被释语、注释语和术语。

（示例：$\underset{\text{注释语}}{\underline{\text{六尺以上}}}\ \underset{\text{术语}}{\underline{\text{曰}}}\ \underset{\text{被释语}}{\underline{\text{马}}}$。）

1. 生之谓性。
2. 宫谓之室。
3. 晋君谓惠公也。
4. 掺掺犹纤纤也。
5. 憧憧往来不绝貌。
6. 蘋之言宾也。
7. 畀之为言与也。
8. 瞿读曰句。
9. 资当为齐。
10. 蒲或为浦。

四、解释名词。

古文经学、朴学、五经、随文释义、义疏、右文说、疑古学风、文例学、因声求义、乾嘉学派。

五、简答。

1. 综合说明社会历史文化状态和训诂学的关系。
2. 理顺训诂体式的古今发展线索。
3. 说说三种训诂方法的互补关系。

六、综合练习。

1. 阅读《论语集解》选段和《论语集注》选段，以此为例，结合本讲第二节内容，比较说明汉儒和宋儒训诂的异同。

东汉·何晏《论语集解》选段

子曰："学而时习之，不亦说乎？马曰：子者，男子之通称，谓孔子也。王曰：时者，学者以时诵习之。诵习以时，学无废业，所以为说怿。**有朋自远方来，不亦乐乎？**包曰：同门曰朋。**人不知而不愠，不亦君子乎？"**愠，怒也。凡人有所不知，君子不怒。

南宋·朱熹《论语集注》选段

子曰："学而时习之，不亦说乎？说、悦同。学之为言效也。人性皆善，而觉有先后，后觉者必效先觉之所为，乃可以明善而复其初也。习，鸟数飞也。学之不已，如鸟数飞也。说，喜意也。既学而又时时习之，则所学者熟，而中心喜说，其进自不能已矣。程子曰："习，重习也。时复思绎，浃洽于中，则说也。"又曰："学者，将以行之也。时习之，则所学者在我，故说。"谢氏曰："时习者，无时而不习。坐如尸，坐时习也；立如齐，立时习也。"**有朋自远方来，不亦乐乎？**乐，音洛。朋，同类也。自远方来，则近者可知。程子曰："以善及人，而信从者众，故可乐。"又曰："说在心，乐主发散在外。"**人不知而不愠，不亦君子乎？"**愠，纡问反。愠，含怒意。君子，成德之名。尹氏曰："学在己，知不知在人，何愠之有。"程子曰："虽乐于及人，不见是而无闷，乃所谓君子。"愚谓及人而乐者顺而易，不知而不愠者逆而难，故惟成德者能之。然德之所以成，亦曰学之正、习之熟、说之深，而不已焉耳。程子曰："乐由说而后得，非乐不足以语君子。"

2. 阅读唐代李善的《文选·陈情事表》注：（1）分析李善注解的特点和不

足。(2) 把全部注文翻译为现代汉语，注意加上正确的标点符号。

陈情事表

李令伯华阳国志曰：李密，字令伯，父早亡，母何氏更適人，密见养於祖母，事祖母以孝闻，侍疾，日夜未尝解带。蜀平後，晋武帝徵为太子洗马。诏书累下，郡县逼迫，密上书。武帝览其表曰：密不空有名者也。嘉其诚款，赐奴婢二人，使郡县供其祖母奉膳。祖母卒，服终，徙尚书郎，为河内温令，左迁汉中太守，一年去官，卒。密一名虔。

臣密言：臣以险衅，夙遭闵凶。贾逵《国语注》曰：衅，兆也。《左氏传》楚少宰曰：寡君少遭闵凶。**生孩六月，慈父见背。**《孟子》曰：孩提之童。赵岐曰：知孩笑可提抱也。《文子》曰：慈父之爱子，非求报。**行年四岁，舅夺母志。**《庄子》田开之曰：单豹行年七十。《毛诗序》曰：卫世子蚤死，其妻守义，父母欲夺而嫁之。**祖母刘，愍臣孤弱，躬亲抚养。**《毛诗》曰：父兮生我，母兮鞠我，抚我畜我，长我育我。毛苌曰：鞠，养也。**臣少多疾病，九岁不行，零丁孤苦，至于成立。**李陵《赠苏武诗》曰：远处天一隅，苦困独伶丁。《国语》曰：晋赵文子冠，韩献子戒之曰：此之谓成人。《论语》曰：三十而立。**既无伯叔，终鲜兄弟。**毛诗曰：终鲜兄弟，维予与女。**门衰祚薄，晚有儿息。**《字书》曰：祚，福也。**外无期功强近之亲，内无应门五尺之僮。**《孙卿子》曰：仲尼之门，五尺竖子，羞言五伯。**茕茕独（一作孑）立，形影相吊。**曹植《责躬表》曰：形影相吊，五情愧赧。**而刘夙婴疾病，常在床蓐；臣侍汤药，未曾废离。**

逮奉圣朝，沐浴清化。前太守臣逵察臣孝廉，後刺史臣荣举臣秀才。臣以供养无主，辞不赴命。诏书特下，拜臣郎中，寻蒙国恩，除臣洗马。朱浮书曰：同被国恩。如淳《汉书注》曰：凡言除者，除故官，就新官也。《汉书》曰：太子属官有洗马。如淳曰：前驱也。**猥以微贱，当侍东宫，非臣陨首所能上报。**《广雅》曰：猥，顿也。《汉书》谷永上书王凤曰：齐客陨首公门，以报恩施。《史记》曰：孟尝君相齐，使其舍人魏子收邑，三反而不致。孟尝君问其故，对曰：有贤窃假之。数年，或毁孟尝，孟尝乃奔。魏子所与粟贤者闻之，乃上书言孟尝不作乱，请身盟。遂自刎宫门，以明孟尝。**臣具以表闻，辞不就职。诏书切峻，责臣逋慢。郡县逼迫，催臣上道；州司临门，急於星火。臣欲奉诏奔驰，则刘病日笃；欲苟顺私情，则告诉不许。臣之进退，实为狼狈。**《孔丛子》孔子曰：吾於狼狈见圣人之志。荀悦《汉纪论》曰：周勃狼狈失据，块然囚执。

伏惟圣朝以孝治天下，凡在故老，犹蒙矜育，《尔雅》曰：矜，怜也。**况臣孤苦，特为尤甚。且臣少仕伪朝，历职郎署，本图宦达，不矜名节。**郑玄《礼记注》曰：矜，谓自尊大也。**今臣亡国贱俘，至微至陋，**贾逵《国语注》曰：伐国取人曰俘。**过蒙拔擢，宠命优渥，**《毛诗》曰：既优既渥。**岂敢盘桓，有所希冀！**《周易》曰：初九，盘桓利居贞。**但以刘日薄西山，气息奄奄，**杨雄《反骚》曰：临汨罗而自陨兮，恐日薄於西山。《广雅》曰：奄，困迫也。**人命危浅，朝不虑夕。**《左氏传》赵孟曰：朝不谋夕，何其长也？**臣无祖母，无以至今日；祖母无臣，无以终馀年。**《鹦鹉赋》曰：匪馀年之足惜。**母孙二人，更相为命，是以区区不能废远。臣密今年四十有四，祖母刘今年九十有六，是臣尽节於陛下之日**

长，报养刘之日短也。乌鸟私情，愿乞终养。葛龚丧伯父还传记曰：乌鸟之情，诚窃伤痛。《毛诗》曰：蓼莪，孝子不得终养也。

臣之辛苦，非独蜀之人士及二州牧伯所见明知，皇天后土，实所共鉴。《左氏传》晋大夫曰：皇天后土，实闻君之言。**愿陛下矜愍愚诚，听臣微志，庶刘侥幸，保卒馀年。**《礼记》曰：子曰：小人行险以侥幸。侥与徼同，古尧切。**臣生当陨首，死当结草。**陨首，已见上文。《左氏传》曰：晋魏颗败秦师於辅氏，获杜回，秦之力人也。初，魏武子有嬖妾，无子。武子疾，命颗必嫁是。疾病，曰：必为殉。颗嫁之，曰：疾病则乱，吾从其治也。及辅氏之役，魏颗见老人结草以亢杜回，杜回踬而颠，故获之。夜梦之曰：余，而所嫁妇人之父也。**臣不胜犬马怖惧之情，谨拜表以闻。**《史记》丞相青翟曰：臣不胜犬马心。

3. 假定阅读对象是大学文科学生，请你借助资料，自定体例，给下文作注。

黄淮传 （《明史》）

黄淮，字宗豫，永嘉人。父性，方国珍据温州，遁迹避伪命。淮举洪武末进士，授中书舍人。成祖即位，召对称旨，命与解缙常立御榻左，备顾问。或至夜分，帝就寝，犹赐坐榻前语，机密重务悉预闻。既而与缙等六人并直文渊阁，改翰林编修，进侍读。议立太子，淮请立嫡以长。太子立，迁左庶子兼侍读。永乐五年，解缙黜，淮进右春坊大学士。明年与胡广、金幼孜、杨荣、杨士奇同辅导太孙。七年，帝北巡，命淮及蹇义、金忠、杨士奇辅皇太子监国。十一年，再北巡，仍留守。明年，帝征瓦剌还，太子遣使迎稍缓，帝重入高煦谮，悉征东宫官属下诏狱，淮及杨溥、金问皆坐系十年。

仁宗即位，复官。寻擢为通政使，兼武英殿大学士，与杨荣、金幼孜、杨士奇同掌内制。丁母忧，乞终制。不许。明年，进少保、户部尚书，兼大学士如故。仁宗崩，太子在南京。汉王久蓄异志，中外疑惧，淮忧危呕血。宣德元年，帝亲征乐安，命淮居守。明年以疾乞休，许之。父性年九十，奉养甚欢。及性卒，赐葬祭，淮诣阙谢。值灯时，赐游西苑，诏乘肩舆登万岁山。命主会试，比辞归，饯之太液池，帝为长歌送之，且曰："朕生日，卿其复来。"明年入贺。英宗立，再入朝。正统十四年六月卒。年八十三，谥文简。

淮性明果，达于治体。永乐中，长沙妖人李法良反。仁宗方监国，命丰城侯李彬讨之。汉王忌太子有功，诡言彬不可用。淮曰："彬，老将，必能灭贼，愿急遣。"彬卒擒法良。又时有告党逆者。淮言于帝曰："洪武末年已有赦禁，不宜复理。"吏部追论"靖难"兵起时，南人官北地不即归附者，当编戍。淮曰："如是，恐示人不广。"帝皆从之。阿鲁台归款，请得役属吐蕃诸部，求朝廷刻金作誓词，磨其金酒中，饮诸酋长以盟。众议欲许之。淮曰："彼势分则易制，一则难图矣。"帝顾左右曰："黄淮论事，如立高冈，无远不见。"西域僧大宝法王来朝，帝将刻玉印赐之，以璞示淮。淮曰："朝廷赐诸番制敕，用'敕命'、'广运'二宝。今此玉较大，非所以示远人、尊朝廷。"帝嘉纳。其献替类如此。然量颇隘，同列有小过，辄以闻。或谓解缙之谪，淮有力焉。其见疏于宣宗也，亦谓杨荣言"淮病瘵，能染人"云。

阅读与参考书目

(清) 阮元．十三经注疏．北京：中华书局，1980
(清) 段玉裁．说文解字注．上海：上海古籍出版社，1981
许嘉璐．传统语言学词典．武汉：湖北教育出版社，1990
周大璞．训诂学初稿．武汉：武汉大学出版社，2007
陆宗达、王宁．训诂方法论．北京：中国社会科学出版社，1983
李建国．汉语训诂学史．上海：上海辞书出版社，2002
何九盈．中国古代语言学史．广州：广东教育出版社，1995

教学大纲

说　明

一、以专题的形式编写古代汉语选修课教材，这是编者的一种尝试。既然作中文专业选修课之用，就得考虑它与古代汉语基础课程的区别，要有一定的学术含量和知识的深度与宽度。因此，本教材力图适度吸收时贤的研究成果，加入编者个人的研究体会，希望给读者提供一些新鲜信息，拓宽一点学术视野；但作为本科层次的教材，又不能写得像学术专著，需要深入浅出，条理分明，兼顾到教材的学术性与可接受性。

二、古代汉语知识纷繁而复杂，我们的七个专题大致涵括了古代汉语的基本理论和基础知识。按照突出重点、强调实用的原则，不追求学科知识的系统全面，而是注意与古代汉语基础课相关知识衔接，尽量将重点、难点凸显出来。有的说法可能还不稳妥，并非定论，提出来是为了启发学生思考，激发学生兴趣，以培养学生分析古代语言文字的能力和解读古代文献的能力。在每讲之后，都列举了一批重要书目，供学生阅读参考。

三、本教材与古代汉语基础课教材不同，没有采取文选、常识、常用词三结合的模式，而是集中介绍古代汉语基本理论和相关知识。这是由课程作为选修课的定位所决定的。但我们力求避免空讲理论而不切实际的弊端，选取了丰富的用例和具体问题予以分析、印证。本教材主要面向师范院校中文系学生，因此在内容安排和例证的选用方面努力与中学古文教学相结合，使之具有一定的针对性。

各讲教学大纲

第1讲　文　字

◎ 学习目的和要求

认识传统“六书”的定义，学习运用六书理论分析汉字形体；掌握“三字”的相关知识，认识常见的古今字、异体字，正确使用繁简字。

◎ 本讲主要内容

本讲的主要内容是“六书”、“三字”。“六书”的内容有：象形、指事、会意、形声、转注、假借的定义，运用六书的理论分析字形，一些常用汉字的形义分析。“三字”的内容有，古今字的认识，异体字形成原因认识，繁简字对应关系认识。

第一节　概说

教材设计说明：

本节共两个部分，一是概述古汉语文字学知识的范围，二是文字学史的简要介绍。

学习目的：

了解古汉语文字学知识的对象，它不同于普通文字学，也不同于古文字学，它服务于阅读古代一般的文言文与从事中学文言文教学。了解汉字研究的简要历史与《说文解字》等一些汉字字形分析的重要著作。

主要知识点：

文字学、古文字学、古汉语文字学的定义；汉代研究文字的重要成果；唐宋时期的文字学研究；清代的《说文》研究。

教学提示：

讲解本节可参考经本植先生《古汉语文字学知识》。介绍古汉语文字学的一些基本术语与文字学史的一些基本知识。

第二节　汉字的起源及其形体的演变

教材设计说明：

本节共两个部分，一是关于汉字起源的知识，二是汉字形体的演变。

学习目的：

了解汉字起源的知识及汉字形体演变的过程。

主要知识点：

关于汉字起源的各种说法。古文字的概念，甲骨文的不同名称、金文的不同名称，古今文字的区别。

教学提示：

本节内容教学可参考经本植先生《古汉语文字学知识》。用一些图文资料介绍汉字起源的知识。

第三节　汉字的结构

教材设计说明：

本节为六书知识的主要部分，内容丰富。共四个部分，象形、指事、会意，形声，转注，假借。阐述各种造字方法的定义，结合展开了大量的实例分析。

学习目的：

掌握六书理论，并能运用其理论分析常见汉字的形体意义。

主要知识点：

传统六书定义；一些常用部首和常用汉字的形义分析；形声字的形符和声符的表义作用；转注、假借字产生的原因。

教学提示：

本节内容教学可参考高亨先生《文字形义学概论》、约斋《字源》等，让学生通过较多的阅读与一定数量的练习了解传统六书理论。

第四节　字形的变易

教材设计说明：

本节共三个部分，一是关于古今字的知识，二是关于异体字的知识，三是关于繁简字的知识。

学习目的：

了解汉字字形变易的相关知识，正确理解字形变易现象，运用规范的汉字，能写简识繁。

主要知识点：

古今字的定义，古今字产生的原因，古今字之间的关系，正确对待古今字；异体字形成的原因；繁简字的对应关系 等。

教学提示：

本节内容教学可参考杨五铭先生《文字学》等。这一节的实用性很强，要求学生在理论上区分古今字与通假字的关系，并结合所学文选的具体材料将理论用于实践。

第2讲　词　汇

◎ 学习目的和要求

了解汉语的词的形义演变，了解汉语词义演变的基本规律，学会分析汉语常用实词的词义演变。

◎ 本讲主要内容

本讲的主要内容是词形与词义。词形主要讲双音词的结构，词义主要讲词义的引申。词义引申注重讲词义引申的类型与方式，同时，通过词的古义与今义的分析，同义词词义的辨析来讲述一些常用词的词义。

第一节　引论

教材设计说明：

本节是词汇部分的一个概述，主要讲语言三要素中，词汇发展变化的特点，以及词汇发展演变的不同类型。

学习目的：

认识词汇演变在语言演变中的地位以及词汇演变的不同类型。

主要知识点：

主要是古今都用，意义发生了一些变化的词。

教学提示：

本节教学可参阅何九盈、蒋绍愚先生《古汉语词汇讲话》，理解词义发展的总体趋势。

第二节 词形

教材设计说明：

古汉语词汇的形式分单音词和双音词。认识单音词需要了解单音词和特点，认识双音词需要了解其内部结构。这是本节的两个方面。

学习目的：

通过本节的学习，认识古汉语单音词所具有的多义性、灵活性、能产性，学会分析古汉语双音词和内部结构，尤其是古汉语复合词的内部结构。

主要知识点：

古汉语单音词的多义性、灵活性、能产性；联绵词的认识；复音词；复合词的类型认识；联合式复音词的表义特点；对义复合词的偏义等。

教学提示：

本节教学可参考赵克勤先生《古汉语词汇概要》，注意引导学生培养对古汉语词形的分析习惯。

第三节 词的本义与引申义

教材设计说明：

本节谈本义与引申义问题。本义问题谈本义的定义与本义推求的方法，引申义问题谈词义引申的类型与方式。

学习目的：

学习者要求掌握求本义的基本方法，学会分析汉语词义的引申。

主要知识点：

关于本义的定义，推求本义的方法；词义引申的定义，词义引申的类型，关于词义引申的体用类型、词义引申的方式、词义分析举例

教学提示：

本节教学可参考陆宗达、王宁《训诂方法论》中“谈‘比较与证’的训诂方法”一节，同时要求学生结合练习要求进行词义引申分析。

第四节 古义和今义

教材设计说明：

本节的设置是为了让学习者尽可能多地接触古汉语的常用词，了解其词义的演变。

学习目的：

掌握古今词义差别类型，掌握一些常用词古今意义的不同。

主要知识点：

古今词义演变的类型：词义的扩大、词义的缩小、词义的转移、词义感情色彩的变化。

教学提示：

讲授本节可参阅王力《古代汉语》第一册相关部分，同时让学生注意将词义

的古今演变结合词义引申的类型来认识。

第五节　同义词辨析

教材设计说明：

本节的设置是为了让学习者从联系中掌握一些常用词词义，进而正确运用同义词。

学习目的：

了解同义词的类型，掌握同义词的常见辨析方法。

主要知识点：

同义词的形成和变化；辨析同义词的方法。

教学提示：

讲授本节可参阅何九盈、蒋绍愚《古汉语词汇讲话》与目前流行的各种古代汉语教材，就辨析同义词的方法展开讨论。并要求结合文献对词义作出较为准确的理解。

第3讲　语　法

◎ 学习目的和要求

在学习《古代汉语》课程语法知识的基础上，对古代汉语中比较特殊而又重要的几种语法现象及其规则有进一步的认识和了解，提高对古代语言的理解分析能力。

◎ 本章节主要内容

古代汉语的词类活用及名词用作状语；几种特殊的动宾关系及其辨析；古代汉语的特殊语序：宾语前置、谓语提前、定语后置；古代汉语判断句的特点、发展以及判断词“是”的产生和来源；古代汉语被动表示法的几种主要方式；古代汉语代词的特点和一些主要代词的语法功能；古代汉语常用虚词（介词、连词、语气词）的用法和特点。

第一节　词类活用

教材设计说明：

本节分为四个部分：1. 词类活用的定义；词类活用与词的兼类的关系；词类活用与词义引申的关系；判定词类活用的原则。2. 名词活用作动词；3. 数词、代词、形容词活用作动词；4. 名词用作状语。

学习目的：

对什么是词类活用有正确的认识，澄清一些似是而非看法；能结合语境准确辨认几类活用的词，并能说明其语法特点及意义。认识到名词用作状语不属于词类活用，但在古代汉语中常见，又与现代汉语有不同之处；了解名词用作状语的特点和各种类型，并能结合语境准确辨认，说明其语法作用及意义。

主要知识点：

词类活用的内涵和外延；把握好辨析词类活用的原则和语法条件，不能随意扩大词类活用的范围；词类活用不仅仅是语法问题，也涉及词义问题、修辞问题；对名词用作状语的正确辨认，重点弄清“表比喻”和“表态度”的区别。

教学提示：

结合典型的具体例证分析，掌握词类活用、名词用作状语的特点。

第二节　特殊动宾关系

教材设计说明：

本节分为三个部分：1. 使动用法；2. 意动用法；3. 其他特殊动宾关系，包括为动、对动、因动用法以及双宾语。

学习目的：

掌握使动用法、意动用法的基本特点，使动用法和意动用法的主要区别；结合语境正确辨认名词、动词、形容词的使动用法和名词、形容词的意动用法。了解为动、对动、因动几种动宾关系的语义类型和特点，弄清古代汉语双宾语的语义关系，并正确分析辨认。

主要知识点：

使动用法和意动用法不能用词类活用来涵括；应着眼于句子的语义关系辨认解释使动用法、意动用法，不能拘泥于词语自身；使动用法与兼语式、使成式、处置式的关系；意动用法与“以为”、“以……为”式。

教学提示：

结合典型例证，开展课堂讨论，对易生混误的几类特殊动宾关系进行辨析。

第三节　语序

教材设计说明：

本节主要介绍古代汉语中比较特殊的语序：1. 宾语在一定条件下置于谓语动词或介词之前；2. 谓语有时可以提到主语之前；3. 定语有时可以置于中心语之后。

学习目的：

掌握宾语前置的各种格式及前置条件，能利用语境辨认前置宾语并准确翻译。了解感叹句和疑问句中谓语前置的句式，并正确翻译。了解定语后置的几种格式，正确理解和翻译有关文句。

主要知识点：

认识到代词宾语前置是古代汉语的正常现象，具有规律和条件限制；复指前置宾语的代词“之、是、焉、斯”的作用；辨析确认直接作前置宾语的代词“是”与表复指的代词“是”；阅读古文时正确还原后置的定语。

教学提示：

参看王力《汉语语法史》198～202 页。

第四节　判断句

教材设计说明：

本节主要介绍古代汉语判断句的几种基本类型；判断句中“是”的词性归属；探讨判断词“是”产生的时代，以及“是”作判断词的来源；分类介绍用判断句的形式表达复杂内容的几种情况。

学习目的：

正确理解古代汉语判断句用名词谓语直接表示判断的特点。认识判断词“是”何以由指示代词“是”演变而来。了解用“是”表判断的判断句的演变与发展。根据语境准确翻译判断句活用的各类句式。

主要知识点：

古代汉语判断句的几种基本类型；准确辨认判断句中充当主语和谓语的代词

“是”；辨析“是”为代词还是判断词的基本标准；判断词“是”的形成原因及时间。

教学提示：

参看郭锡良《汉语史论集》106～123 页。对判断词“是”产生的时代、来源、原因等问题开展课堂讨论。

第五节 被动表示法

教材设计说明：

本节主要介绍古代汉语两类被动句：有表示被动关系形式标志的被动句和无形式标志的被动句。有形式标志的被动句有：“于”字句、“为”字句、“为……所”句、“见”字句、“见……于”句、“被”字句。无形式标志的被动句又称“意念上的被动句”，只能根据主语同谓语动词的施受关系来确定。无形式标志的被动句主要分为两类：“受事主语＋动”式，“受事主语＋动＋宾”式。

学习目的：

掌握具有形式标志被动句的几种类型，能分别说明其构成特点，并在古文阅读中准确辨认和翻译。了解无形式标志被动句的主语同谓语动词之间的施受关系，根据文意分清是主动句还是被动句。

主要知识点：

几种有形式标志被动句的构成方式及其特点；“于”字句表被动意义与非被动意义的区分；“见”字句表被动意义与表主动意义的区分；“被”字表被动的演变过程及作为被动助词的形成时间和标志；无形式标志的被动句的辨析认定及准确翻译。

教学提示：

举典型例证，引导学生辨认、分析是否被动句，正确理解翻译。

第六节 代词

教材设计说明：

本节分类说明人称代词、指示代词、疑问代词的语法功能和意义。此外，介绍一些用法比较特殊的代词：无定代词“或、莫、无”，旁指代词“他”，兼用代词“焉、诸”，辅助代词“者、所”。

学习目的：

概括了解古代汉语代词的基本特点；掌握几类代词中一批重要代词，尤其是特殊代词的语法功能和意义；能在古文阅读中正确辨认这些代词并作出解释。

主要知识点：

第一、第二人称代词的繁复性特点；第一、第二人称代词后的“侪、辈、属、曹、等”词的意义和功能；谦称和尊称的正确辨认和解释；近指代词“是、此、斯”的区别；旁指代词“他”与第三人称代词；“焉、诸”一身兼有两词作用的正确理解；“者”和“所”的语法功能及意义；“所＋介＋动”式所字结构的理解翻译。

教学提示：

结合例证，对众多且复杂的代词用法进行比较辨析。

第七节 虚词

教材设计说明：

本节主要介绍三类虚词的语法功能。1. 介词“于、以、为”；2. 连词：单音节连词“而、则、之”以及双音节连词（词组）“然则、虽然、然而”；3. 语气词：句尾语气词“也、矣、哉、夫、乎、与、邪”，句首语气词“夫、且夫、若夫、故夫、今夫、其”，句中语气词“也、其”。

学习目的：

了解古代汉语虚词的主要特点；熟练掌握一批常用虚词的语法功能和意义；能根据语境正确理解这些虚词并作出解释。

主要知识点：

了解介词“于”的多种用法，以及“于”所表示的语法意义不够严密、需据文意灵活翻译的特点；了解介词“以”的复杂用法并正确辨认和翻译；认识连词“而”的基本功能与具有多种用法的关系，根据文意正确加以解释；连词“然而”的组合特点及多种用法；把握连接主语和谓语、主语和介词结构的连词“之”的语法功能；把握一个语气词在不同类型的句子中所表示的语气会有变化，但其基本的语气是固定的这一特点，正确解释各类语气词；掌握语气词“也”和“矣”的主要区别；把握句首语气词“夫”的功能，正确分辨代词“夫”和句首语气词“夫”。

教学提示：

应从把握虚词的基本语法功能入手，破解其复杂多变的难点。

第 4 讲　修　辞

◎ 学习目的和要求

古代汉语修辞方式纷繁复杂，有的修辞方式今天已不常见，成为阅读古文的拦路虎。通过本讲的学习，掌握古代汉语中几种重要修辞方式的表达特点，提高准确理解和解释古书的能力。

◎ 本讲主要内容

本讲主要介绍比较重要的五种修辞方式及其表达特点。它们是：委婉；并提；互文；割裂；同义连用。

第一节　委婉

教材设计说明：

本节主要介绍委婉修辞方式的表达特点，委婉方式产生的原因以及相应的几种表现手法：避忌讳；避粗俗；避冒犯；避直白；表谦敬。

学习目的：

了解委婉的表达特点；结合上下文正确辨认委婉修辞方式，理解说话人通过委婉方式传达出的实际信息、如何达到合宜的表达效果。

主要知识点：

委婉方式产生的原因；弄清委婉含蓄婉转、转弯抹角的言辞背后的真实意义，做出正确的解释。

教学提示：

结合典型用例开展讨论。

第二节　并提

教学设计说明：

本节介绍并提修辞方式的表达特点，以及并提式结构分承关系的一般规则。

学习目的：

1. 了解并提的表达特点和表达效果；2. 结合文句及相关知识正确理解并提式表达的语义内容；3. 认识并提式表达上的消极因素。

主要知识点：

并提式结构中，词语分承关系的规则；应结合文章背景及相关知识解释并提式表达的语义内容，避免理解上的失误。

教学提示：

选例要典型，分析要透彻。

第三节　互文

教学设计说明：

本节介绍互文修辞方式的表达特点；互文的两种情况：单句互见和对句互见。

学习目的：

1. 了解互文的表达特点；2. 结合上下文正确识别互文，并准确解释通过互文修辞方式表达的实际意义。

主要知识点：

单句互见与对句互见的辨认区分；互见的词语或句子的确定；互文表达上的复杂情况。

教学提示：

开展课堂讨论。

第四节　割裂

教学设计说明：

本节介绍割裂修辞方式的表达特点；割裂的三种情况：1. 截取句子的一部分指代另一部分的意思；2. 截取部分表示整个句子的意思；3. 截取部分表示新的意思。

学习目的：

1. 了解割裂的表达特点；2. 结合上下文意准确辨认截取的部分及所表示的意思；3. 认识割裂修辞方式的消极因素及造成的不良后果。

主要知识点：

割裂三种情况的辨认区别；割裂与用典、引用的密切关系；注意割裂表达方式的随意性。

教学提示：

结合典型例证分析，弄清割裂的特点。

第五节　同义连用

教学设计说明：

本节介绍同义连用修辞方式的表达特点；同义连用的类型；同义连用的修辞作用；解释同义连用的注意要点。

学习目的：

1. 了解同义连用的表达特点；2. 能结合文意对类型多样、运用广泛的同义连用做出正确的解释。

主要知识点：

同义连用属于几个词语的临时组合；正确认识在单音节词为主的上古汉语中，同义连用出现的原因；把握解释同义连用时应当求其同而不必寻其异的原则。

教学提示：

讨论同义连用表义的特殊性。

第5讲 音 韵

◎ 学习目的和要求

学习音韵学要掌握、领会汉语音韵学的基本概念和术语，在此基础上，再学习有关韵书与韵图的知识，重点是学习《广韵》，尤其是《广韵》所代表的中古音系统；要能够通过分析韵图，了解韵图所体现的语音系统；然后，学习上古、中古、近代的语音系统，以中古音系统为学习重点和难点。要求具有历史的发展的语音观念，做到理论和实践相结合，把音韵学的学习和古代汉语、现代汉语及方言结合起来，能够解决古代汉语、现代汉语和方言中具体的语音问题。

◎ 本讲主要内容

说明什么是音韵学，指出音韵学之功用、材料和方法，系统分析汉语音韵学的基本概念和术语，主要讲韵书与韵图，具体讲《切韵》以前的韵书、《切韵》系韵书和《广韵》，在此基础上，详细讲中古音系，再介绍《广韵》以后的几种韵书和韵图；近代音系主要讲《中原音韵》和《韵略易通》，具体分析近代音系的声母、韵母、声调系统，以及中古以后的声母和韵母变化；最后讲上古音系，主要是上古汉语韵母系统、声母系统和声调系统。

第一节 绪论

教材设计说明：

本节共三个部分，什么是音韵学，音韵学的功用，研究音韵学的材料和方法。

学习目的：

理解音韵学的含义，领会音韵学的功用，重点掌握研究音韵学的材料和方法。

主要知识点：

音韵学；语音系统；音韵学的功用；研究音韵学的材料和方法。

教学提示：

在已有现代汉语、古代汉语、语言学概论的知识基础上，详细分析和掌握音韵学的功用、研究音韵学的材料和方法。

第二节 汉语音韵学的基本概念和术语

教材设计说明：

本节共两个部分：1. 声母的基本概念；2. 韵母的基本概念。

学习目的：

真正了解、掌握汉语音韵学的基本概念和术语。

主要知识点：

声母、五音、七音、九音、清浊、字母、三十字母、三十六字母、韵母、等呼、洪细、音类、音值、开合、阴声韵、阳声韵、入声韵等。

教学提示：

通过系统讲解和练习帮助学生具体把握汉语音韵学和声韵调有关的基本概念和术语。

第三节 韵书与韵图

教材设计说明：

本节内容是本讲学习的重点和难点。具体有：《切韵》以前的韵书：李登《声类》和《切韵》序提到的几家；《切韵》系韵书：《切韵》、切韵序、孙愐《唐韵》、王仁昫《刊谬补缺切韵》；《广韵》部分重点讲《广韵》的版本，《广韵》和《切韵》的异同，《广韵》的体例和作用，广韵206韵目系统和四声表，《广韵》反切上字表，反切系联法以及《广韵》的声类、声母和韵类、韵母；介绍中古音的声母、韵母，中古韵母音值表，《广韵》反切下字表，中古音的声调。介绍《广韵》以后的几种韵书和韵图：1.《韵镜》的产生和作用、体例，《韵镜》对中古声母和韵母的分析；2.《集韵》，《集韵》和《广韵》的异同；3《壬子新刊礼部韵略》，“平水韵”106韵及对《广韵》206并；4.《七音略》的声母、韵部和声调；5.《四声等子》介绍，十六摄的目次和所辖《广韵》韵目，206韵的等呼；6.《切韵指掌图》的声母、韵部和声调。

学习目的：

了解《切韵》以前的韵书和《切韵》系韵书，通过阅读《切韵序》领会《切韵》的性质，多角度比较《切韵》和《广韵》的异同，把握《广韵》的体例和作用，分析广韵206韵系统和四声相配表，掌握反切系联法，归纳《广韵》的声类和韵类，然后通过分析《广韵》的声类和韵类，寻求《广韵》的声母和韵母；掌握中古音的声母、韵母、声调系统和中古韵母音值表；学会利用《广韵》反切上字表、反切下字表分析《广韵》音系和中古音系；基本了解《广韵》以后的几种韵书和韵图，掌握“平水韵”106韵和十六摄以及所辖《广韵》韵目。

主要知识点：

李登《声类》、《切韵》、切韵序、《唐韵》、《刊谬补缺切韵》；《广韵》、《广韵》版本，《广韵》体例和作用；206韵目系统、《广韵》反切上字表、反切系联法、声类、韵类、中古音声母、中古音韵母、中古韵母音值表、反切下字表、中古音声调；《韵镜》、《集韵》、《壬子新刊礼部韵略》、《七音略》、《四声等子》、十六摄206韵的等呼、《切韵指掌图》。

教学提示：

讲授注意重点突出，难点清晰。在掌握基础知识的前提下，系统讲清一系列韵书韵图，核心在于《广韵》系统和中古音系统。多做练习，和现代汉语及其方言进行比较。

第四节 近代音系

教材设计说明：

本节内容主要讲《中原音韵》及其反映的语音系统，兼及《韵略易通》，具体分析近代音系的声母、韵母、声调系统，以及中古以后的声母、韵母、声调变化。

学习目的：

1. 了解《中原音韵》及其反映的语音系统，掌握近代音系的声母、韵母、声调系统。2. 领会中古以后的声母、韵母、声调变化，要能够和现代汉语及其方言进行比较。

主要知识点：

《中原音韵》，《韵略易通》；浊声母的清化，知组、庄组、章组三组声母合流；二呼四等变为四呼；韵母的合并；平分阴阳；浊上变去；入派三声。

教学提示：

掌握《中原音韵》及其反映的语音系统，对语音的演变如浊声母的清化，知组、庄组、章组三组声母合流，二呼四等变为四呼，韵母的合并，平分阴阳，浊上变去，入派三声等等要有清晰的理解，要能够和现代汉语及其方言进行比较。

第五节　上古音系

教材设计说明：

本节主要介绍上古音系研究的历史和上古音系的韵母、声母、声调系统，在此基础上，对有关上古音系的韵母、声母、声调系统的种种理论、学说有详细的介绍。

学习目的：

1. 掌握上古音系的韵母、声母、声调系统。2. 了解有关上古音系的韵母、声母、声调系统的种种理论、学说。

主要知识点：

上古音韵部分部的过程，各家具体的分部和特点，三十韵部、系统性和拟音；上古声母的种种理论如古无轻唇音，古无舌上音，娘日二纽归泥，喻三归匣、喻四归定，照二归精、照三归端等；上古汉语的复辅音声母有无的问题；前人关于上古声调的种种理论。

教学提示：

要把上古音系的韵母、声母、声调系统讲清楚，让学生领会有关上古音系的韵母、声母、声调的种种理论，掌握上古音三十韵部。

第 6 讲　诗律

◎ 学习目的和要求

学习有关近体诗格律的基本知识，培养和掌握有关近体诗格律分析的基本技能，在此基础上，做到能够从字句、押韵、平仄、拗救、对仗等格律角度分析近体诗。

◎ 本讲主要内容

传统诗歌的历史发展、种类；近体诗的字句、押韵、平仄、基本格式、粘对、拗救、对仗。重在具体诗例分析，培养具体分析近体诗格律的基本技能。

第一节　绪论

教材设计说明：

本节共两个部分，一是概述诗歌与格律，二是介绍诗歌的种类。

学习目的：

1. 了解传统诗歌的演变发展历史。2. 了解古体诗和近体诗的区别所在、五言和七言的分别、律诗和绝句的分别。

主要知识点：

《诗经》、《楚辞》、两汉魏晋古体诗、什么是格律、古体诗、近体诗、五言、七言、律诗和绝句。

教学提示：

重温古代文学史有关中国古代诗歌形式发展的历史，再现已有的诗歌、格律知识。

第二节 近体诗的字句

教材设计说明：

本节共两个部分，一是“字句有定”，律诗、绝句、排律的句数和字数都有一定的规定，字句固定不是近体诗本质的特点；二是“四联”：依次为“首联”、“颔联”、“颈联”、“尾联”。

学习目的：

1. 真正了解近体诗字句有定的内涵。2. 记住四联名称。

主要知识点：

近体诗字句有定的内涵；“首联”、“颔联”、“颈联”、“尾联”，“出句”、“对句”。

教学提示：

通过练习帮助学生具体把握近体诗关于字句的种种要求，掌握律诗、绝句、排律关于句数和字数的规定和四联的含义。

第三节 近体诗的押韵

教材设计说明：

本节主要讨论韵的概念和近体诗押韵的几点严格要求，指出古体诗和近体诗押韵的异同，分析“平水韵”106韵的由来。

学习目的：

1. 掌握韵的概念，把握近体诗押韵的要求，比较古体诗和近体诗押韵的异同。2. 了解“平水韵”106韵的由来。

主要知识点：

韵和押韵；近体诗押韵的要求；首句押韵；偶句押韵；平水韵。

教学提示：

结合现代汉语和方言民歌，让学生了解“韵”和“韵母”的不同，进一步明白近体诗押韵的具体要求。

第四节 近体诗的平仄

教材设计说明：

本节内容是本讲学习的重点和难点。首先介绍平仄的基本知识，律诗的四种基本句式，平仄协调的具体内容：平仄相间、平仄相对、平仄相粘；然后，介绍五律、七律的四种格式，解释古人所谓“一三五不论，二四六分明”的含义，结合具体实例，重点讲“拗救”，指出什么是“拗”，怎么去“补救”；解释“一三五不论，两处必论”、“二四六分明，两处不明”；要求必须避免“三平调”、“犯孤平”；最后分析平仄格律的例外情况：三仄调，甚至四仄、五仄与六仄，拗而未救等。

学习目的：

了解平仄的相关知识，把握平仄是形成近体诗的最重要的因素，讲究平仄是近体诗最本质的特点，掌握律诗的四种基本句式、平仄协调的内涵，领会五律、七律的四种格式，明白“一三五不论，二四六分明”的含义及其例外情况，知道为什么必须避免“三平调”、“犯孤平”，重点掌握“拗救”的种种情形。

主要知识点：

什么是平仄，为什么说讲究平仄是近体诗最本质的特点，平仄协调的具体内容；律诗的四种基本句式，五律、七律的四种格式；“一三五不论，二四六分明”的含义，例外的出现，为什么必须避免“三平调”和“犯孤平”，“拗救”的种种情形；句中拗救的孤平拗救和本句自救；联中拗救有相同位置、不同位置和一字二救三种，平仄格律的例外情况：三仄调，甚至四仄、五仄与六仄，拗而未救。

教学提示：

要循序渐进，把有关概念讲透彻，通过具体诗例的分析掌握有关术语、概念。

第五节　格律诗的对仗

教材设计说明：

本节主要介绍对仗，指出对仗的特点和作用；结合例证指出对仗在四联中的位置；分析对仗的句式：1. 结构对。2. 工对与宽对；强调特殊的对仗技巧：借对和流水对，借对又分借义对和借音对。

学习目的：

了解什么是对仗，了解对仗的特点及其对近体诗的作用，把握对仗在四联中的位置，掌握对仗的句式：结构对、工对与宽对；领会特殊的对仗技巧：借对和流水对。

主要知识点：

对仗，对仗的特点及其对近体诗的作用，对仗在四联中的位置；结构对、工对与宽对；借对和流水对；借义对和借音对。

教学提示：

通过例证的分析，掌握对仗的位置、句式、技巧，这一部分有很强的实践性。

第7讲　训　诂

◎ 学习目的和要求

了解训诂学的理论方法，结合古书古注阅读分析，以期达到独立阅读普通古书古注和独立注解中等难度的文言文的教学目的。

◎ 本讲主要内容

包括三个方面：一是训诂学的一般常识和理论方法，如发展过程、学术流派、名家、名著、名论，以及训诂体式、方法等；二是古文、古注的研读和注释。三是贯穿课程始终的学科评价。

第一节　绪论

教材设计说明：

本节是这一讲的引言，内容关系如下：以黄侃关于“训、诂、训诂、训诂学”四个名词的解释引起学科内容和学习目的说明，以其博大的学科内容，引出学科综合性和实用性的特点，再据此提出课程学习应持的态度和方法。

学习目的：

初步了解课程内容特点。

主要知识点：

“训、诂、训诂、训诂学”四个名词的含义和相互关系；训诂学的特点：综合性和实用性；学习态度和方法：广泛阅读古书古注、借鉴前人研究成果、探讨问题的所以然、要有唯物史观。

教学提示：

选读一篇古注，认识学科特点。

第二节　训诂史论

教材设计说明：

同类教材多把这一内容排在最后，本书排在前面，是想先给学生一个课程整体。方法是以史带论，内容是介绍和分析各个历史时期的与训诂学有关的政治文化大事和学术现象等，同时注重传统语言文字学和社会政治文化的关系。

学习目的：

1. 了解训诂学史上的重大事件。2. 整体把握学科发展脉络，理顺社会发展和学科发展的紧密关系，

主要知识点：

训诂学发生发展的社会原因，训诂学和经学的紧密关系；各个历史时期的学术流派、学术论争、名家、名论、名著，各时期训诂的成就和不足。

教学提示：

本节学习会联系到中国古代的广泛的政治文化知识，需要学生调动多方面的积极因素，甚至是跨学科的知识。

第三节　训诂体式论

教材设计说明：

本节介绍训诂学的形式。按通常的分法，分为正文体、传注体、专著体、笔记体四类分述，每一种体式均说明其起因、任务、对象和行文格式，既有分工又有联系。这个部分是训诂学中最为庞大的内容。教材站在阅读的角度进行内容编排，驾繁就简，突出实用性的特点。

学习目的：

通过古人古注（包括传注体和专著体）的特定格式去理解古书古注的内容。

主要知识点：

正文式训诂的起因和作用；传注式训诂的行文格式和阅读方法；专著式训诂的阅读、使用和分析评价；采撷笔记体训诂的精华。

教学提示：

本节学习必须要与古注范文的阅读紧密结合，注文的形式分析得越是细致透彻，越有利于对经文内容的理解，可收到事半功倍的效果。

第四节　训诂方法论

教材设计说明：

本节核心内容是介绍常见的训诂方法，在介绍这部分内容的过程中，教材力求阐明语言发展和语言学的发展对训诂和训诂方法的影响，同时强调三种方法的

长短和互补关系。

学习目的：

三种训诂方法的意义和综合使用。

主要知识点：

三种训诂方法的定义、理论依据和适用对象；语言发展对训诂方法的负面影响和补救方法；科学的语言学观点推动了训诂方法的不断革新；多种训诂方法的综合使用；给古书作注前的几个隐蔽环节：定对象、定善本、定体例、定理论体系。

学习提示：

本节也要和文章阅读结合起来进行教学，实例分析至关重要。还要联系到现代注释学的内容，进行用传统方法和用现代语言注书的实践尝试。

后 记

《古代汉语专题教程》是湛江师范学院人文学院组织编写的系列教材之一。人文学院的汉语言文学专业2008年被教育部批准为第三批特色专业建设点后，院领导便把教材建设，尤其是选修课的教材建设纳入到专业建设的规划之中。作为多年从事古代汉语教学与研究的教师，将自己的教学研究心得整理出来，编好古代汉语选修课教材，是我们责无旁贷的任务。为此，古代汉语课程组的几位同仁放下手头其他研究工作，在较短的时间里，合作完成了这本《古代汉语专题教程》，供在校本科生选修课和本科函授生必修课使用。

我们力求在"古代汉语"课程的基础上，吸收新的研究成果，深化拓展古代汉语的相关知识，使其尽量有一点学术含量；但作为教材，也需要兼顾到教材的条理性、可读性和实用性，为学生自学和未来从事中学古文教学提供有益的参考。

全书以专题的形式编排，共分七个专题。编写分工如下：方平权教授撰写"引言"、第一讲"文字"、第二讲"词汇"；朱城教授撰写第三讲"语法"、第四讲"修辞"；张令吾教授撰写第五讲"音韵"、第六讲"诗律"；李健副教授撰写第七讲"训诂"。朱城教授主持了本书的编写工作，负责拟定编写方案、协调编写事务及全书的统稿等。

由于编者水平有限，加之时间紧迫，书中错误疏漏在所难免，希望读者不吝是正。本教材的编写，参考的文献材料甚多，为此，我们除了随文标注外，还在每一讲后的"阅读与参考书目"中列举了这些著述。在此特予说明，并向有关作者敬致谢忱。

编者

2010年4月10日

出版说明

本套“国家级特色专业（汉语言文学）建设点系列教材”是湛江师范学院人文学院组织编写的一套选修课教材，共有《古代汉语专题教程》、《现代汉语专题教程》、《中国现代文学专题教程》等十余部。本套教材主要针对师资培训，具有和中学教学相结合、在使用者所学专业基础上加以深化的特点，分专题讲授，在内容设置上与一般的中文专业教材稍有不同。

出版者在编辑过程中一直秉持严谨、认真、负责的态度，力求做到有惑必查，改有实据，但由于本套教材所涉及各学科知识的专业性极强（如古代汉语中的音韵学、训诂学等），征引的材料极为广泛，加之出版时间紧迫和部分原始资料难以核对等原因，肯定仍存有不少错讹和疏漏。在此衷心希望使用本套教材的教师、学生和读者能够不吝指正。

学术没有终点，出版亦是一个连续的过程，一套教材的生命力，也是在不断完善的过程中体现的。我们相信，在出版者、作者和读者的共同努力下，这套教材一定能够更为实用、更为完善。

中国人民大学出版社

关联课程教材推荐

书号	书名	作者	定价
978—7—300—09366—6	古代汉语	殷国光 赵　彤	45.00 元
978—7—300—03991—6	汉语音韵学基础（修订本）	陈复华	16.00 元
即出	古代汉语	王　宁	32.00 元（估）

配套教学资源支持

尊敬的老师：

衷心感谢您选择使用人大版教材！

秉承“出教材学术精品，育人文社科英才”的出版理念，我社为教材打造配套教学资源，帮助老师拓展教学思路，革新教学方式。相关的配套教学资源，请到人文分社网站（www.crup.cn/rw）下载，或是随时与我们联系，我们将向您免费提供。联系人信息：

地址：北京海淀区中关村大街 31 号 201 室　龚洪训 收　邮编：100080

电子邮件：gonghx@crup.com.cn　电话：010-62515637　QQ：6130616

欢迎您随时反馈教材使用过程中的疑问、修订建议等，让我们与教材共成长。建议一经采纳，即有好书奉送。

如有相关教材的选题计划，也欢迎您与我们联系，我们将竭诚为您服务！

选题联系人：	电子邮件：	电话：
刘　汀	bukecunzhuang@163.com	010-62513897
翟江虹	zhaijh@yahoo.cn	010-62515636

俯仰天地　心系人文

www.crup.cn/rw

中国人民大学出版社 人文分社网站

欢迎登录浏览，了解图书信息，下载教学资源

图书在版编目（CIP）数据

古代汉语专题教程/朱城主编．
北京：中国人民大学出版社，2010
（21世纪中国语言文学通用教材）
ISBN 978-7-300-12218-2

Ⅰ．①古…
Ⅱ．①朱…
Ⅲ．①汉语-古代-高等学校-教材
Ⅳ．①H109.2

中国版本图书馆CIP数据核字（2010）第098933号

国家级特色专业（汉语言文学）建设点系列教材
21世纪中国语言文学通用教材
古代汉语专题教程
主编　朱　城
Gudai Hanyu Zhuanti Jiaocheng

出版发行	中国人民大学出版社		
社　　址	北京中关村大街31号	**邮政编码**	100080
电　　话	010－62511242（总编室）		010－62511770（质管部）
	010－82501766（邮购部）		010－62514148（门市部）
	010－62515195（发行公司）		010－62515275（盗版举报）
网　　址	http://www.crup.com.cn		
	http://www.ttrnet.com(人大教研网)		
经　　销	新华书店		
印　　刷	北京玺诚印务有限公司		
规　　格	185 mm×260 mm　16开本	**版　　次**	2010年6月第1版
印　　张	20	**印　　次**	2018年7月第5次印刷
字　　数	451 000	**定　　价**	35.00元